“十二五”职业教育国家规划教材
经全国职业教育教材审定委员会审定

保险实务系列教材

机动车辆保险实务操作

（第3版）

王健康 周 灿 主 编
薛 恒 罗 宁 梁 林 副主编

電子工業出版社
Publishing House of Electronics Industry
北京 · BEIJING

图书在版编目（CIP）数据

机动车辆保险实务操作 / 王健康，周灿主编. —3 版. —北京：电子工业出版社，2016.1
保险实务系列教材
ISBN 978-7-121-26160-2

Ⅰ. ①机… Ⅱ. ①王… ②周… Ⅲ. ①汽车保险－中国－高等学校－教材 Ⅳ. ①F842.63

中国版本图书馆 CIP 数据核字(2015)第 114173 号

策划编辑：晋　晶
责任编辑：刘淑敏
印　　刷：北京虎彩文化传播有限公司
装　　订：北京虎彩文化传播有限公司
出版发行：电子工业出版社
　　　　　北京市海淀区万寿路 173 信箱　邮编 100036
开　　本：787×1092　1/16　印张：16.5　字数：402 千字
版　　次：2009 年 2 月第 1 版
　　　　　2016 年 1 月第 3 版
印　　次：2021 年 8 月第 6 次印刷
定　　价：39.00 元

凡所购买电子工业出版社图书有缺损问题，请向购买书店调换。若书店售缺，请与本社发行部联系，联系及邮购电话：（010）88254888。
质量投诉请发邮件至 zlts@phei.com.cn，盗版侵权举报请发邮件至 dbqq@phei.com.cn。
服务热线：（010）88258888。

序

据时任保监会主席吴定富在2008年全国保险工作会议上介绍，党的十六大以来我国保险业保持年均18.2%的增长速度，2007年全国保费收入是2002年的2.3倍；2007年我国保费收入世界排名第9位，比2000年上升了7位，平均每年上升1位；到2007年年底，我国保险公司总资产达到29 000亿元，是2002年的4.5倍；目前全国共有保险公司110家，比2002年增加68家，保险资产管理公司9家，保险专业中介机构2 331家。上述资料充分显示了中国保险业在新的历史时期光辉灿烂的前景。随着发展速度的加快、发展质量的提升，中国保险业对能胜任保险实务工作的高素质人才的需求日益高涨，国民对了解保险实务的热情持续升温。在这样的背景下，作为已经为中国保险业培养了近万名优秀保险专业人才、数千名保险系统各级公司的经理（其中不少人担任了省级以上保险机构的领导职务）和保险实务教学已在业内形成知名品牌的保险职业学院，萌生出编写一套高质量的保险实务系列教材的念头也就不足为奇了。这套系列教材将突出以下几个特点。

（1）强化实务。实务与虚务相对，是指实际的事物或具体的事物。强化保险实务特色所追求的是，尽力反映当前我国保险业界真实而具体的现实，使学生或读者真切了解保险业界正在发生的事情。

（2）以国家级精品课程“保险学概论”的教材建设为龙头。“保险学概论”是我院2005年成功申请的国家级精品课程，是我院保险专业教育的标志性成果。教材建设是国家级精品课程维护与改革的主要工作，而不断创新又是我们保持优势并不断超越自我的必由之路。

（3）课证融合。使保险专业课程与相关的保险职业资格证书考试有机地结合起来，是保险专业教育（特别是保险职业教育）的重要发展趋势，也是降低教学成本、提高教学效率的内在要求。在本系列教材中，我们将结合有关保险职业资格证书的考试大纲组织编写，使课证融合落到实处。

（4）案例丰富。以案例教学为主线或主导教学方法是本系列教材的又一特色。

众所周知，保险经营的实务性很强，时至今日，不少业务对经验的依赖程度还相当高（如海上保险业务等），这是我国保险专业教育不可回避的现实。由衷地希望本系列教材能成为大中专学生、保险从业人员及社会大众了解和学习保险实务的良师益友。

吴金文

第 3 版前言

修订后的第 3 版，在保持了第 1、2 版的系统性、科学性、实践性等特点的基础上，着力依据快速发展的保险理论与实务新成果进行内容更新，着力增加案例和实操内容以进一步突出本书的实操特色，着力更新内容呈现形式以求进一步提升学习兴趣和效率。修订后的第 3 版有以下新进展：

（1）内容更新。对部分内容进行了与时俱进的更新。

（2）新增内容。一是增加了章前知识目标、技能目标及案例导读；二是增加了章后思考与练习；三是增加了机动车辆保险案例评析。

（3）强化技能。在部分章节增加了旨在强化学生技能培养和训练的任务或项目、情景实操内容，进一步强化了高等职业教育的专业核心技能培养和训练的本质特点。

本次修订的参与者除了原有作者外，还增加了梁林。

刘省波、张劲松、雷焱和黄结平等老师为本次修订提供了宝贵帮助，在此谨表感谢！

再一次衷心感谢对本书编写和修订工作中给予过关心和支持的各位领导、同事和朋友，大家的关心和支持是本书不断成熟和完善的动力之源。

由于水平所限，加之机动车辆保险实务发展过快，书中难免存在疏漏或不足之处，敬请各位读者批评指正。

编　者

第 2 版前言

近年来，中国“机动化”浪潮继续推进。截至 2011 年年底，全国机动车保有量为 2.25 亿辆，其中汽车 1.06 亿辆。随着机动车保有量的快速增长和车险市场的不断拓展，近年来受理的车险理赔纠纷大量上升，新诉由纠纷明显增多，公众对机动车保险理赔服务能力和服务质量的要求越来越高。

与此同时，保险理论界的研究也在不断发展创新。2009 年 10 月 1 日，十一届全国人民代表大会常务委员会第七次会议表决通过了新修订的保险法，并正式实施。新保险法出台后催生了机动车辆保险实务的诸多变化，如车损险条款中保险金额的确定及赔付问题引起了社会各界的广泛关注与监管部门的高度重视。2012 年 3 月 14 日，中国保险行业协会正式发布《机动车辆商业保险示范条款》，为保险公司提供了商业车险条款行业范本，所有保险公司将参照适用新的车险条款，符合条件的保险公司将自主开发商业车险条款，引起社会广泛关注。

我们感到，保险学界取得的创新性研究进展，机动车辆保险乃至财产保险同行们不断创造出的卓越的新鲜经验、成功案例和方式都应该及时体现在教材中，反映在课堂上，给学生以新的理论、新的案例、新的数据和新的启发。因此，我们应该努力让修订后的《机动车辆保险实务》有所创新、有所进步、有所发展，真正贴近现实、昭示未来，给同行以借鉴，为读者创造更多的学习价值。

修订后的第 2 版，继续保持了第 1 版的系统性、科学性、实践性等特点，使学生容易掌握、消化、吸收和应用。修订后的第 2 版有以下新进展。

（1）内容更新。第 2 版继续保留了第 1 版中机动车道路交通事故责任强制保险、机动车辆商业保险、机动车辆保险投保实务操作、机动车辆保险承保实务操作、机动车辆保险索赔实务操作、机动车辆保险查勘定损实务操作、机动车辆保险理赔实务操作、机动车辆保险欺诈风险控制实务操作等篇章结构，新保险法出台对机动车辆保险的影响在第 2 版中得到了相应的重视，涉及的相关法律法规和保险条款的相应内容均进行了更新。

（2）新增内容，第 2 章机动车辆商业保险中新增了机动车辆商业保险条款费率变化历程、2012 年版最新机动车辆商业保险示范条款。修订后的第 2 版，充分体现了机动车辆保险实践性强的特点，突出了机动车辆保险查勘、定损等环节内容的变更及案例描述与讨论，并在第 6 章——机动车辆保险查勘定损实务操作中新增了大量特殊案件查勘定损实务操作指南。

（3）部分创新。除了如前所述的新条款和新方法，第 2 版还增加了保险欺诈骗赔的原因分析，逐一列举了伪造事故现场骗赔、更换驾驶员骗赔、利用套牌车骗赔、虚构第三者骗赔、重复骗赔等欺诈类型及破解方法。

在此，我们还要再次感谢为本教材提供案例、数据等资料的人士，感谢长期关心和帮助我们的各位领导、老师、同事。

编 者

2012 年 10 月

前　言

卫生部2007年发布的《中国伤害预防报告》显示：① 1951年中国机动车交通事故死亡人数仅为852人，2002年则达到10.9万余人，51年之间上升了120余倍；② 2000年以前，机动车交通事故的伤亡人数以每10年翻一番的速度上升；③ 机动车交通事故死亡人员中，60%以上是行人、乘客和骑自行车者；④ 75%的致死性机动车交通事故伤害发生在公路上。另据公安部门的报告，2000年后全国每年的交通事故死亡人数在10万人上下，受伤人数在50万人左右，中国机动车交通事故死亡人数约占全球道路交通事故伤害死亡数的8%。真可谓"车祸猛于虎"。机动车这一人类日益依赖的交通工具，在造福人类的同时也给人类带来越来越大的风险。2006年7月1日，机动车交通事故责任强制保险（简称交强险）在我国正式实施，这一国内第一个全国性法定保险正在成为国人抵御机动车所致风险的日益重要的中流砥柱。随着风险的加剧、交强险的出台，国人对机动车辆保险的关注程度达到了空前的高度。机动车辆保险与国人的切身利益直接相关，这使得国人不能不了解该保险，尤其是有关该保险实务操作方面的知识。随着机动车辆保险地位的大幅提升，该保险在保险专业教育中的重要性也日益突出。事实上，大部分高等院校的保险类专业均开设了机动车辆保险课程，不少甚至将其作为独立的专业核心课程来开设。为适应保险人才市场的需求，作为专业核心课程的机动车辆保险就不能不把掌握实务操作知识和能力放在首位。基于上述考虑，本书以《机动车辆保险实务操作》为书名，目的就是要突出其实务操作性强这一特色。为了强化这一特色，我们力求在最大限度上介绍当前我国机动车辆保险市场中真实而具体的现实，以使读者真切地了解我国机动车辆保险市场中正在发生的事情，并掌握相关实务操作知识和能力。

本书共8章，内容涵盖机动车辆保险双方所有业务环节。主要内容有机动车道路交通事故责任强制保险、机动车辆商业保险、机动车辆保险投保实务操作、机动车辆保险承保实务操作、机动车辆保险索赔实务操作、机动车辆保险查勘定损实务操作、机动车辆保险理赔实务操作、机动车辆保险欺诈风险控制实务操作。本书内容新颖，结构独特，案例丰富，通俗易懂，操作性强，突出实用。

本书编写分工如下：第1章由周灿编写；第2章由袁丽编写；第3章由谌海超、罗宁编写；第4章由刘洪、罗宁编写；第5章由罗宁编写；第6章由罗宁、薛恒编写；第7章由王健康、罗宁编写；第8章由薛恒编写。全书由王健康和周灿担任主编、吴金文和邓超担任主审。

在编写的过程中，我们得到了保险职业学院院长兼党委书记胡运良、常务副院长兼党委副书记吴金文、副院长丁孜山、教务处处长贺丰、商业保险系主任肖举萍、金融保险系副主任（主持工作）张旭升等领导的关心和支持，中南大学金融学博士生导师邓超教授对本书的编写给予了宝贵的指导，电子工业出版社常淑茶编辑、晋晶编辑等对本书的出版提供了大力支持，此外，我们还参考了不少学者的论文和著作，在此，谨对上述人士表示衷心的感谢！

本书可作为大中专院校保险类专业或相关专业的教学用书，也可作为保险从业人员、教学科研工作及广大公众的学习用书或参考读物。

由于作者水平有限，加之时间仓促，本书错误与疏漏在所难免，敬请各位读者批评指正。

编　者

2009年1月

目　录

第1章　机动车道路交通事故责任强制保险

知识目标

掌握机动车道路交通事故责任强制保险（交强险）的定义与特征
了解交强险标志及其粘贴方式
了解交强险与商业第三者责任险的区别
掌握交强险业务流程
了解交强险实施背景与发展情况
学会分析交强险相关法律法规与保险条款
了解车险信息共享平台的相关知识
掌握交强险投保与理赔中几种常见情况的处理

技能目标

掌握交强险标志的识别与粘贴
掌握交强险保单的填写
掌握交强险费率的计算
掌握交强险费率浮动告知单的填写
学会处理常见的交强险理赔事例
学会分析交强险相关法律法规与条款内容

案例导读

数据显示，2008—2012 年，交强险赔付率上升了 9 个百分点，费用率逐渐下降并趋于稳定。在保监会及相关部委的共同努力下，2012 年交强险经营趋于平稳，经营亏损较 2011 年有所缓解。2012 年交强险综合成本率有所下降，同比减亏 38 亿元。2011 年，交强险经营亏损 92 亿元，由此推算，2012 年交强险经营亏损 54 亿元。而此前三年，交强险经营利润亏损额度不断扩大，2009 年亏损 29 亿元，2010 年亏损 72 亿元，2011 年亏损 92 亿元。

此外，此次公布的数据显示，2012 年，交强险共承担赔偿责任限额 156 187 亿元，比 2011 年增长 12.8%，处理事故赔案 2 052 万件，各项赔付 821 亿元，比 2011 年增长 9.6%，垫付抢救费用的案件22.3万件，比2011年增长19.9%。

同时，保监会积极配合落实《道路交通事故社会救助基金管理试行办法》，督促各保险公司及时足额提取和缴纳救助基金，2012年共提取救助基金21亿元（已累计提取58亿元），为道路交通事故受害人提供更全面保障，结合2012年综合治理车险"理赔难"工作，保监会加大对交强险理赔服务的监督检查，深入推进交强险理赔工作的标准化、信息化、透明化建设，更好地维护道路交通事故受害人的合法权益。

（资料来源：节选自中国行业研究网2013年8月31日刊载的文章《2013年交强险持续亏损现状调查分析》，http://www.chinairn.com/news/20130831/083456734.html。）

1.1 机动车道路交通事故责任强制保险界定及背景

1.1.1 机动车道路交通事故责任强制保险界定

1．机动车道路交通事故责任强制保险定义

机动车道路交通事故责任强制保险简称交强险，是国家或地区基于公共政策考虑，为维护社会公众利益，以颁布法律或行政法规的形式来强制实施的汽车责任保险。我国2006年3月21日由第462号国务院令颁布并于当年7月1日起实施，随后在2012年3月30日进行第1次修订和在2012年12月17日进行第2次修订的《机动车交通事故责任强制保险条例》（以下如未另加说明，简称《条例》）的第3条明确规定：

"本条例所称机动车交通事故责任强制保险，是指由保险公司对被保险机动车发生道路交通事故造成本车人员、被保险人以外的受害人的人身伤亡、财产损失，在责任限额内予以赔偿的强制性责任保险。"

同时，《条例》第4条对监管部门和监管方式进行了明确规定：

"国务院保险监督管理机构（以下称保监会）依法对保险公司的机动车交通事故责任强制保险业务实施监督管理。

公安机关交通管理部门、农业（农业机械）主管部门（以下统称机动车管理部门）应当依法对机动车参加机动车交通事故责任强制保险的情况实施监督检查。对未参加机动车交通事故责任强制保险的机动车，机动车管理部门不得予以登记，机动车安全技术检验机构不得予以检验。

公安机关交通管理部门及其交通警察在调查处理道路交通安全违法行为和道路交通事故时，应当依法检查机动车交通事故责任强制保险的保险标志。"

因此，在《条例》规定下，不管被保险人是否愿意，机动车辆的拥有人或使用人必须依法投保机动车交通事故责任强制保险，以保障交通事故受害者能获得法律支持的基本赔偿。

机动车交通事故责任强制保险（以下简称"交强险"）作为我国首个由国家法律规定实行、由商业保险公司具体运营的强制保险制度，本质上是用金融手段辅助道路安全管理。我国的交强险制度在全球165个已经实施了类似制度的国家和地区中推行较晚，但自2006年7月1日正式实施以来，截至2011年年底的五年半时间里，各类机动车辆投保规模从5 755万辆上升到1.14亿辆，投保率由34%提高到51%（其中汽车投保率从58%提高到81%），这其中，交强险累计赔付支出超过 2 500 亿元，显著缓解了机动车肇事后无力承担赔偿损失的情况，减少了因交通事故引起的矛盾纠纷。可以说，交强险在维护社会交通秩序、促进社会安全稳定方面正发挥着越来越大的社会影响力，其自身的市场格局也处在不断地演进中，自 2012 年 5 月起，我国已允许外资保险公司经营交强险业务。

投保交强险的车辆应按规定粘贴相应的交强险标志，如图 1-1 所示。

图 1-1　交强险标志及粘贴方式

我国《道路交通安全法实施条例》第 13 条第 2 款规定："机动车检验合格标志、保险标志应当粘贴在机动车前窗右上角。"

延伸阅读　交强险标志粘贴小知识

现实生活中，不少车主买了交强险，但却没及时粘贴保险标志。交警部门提醒，为保障您及他人的安全和权益，机动车还没有投保交强险的要尽快办理，已经投保的一定要按规定粘贴，以减少不必要的麻烦。

车辆的各种标志非常重要，年检和保险标志记录了车号、年审期限、保险期限等内容，交警在执勤执法过程中，首先会根据年检标志辨别年审车辆与非年审车辆。对于路巡路查中发现的机动车未放置交强险标志的情形，按照规定可采取强制措施，扣留车辆，其后，经核实车辆已经投保机动车强制保险的，对其未放置强制保险标志的违法行为，可根据《道路交通安全法》第 11 条、《道路交通安全法实施条例》第 13 条第 2 款规定，处 50 元罚款，记 1 分；经核实车辆未按规定投保机动车第三者责任强制保险的，根据《道路交通安全法》第 17 条、第 98 条第 1 款，将强制车辆所有人按规定投保并处两倍保费的罚款，由于各类车型的保费不同，因此罚款额度也不同，罚款将纳入道路交通事故社会救助基金；而对于车辆使用伪造、变造的保险标志的，可根据《道路交通安全法》，处 10 日以下拘留，罚款 2 000 元；对于车辆使用其他车辆保险标志的，可处以 2 000 元罚款。

（资料来源：上述资料和图 1-1 节选自水母网 2013 年 6 月 6 日刊载的文章《车辆不买交强险两倍罚款不贴标志罚款扣 1 分（图）》，http://news.shm.com.cn/2013-06/06/content_4123067.htm。）

2．交强险的特征

（1）强制性

现在世界上实施汽车责任保险的国家基本上采取的是强制性的政策措施，我国交强险的强制性特征非常明显：

1）我国通过立法，由国家强制力保证交强险的实施，这在2004年5月1日起施行的《中华人民共和国道路交通安全法》和《中华人民共和国道路交通安全法实施条例》、2006年7月1日起实施的《条例》中相关条款均做出明确规定。

2）在实施方式上，未投保交强险的车辆不得上路行驶，否则公安机关交通管理部门将予以扣留和处罚，而具备交强险业务资格的保险公司也不得拒绝或拖延承保；投保后，被保险人则在车辆的相应位置上粘贴或放置交强险的保险标志。

（2）社会公益性

对比商业保险与交强险的相关条款与实施可以看出，商业保险主要是通过商业化风险管理机制来转移被保险人的相关财产与人身风险，其产品费率与条款制定均依据保险市场的具体情况由保险公司来拟订并报备，体现出营利性；而交强险则是国家强制实施，根本目的在于保护交通事故中受害人的基本利益，使受害人能得到及时、必要的补偿，这对于社会公众尤其弱势群体来说，一定程度上由法律保证其基本社会权利，尤其无过错责任赔偿原则、垫付规定和道路交通事故社会求助基金管理等制度，充分体现社会公益性特征，发挥了保险的社会保障的功能。

（3）基本保障性

一般的商业性汽车保险，其保险限额与投保险种均由投保人自行依据个人需要与缴费能力来确定，而交强险的责任限额是固定的，不能自由选择，因此要考虑到广大投保者的支付能力与具体国情，使投保人基本上都具备相应的购买能力，实现对事故受害者的基本保障和伤害补偿。例如，机动车交通事故责任强制保险费率方案（2008版）中，6座以下家庭自用汽车其交强险费率水平为950元，按《机动车交通事故责任强制保险条款》第8条规定："在中华人民共和国境内（不含港、澳、台地区），被保险人在使用被保险机动车过程中发生交通事故，致使受害人遭受人身伤亡或财产损失，依法应当由被保险人承担的损害赔偿责任，保险人按照交强险合同的约定对每次事故在下列赔偿限额内负责赔偿：① 死亡伤残赔偿限额为110 000元；② 医疗费用赔偿限额为10 000元；③ 财产损失赔偿限额为2 000元；④ 被保险人无责任时，无责任死亡伤残赔偿限额为11 000元；无责任医疗费用赔偿限额为1 000元；无责任财产损失赔偿限额为100元。死亡伤残赔偿限额和无责任死亡伤残赔偿限额项下负责赔偿丧葬费、死亡补偿费、受害人亲属办理丧葬事宜支出的交通费用、残疾赔偿金、残疾辅助器具费、护理费、康复费、交通费、被扶养人生活费、住宿费、误工费，被保险人依照法院判决或者调解承担的精神损害抚慰金。医疗费用赔偿限额和无责任医疗费用赔偿限额项下负责赔偿医药费、诊疗费、住院费、住院伙食补助费，必要的、合理的后续治疗费、整容费、营养费。"所以我国交强险体现了对第三者利益的基本保障性。

（4）保障范围的广泛性

与现行商业汽车保险相比，交强险的保障范围大大拓宽，这体现在以下几个方面：一是赔偿原则方面，由现行"按责赔偿"转为"无过错责任"赔偿原则，这样不管被保险人对受害人的损失结果是否存在过错以及过错大小，均须进行相应损失补偿，从而保证了受害人的权益；二是保险责任范围更加广泛，如商业车险中的大部分责任免除事项如家庭成员的伤亡等也列入了交强险责任；再有如无证驾车、醉酒驾车等情形也列入了交强险的垫付责任项下，责任范围也相应地拓宽了；还有就是免赔率部分的规定也相应取消，这些责任与赔偿范围的拓宽体现了交强险保险范围的广泛性。

(5) 参与主体的多样性

相对于商业车险而言，交强险涉及的各方面主体较多。主要有：

1) 交强险的监管主体既包括保险监管部门，还包括公安机关交通管理部门、农业（农业机械）主管部门等。

2) 道路交通事故社会救助基金参与主体多样性，其基金的管理办法将由国务院财政部门会同保监会、国务院公安部门、国务院卫生主管部门、国务院农业主管部门制定试行。

3) 交强险经营主体的多样性，凡具备资格的中外资保险公司经中国保监会批准均可从事该项业务。

4) 交强险实施过程中的医疗救治主体的多样性，包括国务院卫生主管部门和各级定点医疗机构。

5) 交强险费率审批、调整参与主体的多样性，交强险费率的调整须进行评估和听证，保险公司也可参照《条例》根据具体情况进行相应浮动，其浮动标准由保监会会同国务院公安部门制定。

所以，交强险的参与主体涉及保监会、国务院各部门、各级医疗机构及各中外资保险公司等，参与主体性质多样。

3．交强险的投保实施方式

由于交强险只提供基本的保障水平，许多机动车辆所有人在投保对第三者责任时会根据自身的相应情况来选择相应的投保险种与保障额度。一般情况下，交强险与一般的机动车辆责任保险的投保实施方式有两种。

(1) 混合实施

在这种模式下，设计多个层次的保险额度，具体投保哪个层次由投保人自行决定。但在各个层次下，以只能提供最基本保障的强制汽车责任保险为最低层次，其他的层次均包括了这个最低层次，即包括强制汽车责任保险，典型的国家如英国，其汽车责任保险就是混合型的，包括四个层次：① 法定最低要求的汽车责任保险；② 第三者责任保险（包括强制汽车责任保险）；③ 第三者责任、火灾和盗窃保险（包括强制汽车责任保险）；④ 综合保险（包括强制汽车责任保险）。

(2) 分离实施

在这种模式下，强制汽车责任保险与一般汽车责任保险分别实施，前者按法律规则设计，后者按照一般商业保险原则设计，投保人分别投保相应险种，投保时，强制汽车责任保险是汽车所有人或驾驶员必须办理的，而商业责任保险则是投保人自愿选择的。典型的国家如日本和我国。

4．交强险与第三者责任险的区别

交强险与第三者责任险的最大区别在于投保方式和理赔时的责任确定，商业机动车辆第三者责任保险（简称三者险）的责任确定，保险公司是根据被保险人在交通事故中所承担的事故责任来确定其赔偿责任；而交强险的实施与责任确定，无论被保险人是否在交通事故中负有责任，保险公司均将按照《条例》以及交强险条款的具体要求在责任限额内予以赔偿。具体而言，交强险与三者险有六大不同之处。

1）实行强制性投保和强制性承保。交强险其强制性体现在所有上道路行驶的机动车的所有人或管理人必须依法投保该险种。区别于现行的机动车第三者责任保险，《条例》第5条第2款规定：“为了保证机动车交通事故责任强制保险制度的实行，保监会有权要求保险公司从事机动车交通事故责任强制保险业务。”

2）赔偿原则发生变化。目前实行的商业机动车第三者责任保险，保险公司是根据被保险人在交通事故中所承担的事故责任来确定其赔偿责任。交强险实施后，无论被保险人是否在交通事故中负有责任，保险公司均将按照《条例》以及交强险条款的具体要求在责任限额内予以赔偿。

3）保障范围宽。为有效控制风险，减少损失，商业机动车第三者责任保险规定有不同的责任免除事项和免赔率（额）。而交强险除被保险人故意造成交通事故等少数几项情况外，其保险责任几乎涵盖了所有道路交通风险，且不设免赔率与免赔额。

4）按不盈不亏原则制定保险费率。交强险不以营利为目的，并实行与其他保险业务分开管理、单独核算。而商业机动车第三者责任保险则无须与其他车险险种分开管理、单独核算。

5）实行分项责任限额。商业机动车第三者责任保险即无论人伤还是物损均在一个限额下进行赔偿，并由保险公司自行制定责任限额水平。交强险由法律规定实行分项责任限额，分为有责情况下和无责情况下两种，两者又分别规定了死亡伤残赔偿限额、医疗费用赔偿限额、财产损失赔偿限额。

6）实行统一条款和基准费率，并且费率与交通违章挂钩。在商业机动车第三者责任保险中不同保险公司的条款费率相互存在差异。交强险实行统一的保险条款和基准费率。

5. 交强险的业务流程

一般情况下，机动车辆保有人通过中介或直销的方式向具备承办交强险的保险公司投保，并将交强险标志粘贴或放置在汽车的相应位置，以供道路交通部门的监督检查。当发生交通事故时，通知相关交通管理部门和保险公司，依照道路交通法规和保险合同规定进行处理，受害者可从保险公司或道路交通事故社会救助基金获得相应的补偿或先行垫付。其业务流程如图1-2所示。

1）车主携带有关证件到具备经营强制保险资格的保险公司投保。

注意：需携带的证件有新车购车发票及车辆合格证，如果是旧车，请带该车有效行驶证。自然人投保的需提供投保人或被保险人的身份证，单位投保的需提供组织机构代码。

2）在保险公司的指导下，如实填写投保单。

注意：保险公司提醒客户履行如实告知义务。

3）保险公司经办人员验车、验证，保证承保车辆的保单内容与车辆行驶证、实际车辆信息相符。

4）根据车辆的使用性质、实际情况确定保险费额。保险人对投保单进行审核，确定强制保险的保费标准、限额。

5）保险人根据投保单内容，通过保险、公安交通违章记录信息平台查询投保车辆违法和发生道路交通事故的信息，确定对投保车辆的保费上浮或下浮幅度。

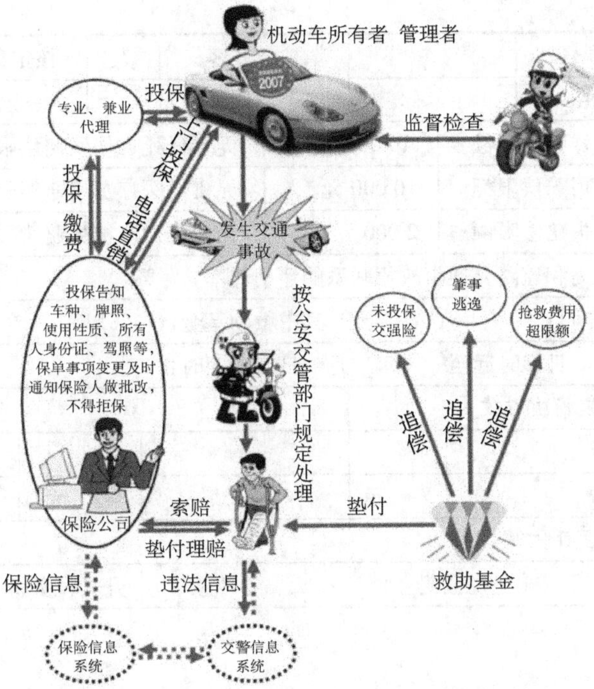

图 1-2　交强险业务流程

6）保险人根据核实无误的投保单，将投保信息录入电脑。

7）投保人一次缴清保险费。

8）保险人打印强制保险单、费率浮动告知书、保险标志、保险发票后交给客户。

9）投保人对保险单内容审核无误后，将保险标志粘贴于前挡风玻璃规定处，无前挡风玻璃的，将便携式保险标志随身携带。

10）保险公司按规定日期将保单归档，并定期对客户进行回访。

11）发生车辆转让及发动机号、牌照号等车辆信息发生变化的，请及时向保险公司办变更手续。

补充阅读材料 1-1

机动车交通事故责任强制保险单证样式

样本：

中国保险监督管理委员会监制

机动车交通事故责任强制保险单（副本）

保险单号：

被保险人					
被保险人身份证号码（组织机构代码）					
地址				联系电话	
被保险机动车	号牌号码		机动车种类	使用性质	
	发动机号码		识别代码（车架号）		

续表

	厂牌型号		核定载客	人	核定载质量	千克
	排量		功率		登记日期	
责任限制	死亡伤残赔偿限额	110 000 元	无责任死亡伤残赔偿限额	11 000 元		
	医疗费用赔偿限额	10 000 元	无责任医疗费用赔偿限额	1 000 元		
	财产损失赔偿限额	2 000 元	无责任财产损失赔偿限额	100 元		
与道路交通安全违法行为和道路交通事故相联系的浮动比率　　%						
保险费合计（人民币大写）：　　（¥：　元）其中救助基金（　%）¥：　　元						
保险期间自　　年　月　日零时起至　　年　月　日二十四时止						
保险合同争议解决方式						
代收车船税	整备质量					
	当年应缴	¥：　元	往年补缴	¥：　元	滞纳金	¥：　元
	合计（人民币大写）					（¥：　　元）
	完税凭证号（减免税证明号）		开具税务机关			
特别约定						
重要提示	1．请详细阅读保险条款，特别是责任免除和投保人、被保险人义务。 2．收到本保险单后，请立即核对，如有不符或疏漏，请及时通知保险人并办理变更或补充手续。 3．保险费应一次性交清，请您及时核对保险单和发票（收据），如有不符，请及时与保险人联系。 4．投保人应如实告知对保险费计算有影响的或被保险机动车因改装、加装、改变使用性质等导致危险程度增加的重要事项，并及时通知保险人办理批改手续。 5．被保险人应当在交通事故发生后及时通知保险人。					
保险人	公司名称： 公司地址：　　　　　　公司网址：×××××× 邮政编码：　　服务电话：××××××　　签单日期：　　（保险人签章）					

第一联　业务留存

1.1.2　交强险实施背景与简史

1．国际上交强险实施背景与简史

1886 年，德国人卡尔 · 本茨（Karl Benz，又译为卡尔 · 奔驰，1840—1929 年）用他研制的内燃机在曼德镇造出第一辆三轮汽车，于同年的 1 月 29 日取得了正式的“汽车制造专利权”，并在 1888 年 8 月进行了首次试车，从此汽车走进了日常生活，成为人类历史上最为重要的交通工具。但汽车的产生既为人类社会带来了巨大的效益与广泛的效应，也给人类带来了巨大的危害，主要表现在交通拥堵、能源耗费、环境污染、事故频发等方面。据世界权威组织统计，全世界 60 亿人口每年死亡 5 200 万人，其中死于交通事故的有 50 万人，占总死亡人数的 1%，排在人类死亡原因的第 10 位。而我国，形势更加严峻，统计数据表明，我国每 5 分钟就有一人丧生车轮，每 1 分钟就会有一人因为交通事故而伤残。多年来中国每年因交通事故死亡人数均超过 10 万人，居世界第一位，占总死亡人数的 1.5%以上，每年因交通事故所造成的经济损失达数百亿元。正是因为汽车导致的交通事故对社会公众产生了巨大的影响，为转移由此而带来的损害，保险公司推出了汽车保险。世界上第一张汽车保险保单是由英国“法律意外保险公司”于 1895 年签发的，是一份汽车第三者责任保险的保单。

对于汽车的第三者责任方面，各国政府均非常重视。第一次世界大战后，汽车数量激增，但当时价格昂贵，购车首付往往花光了车主的所有积蓄，于是出现了许多无力购买汽车保险或无相应财产作担保的驾车人，这样一旦发生事故，车主不但无法补偿受害人的损失，就连自身的损失也无法弥补。为了改变这种状况，各国政府或地区相继制定法令，强制实行汽车责任保险，以确保受害人能得到及时的医疗救助和损失补偿。最早将车辆损害视为社会问题的是美国的马萨诸塞州，该州认为公路是为全体行人修建的，驾车者在使用汽车时对其他行人会构成威胁，如果发生事故，必须具有赔偿能力，因此要求驾车者应该预先投保汽车责任保险或者提供保证金以证明自己具有赔偿能力，并于 1925 年着手起草保险史上闻名的强制汽车保险法（Compulsory Auto Insurance Laws），并于 1927 年实施。该法规定驾车者在发生意外事故后，必须证明自己有经济赔偿能力，否则为非法驾车者，同时，该法还要求驾车者在登记申请牌照时，必须有汽车责任保险单或者提供证明自己有赔偿能力的保证金。

(1) 英国的汽车强制责任保险实施情况与背景

英国于 1930 年颁布了《道路交通法——1930》，并于 1931 年 1 月生效执行，成为世界上最早实施强制汽车责任保险的国家。1972 年，为了在立法上保证第三者的求偿，英国修订了道路交通法，同时，为配合欧盟各成员国的强制规定，英国在《道路交通法——1972》中，将汽车乘客伤害赔偿责任列为强制汽车责任保险的范围。从 1989 年 1 月 1 日开始，英国将第三者财产损失责任险也纳入到强制汽车责任保险范畴，保险责任金额定为 25 万英镑。目前，英国强制汽车责任保险的承保依据是《道路交通法——1988》，它对保险车辆发生的损害赔偿责任规定得十分具体。

(2) 日本的汽车强制责任保险实施情况与背景

日本于 1955 年 7 月正式通过《自动车损害赔偿责任保障法》，于 1956 年 2 月正式实施。该法规定：对交通事故受害者提供财物保障，仅以人身伤害责任为限，不包括第三者的财产损失；未参加此保险，不得驾驶汽车，否则处以 6 个月以下有期徒刑，或 5 万日元以下罚款。在此以前，日本的交通事故依据一般民法的过失责任来处理，而《自动车损害赔偿责任保障法》采用过失推定制，以保障交通事故受害者的权益。日本实行“一车一证”制度，强制汽车责任保险合同的凭证是汽车保险证而非保险单，同时该证也是被保险人申领牌照和定期检验的必备文件。目前，日本汽车强制责任保险金额采用“分离限额”，即每一人身伤害为 120 万日元，每一死亡为 3 000 万日元，每一意外事故没有限额。同时实行由保险业者和政府共保联营制度来分散风险，在此制度下，运输部接受强制保险业务的 60%，保险业者组成的联盟组织承担余下的 40%，按照协议共同分配。在此基础上，日本还建立了国家汽车损害赔偿的补充制度，国家汽车损害赔偿制度基金由运输部管理，其经费主要来自“纯赋课金”，保险公司在收取强制责任保险费的基础上，附加 0.55%的“纯赋课金”。

（3）美国的汽车强制责任保险实施情况与背景

美国的马萨诸塞州在1919年通过了《赔偿能力担保法》，目的是促使每个驾车人主动投保汽车责任保险，到1925年，美国有半数以上的州通过了类似立法仿照实施。1927年，马萨诸塞州率先公布实施了汽车强制保险法，是世界上首次将汽车第三者责任规定为强制责任的地区。迄今，美国的绝大部分州都实施了强制汽车责任保险，内容包括第三者人身伤害保险、无过失人身伤害保险、未保险汽车保险等，有的还将财产损失责任险列入。起初，美国各州的强制汽车责任保险采用过失责任制，1971年马萨诸塞州通过《登记汽车强制施行人体伤害保护法》率先实行无过失汽车保险制度，到现在，有半数以上的州相继立法效仿，但各州的立法内容与名称并不一致，大多以无过失人身伤害保险命名。另外，对于没有投保汽车强制责任保险的现象，美国各州采取了一些强制保险的补救措施：一是州政府设立未获赔偿的判决基金（Unsatisfied Judgement Fund），用于肇事后逃逸的事故，提供给受害者及家属的经济损失，但几乎没有给予全额赔付的；二是未保险驾车人保险（Uninsured Motorists Coverage），开始是1955年和1957年在纽约州和新罕布什尔州实施，由于该保险实施效果良好，所以现在美国几乎所有的州都已经效仿实施。此外，在实行未获赔偿的判决基金的州，拥有未保险驾车人保险的驾驶人在受伤受损后，不再享有申请未获赔偿判决基金补偿的权利。除上述补偿措施外，有的保险公司还推出了保额不足的驾车人保险（Underinsured Motorists Coverage）。

（4）其他国家或地区的汽车强制责任保险实施情况与背景

法国于1958年制定强制保险制度，1959年实施。德国于1965年制定了《汽车所有人强制责任保险法》，强制汽车所有人投保。香港于1951年，模仿英国汽车强制保险，颁布《汽车保险（第三人风险）法规》，实施了强制汽车责任保险。目前，世界上绝大多数国家或地区都实行了强制汽车责任保险制度。

2．我国交强险实施背景与简史

1983年，我国国务院发布了第27号文件，首次要求个人与联户的汽车及拖拉机必须参加机动车第三者责任保险；1984年国务院又发布了第151号文件，明确提出了对汽车的第三者责任保险问题，在此后，我国公安部也曾多次发文要求汽车不参加第三者责任保险将不发牌照，但在2004年以前，我国没有一部法律明确了汽车责任保险的强制性。

（1）我国的《道路交通安全法》对交强险的相关规定

《中华人民共和国道路交通安全法》于2003年10月28日第十届全国人民代表大会常务委员会第五次会议通过，其后，根据2007年12月29日第十届全国人民代表大会常务委员会第三十一次会议《关于修改〈中华人民共和国道路交通安全法〉的决定》第一次修正，根据2011年4月22日第十一届全国人民代表大会常务委员会第二十次会议《关于修改〈中华人民共和国道路交通安全法〉的决定》第二次修正。其中涉及交强险的条款有：

“**第17条**　国家实行机动车第三者责任强制保险制度，设立道路交通事故社会救助基金。具体办法由国务院规定。”

“**第75条**　医疗机构对交通事故中的受伤人员应当及时抢救，不得因抢救费用未及时支付而拖延救治。肇事车辆参加机动车第三者责任强制保险的，由保险公司在责任限额范围内支付抢救费用；抢救费用超过责任限额的，未参加机动车第三者责任强制保险或者肇事后逃逸的，由道路交通事故社会救助基金先行垫付部分或者全部抢救费用，道路交通事故社会救助基金管理机构有权向交通事故责任人追偿。”

“**第 76 条**　机动车发生交通事故造成人身伤亡、财产损失的，由保险公司在机动车第三者责任强制保险责任限额范围内予以赔偿；不足的部分，按照下列规定承担赔偿责任：

1）机动车之间发生交通事故的，由有过错的一方承担赔偿责任；双方都有过错的，按照各自过错的比例分担责任。

2）机动车与非机动车驾驶人、行人之间发生交通事故，非机动车驾驶人、行人没有过错的，由机动车一方承担赔偿责任；有证据证明非机动车驾驶人、行人有过错的，根据过错程度适当减轻机动车一方的赔偿责任；机动车一方没有过错的，承担不超过 10%的赔偿责任。

交通事故的损失是由非机动车驾驶人、行人故意碰撞机动车造成的，机动车一方不承担赔偿责任。”

（2）我国《机动车交通事故责任强制保险条例》实施始末

《中华人民共和国道路交通安全法》第 17 条首次提出，在我国建立机动车第三者责任强制保险（简称强制三者险）制度，设立道路交通事故社会救助基金，并由国务院制定具体办法，随后的两年中，国务院法制办、保监会经过反复研究和论证，并多次向社会各界征求意见，组织拟订了《机动车第三者责任强制保险条例（草案)》。2004 年 12 月 2 日，国务院法制办征求以运输行业为主的北京市民代表对《条例》草案的意见。2005 年 1 月 12 日，国务院法制办将《条例》草案分别在《人民日报》、《法制日报》和中国政府法制信息网上全文公布，广泛听取社会公众的意见和建议；2005 年 2 月，保监会组织两次专题研讨会，听取国内外专家学者的意见。在征求意见过程中，社会关注的焦点主要集中在赔偿原则、责任限额、保险条款和费率、救助基金来源以及税收政策等方面。针对这些问题，国务院法制办、保监会等有关部门经过深入的分析研究，在严格遵守《道路交通安全法》有关规定的前提下，充分吸收了各方面的意见和建议，对《条例》草案进一步予以修改和完善。2006 年 3 月 1 日，国务院常务会议审议通过了《条例》，2006 年 3 月 21 日，时任国务院总理温家宝签署了第 462 号国务院令，《条例》已经于 2006 年 3 月 1 日在国务院第 127 次常务会议上通过，自 2006 年 7 月 1 日起正式实施。

《条例》的出台是落实《道路交通安全法》中关于建立机动车交通事故责任强制保险制度和道路交通事故社会救助基金制度的具体要求，是保护广大人民群众利益，促进道路交通安全的有效举措。《条例》严格遵守了《道路交通安全法》有关强制保险的规定，贯彻了《道路交通安全法》“以人为本、关爱生命、关注安全、保畅交通”的理念。建立机动车交通事故责任强制保险制度，是我国经济社会发展的必然要求，体现了以人为本的人文关怀精神；有利于道路交通事故受害人获得及时有效的经济保障和医疗救治；有利于减轻交通事故肇事方的经济负担；有利于促进道路交通安全，通过“奖优罚劣”的费率经济杠杆手段，促进驾驶人增强安全意识；有利于充分发挥保险的社会保障功能，维护社会稳定。

（3）《条例》颁布实施后的反响

《条例》颁布实施后，社会各界反响强烈，根据普华永道咨询公司出具的交强险首年财务汇总报告，2006 年 7 月 1 日至 2007 年 6 月 30 日，全国交强险业务共承保各类机动车 5 755

万辆，承保率约38%，保费收入合计507亿元，截止到2007年6月30日已经终止保险责任的保费227亿元，尚未终止保险责任的保费280亿元。交强险首年赔款支出合计139亿元，各类经营费用合计141亿元，投资收益合计14亿元。前述数据显示，按国内会计准则核算交强险首年出现账面亏损39亿元。

在交强险颁布后，对于交强险的费率、相关条款的可操作性及保险公司在运作交强险中的利润问题等，许多有识之士提出了自己的意见和建议，在此基础上，根据2012年3月30日《国务院关于修改〈机动车交通事故责任强制保险条例〉的决定》进行了第一次修订，根据2012年12月17日《国务院关于修改〈机动车交通事故责任强制保险条例〉的决定》进行了第二次修订。

任务：

根据本节提供的机动车交通事故责任强制保险单单证样本，以校园内的某一车辆及其拥有者为对象，模拟进行该车的交强险投保保单填写，其中所需用到的相关交强险费率及相关规定请参考1.2节相关内容，填写后，教师进行总结与点评。

1.2 机动车道路交通事故责任强制保险相关法律法规分析与案例处理

1.2.1 交强险相关法律法规分析

1.《机动车交通事故责任强制保险条例》

说明：2006年3月21日中华人民共和国国务院令第462号公布，根据2012年3月30日《国务院关于修改〈机动车交通事故责任强制保险条例〉的决定》第一次修订，根据2012年12月17日《国务院关于修改〈机动车交通事故责任强制保险条例〉的决定》第二次修订。

第1章 总则

第1条 为了保障机动车道路交通事故受害人依法得到赔偿，促进道路交通安全，根据《中华人民共和国道路交通安全法》、《中华人民共和国保险法》，制定本条例。

第2条 在中华人民共和国境内道路上行驶的机动车的所有人或者管理人，应当依照《中华人民共和国道路交通安全法》的规定投保机动车交通事故责任强制保险。

机动车交通事故责任强制保险的投保、赔偿和监督管理，适用本条例。

第3条 本条例所称机动车交通事故责任强制保险，是指由保险公司对被保险机动车发生道路交通事故造成本车人员、被保险人以外的受害人的人身伤亡、财产损失，在责任限额内予以赔偿的强制性责任保险。

第4条 国务院保险监督管理机构（以下称保监会）依法对保险公司的机动车交通事故责任强制保险业务实施监督管理。

公安机关交通管理部门、农业（农业机械）主管部门（以下统称机动车管理部门）应当依法对机动车参加机动车交通事故责任强制保险的情况实施监督检查。对未参加机动车交通事故责任强制保险的机动车，机动车管理部门不得予以登记，机动车安全技术检验机构不得予以检验。

公安机关交通管理部门及其交通警察在调查处理道路交通安全违法行为和道路交通事故时，应当依法检查机动车交通事故责任强制保险的保险标志。

第 2 章　投保

第 5 条　保险公司经保监会批准，可以从事机动车交通事故责任强制保险业务。

为了保证机动车交通事故责任强制保险制度的实行，保监会有权要求保险公司从事机动车交通事故责任强制保险业务。

未经保监会批准，任何单位或者个人不得从事机动车交通事故责任强制保险业务。

第 6 条　机动车交通事故责任强制保险实行统一的保险条款和基础保险费率。保监会按照机动车交通事故责任强制保险业务总体上不盈利不亏损的原则审批保险费率。

保监会在审批保险费率时，可以聘请有关专业机构进行评估，可以举行听证会听取公众意见。

第 7 条　保险公司的机动车交通事故责任强制保险业务，应当与其他保险业务分开管理，单独核算。

保监会应当每年对保险公司的机动车交通事故责任强制保险业务情况进行核查，并向社会公布；根据保险公司机动车交通事故责任强制保险业务的总体盈利或者亏损情况，可以要求或者允许保险公司相应调整保险费率。

调整保险费率的幅度较大的，保监会应当进行听证。

第 8 条　被保险机动车没有发生道路交通安全违法行为和道路交通事故的，保险公司应当在下一年度降低其保险费率。在此后的年度内，被保险机动车仍然没有发生道路交通安全违法行为和道路交通事故的，保险公司应当继续降低其保险费率，直至最低标准。被保险机动车发生道路交通安全违法行为或者道路交通事故的，保险公司应当在下一年度提高其保险费率。多次发生道路交通安全违法行为、道路交通事故，或者发生重大道路交通事故的，保险公司应当加大提高其保险费率的幅度。在道路交通事故中被保险人没有过错的，不提高其保险费率。降低或者提高保险费率的标准，由保监会会同国务院公安部门制定。

第 9 条　保监会、国务院公安部门、国务院农业主管部门以及其他有关部门应当逐步建立有关机动车交通事故责任强制保险、道路交通安全违法行为和道路交通事故的信息共享机制。

第 10 条　投保人在投保时应当选择具备从事机动车交通事故责任强制保险业务资格的保险公司，被选择的保险公司不得拒绝或者拖延承保。

保监会应当将具备从事机动车交通事故责任强制保险业务资格的保险公司向社会公示。

第 11 条　投保人投保时，应当向保险公司如实告知重要事项。

重要事项包括机动车的种类、厂牌型号、识别代码、牌照号码、使用性质和机动车所有人或者管理人的姓名（名称）、性别、年龄、住所、身份证或者驾驶证号码（组织机构代码）、续保前该机动车发生事故的情况以及保监会规定的其他事项。

第 12 条　签订机动车交通事故责任强制保险合同时，投保人应当一次支付全部保险费；保险公司应当向投保人签发保险单、保险标志。保险单、保险标志应当注明保险单号码、车牌号码、保险期限、保险公司的名称、地址和理赔电话号码。

被保险人应当在被保险机动车上放置保险标志。

保险标志式样全国统一。保险单、保险标志由保监会监制。任何单位或者个人不得伪造、变造或者使用伪造、变造的保险单、保险标志。

第13条 签订机动车交通事故责任强制保险合同时，投保人不得在保险条款和保险费率之外，向保险公司提出附加其他条件的要求。

签订机动车交通事故责任强制保险合同时，保险公司不得强制投保人订立商业保险合同以及提出附加其他条件的要求。

第14条 保险公司不得解除机动车交通事故责任强制保险合同；但是，投保人对重要事项未履行如实告知义务的除外。

投保人对重要事项未履行如实告知义务，保险公司解除合同前，应当书面通知投保人，投保人应当自收到通知之日起5日内履行如实告知义务；投保人在上述期限内履行如实告知义务的，保险公司不得解除合同。

第15条 保险公司解除机动车交通事故责任强制保险合同的，应当收回保险单和保险标志，并书面通知机动车管理部门。

第16条 投保人不得解除机动车交通事故责任强制保险合同，但有下列情形之一的除外：

1）被保险机动车被依法注销登记的。

2）被保险机动车办理停驶的。

3）被保险机动车经公安机关证实丢失的。

第17条 机动车交通事故责任强制保险合同解除前，保险公司应当按照合同承担保险责任。

合同解除时，保险公司可以收取自保险责任开始之日起至合同解除之日止的保险费，剩余部分的保险费退还投保人。

第18条 被保险机动车所有权转移的，应当办理机动车交通事故责任强制保险合同变更手续。

第19条 机动车交通事故责任强制保险合同期满，投保人应当及时续保，并提供上一年度的保险单。

第20条 机动车交通事故责任强制保险的保险期间为1年，但有下列情形之一的，投保人可以投保短期机动车交通事故责任强制保险：

1）境外机动车临时入境的。

2）机动车临时上道路行驶的。

3）机动车距规定的报废期限不足1年的。

4）保监会规定的其他情形。

第3章 赔偿

第21条 被保险机动车发生道路交通事故造成本车人员、被保险人以外的受害人人身伤亡、财产损失的，由保险公司依法在机动车交通事故责任强制保险责任限额范围内予以赔偿。

道路交通事故的损失是由受害人故意造成的，保险公司不予赔偿。

第22条 有下列情形之一的，保险公司在机动车交通事故责任强制保险责任限额范围内垫付抢救费用，并有权向致害人追偿：

1）驾驶人未取得驾驶资格或者醉酒的。

2）被保险机动车被盗抢期间肇事的。

3）被保险人故意制造道路交通事故的。

有前款所列情形之一，发生道路交通事故的，造成受害人的财产损失，保险公司不承担赔偿责任。

第 23 条　机动车交通事故责任强制保险在全国范围内实行统一的责任限额。责任限额分为死亡伤残赔偿限额、医疗费用赔偿限额、财产损失赔偿限额以及被保险人在道路交通事故中无责任的赔偿限额。

机动车交通事故责任强制保险责任限额由保监会会同国务院公安部门、国务院卫生主管部门、国务院农业主管部门规定。

第 24 条　国家设立道路交通事故社会救助基金（以下简称救助基金）。有下列情形之一时，道路交通事故中受害人人身伤亡的丧葬费用、部分或者全部抢救费用，由救助基金先行垫付，救助基金管理机构有权向道路交通事故责任人追偿：

1）抢救费用超过机动车交通事故责任强制保险责任限额的。

2）肇事机动车未参加机动车交通事故责任强制保险的。

3）机动车肇事后逃逸的。

第 25 条　救助基金的来源包括：

1）按照机动车交通事故责任强制保险的保险费的一定比例提取的资金。

2）对未按照规定投保机动车交通事故责任强制保险的机动车的所有人、管理人的罚款。

3）救助基金管理机构依法向道路交通事故责任人追偿的资金。

4）救助基金孳息。

5）其他资金。

第 26 条　救助基金的具体管理办法，由国务院财政部门会同保监会、国务院公安部门、国务院卫生主管部门、国务院农业主管部门制定试行。

第 27 条　被保险机动车发生道路交通事故，被保险人或者受害人通知保险公司的，保险公司应当立即给予答复，告知被保险人或者受害人具体的赔偿程序等有关事项。

第 28 条　被保险机动车发生道路交通事故的，由被保险人向保险公司申请赔偿保险金。保险公司应当自收到赔偿申请之日起 1 日内，书面告知被保险人需要向保险公司提供的与赔偿有关的证明和资料。

第 29 条　保险公司应当自收到被保险人提供的证明和资料之日起 5 日内，对是否属于保险责任做出核定，并将结果通知被保险人；对不属于保险责任的，应当书面说明理由；对属于保险责任的，在与被保险人达成赔偿保险金的协议后 10 日内，赔偿保险金。

第 30 条　被保险人与保险公司对赔偿有争议的，可以依法申请仲裁或者向人民法院提起诉讼。

第 31 条　保险公司可以向被保险人赔偿保险金，也可以直接向受害人赔偿保险金。但是，因抢救受伤人员需要保险公司支付或者垫付抢救费用的，保险公司在接到公安机关交通管理部门通知后，经核对应当及时向医疗机构支付或者垫付抢救费用。

因抢救受伤人员需要救助基金管理机构垫付抢救费用的，救助基金管理机构在接到公安机关交通管理部门通知后，经核对应当及时向医疗机构垫付抢救费用。

第32条 医疗机构应当参照国务院卫生主管部门组织制定的有关临床诊疗指南，抢救、治疗道路交通事故中的受伤人员。

第33条 保险公司赔偿保险金或者垫付抢救费用，救助基金管理机构垫付抢救费用，需要向有关部门、医疗机构核实有关情况的，有关部门、医疗机构应当予以配合。

第34条 保险公司、救助基金管理机构的工作人员对当事人的个人隐私应当保密。

第35条 道路交通事故损害赔偿项目和标准依照有关法律的规定执行。

第4章 罚则

第36条 未经保监会批准，非法从事机动车交通事故责任强制保险业务的，由保监会予以取缔；构成犯罪的，依法追究刑事责任；尚不构成犯罪的，由保监会没收违法所得，违法所得20万元以上的，并处违法所得1倍以上5倍以下罚款；没有违法所得或者违法所得不足20万元的，处20万元以上100万元以下罚款。

第37条 保险公司未经保监会批准从事机动车交通事故责任强制保险业务的，由保监会责令改正，责令退还收取的保险费，没收违法所得，违法所得10万元以上的，并处违法所得1倍以上5倍以下罚款；没有违法所得或者违法所得不足10万元的，处10万元以上50万元以下罚款；逾期不改正或者造成严重后果的，责令停业整顿或者吊销经营保险业务许可证。

第38条 保险公司违反本条例规定，有下列行为之一的，由保监会责令改正，处5万元以上30万元以下罚款；情节严重的，可以限制业务范围、责令停止接受新业务或者吊销经营保险业务许可证：

1）拒绝或者拖延承保机动车交通事故责任强制保险的。

2）未按照统一的保险条款和基础保险费率从事机动车交通事故责任强制保险业务的。

3）未将机动车交通事故责任强制保险业务和其他保险业务分开管理，单独核算的。

4）强制投保人订立商业保险合同的。

5）违反规定解除机动车交通事故责任强制保险合同的。

6）拒不履行约定的赔偿保险金义务的。

7）未按照规定及时支付或者垫付抢救费用的。

第39条 机动车所有人、管理人未按照规定投保机动车交通事故责任强制保险的，由公安机关交通管理部门扣留机动车，通知机动车所有人、管理人依照规定投保，处依照规定投保最低责任限额应缴纳的保险费的2倍罚款。

机动车所有人、管理人依照规定补办机动车交通事故责任强制保险的，应当及时退还机动车。

第40条 上道路行驶的机动车未放置保险标志的，公安机关交通管理部门应当扣留机动车，通知当事人提供保险标志或者补办相应手续，可以处警告或者20元以上200元以下罚款。

当事人提供保险标志或者补办相应手续的，应当及时退还机动车。

第41条 伪造、变造或者使用伪造、变造的保险标志，或者使用其他机动车的保险标志，由公安机关交通管理部门予以收缴，扣留该机动车，处 200 元以上 2 000 元以下罚款；构成犯罪的，依法追究刑事责任。

当事人提供相应的合法证明或者补办相应手续的，应当及时退还机动车。

第 5 章　附则

第 42 条　本条例下列用语的含义：

1）投保人是指与保险公司订立机动车交通事故责任强制保险合同，并按照合同负有支付保险费义务的机动车的所有人、管理人。

2）被保险人是指投保人及其允许的合法驾驶人。

3）抢救费用是指机动车发生道路交通事故导致人员受伤时，医疗机构参照国务院卫生主管部门组织制定的有关临床诊疗指南，对生命体征不平稳和虽然生命体征平稳但如果不采取处理措施会产生生命危险，或者导致残疾、器官功能障碍，或者导致病程明显延长的受伤人员，采取必要的处理措施所发生的医疗费用。

第 43 条　挂车不投保机动车交通事故责任强制保险。发生道路交通事故造成人身伤亡、财产损失的，由牵引车投保的保险公司在机动车交通事故责任强制保险责任限额范围内予以赔偿；不足的部分，由牵引车方和挂车方依照法律规定承担赔偿责任。

第 44 条　机动车在道路以外的地方通行时发生事故，造成人身伤亡、财产损失的赔偿，比照适用本条例。

第 45 条　中国人民解放军和中国人民武装警察部队在编机动车参加机动车交通事故责任强制保险的办法，由中国人民解放军和中国人民武装警察部队另行规定。

第 46 条　机动车所有人、管理人自本条例施行之日起 3 个月内投保机动车交通事故责任强制保险；本条例施行前已经投保商业性机动车第三者责任保险的，保险期满，应当投保机动车交通事故责任强制保险。

第 47 条　本条例自 2006 年 7 月 1 日起施行。

2.《机动车交通事故责任强制保险条款》（2008 版）

特别提示：为充分保障您的权益，请您仔细阅读本条款。机动车交通事故责任强制保险向您提供的是因交通事故造成的对受害人损害赔偿责任风险的基本保障。每辆机动车只需投保一份机动车交通事故责任强制保险，请不要重复投保。

在投保本保险后，您可以投保其他机动车保险。

机动车交通事故责任强制保险条款

总则

第 1 条　根据《中华人民共和国道路交通安全法》、《中华人民共和国保险法》、《机动车交通事故责任强制保险条例》等法律、行政法规，制定本条款。

第 2 条　机动车交通事故责任强制保险（以下简称交强险）合同由本条款与投保单、保险单、批单和特别约定共同组成。凡与交强险合同有关的约定，都应当采用书面形式。

第 3 条　交强险费率实行与被保险机动车道路交通安全违法行为、交通事故记录相联系的浮动机制。

签订交强险合同时，投保人应当一次支付全部保险费。保险费按照中国保险监督管理委员会（以下简称保监会）批准的交强险费率计算。

定义

第4条 交强险合同中的被保险人是指投保人及其允许的合法驾驶人。

投保人是指与保险人订立交强险合同，并按照合同负有支付保险费义务的机动车的所有人、管理人。

第5条 交强险合同中的受害人是指因被保险机动车发生交通事故遭受人身伤亡或者财产损失的人，但不包括被保险机动车本车车上人员、被保险人。

第6条 交强险合同中的责任限额是指被保险机动车发生交通事故，保险人对每次保险事故所有受害人的人身伤亡和财产损失所承担的最高赔偿金额。责任限额分为死亡伤残赔偿限额、医疗费用赔偿限额、财产损失赔偿限额以及被保险人在道路交通事故中无责任的赔偿限额。其中无责任的赔偿限额分为无责任死亡伤残赔偿限额、无责任医疗费用赔偿限额以及无责任财产损失赔偿限额。

第7条 交强险合同中的抢救费用是指被保险机动车发生交通事故导致受害人受伤时，医疗机构对生命体征不平稳和虽然生命体征平稳但如果不采取处理措施会产生生命危险，或者导致残疾、器官功能障碍，或者导致病程明显延长的受害人，参照国务院卫生主管部门组织制定的交通事故人员创伤临床诊疗指南和国家基本医疗保险标准，采取必要的处理措施所发生的医疗费用。

保险责任

第8条 在中华人民共和国境内（不含港、澳、台地区），被保险人在使用被保险机动车过程中发生交通事故，致使受害人遭受人身伤亡或者财产损失，依法应当由被保险人承担的损害赔偿责任，保险人按照交强险合同的约定对每次事故在下列赔偿限额内负责赔偿：

1）死亡伤残赔偿限额为110 000元。

2）医疗费用赔偿限额为10 000元。

3）财产损失赔偿限额为2 000元。

4）被保险人无责任时，无责任死亡伤残赔偿限额为11 000元；无责任医疗费用赔偿限额为1 000元；无责任财产损失赔偿限额为100元。

死亡伤残赔偿限额和无责任死亡伤残赔偿限额项下负责赔偿丧葬费、死亡补偿费、受害人亲属办理丧葬事宜支出的交通费用、残疾赔偿金、残疾辅助器具费、护理费、康复费、交通费、被扶养人生活费、住宿费、误工费，被保险人依照法院判决或者调解承担的精神损害抚慰金。

医疗费用赔偿限额和无责任医疗费用赔偿限额项下负责赔偿医药费、诊疗费、住院费、住院伙食补助费，必要的、合理的后续治疗费、整容费、营养费。

垫付与追偿

第9条 被保险机动车在本条1）至4）之一的情形下发生交通事故，造成受害人受伤需要抢救的，保险人在接到公安机关交通管理部门的书面通知和医疗机构出具的抢救费用清单后，按照国务院卫生主管部门组织制定的交通事故人员创伤临床诊疗指南和国家基本医疗保险标准进行核实。对于符合规定的抢救费用，保险人在医疗费用赔偿限额内垫付。被保险人在交通事故中无责任的，保险人在无责任医疗费用赔偿限额内垫付。对于其他损失和费用，保险人不负责垫付和赔偿。

1）驾驶人未取得驾驶资格的。

2）驾驶人醉酒的。

3）被保险机动车被盗抢期间肇事的。

4）被保险人故意制造交通事故的。

对于垫付的抢救费用，保险人有权向致害人追偿。

责任免除

第 10 条 下列损失和费用，交强险不负责赔偿和垫付：

1）因受害人故意造成的交通事故的损失。

2）被保险人所有的财产及被保险机动车上的财产遭受的损失。

3）被保险机动车发生交通事故，致使受害人停业、停驶、停电、停水、停气、停产、通信或者网络中断、数据丢失、电压变化等造成的损失以及受害人财产因市场价格变动造成的贬值、修理后因价值降低造成的损失等其他各种间接损失。

4）因交通事故产生的仲裁或者诉讼费用以及其他相关费用。

保险期间

第 11 条 除国家法律、行政法规另有规定外，交强险合同的保险期间为一年，以保险单载明的起止时间为准。

投保人、被保险人义务

第 12 条 投保人投保时，应当如实填写投保单，向保险人如实告知重要事项，并提供被保险机动车的行驶证和驾驶证复印件。重要事项包括机动车的种类、厂牌型号、识别代码、号牌号码、使用性质和机动车所有人或者管理人的姓名（名称）、性别、年龄、住所、身份证或者驾驶证号码（组织机构代码）、续保前该机动车发生事故的情况以及保监会规定的其他事项。

投保人未如实告知重要事项，对保险费计算有影响的，保险人按照保单年度重新核定保险费计收。

第 13 条 签订交强险合同时，投保人不得在保险条款和保险费率之外，向保险人提出附加其他条件的要求。

第 14 条 投保人续保的，应当提供被保险机动车上一年度交强险的保险单。

第 15 条 在保险合同有效期内，被保险机动车因改装、加装、使用性质改变等导致危险程度增加的，被保险人应当及时通知保险人，并办理批改手续。否则，保险人按照保单年度重新核定保险费计收。

第 16 条 被保险机动车发生交通事故，被保险人应当及时采取合理、必要的施救和保护措施，并在事故发生后及时通知保险人。

第 17 条 发生保险事故后，被保险人应当积极协助保险人进行现场查勘和事故调查。发生与保险赔偿有关的仲裁或者诉讼时，被保险人应当及时书面通知保险人。

赔偿处理

第 18 条 被保险机动车发生交通事故的，由被保险人向保险人申请赔偿保险金。被保险人索赔时，应当向保险人提供以下材料：

1）交强险的保险单。

2）被保险人出具的索赔申请书。

3）被保险人和受害人的有效身份证明、被保险机动车行驶证和驾驶人的驾驶证。

4）公安机关交通管理部门出具的事故证明，或者人民法院等机构出具的有关法律文书及其他证明。

5）被保险人根据有关法律法规规定选择自行协商方式处理交通事故的，应当提供依照《交通事故处理程序规定》规定的记录交通事故情况的协议书。

6）受害人财产损失程度证明、人身伤残程度证明、相关医疗证明以及有关损失清单和费用单据。

7）其他与确认保险事故的性质、原因、损失程度等有关的证明和资料。

第19条 保险事故发生后，保险人按照国家有关法律法规规定的赔偿范围、项目和标准以及交强险合同的约定，并根据国务院卫生主管部门组织制定的交通事故人员创伤临床诊疗指南和国家基本医疗保险标准，在交强险的责任限额内核定人身伤亡的赔偿金额。

第20条 因保险事故造成受害人人身伤亡的，未经保险人书面同意，被保险人自行承诺或支付的赔偿金额，保险人在交强险责任限额内有权重新核定。

因保险事故损坏的受害人财产需要修理的，被保险人应当在修理前会同保险人检验，协商确定修理或者更换项目、方式和费用。否则，保险人在交强险责任限额内有权重新核定。

第21条 被保险机动车发生涉及受害人受伤的交通事故，因抢救受害人需要保险人支付抢救费用的，保险人在接到公安机关交通管理部门的书面通知和医疗机构出具的抢救费用清单后，按照国务院卫生主管部门组织制定的交通事故人员创伤临床诊疗指南和国家基本医疗保险标准进行核实。对于符合规定的抢救费用，保险人在医疗费用赔偿限额内支付。被保险人在交通事故中无责任的，保险人在无责任医疗费用赔偿限额内支付。

合同变更与终止

第22条 在交强险合同有效期内，被保险机动车所有权发生转移的，投保人应当及时通知保险人，并办理交强险合同变更手续。

第23条 在下列三种情况下，投保人可以要求解除交强险合同：

1）被保险机动车被依法注销登记的。

2）被保险机动车办理停驶的。

3）被保险机动车经公安机关证实丢失的。

交强险合同解除后，投保人应当及时将保险单、保险标志交还保险人；无法交回保险标志的，应当向保险人说明情况，征得保险人同意。

第24条 发生《机动车交通事故责任强制保险条例》所列明的投保人、保险人解除交强险合同的情况时，保险人按照日费率收取自保险责任开始之日起至合同解除之日止期间的保险费。

附则

第25条 因履行交强险合同发生争议的，由合同当事人协商解决。

协商不成的，提交保险单载明的仲裁委员会仲裁。保险单未载明仲裁机构或者争议发生后未达成仲裁协议的，可以向人民法院起诉。

第 26 条　交强险合同争议处理适用中华人民共和国法律。

第 27 条　本条款未尽事宜，按照《机动车交通事故责任强制保险条例》执行。

3.《机动车交通事故责任强制保险费率方案》（2008 版）

机动车交通事故责任强制保险费率方案（以下简称费率方案）适用于经中国保险监督管理委员会批准的机动车交通事故责任强制保险业务。

本费率方案由机动车交通事故责任强制保险基础费率表及说明、机动车交通事故责任强制保险费率浮动办法、保险费的计算办法和解除保险合同保费计算办法等 4 个部分组成。

(1) 机动车交通事故责任强制保险基础费率表及说明

《机动车交通事故责任强制保险基础费率表》详见附表。

《机动车交通事故责任强制保险基础费率表》结构、费率水平全国统一（除拖拉机和低速载货汽车）。现将表中需说明事项明确如下。

1）机动车种类

机动车交通事故责任强制保险按机动车种类、使用性质分为家庭自用汽车、非营业客车、营业客车、非营业货车、营业货车、特种车、摩托车和拖拉机 8 种类型。

i．家庭自用汽车是指家庭或个人所有，且用途为非营业性的客车。

ii．非营业客车是指党政机关、企事业单位、社会团体、使领馆等机构从事公务或在生产经营活动中不以直接或间接方式收取运费或租金的客车，包括党政机关、企事业单位、社会团体、使领馆等机构为从事公务或在生产经营活动中承租且租赁期限为 1 年或 1 年以上的客车。

非营业客车分为党政机关、事业团体客车，企业客车。

用于驾驶教练、邮政公司用于邮递业务、快递公司用于快递业务的客车、警车、普通囚车、医院的普通救护车、殡葬车按照其行驶证上载明的核定载客数，适用对应的企业非营业客车的费率。

iii．营业客车是指用于旅客运输或租赁，并以直接或间接方式收取运费或租金的客车。

营业客车分为城市公交客车，公路客运客车，出租、租赁客车。

旅游客运车按照其行驶证上载明的核定载客数，适用对应的公路客运车费率。

iv．非营业货车是指党政机关、企事业单位、社会团体自用或仅用于个人及家庭生活，不以直接或间接方式收取运费或租金的货车（包括客货两用车）。货车是指载货机动车、厢式货车、半挂牵引车、自卸车、电瓶运输车、装有起重机械但以载重为主的起重运输车。

用于驾驶教练、邮政公司用于邮递业务、快递公司用于快递业务的货车按照其行驶证上载明的核定载质量，适用对应的非营业货车的费率。

v．营业货车是指用于货物运输或租赁，并以直接或间接方式收取运费或租金的货车（包括客货两用车）。货车是指载货机动车、厢式货车、半挂牵引车、自卸车、电瓶运输车、装有起重机械但以载重为主的起重运输车。

vi．特种车是指用于各类装载油料、气体、液体等专用罐车；或用于清障、清扫、清洁、起重、装卸（不含自卸车）、升降、搅拌、挖掘、推土、压路等的各种专用机动车，或适用于装有冷冻或加温设备的厢式机动车；或车内装有固定专用仪器设备，从事专业工作的监测、消防、运钞、医疗、电视转播、雷达、X光检查等机动车；或专门用于牵引集装箱箱体（货柜）的集装箱拖头。

特种车按其用途共分成4类，不同类型机动车采用不同收费标准：

特种车1：油罐车、汽罐车、液罐车；

特种车 2：专用净水车、特种车一以外的罐式货车，以及用于清障、清扫、清洁、起重、装卸（不含自卸车）、升降、搅拌、挖掘、推土、冷藏、保温等的各种专用机动车；

特种车 3：装有固定专用仪器设备从事专业工作的监测、消防、运钞、医疗、电视转播等的各种专用机动车；

特种车4：集装箱拖头。

ⅶ. 摩托车是指以燃料或电瓶为动力的各种两轮、三轮摩托车。

摩托车分成3类：50CC及以下，50～250CC（含）、250CC以上及侧三轮。

正三轮摩托车按照排气量分类执行相应的费率。

ⅷ. 拖拉机按其使用性质分为兼用型拖拉机和运输型拖拉机。

兼用型拖拉机是指以田间作业为主，通过铰接连接牵引挂车可进行运输作业的拖拉机。兼用型拖拉机分为14.7kW及以下和14.7kW以上两种。

运输型拖拉机是指货箱与底盘一体，不通过牵引挂车可运输作业的拖拉机。运输型拖拉机分为14.7kW及以下和14.7kW以上两种。

低速载货汽车参照运输型拖拉机14.7kW以上的费率执行。

ⅸ. 补充说明

《机动车交通事故责任强制保险基础费率表》中各车型的座位和吨位的分类都按照“含起点不含终点”的原则来解释（表中另有说明的除外）。各车型的座位按行驶证上载明的核定载客数计算；吨位按行驶证上载明的核定载质量计算。

2）基础保险费的计算

ⅰ. 一年期基础保险费的计算。投保一年期机动车交通事故责任强制保险的，根据《机动车交通事故责任强制保险基础费率表》中相对应的金额确定基础保险费。

ⅱ. 短期基础保险费的计算。投保保险期间不足一年的机动车交通事故责任强制保险的，按短期费率系数计收保险费，不足一个月按一个月计算。具体为：先按《机动车交通事故责任强制保险基础费率表》中相对应的金额确定基础保险费，再根据投保期限选择相对应的短期月费率系数，两者相乘即短期基础保险费。

短期月费率系数表

保险期间（月）	1	2	3	4	5	6	7	8	9	10	11	12
短期月费率系数（%）	10	20	30	40	50	60	70	80	85	90	95	100

短期基础保险费=年基础保险费×短期月费率系数

典型案例 1-1

一辆家庭自用5座轿车投保交强险后4个月将强制报废，请计算该时期内的短期交强险基准保险费是多少？

解：

由交强险基准费率表查得该车的年基准保费为 950 元，再查短期月费率系数表 4 个月系数为 40%，所以基准保险费为：950×40%=380（元）。

(2) 机动车交通事故责任强制保险基础费率浮动因素和浮动比率按照《机动车交通事故责任强制保险费率浮动暂行办法》（保监发[2007]52 号）执行。

(3) 保险费的计算办法

交强险最终保险费=交强险基础保险费×（1+与道路交通事故相联系的浮动比率）

(4) 解除保险合同保费计算办法

根据《机动车交通事故责任强制保险条例》规定解除保险合同时，保险人应按如下标准计算退还投保人保险费。

1）投保人已交纳保险费，但保险责任尚未开始的，全额退还保险费；

2）投保人已交纳保险费，但保险责任已开始的，退回未到期责任部分保险费：

退还保险费=保险费×（1−已了责任天数/保险期间天数）

附表：

机动车交通事故责任强制保险基础费率表（2008 版） **金额单位：人民币元**

车辆大类	序 号	车辆明细分类	保 费
i. 家庭自用车	1	家庭自用汽车 6 座以下	950
	2	家庭自用汽车 6 座及以上	1 100
ii. 非营业客车	3	企业非营业汽车 6 座以下	1 000
	4	企业非营业汽车 6～10 座	1 130
	5	企业非营业汽车 10～20 座	1 220
	6	企业非营业汽车 20 座以上	1 270
	7	机关非营业汽车 6 座以下	950
	8	机关非营业汽车 6～10 座	1 070
	9	机关非营业汽车 10～20 座	1 140
	10	机关非营业汽车 20 座以上	1 320
iii. 营业客车	11	营业出租租赁 6 座以下	1 800
	12	营业出租租赁 6～10 座	2 360
	13	营业出租租赁 10～20 座	2 400
	14	营业出租租赁 20～36 座	2 560
	15	营业出租租赁 36 座以上	3 530
	16	营业城市公交 6～10 座	2 250
	17	营业城市公交 10～20 座	2 520
	18	营业城市公交 20～36 座	3 020
	19	营业城市公交 36 座以上	3 140
	20	营业公路客运 6～10 座	2 350
	21	营业公路客运 10～20 座	2 620

续表

车辆大类	序　号	车辆明细分类	保　费
iii．营业客车	22	营业公路客运20～36座	3 420
	23	营业公路客运36座以上	4 690
iv．非营业货车	24	非营业货车2吨以下	1 200
	25	非营业货车2～5吨	1 470
	26	非营业货车5～10吨	1 650
	27	非营业货车10吨以上	2 220
v．营业货车	28	营业货车2吨以下	1 850
	29	营业货车2～5吨	3 070
	30	营业货车5～10吨	3 450
	31	营业货车10吨以上	4 480
vi．特种车	32	特种车一	3 710
	33	特种车二	2 430
	34	特种车三	1 080
	35	特种车四	3 980
vii．摩托车	36	摩托车50CC及以下	80
	37	摩托车50～250CC（含）	120
	38	摩托车250CC以上及侧三轮	400
viii．拖拉机	39	兼用型拖拉机14.7kW及以下	按保监产险[2007]53号实行地区差别费率
	40	兼用型拖拉机14.7kW以上	
	41	运输型拖拉机14.7kW及以下	
	42	运输型拖拉机14.7kW以上	

注：

1）座位和吨位的分类都按照“含起点不含终点”的原则来解释。

2）特种车一：油罐车、汽罐车、液罐车。特种车二：专用净水车、特种车一以外的罐式货车，以及用于清障、清扫、清洁、起重、装卸、升降、搅拌、挖掘、推土、冷藏、保温等的各种专用机动车。特种车三：装有固定专用仪器设备从事专业工作的监测、消防、运钞、医疗、电视转播等的各种专用机动车。特种车四：集装箱拖头。

3）挂车根据实际的使用性质并按照对应吨位货车的30%计算。

4）低速载货汽车参照运输型拖拉机14.7kW以上的费率执行。

4.《机动车交通事故责任强制保险费率浮动暂行办法》

1）根据国务院《机动车交通事故责任强制保险条例》第8条的有关规定，制定本办法。

2）从2007年7月1日起签发的机动车交通事故责任强制保险（以下简称交强险）保单，按照本办法，实行交强险费率与道路交通事故相联系浮动。

3）交强险费率浮动因素及比率如下：

浮动因素			浮动比率
与道路交通事故相联系的浮动比率 A	A1	上一个年度未发生有责任道路交通事故	−10%
	A2	上两个年度未发生有责任道路交通事故	−20%
	A3	上三个及以上年度未发生有责任道路交通事故	−30%
	A4	上一个年度发生一次有责任不涉及死亡的道路交通事故	0
	A5	上一个年度发生两次及两次以上有责任道路交通事故	10%
	A6	上一个年度发生有责任道路交通死亡事故	30%

4）交强险最终保险费计算方法是：交强险最终保险费=交强险基础保险费×（1+与道路交通事故相联系的浮动比率 A）。

5）交强险基础保险费根据中国保监会批复中国保险行业协会《关于中国保险行业协会制定机动交通事故责任强制保险行业协会条款费率的批复》(保监产险[2006]638 号）执行。

6）交强险费率浮动标准根据被保险机动车所发生的道路交通事故计算。摩托车和拖拉机暂不浮动。

7）与道路交通事故相联系的浮动比率 A 为 A1 至 A6 其中之一，不累加。同时满足多个浮动因素的，按照向上浮动或者向下浮动比率的高者计算。

8）仅发生无责任道路交通事故的，交强险费率仍可享受向下浮动。

9）浮动因素计算区间为上期保单出单日至本期保单出单日之间。

10）与道路交通事故相联系浮动时，应根据上年度交强险已赔付的赔案浮动。上年度发生赔案但还未赔付的，本期交强险费率不浮动，直至赔付后的下一年度交强险费率向上浮动。

11）几种特殊情况的交强险费率浮动方法。

i．首次投保交强险的机动车费率不浮动。

ii．在保险期限内，被保险机动车所有权转移，应当办理交强险合同变更手续，且交强险费率不浮动。

iii．机动车临时上道路行驶或境外机动车临时入境投保短期交强险的，交强险费率不浮动。其他投保短期交强险的情况下，根据交强险短期基准保险费并按照上述标准浮动。

iv．被保险机动车经公安机关证实丢失后追回的，根据投保人提供的公安机关证明，在丢失期间发生道路交通事故的，交强险费率不向上浮动。

v．机动车上一期交强险保单满期后未及时续保的，浮动因素计算区间仍为上期保单出单日至本期保单出单日之间。

vi．在全国车险信息平台联网或全国信息交换前，机动车跨省变更投保地时，如投保人能提供相关证明文件的，可享受交强险费率向下浮动。不能提供的，交强险费率不浮动。

12）交强险保单出单日距离保单起期最长不能超过三个月。

13）除投保人明确表示不需要的，保险公司应当在完成保险费计算后、出具保险单以前，向投保人出具《机动车交通事故责任强制保险费率浮动告知书》（附件），经投保人签章确认后，再出具交强险保单、保险标志。投保人有异议的，应告知其有关道路交通事故的查询方式。

14）已经建立车险联合信息平台的地区，通过车险联合信息平台实现交强险费率浮动。除当地保险监管部门认可的特殊情形以外，《机动车交通事故责任强制保险费率浮动告知书》和交强险保单必须通过车险信息平台出具。

未建立车险信息平台的地区，通过保险公司之间相互报盘、简易理赔共享查询系统或者手工方式等，实现交强险费率浮动。

15）本办法适用于从2007年7月1日起签发的交强险保单。2007年7月1日前已签发的交强险保单不适用本办法。

补充阅读材料1-2

机动车交通事故责任强制保险费率浮动告知单

机动车交通事故责任强制保险费率浮动告知单

尊敬的投保人：

您的机动车投保基本信息如下：

车牌号码：　　　　　　　　　　　号牌种类：

发动机号：　　　　　　　　　　　识别代码（车架号）：

浮动因素计算区间：　　年　　月　　日零时至　　年　　月　　日二十四时

根据中国保险监督管理委员会批准的机动车交通事故责任强制保险（以下简称交强险）费率，您的机动车交强险基础保险费是：人民币　　　元。

您的机动车从上年度投保以来至今，发生的有责任道路交通事故记录如下：

序　　号	赔付时间	是否造成受害人死亡

或者：您的机动车在上　个年度内未发生道路交通事故。

根据中国保险监督管理委员会公布的《机动车交通事故责任强制保险费率浮动暂行办法》，与道路交通事故相联系的费率浮动比率为：　　%。

交强险最终保险费=交强险基础保险费×（1+与道路交通事故相联系的浮动比率）

本次投保的应交保险费：人民币　　元（大写：　　　　　　　　　）

以上告知，如无异议，请您签字（签章）确认。

投保人签字（盖章）：

日期：　　年　月　日

典型案例1-2

6座以下的私家车主一年内未发生有责任交通事故，则其第二年缴纳的保费为：950×（1−10%）=855（元）。

1.2.2　车险信息共享平台建设

车险信息共享平台是中国保监会和中国保险行业协会要求全行业以省、自治区、直辖市和计划单列市为单位建设的共享信息系统，该平台是通过计算机网络和远程信息系统与公安交通管理部门、保险监管机构、保险行业协会及各省级保险公司实施车辆保险动态数据信息互联，通过保险信息网建立车险信息交换平台实现信息共享，是一个能满足保险业、政府和公众对保险服务需求的公共信息服务性平台。各地区的保险行业协会负责该地区车险信息共享平台的上线和日常运作，对于已参加车险信息共享平台的保险公司，其各地分公司可免费使用。目前，上海、北京、浙江、江苏、湖南、辽宁、宁夏、河北、内蒙古、四川、吉林等省市地区已完成平台建设并投入使用。

机动车辆保险信息共享平台的运行机制是各保险分公司通过向信息共享系统输送日常业务处理中产生的保单、批单和理赔信息，系统则对各保险分公司传输来的数据进行识别处理。公安交通管理部门向信息共享系统传输车辆基本信息、驾驶员信息、车辆违章和出险事故信息。保险行业协会则向信息共享平台传输车辆价格，汽车零配件价格和汽车维修服务定额、标准等动态信息，并根据市场的变化及时进行调整。信息共享平台与公安交通管理部门、保险行业协会、保险公司的数据库定期进行数据交换，同时保险监管机构通过与信息平台系统连接，查询并获取关于保单、批单及理赔等信息和数据，实施动态有效的监管，维护车辆保险市场经营秩序。

可以看出，要真正有效地实行费率与违章挂钩的费率浮动机制，车险信息共享平台建设是基础。车险信息共享平台的作用在于：

在车险信息共享平台实施之前，由于没有一个共同的车险数据库，各保险公司只能依靠该公司以往的理赔数据来确定投保车辆的费率浮动标准，很难了解投保车辆总体的违章情况，而这给一部分违章率高的人有了可乘之机。而车险信息共享平台的建立，在第三者责任险采用费率浮动机制后，车辆无论由谁驾驶，该车辆上一年所发生的交通违章、违法行为及保险事故理赔记录都将纳入车险信息共享平台，作为下一年保费上浮的依据，对驾驶员而言，违章驾车的成本提高了，除了要被交警处罚款扣分外，连保险费也要跟着涨价，车险信息共享平台对那些交通乱违章的驾驶员明显发挥了心理震慑作用。

公安交通管理部门则可通过车险信息共享平台实现对大量信息的交换和监控，能够及时掌握交通事故的现状和趋势，提高道路交通管理水平；同时，也为公安交通管理部门加强与汽车产业规划、车辆设计和驾驶员教育等在内的社会各界的合作，提供有利条件和成功经验。

同样，保险公司通过车险信息共享平台也获益匪浅：能减少道德风险的产生。保险欺诈特别是车险理赔欺诈已经成为一个影响行业健康发展的问题，有关部门利用车险信息共享平台共享车辆的理赔记录，可以有效监控和打击骗保、假牌及交通肇事逃逸等与车辆有关的违法犯罪行为，并能及时根据车辆理赔信息提前预警可疑车辆，有针对性地开展防范工作，更为可贵的是，车险信息共享平台积累的各类数据，还为保险公司开发车险新险种、科学厘定车险费率提供了大量有效的基础依据。因此，车险信息共享平台的成功运行，使各保险公司能快速掌握投保车辆的风险状况，变被动的“事后控制”为主动的“事前控制”，从而推动了行业的规范经营。在共享信息资源面前，保险公司之间的竞争更加公开、公平，竞争模式也由价格转向优质服务。

补充阅读材料 1-3

保险业试水信息平台公司将囊括车险健康险等数据

基于数据生存的中国保险业将步入新时代。“注资或达 20 亿元的数据公司已完成前期筹备工作，就等择机对外宣布了。”11 月 14 日，一位保监会接近人士告诉《经济观察报》记者。

其实，“以车险数据起步的数据公司未来也会装入健康险、人身险数据，该公司是一个保险业大数据公司的概念。”一位保险公司高管说。

大数据公司框架

这家大一统的保险大数据公司全称是“中国保险信息技术管理有限责任公司”（简称“中保信”）。据多位保监会接近人士透露，新公司为中国保险保障基金有限责任公司（简称“保障基金”）的全资子公司，注册资本20亿元。

早在年初的2013 年全国保险监管工作会议上，保监会主席项俊波就指出，行业信息共享平台正式起步，信息平台管理公司（简称“信息平台”）的组建方案已经获得国务院批准，保险业信息化建设开启新征程。

项俊波在 2013 年保监会监管工作会议上还提出，今年将推进行业共享信息平台建设，现有车险等信息平台业务全部移交“信息平台”。已进入筹备期的信息平台，在当时的主要工作即推进整合地方车险信息平台。

而年初时的想法是，据相关媒体报道，信息平台正式成立后将采用公司制运作，未来将成为中国的车险出单中心、数据统计中心及代位求偿结算平台。

诚然，建立信息平台对保险业可持续发展的意义不言而喻。

以北京为例，北京保监局指导行业协会动员全行业力量，先后搭建车险、健康险、意外险三个行业信息平台，推动保险市场健康发展。

由此，形成了北京地区车险、健康险、意外险的经营标准，使承保、理赔信息透明化，堵住了虚假承保理赔漏洞，减少了恶性竞争行为。此外，积累了丰富的保险数据，为保险制度实施和标准落实发挥了支撑作用，为区域性保险产品开发和费率厘定提供了数据支持。

再者打造了跨行业信息交互通道。截至 2012 年年末，车险平台与北京市交管局交换信息 1.54 亿条，与北京市地税局交换代收代缴车船税信息 5 146 万条，代收代缴车船税近 50 亿元。

“大一统”的平台

从平台公司雏形到现有格局，设立中保信有一个“三步曲”的过程。

中保信的前身欲成为全国车险信息中心，但现在不仅于此，而是将成为保险业大数据中心；换言之，互联网移动、大数据时代背景下，中保信从设立初衷到组织形式均已改弦易张。

最初，据一位了解中保信公司设计的保险专家说，建平台公司的起因是基于保险业内部与外部的数据共享与交换。诸如涉及保险公司之间的数据交换，也包括保险业与外部的一些数据共享，如交通领域的违章记录等。

"建立数据平台公司是行业的现实需求。"这位专家解释，由于被保险人在不同保险公司，但需要一个出险纪录确定第二年保费，即无赔款优待的概念；另外，交强险也需要一个平台共享数据，以进行内部信息交换；同时，还需要与外部信息交换共享平台。"当时的意义在于把违章数据导入定价管理，促进整个社会的和谐交通。"

接下来，几年前便由保险行业协会牵头组建数据交换平台。据上述保险专家回忆，在当时还面临一些波折：设计者希望建一个"大一统"的信息管理平台；但与此同时，各地各省也在建平台；由此与建"大一统"的想法与做法有一些磨合。

在此过程中，"在三四年前变成由保险行业协会牵头，并在协会成立了一个类似于事业部的组织，督导'大一统'信息平台的建立。"该专家说。

第二步，则是保险业欲推动成立一家数据公司，并由各家保险认股。"至于股权如何分配，财务、内部管理等筹备工作都做好了；但囿于各种原因，公司并没有成立。"上述保险专家说。他还透露，当时是类似于保险行业协会下的"产险暨车险承保人领导小组"在牵头做相关筹备工作。

不过，保险业并非未认识到数据公司的重要性。更重要的是，"监管部门也意识到保险业的健康发展需要一个服务于行业，且业务板块超脱车险的大数据公司"。上述保险专家说。

于是，第三步，从 2012 年开始，建立"大一统"的信息平台纳入了保监会议事日程，并使之成为 2012 年保险监管工作的大事之一。

事实上，几个月前，保监会曾发文要求 13 个地方保监局协同保险同业公会推进将各地车险信息平台整合到"平台管理公司"的工作；尽管整合尚有一定难度，包括目前仍有个别地区的数据运营未纳入信息平台。

不管怎样，数据公司的应用前景大有可为。"在更大范围内实现数据的集合，对于行业的生存和健康发展意义重大。通过这个平台，可以共享保险数据，实现科学的差异化定价。同时，可以加强对汽车零配件价格的管理，增强对整车厂和 4S 店的话语权等。除了车险，还可以为大型商业保险，如水电站、核电站等提供纯风险费率表，提升行业科学经营水平。此外，可以利用这个平台实现与相关领域的数据互换，不仅提升行业发展水平，还可以为推动相关领域的进步提供数据支持。"中国人保财险公司副总裁王和说。

"以后还将拓宽应用领域，将与健康险、人身险领域的相关数据纳入，这样就可以制定更加科学的生命表，强化对医疗费用的管理，动态管控长期护理成本等，而这对行业的科学和健康发展将是一件非常有意义的事情。"王和说。

那么，保险立业于数据，其经营原则基于大数法则；大数据公司的起航无疑将助推整个行业的健康稳定发展。

（资料来源：节选自紫金财产保险股份有限公司网站文章《保险业试水信息平台公司 将囊括车险健康险等数据》，http://www.zking.com/show.php? contentid=2711。）

1.2.3 交强险投保与理赔中的几种常见情况处理

1. 下列情况下由保险公司垫付抢救费用

《条例》的第 22 条规定："有下列情形之一的，保险公司在机动车交通事故责任强制保险责任限额范围内垫付抢救费用，并有权向致害人追偿：

1）驾驶人未取得驾驶资格或醉酒的。

2）被保险机动车被盗抢期间肇事的。

3）被保险人故意制造道路交通事故的。

有前款所列情形之一，发生道路交通事故的，造成受害人的财产损失，保险公司不承担赔偿责任。”

2．交强险不负责赔付本人

《机动车交通事故责任强制保险条款（2008版）》的第5条规定：“交强险合同中的受害人是指因保险机动车发生交通事故遭受人身伤亡或财产损失的人，但不包括被保险机动车本车车上人员、被保险人。”

3．四种情况交强险不赔

《机动车交通事故责任强制保险条款（2008版）》第10条规定：“下列损失和费用，交强险不负责赔偿和垫付：

1）因受害人故意造成的交通事故的损失。

2）被保险人所有的财产及被保险机动车上的财产遭受的损失。

3）被保险机动车发生交通事故，致使受害人停业、停驶、停电、停水、停气、停产、通信或网络中断、数据丢失、电压变化等造成的损失，以及受害人财产因市场价格变动造成的贬值、修理后因价值降低造成的损失等其他各种间接损失。

4）因交通事故产生的仲裁或诉讼费用及其他相关费用。”

4．二手车买卖需办交强险过户

《机动车交通事故责任强制保险条款（2008版）》第22条规定：“在交强险合同有效期内，被保险机动车所有权发生转移的，投保人应当及时通知保险人，并办理交强险合同变更手续。”

5．改装车辆须更改交强险

对于改装车辆，《机动车交通事故责任强制保险条款（2008版）》第15条规定：“在保险合同有效期内，被保险机动车因改装、加装、使用性质改变等导致危险程度增加的，被保险人应当及时通知保险人，并办理批改手续。否则，保险人按照保单年度重新核定保险费计收。”

任务：

以校园内某一车辆为对象，通过对车主的访谈了解其上一年度的相关交通违章信息，并根据访谈情况填写《机动车交通事故责任强制保险费率浮动告知单》，其后教师进行分析点评。

思考与练习

1．机动车交通事故责任强制保险，是指由保险公司对被保险机动车发生道路交通事故造成（　　）。

A．被保险人以外的受害人的人身伤亡、财产损失

B．被保险人以外的本车人员的人身伤亡、财产损失

C．本车人员、被保险以外的受伤害的人身伤亡、财产损失

D．本车人员以外的受害人和被保险人的人身伤亡、财产损失

2．被保险机动车发生道路交通事故的，有被保险人向保险公司申请赔偿保险金。保险公司应当自（　），书面告知被保险人需要向保险公司提供的与赔偿有关的证明和资料。

A．知悉赔偿申请之日起3日内　　B．知悉赔偿申请之日起1日内

C．收到赔偿申请之日起3日内　　D．收到赔偿申请之日起1日内

3．对于机动车交通责任强制保险的保险责任，保险公司应当在（　）赔偿保险金。

A．与被保险人达成赔偿保险金的协议后5日内

B．与被保险人达成赔偿保险金的协议后10日内

C．收到被保险人提供的证明和资料之日起5日内

D．收到被保险人提供的证明和资料之日起10日内

4．未经中国保监会批准，非法从事机动车交通事故责任强制保险业务，没有违法所得或违法所得不足20万元的，处（　）罚款。

A．20万元以上100万元以下　　B．50万元以上100万元以下

C．10万元以上50万元以下　　D．10万元以上100万元以下

5．保险公司未经中国保监会批准从事机动车交通事故责任强制保险业务，没有违法所得或违法所得不足20万元的，处（　）罚款。

A．20万元以上50万元以下　　B．20万元以上100万元以下

C．10万元以上50万元以下　　D．10万元以上100万元以下

6．保险公司（　），由中国保监会责令改正，处5万元以上30万元以下罚款。

A．从事非法机动车交通事故责任强制保险业务的

B．未经中国保监会批准从事机动车交通事故责任强制保险业务的

C．拒绝或拖延承保机动车交通事故责任强制保险的

D．将机动车交通事故责任强制保险业务和其他保险业务分开管理、单独核算的

7．机动车所有人、管理人未按照规定投保机动车交通事故责任强制保险的，处依照规定投保（　）罚款。

A．最低责任限额应缴纳保险费的等额

B．最低责任限额应缴纳保险费的2倍

C．最高责任限额应缴纳保险费的等额

D．最高责任限额应缴纳保险费的2倍

8．上道路行驶的机动车未放置保险标志的，公安机关交通管理部门可以处警告或（　）罚款。

A．20元以上50元以下　　B．20元以上100元以下

C．20元以上200元以下　　D．20元以上2 000以下

9．伪造、变造或使用伪造、变造的保险标志，或者使用其他机动车的保险标志，由公安机关交通管理部门予以收缴，扣留该机动车，处（　）罚款，构成犯罪的，依法追究刑事责任。

A．200元以上500元以下　　B．200元以上1 000元以下

C．200元以上1 500元以下　　D．200元以上2 000元以下

10．在机动车交通事故强制保险中，（　　）不能成为被保险人。

A．机动车的销售商　　B．机动车的管理人

C．机动车的所有人　　D．投保人所允许的合法驾驶人

11．机动车发生道路交通事故导致人员受伤时，医疗机构参照国务院卫生主管部门组织制定的有关临床诊疗指南，对生命体征不稳定和虽然生命体征稳定但如果不采取处理措施也会产生生命危险，或者导致残疾、器官功能障碍，或者导致病程明显延长的受伤人员，采取必要的处理措施所发生的医疗费用，称为（　　）。

A．急救医疗费用　　B．抢救医疗费用

C．急救费用　　D．抢救费用

12．简述交强险业务处理流程。

13．与机动车辆商业第三者责任险相比，交强险有什么独特特征？两者的主要区别有哪些？

14．什么情况下交强险费率能够进行上下浮动？

15．交强险承保时，保险公司要注意核实哪些情况？

16．车险信息共享平台建设有什么样的重要意义？

第2章 机动车辆商业保险

知识目标

了解机动车辆商业保险条款费率变化历程

掌握中国保险行业协会机动车辆商业保险示范条款的相关内容

掌握机动车商业保险行业基本费率

技能目标

掌握机动车辆商业保险各险别及其内容

掌握机动车辆商业保险条款的运用

学会计算机动车商业保险的保费

学会处理机动车辆商业保险理赔案件

案例导读

据北京保险协会通报，2012 年 7 月 21 日暴雨过后截至 24 日，北京市各保险公司总计接到车险报案已达 3.1 万多笔。据保险公司统计，损失已达 2.6 亿元。业内人士保守估计，只买了车损险，但在 7 月 21 日的暴雨中发动机受到损坏的车辆有数千辆，这些车主的损失绝大多数被保险公司拒赔，保险公司的涉水免责条款引起了广大车主的强烈质疑。暴雨使汽车发动机受损是车险理赔范围吗？

保险公司车损险条款第 4 条保险责任条款规定：保险期间内，保险机动车在被保险人或其允许的合法驾驶人使用过程中因暴雨造成保险机动车的全部损失或部分损失保险人依照保险合同约定负责赔偿。

车损险条款第 7 条第 10 款免除责任条款规定：因发动机进水造成的发动机损坏，保险人不负责赔偿。

保险公司对暴雨保险事故发生的原因锁定在了发动机进水的环节，不予赔付。那么根本没有考虑保险事故发生的根本原因是暴雨引起的，所以保险公司存在对保险条款做出对自己有利的解释而对别人不利的解释行为，那么这种解释行为本身也不符合法律对格式条款解释的原则性规定。根据不利解释原则，保险合同作为格式条款，当保险人与投保人、被保险人或受益人有争议的时候，应当做出有利于被保险人和受益人的解释。故按照有利于被保险人的原则，认定该保险条款规定的因发动机进水后导致的发动机损坏的免责事由中，不包含因暴雨原因造成的发动机进水后导致的发动机损坏这一情况。

另外，保险法非常重要的原则就是近因原则，实际上近因原则在世界各国都是处理复杂保险事故的一个非常关键的处理原则。

近因是指导致损失的最直接、起决定作用的原因，而不是时间上或空间上最接近的原因。那么如果在暴雨当中行驶，发动机进水了，我们认为暴雨是直接的原因，进水显然是间接的原因，所以暴雨当中发动机受损保险公司应当理赔。

综上所述，了解并熟悉商业险时条款是非常必要的！

机动车辆商业险是车主投保了国家规定必保的机动车辆交强险，自愿投保商业保险公司的机动车辆保险。主要分为基本险和附加险两大类，其中基本险为车辆损失险、全车盗抢险、车上人员责任险及商业第三者责任险四种，而附加险则包括车身划痕险、玻璃单独破碎险、自燃险、不计免赔险等，其中附加险不能独立投保，而必须依附于相应的基本险才能投保。

2.1 机动车辆商业保险条款费率变化历程

随着保险业的改革开放，车险条款费率也发生了深刻变化，其变革路径折射出监管部门监管思路逐渐成熟。

第一阶段：2003 年之前的车险统颁条款。自 1980 年我国恢复保险业务后，车险条款费率均由保险监管部门统一制定、修改，因地区特殊情况，经各地保险监管机构审批，可以调整费率。车险产品种类相对简单，仅有 2 个基本险和 9 个附加险种；影响车险费率的风险因素主要是车辆使用性质，缺少对驾驶人、地区等因素的考量。这一时期监管的重点是治理不执行条款费率、“高手续费、高返还、低费率”等恶性竞争行为。

第二阶段：2003 年至 2006 年 6 月，车险条款费率市场化改革迈出了第一步。2001 年 10 月，车险条款费率管理制度改革工作在广东省试点；2003 年，在全国范围推开。这次改革主要包括：停止使用统颁条款；保险公司可自行制定、修改和调整车险条款费率，报保监会审批后使用；各保险公司分公司经总公司授权，可在经营区域内调整费率，并报当地监管部门审批；经审批后的条款费率须向社会公布后使用。

第三阶段：2006 年 7 月至今的行业基本条款时期。尽管车险条款费率管理制度改革迈出了可喜的第一步，但受市场扩容速度加快、经营主体不成熟、偿付能力约束力不强、监管措施未同时跟进等诸多因素影响，改革并未达到预期目标。2006 年 7 月 1 日，伴随机动车交通事故责任强制保险的实施，中国保险行业协会开发了与交强险相衔接的包括机动车辆损失保险和商业第三者责任险两个险种的 A、B 和 C 3 套行业商业车险产品。

在 2006 版行业产品的基础上，经过修订和扩充，在中国保险行业协会的牵头下，由中国人保、中国平安、太平洋三家公司联合制定，开发完成了 2007 版车险行业条款，分 A、B 和 C 3 款，于 2007 年 4 月 1 日正式启用。2007 版机动车商业保险行业基本条款扩大了覆盖范围，除原有的机动车损失保险、机动车第三者责任保险外，又将机动车车上人员责任险、机动车辆全车盗抢险、玻璃单独破碎险、车身划痕损失保险、车损免赔额险、不计免赔率险六个险种也纳入了车险行业基本条款的范围，共计八个险种。这八个险种是投保率最高的险种，涵盖了车辆所面临的主要风险。同时，简化和规范了费率调节系数。除个别专业性保险公司外，其余公司均使用行业基本条款费率。

新《保险法》于 2009 年 10 月 1 日正式实施后，其最核心的三大变化是突出保护被保险人利益、突出加强监管和防范风险、突出拓宽保险服务领域，对保险公司业务经营提出了更高要求。2009 年 10 月 10 日后，中国保监会网站上陆续公布了各保险公司新版商业车险产品，经对比发现，新产品所作的修订主要根据新《保险法》的要求进行。新《保险法》对财产险理赔时限进行了明确规范，第 22 条规定了投保人、被保险人、受益人索赔时提供的证明、资料不完整的，保险人应当“及时一次性”通知被保险人补充提供；第 23 条对保险人接到请求后的核定期限做出了“30 日内”的一般规定；第 24 条对发出拒赔通知做出了“3 日内”的一般规定；第 25 条对保险人先予支付赔款做出了“60 日内”的一般规定。相应地，新版商业车险条款依据新《保险法》的规定进行了修改，明确了各理赔环节的操作时限，将有助于提高车险行业整体的理赔规范标准和理赔服务质量，也将有助于广大消费者享受到更为高效、透明的车险理赔服务。

新《保险法》借鉴国外相关立法，将保险标的转让时受让人自动承继保险合同的权利义务作为一般原则，第 49 条第 1 款、第 2 款规定：保险标的转让的，保险标的的受让人承继被保险人的权利和义务。保险标的转让的，被保险人或者受让人应当及时通知保险人，但货物运输保险合同和另有约定的合同除外。新版商业车险条款进行了相应修改，仔细研读新版条款，以往条款中规定责任免除事项：被保险机动车转让他人，未向保险人办理批改手续的，将不再成为直接的拒赔理由，而仅当被保险机动车转让他人，被保险人、受让人未履行本保险合同规定的通知义务，且因转让导致被保险机动车危险程度显著增加而发生保险事故的，保险人才可拒赔。修订后的条款逻辑更为清晰，各方权利义务关系更为平衡，被保险人和受让人的利益得到了较为有效的保障。

新《保险法》第 65 条规定：保险人对责任保险的被保险人给第三者造成的损害，可以依照法律的规定或者合同的约定，直接向该第三者赔偿。责任保险的被保险人给第三者造成损害，被保险人对第三者应负的赔偿责任确定的，根据被保险人的请求，保险人应当直接向该第三者赔偿。被保险人怠于请求的，第三者有权就其应获赔偿部分直接向保险人请求赔偿。责任保险的被保险人给第三者造成损害，被保险人未向该第三者赔偿的，保险人不得向被保险人赔偿。商业三责险条款依据新《保险法》的规定，在赔偿处理中进行了相应修改。修订后的条款，赋予了第三者在一定情况下的直接求偿权，强化了对责任保险中第三者的保障；同时，限制了一定情况下保险人向被保险人的赔偿行为，切实督促被保险人及时履行对第三者的赔偿义务，使第三者的损失及时得到弥补。原车险条款各保险公司对于短期费率的规定不完全相同，有的规定实行短期月费率，有的规定实行日费率，虽然新《保险法》对财产保险短期费率的问题规定仍然不是很明确，但各保险公司的新版车险条款均取消了短期月费率，一律按照日费率计算保费，对于被保险人而言显然更加有利。

2012 年 3 月 14 日，中国保险行业协会（以下简称中保协）正式发布了《机动车辆保险示范条款》(以下简称《示范条款》)。下一步，中国保险行业协会还将组织行业专业力量，加速推进行业制度化、标准化、信息化和透明化建设，为进一步规范商业车险市场秩序、维护社会公众利益和防止不正当竞争做出不懈努力。

2.2 中国保险行业协会机动车辆商业保险示范条款

总则

第1条 本保险条款分为主险、附加险。

主险包括机动车损失保险、机动车第三者责任保险、机动车车上人员责任保险、机动车全车盗抢保险共四个独立的险种，投保人可以选择投保全部险种，也可以选择投保其中部分险种。

附加险不能独立投保。附加险条款与主险条款相抵触之处，以附加险条款为准，附加险条款未尽之处，以主险条款为准。

保险人按照承保险种分别承担保险责任。

第2条 本保险合同中的被保险机动车是指在中华人民共和国境内（不含港、澳、台地区）行驶，以动力装置驱动或者牵引，上道路行驶的供人员乘用或者用于运送物品以及进行专项作业的轮式车辆（含挂车）、履带式车辆和其他运载工具，但不包括摩托车、拖拉机、特种车。

第3条 本保险合同中的第三者是指因被保险机动车发生意外事故遭受人身伤亡或者财产损失的人，但不包括被保险机动车本车车上人员、被保险人。

第4条 本保险合同中的车上人员是指发生意外事故的瞬间，在被保险机动车车体内或车体上的人员，包括正在上下车的人员。

第5条 除本保险合同另有约定外，投保人应在保险合同成立时一次交清保险费。保险费未交清前，本保险合同不生效。

2.2.1 机动车损失保险

保险责任

第6条 保险期间内，被保险人或其允许的合法驾驶人在使用被保险机动车过程中，因下列原因造成被保险机动车的直接损失，保险人依照本保险合同的约定负责赔偿：

1）碰撞、倾覆、坠落。

2）火灾、爆炸。

3）外界物体坠落、倒塌。

4）雷击、暴风、暴雨、洪水、龙卷风、冰雹、台风、热带风暴。

5）地陷、崖崩、滑坡、泥石流、雪崩、冰陷、暴雪、冰凌、沙尘暴。

6）受到被保险机动车所载货物、车上人员意外撞击。

7）载运被保险机动车的渡船遭受自然灾害（只限于驾驶人随船的情形）。

第7条 发生保险事故时，被保险人或其允许的合法驾驶人为防止或者减少被保险机动车的损失所支付的必要的、合理的施救费用，由保险人承担；施救费用数额在被保险机动车损失赔偿金额以外另行计算，最高不超过保险金额的数额。

责任免除

第8条 在上述保险责任范围内，下列情况下，不论任何原因造成被保险机动车的任何损失和费用，保险人均不负责赔偿：

1）事故发生后，被保险人或其允许的驾驶人在未依法采取措施的情况下驾驶被保险机动车或者遗弃被保险机动车逃离事故现场，或故意破坏、伪造现场、毁灭证据。

2）驾驶人有下列情形之一者：

- 饮酒、吸食或注射毒品、服用国家管制的精神药品或者麻醉药品。
- 无驾驶证，驾驶证被依法扣留、暂扣、吊销、注销期间。
- 驾驶与驾驶证载明的准驾车型不相符合的机动车。
- 实习期内驾驶公共汽车、营运客车或者执行任务的警车、载有危险物品的机动车或牵引挂车的机动车。
- 驾驶出租机动车或营业性机动车无交通运输管理部门核发的许可证书或其他必备证书。
- 学习驾驶时无合法教练员随车指导。
- 非被保险人允许的驾驶人。

3）被保险机动车有下列情形之一者：

- 发生保险事故时被保险机动车行驶证、号牌被注销的，或未按规定检验或检验不合格。
- 被扣押、收缴、没收、征用期间。
- 在竞赛、测试期间，在营业性场所维修、保养、改装期间。
- 被利用从事犯罪行为。

第9条　下列原因导致的被保险机动车的损失和费用，保险人不负责赔偿：

1）地震及其次生灾害。

2）战争、军事冲突、恐怖活动、暴乱、污染（含放射性污染）、核反应、核辐射。

3）人工直接供油、高温烘烤、自燃、不明原因火灾。

4）被保险机动车被转让、改装、加装或改变使用性质等，导致被保险机动车危险程度显著增加，且被保险人、受让人未及时通知保险人。

5）被保险人或其允许的驾驶人的故意行为。

第10条　下列损失和费用，保险人不负责赔偿：

1）因市场价格变动造成的贬值、修理后因价值降低引起的减值损失。

2）被保险机动车全车被盗窃、被抢劫、被抢夺、下落不明，以及在此期间受到的损坏，或被盗窃、被抢劫、被抢夺未遂受到的损坏，或车上零部件、附属设备丢失。

3）自然磨损、朽蚀、腐蚀、故障、本身质量缺陷。

4）车轮单独损坏，玻璃单独破碎，无明显碰撞痕迹的车身划痕，以及新增设备的损失。

5）发动机进水后导致的发动机损坏。

6）遭受保险责任范围内的损失后，未经必要修理并检验合格继续使用，致使损失扩大的部分。

7）投保人、被保险人或其允许的驾驶人知道保险事故发生后，故意或者因重大过失未及时通知，致使保险事故的性质、原因、损失程度等难以确定的，保险人对无法确定的部分，不承担赔偿责任，但保险人通过其他途径已经及时知道或者应当及时知道保险事故发生的除外。

8）因被保险人违反本条款第16条规定，导致无法确定的损失。

第11条 保险人在依据本保险合同约定计算赔款的基础上，按照下列方式免赔：

1）被保险机动车一方负次要事故责任的，实行5%的事故责任免赔率；负同等事故责任的，实行10%的事故责任免赔率；负主要事故责任的，实行15%的事故责任免赔率；负全部事故责任或单方肇事事故的，实行20%的事故责任免赔率。

2）被保险机动车的损失应当由第三方负责赔偿，无法找到第三方的，实行30%的绝对免赔率。

3）因违反安全装载规定导致保险事故发生的，保险人不承担赔偿责任；违反安全装载规定、但不是事故发生的直接原因的，增加10%的绝对免赔率。

4）投保时指定驾驶人，保险事故发生时为非指定驾驶人使用被保险机动车的，增加10%的绝对免赔率。

5）投保时约定行驶区域，保险事故发生在约定行驶区域以外的，增加10%的绝对免赔率。

6）对于投保人与保险人在投保时协商确定绝对免赔额的，本保险在实行免赔率的基础上增加每次事故绝对免赔额。

保险金额

第12条 保险金额按投保时被保险机动车的实际价值确定。

投保时被保险机动车的实际价值由投保人与保险人根据投保时的新车购置价减去折旧金额后的价格协商确定或其他市场公允价值协商确定。

折旧金额可根据本保险合同列明的参考折旧系数表确定。

赔偿处理

第13条 发生保险事故时，被保险人或其允许的合法驾驶人应当及时采取合理的、必要的施救和保护措施，防止或者减少损失，并在保险事故发生后48小时内通知保险人。被保险人或其允许的合法驾驶人根据有关法律法规规定选择自行协商方式处理交通事故的，应当立即通知保险人。

第14条 被保险人或其允许的合法驾驶人根据有关法律法规规定选择自行协商方式处理交通事故的，应当协助保险人勘验事故各方车辆、核实事故责任，并依照《道路交通事故处理程序规定》签订记录交通事故情况的协议书。

第15条 被保险人索赔时，应当向保险人提供与确认保险事故的性质、原因、损失程度等有关的证明和资料。

被保险人应当提供保险单、损失清单、有关费用单据、被保险机动车行驶证和发生事故时驾驶人的驾驶证。

属于道路交通事故的，被保险人应当提供公安机关交通管理部门或法院等机构出具的事故证明、有关的法律文书（判决书、调解书、裁定书、裁决书等）及其他证明。被保险人或其允许的合法驾驶人根据有关法律法规规定选择自行协商方式处理交通事故的，被保险人应当提供依照《道路交通事故处理程序规定》签订记录交通事故情况的协议书。

第16条 因保险事故损坏的被保险机动车，应当尽量修复。修理前被保险人应当会同保险人检验，协商确定修理项目、方式和费用。对未协商确定的，保险人可以重新核定。

第17条 被保险机动车遭受损失后的残余部分由保险人、被保险人协商处理。如折归被保险人的，由双方协商确定其价值并在赔款中扣除。

第18条 因第三方对被保险机动车的损害而造成保险事故，被保险人向第三方索赔的，保险人应积极协助；被保险人也可以直接向本保险人索赔，保险人在保险金额内先行赔付被保险人，并在赔偿金额内代位行使被保险人对第三方请求赔偿的权利。

被保险人已经从第三方取得损害赔偿的，保险人进行赔偿时，相应扣减被保险人从第三方已取得的赔偿金额。

保险人未赔偿之前，被保险人放弃对第三方请求赔偿的权利的，保险人不承担赔偿责任。

被保险人故意或者因重大过失致使保险人不能行使代位请求赔偿的权利的，保险人可以扣减或者要求返还相应的赔款。

保险人向被保险人先行赔付的，保险人向第三方行使代位请求赔偿的权利时，被保险人应当向保险人提供必要的文件和所知道的有关情况。

第19条 机动车损失赔款按以下方法计算：

（1）全部损失

赔款=（保险金额−被保险人已从第三方获得的赔偿金额）×（1−事故责任免赔率）×（1−绝对免赔率之和）−绝对免赔额

（2）部分损失

被保险机动车发生部分损失，保险人按实际修复费用在保险金额内计算赔偿：

赔款=（实际修复费用−被保险人已从第三方获得的赔偿金额）×（1−事故责任免赔率）×（1−绝对免赔率之和）−绝对免赔额

（3）施救费

施救的财产中，含有本保险合同未保险的财产，应按本保险合同保险财产的实际价值占总施救财产的实际价值比例分摊施救费用。

第20条 保险人受理报案、现场查勘、核定损失、参与诉讼、进行抗辩、要求被保险人提供证明和资料、向被保险人提供专业建议等行为，均不构成保险人对赔偿责任的承诺。

第21条 被保险机动车发生本保险事故，导致全部损失，或一次赔款金额与免赔金额之和（不含施救费）达到保险金额，保险人按本保险合同约定支付赔款后，本保险责任终止，保险人不退还机动车损失保险及其附加险的保险费。

任务：

1．某厂与某保险公司签订了机动车保险合同，投保险种为车辆损失险、第三者责任险等。在保险期限内，该厂驾驶员驾驶所投保的车辆发生重大交通事故，赔偿被害人15.6万余元。该投保车辆核定载重量为10吨，发生事故时，该车却载重至48吨。主管部门依据《道路交通事故处理办法》做出交通事故责任认定书，认定驾驶员因违章超载刹车失效，造成事故，负全部责任。事后，该厂依据机动车保险合同向保险公司索赔，保险公司拒赔。该厂诉至法院，要求保险公司承担赔偿责任。

1）保险公司是否应该赔偿？为什么？

2）双方当事人解决纠纷的方法有哪些？

2．李先生的爱车该保养了，他开车来到某修理厂。修理厂的小张师傅非常热情，帮助李先生办理好相关手续。李先生说："那我将车开进去。"小张忙说："不用了，我帮您开进去，您到休息室喝杯水，看会儿电视，一会儿车保养好后，我再给您开回来。"李先生听了，非常满意，就将钥匙交给小张，踏踏实实地到休息室去了，没过多久，小张推门进了休息室，怯生生地对李先生说："实在对不起，我倒车时一不小心将您的车撞在铁柱子上了，真对不起！"李先生夺门而去，看着凹瘪的后杠，心里那滋味就别提了。有心向小张发怒，但是看到他稚气、委屈、怯生生的表情，李先生心软了，李先生认为自己上了保险了，我的车撞坏了，应该属于车险条款中的"碰撞"责任，赶紧报险，向保险公司索赔。保险公司会赔偿吗？

3．一辆使用几个月的帕萨特行驶中司机嗅到焦煳味，立即停车，发现仪表台内冒出黑烟，经施救火未燃起。经分析认定，起火原因是因仪表台下线路故障产生高温将线外包皮烧焦，仪表台受高温变软溶化。

请分析其车辆火灾损失是否属于保险公司理赔责任？

2.2.2 机动车第三者责任保险

保险责任

第22条 保险期间内，被保险人或其允许的合法驾驶人在使用被保险机动车过程中发生意外事故，致使第三者遭受人身伤亡或财产直接损毁，依法应当对第三者承担的损害赔偿责任，保险人依照本保险合同的约定，对于超过机动车交通事故责任强制保险各分项赔偿限额的部分负责赔偿。

第23条 保险人依据被保险机动车一方在事故中所负的事故责任比例，承担相应的赔偿责任。

被保险人或被保险机动车一方根据有关法律法规规定选择自行协商或由公安机关交通管理部门处理事故未确定事故责任比例的，按照下列规定确定事故责任比例：

- 被保险机动车一方负主要事故责任的，事故责任比例为70%。
- 被保险机动车一方负同等事故责任的，事故责任比例为50%。
- 被保险机动车一方负次要事故责任的，事故责任比例为30%。

涉及司法或仲裁程序的，以法院或仲裁机构最终生效的法律文书为准。

责任免除

第24条 在上述保险责任范围内，下列情况下，不论任何原因造成的人身伤亡、财产损失和费用，保险人均不负责赔偿：

1）事故发生后，被保险人或其允许的驾驶人在未依法采取措施的情况下驾驶被保险机动车或者遗弃被保险机动车逃离事故现场，或故意破坏、伪造现场、毁灭证据。

2）驾驶人有下列情形之一者：

- 饮酒、吸食或注射毒品、服用国家管制的精神药品或者麻醉药品。
- 无驾驶证，驾驶证被依法扣留、暂扣、吊销、注销期间。
- 驾驶与驾驶证载明的准驾车型不相符合的机动车。

- 实习期内驾驶公共汽车、营运客车或者执行任务的警车、载有危险物品的机动车或牵引挂车的机动车。
- 驾驶出租机动车或营业性机动车无交通运输管理部门核发的许可证书或其他必备证书。
- 学习驾驶时无合法教练员随车指导。
- 非被保险人允许的驾驶人。

3）被保险机动车有下列情形之一者：

- 发生保险事故时被保险机动车行驶证、号牌被注销的，或未按规定检验或检验不合格。
- 被扣押、收缴、没收、政府征用期间。
- 在竞赛、测试期间，在营业性场所维修、保养、改装期间。
- 全车被盗窃、被抢劫、被抢夺、下落不明期间。

第 25 条 下列原因导致的人身伤亡、财产损失和费用，保险人不负责赔偿：

1）地震及其次生灾害、战争、军事冲突、恐怖活动、暴乱、污染（含放射性污染）、核反应、核辐射。

2）被保险机动车在行驶过程中翻斗突然升起，或没有放下翻斗，或自卸系统（含机件）失灵。

3）第三者、被保险人或其允许的驾驶人的故意行为、犯罪行为，第三者与被保险人或其他致害人恶意串通的行为。

4）被保险机动车被转让、改装、加装或改变使用性质等，导致被保险机动车危险程度显著增加，且被保险人、受让人未及时通知保险人。

第 26 条 下列人身伤亡、财产损失和费用，保险人不负责赔偿：

1）被保险机动车发生意外事故，致使任何单位或个人停业、停驶、停电、停水、停气、停产、通信或网络中断、电压变化、数据丢失造成的损失以及其他各种间接损失。

2）第三者财产因市场价格变动造成的贬值，修理后因价值降低引起的减值损失。

3）被保险人及其家庭成员、被保险人允许的驾驶人及其家庭成员所有、承租、使用、管理、运输或代管的财产的损失，以及本车上财产的损失。

4）被保险人及其家庭成员、被保险人允许的驾驶人及其家庭成员、本车车上人员的人身伤亡。

5）停车费、保管费、扣车费、罚款、罚金或惩罚性赔款。

6）超出《道路交通事故受伤人员临床诊疗指南》和国家基本医疗保险标准的医疗费用。

7）精神损害抚慰金。

8）律师费，未经保险人事先书面同意的诉讼费、仲裁费。

9）投保人、被保险人或其允许的驾驶人知道保险事故发生后，故意或者因重大过失未及时通知，致使保险事故的性质、原因、损失程度等难以确定的，保险人对无法确定的部分，不承担赔偿责任，但保险人通过其他途径已经及时知道或者应当及时知道保险事故发生的除外。

10）因被保险人违反本条款第 34 条规定，导致无法确定的损失。

11）应当由机动车交通事故责任强制保险赔偿的损失和费用。

保险事故发生时，被保险机动车未投保机动车交通事故责任强制保险或机动车交通事故责任强制保险合同已经失效的，对于机动车交通事故责任强制保险责任限额以内的损失和费用，保险人不负责赔偿。

第27条 保险人在依据本保险合同约定计算赔款的基础上，在保险单载明的责任限额内，按照下列方式免赔：

1）被保险机动车一方负次要事故责任的，实行5%的事故责任免赔率；负同等事故责任的，实行10%的事故责任免赔率；负主要事故责任的，实行15%的事故责任免赔率；负全部事故责任的，实行20%的事故责任免赔率。

2）违反安全装载规定的，实行10%的绝对免赔率。

3）投保时指定驾驶人，保险事故发生时为非指定驾驶人使用被保险机动车的，增加10%的绝对免赔率。

4）投保时约定行驶区域，保险事故发生在约定行驶区域以外的，增加10%的绝对免赔率。

责任限额

第28条 每次事故的责任限额，由投保人和保险人在签订本保险合同时协商确定。

第29条 主车和挂车连接使用时视为一体，发生保险事故时，在主车和挂车责任限额之和内承担赔偿责任。

主车保险人和挂车保险人按照保险单上载明的机动车第三者责任保险责任限额的比例分摊赔款。

赔偿处理

第30条 发生保险事故时，被保险人或其允许的合法驾驶人应当及时采取合理的、必要的施救和保护措施，防止或者减少损失，并在保险事故发生后48小时内通知保险人。被保险人或其允许的合法驾驶人根据有关法律法规规定选择自行协商方式处理交通事故的，应当立即通知保险人。

第31条 被保险人或其允许的合法驾驶人根据有关法律法规规定选择自行协商方式处理交通事故的，应当协助保险人勘验事故各方车辆、核实事故责任，并依照《道路交通事故处理程序规定》签订记录交通事故情况的协议书。

第32条 被保险人索赔时，应当向保险人提供与确认保险事故的性质、原因、损失程度等有关的证明和资料。

被保险人应当提供保险单、损失清单、有关费用单据、被保险机动车行驶证和发生事故时驾驶人的驾驶证。

属于道路交通事故的，被保险人应当提供公安机关交通管理部门或法院等机构出具的事故证明、有关的法律文书（判决书、调解书、裁定书、裁决书等）及其他证明。被保险人或其允许的合法驾驶人根据有关法律法规规定选择自行协商方式处理交通事故的，被保险人应当提供依照《道路交通事故处理程序规定》签订记录交通事故情况的协议书。

第33条 保险人对被保险人给第三者造成的损害，可以直接向该第三者赔偿。

被保险人给第三者造成损害，被保险人对第三者应负的赔偿责任确定的，根据被保险人的请求，保险人应当直接向该第三者赔偿。被保险人怠于请求的，第三者有权就其应获赔偿部分直接向保险人请求赔偿。

被保险人给第三者造成损害，被保险人未向该第三者赔偿的，保险人不得向被保险人赔偿。

第 34 条 因保险事故损坏的第三者财产，应当尽量修复。修理前被保险人应当会同保险人检验，协商确定修理项目、方式和费用。对未协商确定的，保险人可以重新核定。

第 35 条 赔款计算

1）当（依合同约定核定的第三者损失金额–机动车交通事故责任强制保险的分项赔偿限额）×事故责任比例等于或高于每次事故赔偿限额时：

赔款=每次事故赔偿限额×（1–事故责任免赔率）×（1–绝对免赔率之和）

2）当（依合同约定核定的第三者损失金额–机动车交通事故责任强制保险的分项赔偿限额）×事故责任比例低于每次事故赔偿限额时：

赔款=（依合同约定核定的第三者损失金额–机动车交通事故责任强制保险的分项赔偿限额）×事故责任比例×（1–事故责任免赔率）×（1–绝对免赔率之和）

第 36 条 保险人按照《道路交通事故受伤人员临床诊疗指南》和国家基本医疗保险的同类医疗费用标准核定医疗费用的赔偿金额。

未经保险人书面同意，被保险人自行承诺或支付的赔偿金额，保险人有权重新核定。不属于保险人赔偿范围或超出保险人应赔偿金额的，保险人不承担赔偿责任。

第 37 条 保险人受理报案、现场查勘、核定损失、参与诉讼、进行抗辩、要求被保险人提供证明和资料、向被保险人提供专业建议等行为，均不构成保险人对赔偿责任的承诺。

任务：

1. 孙先生对自己一时糊涂后悔万分，事情发生在两周前，那天由于夜晚疲劳驾驶，回家途中不慎将一位骑车的男子撞倒在地，他想逃避责任，便一踏油门逃走了。但终究难逃法网，他作为肇事逃逸司机被公安局拘捕，同时，将面对伤者巨额的医疗费。这时，孙先生想到了三者险，他还能得到保险理赔吗？

2. 李小姐拿到驾照后很少开车，但有时因工作需要又不得不自己开车出行，结果由于驾驶技术生疏，短短两个月内先后两次出事故，需承担巨额赔偿。第一次让保险公司理赔，她感到心安理得，第二次出事后便觉得心里没底，这次还能理赔吗？

如果轿车与非机动车一方相撞，机动车一方无责任的，它能获得车辆损失险的赔付吗？

2.2.3　机动车车上人员责任保险

保险责任

第 38 条 保险期间内，被保险人或其允许的合法驾驶人在使用被保险机动车过程中发生意外事故，致使车上人员遭受人身伤亡，依法应当对车上人员承担的损害赔偿责任，保险人依照本保险合同的约定负责赔偿。

第 39 条 保险人依据被保险机动车一方在事故中所负的事故责任比例，承担相应的赔偿责任。

被保险人或被保险机动车一方根据有关法律法规规定选择自行协商或由公安机关交通

管理部门处理事故未确定事故责任比例的，按照下列规定确定事故责任比例：

被保险机动车一方负主要事故责任的，事故责任比例为70%；

被保险机动车一方负同等事故责任的，事故责任比例为50%；

被保险机动车一方负次要事故责任的，事故责任比例为30%。

涉及司法或仲裁程序的，以法院或仲裁机构最终生效的法律文书为准。

责任免除

第40条 在上述保险责任范围内，下列情况下，不论任何原因造成的人身伤亡，保险人均不负责赔偿：

1）事故发生后，被保险人或其允许的驾驶人在未依法采取措施的情况下驾驶被保险机动车或者遗弃被保险机动车逃离事故现场，或故意破坏、伪造现场、毁灭证据。

2）驾驶人有下列情形之一者：

- 饮酒、吸食或注射毒品、服用国家管制的精神药品或者麻醉药品。
- 无驾驶证，驾驶证被依法扣留、暂扣、吊销、注销期间。
- 驾驶与驾驶证载明的准驾车型不相符合的机动车。
- 实习期内驾驶公共汽车、营运客车或者执行任务的警车、载有危险物品的机动车或牵引挂车的机动车。
- 驾驶出租机动车或营业性机动车无交通运输管理部门核发的许可证书或其他必备证书。
- 学习驾驶时无合法教练员随车指导。
- 非被保险人允许的驾驶人。

3）被保险机动车有下列情形之一者：

- 发生保险事故时被保险机动车行驶证、号牌被注销的，或未按规定检验或检验不合格。
- 被扣押、收缴、没收、政府征用期间。
- 在竞赛、测试期间，在营业性场所维修、保养、改装期间。
- 全车被盗窃、被抢劫、被抢夺、下落不明期间。

第41条 下列原因导致的人身伤亡，保险人不负责赔偿：

1）地震及其次生灾害、战争、军事冲突、恐怖活动、暴乱、污染（含放射性污染）、核反应、核辐射。

2）被保险机动车被转让、改装、加装或改变使用性质等，导致被保险机动车危险程度显著增加，且被保险人、受让人未及时通知保险人。

第42条 下列人身伤亡、损失和费用，保险人不负责赔偿：

1）被保险人或驾驶人的故意行为造成的人身伤亡。

2）被保险人及驾驶人以外的其他车上人员的故意、重大过失行为造成的自身伤亡。

3）车上人员因疾病、分娩、自残、斗殴、自杀、犯罪行为造成的自身伤亡。

4）违法、违章搭乘人员的人身伤亡。

5）罚款、罚金或惩罚性赔款。

6）超出《道路交通事故受伤人员临床诊疗指南》和国家基本医疗保险标准的医疗费用。

7）精神损害抚慰金。

8）律师费，未经保险人事先书面同意的诉讼费、仲裁费。

9）投保人、被保险人或其允许的驾驶人知道保险事故发生后，故意或者因重大过失未及时通知，致使保险事故的性质、原因、损失程度等难以确定的，保险人对无法确定的部分，不承担赔偿责任，但保险人通过其他途径已经及时知道或者应当及时知道保险事故发生的除外。

10）应当由机动车交通事故责任强制保险赔付的损失和费用。

第43条 保险人在依据本保险合同约定计算赔款的基础上，在保险单载明的责任限额内，按照下列方式免赔：

1）被保险机动车一方负次要事故责任的，实行5%的事故责任免赔率；负同等事故责任的，实行10%的事故责任免赔率；负主要事故责任的，实行15%的事故责任免赔率；负全部事故责任或单方肇事事故的，实行20%的事故责任免赔率。

2）投保时指定驾驶人，保险事故发生时为非指定驾驶人使用被保险机动车的，实行10%的绝对免赔率。

3）投保时约定行驶区域，保险事故发生在约定行驶区域以外的，增加10%的绝对免赔率。

责任限额

第44条 驾驶人每次事故责任限额和乘客每次事故每人责任限额由投保人和保险人在投保时协商确定。投保乘客座位数按照被保险机动车的核定载客数（驾驶人座位除外）确定。

赔偿处理

第45条 发生保险事故时，被保险人或其允许的合法驾驶人应当及时采取合理的、必要的施救和保护措施，防止或者减少损失，并在保险事故发生后48小时内通知保险人。被保险人或其允许的合法驾驶人根据有关法律法规规定选择自行协商方式处理交通事故的，应当立即通知保险人。

第46条 被保险人或其允许的合法驾驶人根据有关法律法规规定选择自行协商方式处理交通事故的，应当协助保险人勘验事故各方车辆、核实事故责任，并依照《道路交通事故处理程序规定》签订记录交通事故情况的协议书。

第47条 被保险人索赔时，应当向保险人提供与确认保险事故的性质、原因、损失程度等有关的证明和资料。

被保险人应当提供保险单、损失清单、有关费用单据、被保险机动车行驶证和发生事故时驾驶人的驾驶证。

属于道路交通事故的，被保险人应当提供公安机关交通管理部门或法院等机构出具的事故证明、有关的法律文书（判决书、调解书、裁定书、裁决书等）和通过机动车交通事故责任强制保险获得赔偿金额的证明材料。被保险人或其允许的合法驾驶人根据有关法律法规规定选择自行协商方式处理交通事故的，被保险人应当提供依照《道路交通事故处理程序规定》签订记录交通事故情况的协议书和通过机动车交通事故责任强制保险获得赔偿金额的证明材料。

第48条 赔款计算

1）对每座的受害人，当（依合同约定核定的每座车上人员人身伤亡损失金额–应由机动车交通事故责任强制保险赔偿的金额）×事故责任比例高于或等于每次事故每座赔偿限额时：

赔款=每次事故每座赔偿限额×（1–事故责任免赔率）×（1–绝对免赔率之和）

2）对每座的受害人，当（依合同约定核定的每座车上人员人身伤亡损失金额–应由机动车交通事故责任强制保险赔偿的金额）×事故责任比例低于每次事故每座赔偿限额时：

赔款=（依合同约定核定的每座车上人员人身伤亡损失金额–应由机动车交通事故责任强制保险赔偿的金额）×事故责任比例×（1–事故责任免赔率）×（1–绝对免赔率之和）

第49条 保险人按照《道路交通事故受伤人员临床诊疗指南》和国家基本医疗保险的同类医疗费用标准核定医疗费用的赔偿金额。

未经保险人书面同意，被保险人自行承诺或支付的赔偿金额，保险人有权重新核定。因被保险人原因导致损失金额无法确定的，保险人有权拒绝赔偿。

第50条 保险人受理报案、现场查勘、核定损失、参与诉讼、进行抗辩、要求被保险人提供证明和资料、向被保险人提供专业建议等行为，均不构成保险人对赔偿责任的承诺。

2.2.4 机动车全车盗抢保险

保险责任

第51条 保险期间内，被保险机动车的下列损失和费用，保险人依照本保险合同的约定负责赔偿：

1）被保险机动车被盗窃、抢劫、抢夺，经出险当地县级以上公安刑侦部门立案证明，满60天未查明下落的全车损失。

2）被保险机动车全车被盗窃、抢劫、抢夺后，受到损坏或车上零部件、附属设备丢失需要修复的合理费用。

3）被保险机动车在被抢劫、抢夺过程中，受到损坏需要修复的合理费用。

责任免除

第52条 在上述保险责任范围内，下列情况下，不论任何原因造成被保险机动车的任何损失和费用，保险人均不负责赔偿：

1）被保险人索赔时未能提供出险地县级以上公安刑侦部门出具的盗抢立案证明。

2）驾驶人、被保险人、投保人故意破坏现场、伪造现场、毁灭证据。

3）被保险机动车被扣押、罚没、查封、征用期间。

4）被保险机动车在竞赛、测试期间，在营业性场所维修、保养、改装期间，被运输期间。

第53条 下列损失和费用，保险人不负责赔偿：

1）地震及其次生灾害导致的损失和费用。

2）战争、军事冲突、恐怖活动、暴乱导致的损失和费用。

3）因诈骗引起的任何损失；因投保人、被保险人与他人的民事、经济纠纷导致的任何损失。

4）被保险人或其允许的驾驶人的故意行为、犯罪行为导致的损失和费用。

5）非全车遭盗窃，仅车上零部件或附属设备被盗窃或损坏。

6）新增设备的损失。

7）遭受保险责任范围内的损失后，未经必要修理并检验合格继续使用，致使损失扩大的部分。

8）被保险机动车被转让、改装、加装或改变使用性质等，导致被保险机动车危险程度显著增加而发生保险事故，且被保险人、受让人未及时通知保险人。

9）投保人、被保险人或其允许的驾驶人知道保险事故发生后，故意或者因重大过失未及时通知，致使保险事故的性质、原因、损失程度等难以确定的，保险人对无法确定的部分，不承担赔偿责任，但保险人通过其他途径已经及时知道或者应当及时知道保险事故发生的除外。

10）因被保险人违反本条款第 58 条规定，导致无法确定的损失。

第 54 条 保险人在依据本保险合同约定计算赔款的基础上，按照下列方式免赔：

1）发生全车损失的，绝对免赔率为 20%。

2）发生全车损失，被保险人未能提供《机动车登记证书》、机动车来历凭证的，每缺少一项，增加 1%的绝对免赔率。

3）投保时约定行驶区域，保险事故发生在约定行驶区域以外的，增加 10%的绝对免赔率。

保险金额

第 55 条 保险金额在投保时被保险机动车的实际价值内协商确定。

投保时被保险机动车的实际价值由投保人与保险人根据投保时的新车购置价减去折旧金额后的价格协商确定或其他市场公允价值协商确定。

折旧金额可根据本保险合同列明的参考折旧系数表确定。

赔偿处理

第 56 条 被保险机动车全车被盗抢的，被保险人知道保险事故发生后，应在 24 小时内向出险当地公安刑侦部门报案，并通知保险人。

第 57 条 被保险人索赔时，须提供保险单、损失清单、有关费用单据、《机动车登记证书》、机动车来历凭证以及出险当地县级以上公安刑侦部门出具的盗抢立案证明。

第 58 条 因保险事故损坏的被保险机动车，应当尽量修复。修理前被保险人应当会同保险人检验，协商确定修理项目、方式和费用。对未协商确定的，保险人可以重新核定。

第 59 条 保险人按下列方式赔偿：

1）被保险机动车全车被盗抢的，按以下方法计算赔款：

$$赔款=保险金额\times（1-绝对免赔率之和）$$

2）被保险机动车发生本条款第 51 条第 2）款、第 3）款列明的损失，保险人按实际修复费用在保险金额内计算赔偿：

$$赔款=实际修复费用\times（1-绝对免赔率）$$

第 60 条 保险人确认索赔单证齐全、有效后，被保险人签具权益转让书，保险人赔付结案。

第 61 条 被保险机动车发生本保险事故，导致全部损失，或者一次赔款金额与免赔金额之和达到保险金额，保险人按本保险合同约定支付赔款后，本保险责任终止，保险人不退还机动车全车盗抢保险及其附加险的保险费。

任务：

烟台王先生的私有桑塔纳2000轿车，停在自家楼下时，右侧的两个车轮被盗。王先生发现后，即与保险公司烟台市分公司联系，询问索赔程序。其曾为爱车购置 4 000 多元的保险，其中包括"盗抢险"。不承想，保险公司的答复是"车轮丢了属汽车零部件被盗，不在理赔范围内"。无奈，王先生去派出所报了案，并自费 1 780 元购买了新车轮。手持合同，王先生多次找保险公司，无果。试分析：

1．汽车盗抢险的赔付条件是什么？

2．为什么一定要规定"全车被盗窃"才可以理赔？

2.2.5 通用条款

保险期间

第 62 条 除另有约定外，保险期间为一年，以保险单载明的起讫时间为准。

其他事项

第 63 条 保险人按照本保险合同的约定，认为被保险人索赔提供的有关证明和资料不完整的，应当及时一次性通知被保险人补充提供。

第 64 条 保险人收到被保险人的赔偿请求后，应当及时做出核定；情形复杂的，应当在 30 日内做出核定。保险人应当将核定结果通知被保险人；对属于保险责任的，在与被保险人达成赔偿协议后 10 日内，履行赔偿义务。保险合同对赔偿期限另有约定的，保险人应当按照约定履行赔偿义务。

保险人未及时履行前款规定义务的，除支付赔款外，应当赔偿被保险人因此受到的损失。

第 65 条 保险人依照本条款第 64 条的规定做出核定后，对不属于保险责任的，应当自做出核定之日起三日内向被保险人发出拒绝赔偿通知书，并说明理由。

第 66 条 保险人自收到赔偿请求和有关证明、资料之日起 60 日内，对其赔偿数额不能确定的，应当根据已有证明和资料可以确定的数额先予支付；保险人最终确定赔偿数额后，应当支付相应的差额。

第 67 条 在保险期间内，被保险机动车转让他人的，受让人承继被保险人的权利和义务。被保险人或者受让人应当及时书面通知保险人。

因被保险机动车转让导致被保险机动车危险程度发生显著变化的，保险人自收到前款规定的通知之日起 30 日内，可以相应调整保险费或者解除本保险合同。

第 68 条 保险责任开始前，投保人要求解除本保险合同的，应当向保险人支付应交保险费金额 3%的退保手续费，保险人应当退还保险费。

保险责任开始后，投保人要求解除本保险合同的，自通知保险人之日起，本保险合同解除。保险人按日收取自保险责任开始之日起至合同解除之日止期间的保险费，并退还剩余部分保险费。

第 69 条 保险双方有关本保险合同的争议可通过协商进行解决。协商不成的，提交保险单载明的仲裁机构仲裁。保险单未载明仲裁机构且争议发生后未达成仲裁协议的，可向人民法院起诉。发生与保险赔偿有关的仲裁或者诉讼时，被保险人应当及时书面通知保险人。本保险合同适用中华人民共和国（不含港、澳、台地区）法律。

2.2.6　附加险

附加险条款的法律效力优于主险条款。附加险条款未尽事宜，以主险条款为准。除附加险条款另有约定外，主险中的责任免除、免赔规则、双方义务同样适用于附加险。

1）玻璃单独破碎险。

2）自燃损失险。

3）新增设备损失险。

4）车身划痕损失险。

5）发动机涉水损失险。

6）修理期间费用补偿险。

7）车上货物责任险。

8）精神损害抚慰金责任险。

9）不计免赔险。

10）机动车损失保险无法找到第三方特约险。

11）指定修理厂险。

2.2.7　玻璃单独破碎险

投保了机动车损失保险的机动车，可投保本附加险。

第 1 条　保险责任

保险期间内，被保险机动车风挡玻璃或车窗玻璃的单独破碎，保险人按实际损失金额赔偿。

第 2 条　投保方式

投保人与保险人可协商选择按进口或国产玻璃投保。保险人根据协商选择的投保方式承担相应的赔偿责任。

第 3 条　责任免除

安装、维修机动车过程中造成的玻璃单独破碎。

第 4 条　本附加险不适用主险中的各项免赔规定。

2.2.8　自燃损失险

投保了机动车损失保险的机动车，可投保本附加险。

第 1 条　保险责任

1）保险期间内，指在没有外界火源的情况下，由于本车电器、线路、供油系统、供气系统等被保险机动车自身原因或所载货物自身原因起火燃烧造成本车的损失。

2）发生保险事故时，被保险人为防止或者减少被保险机动车的损失所支付的必要的、合理的施救费用，由保险人承担；施救费用数额在被保险机动车损失赔偿金额以外另行计算，最高不超过本附加险保险金额的数额。

第 2 条　责任免除

1）自燃仅造成电器、线路、油路、供油系统、供气系统的损失。

2）由于擅自改装、加装电器及设备导致被保险机动车起火造成的损失。

3）被保险人在使用被保险机动车过程中，因人工直接供油、高温烘烤等违反车辆安全操作规则造成的损失。

4）本附加险每次赔偿实行20%的绝对免赔率，不适用主险中的各项免赔规定。

第3条 保险金额

保险金额由投保人和保险人在投保时被保险机动车的实际价值内协商确定。

第4条 赔偿处理

全部损失，在保险金额内计算赔偿；部分损失，在保险金额内按实际修理费用计算赔偿。

2.2.9 新增加设备损失险

投保了机动车损失保险的机动车，可投保本附加险。

第1条 保险责任

保险期间内，投保了本附加险的被保险机动车因发生机动车损失保险责任范围内的事故，造成车上新增加设备的直接损毁，保险人在保险单载明的本附加险的保险金额内，按照实际损失计算赔偿。

第2条 责任免除

本附加险每次赔偿的免赔规定以机动车损失保险条款规定为准。

第3条 保险金额

保险金额根据新增加设备投保时的实际价值确定。新增加设备的实际价值是指新增加设备的购置价减去折旧金额后的金额。

2.2.10 车身划痕损失险

投保了机动车损失保险的机动车，可投保本附加险。

第1条 保险责任

保险期间内，投保了本附加险的机动车在被保险人或其允许的合法驾驶人使用过程中，发生无明显碰撞痕迹的车身划痕损失，保险人按照保险合同约定负责赔偿。

第2条 责任免除

1）被保险人及其家庭成员、驾驶人及其家庭成员的故意行为造成的损失。

2）因投保人、被保险人与他人的民事、经济纠纷导致的任何损失。

3）车身表面自然老化、损坏，腐蚀造成的任何损失。

4）本附加险每次赔偿实行15%的绝对免赔率，不适用主险中的各项免赔规定。

第3条 保险金额

保险金额为2 000元、5 000元、10 000元或20 000元，由投保人和保险人在投保时协商确定。

第4条 赔偿处理

1）在保险金额内按实际修理费用计算赔偿。

2）在保险期间内，累计赔款金额达到保险金额，本附加险保险责任终止。

2.2.11 发动机涉水损失险

本附加险仅适用于家庭自用汽车、党政机关、事业团体用车、企业非营业用车，且只有在投保了机动车损失保险后，方可投保本附加险。

第 1 条　保险责任

保险期间内，投保了本附加险的被保险机动车在使用过程中，因发动机进水后导致的发动机的直接损毁，保险人负责赔偿：

发生保险事故时，被保险人为防止或者减少被保险机动车的损失所支付的必要的、合理的施救费用，由保险人承担；施救费用数额在被保险机动车损失赔偿金额以外另行计算，最高不超过保险金额的数额。

第 2 条　责任免除

本附加险每次赔偿均实行 15%的绝对免赔率，不适用主险中的各项免赔规定。

第 3 条　赔偿处理

在发生保险事故时被保险机动车的实际价值内计算赔偿。

2.2.12　修理期间费用补偿险

只有在投保了机动车损失保险的基础上方可特约本条款，机动车损失保险责任终止时，本保险责任同时终止。

第 1 条 保险责任

保险期间内，特约了本条款的机动车在使用过程中，发生机动车损失保险责任范围内的事故，造成车身损毁，致使被保险机动车停驶，保险人按保险合同约定，在保险金额内在向被保险人补偿修理期间费用，作为代步车费用或弥补停驶损失。

第 2 条 责任免除

下列情况下，保险人不承担修理期间费用补偿：

1）因机动车损失保险责任范围以外的事故而致被保险机动车的损毁或修理。

2）非在保险人指定的修理厂修理时，因车辆修理质量不合要求造成返修。

3）被保险人或驾驶人拖延车辆送修期间。

4）本保险每次事故的绝对免赔额为 1 天的赔偿金额，不适用主险中的各项免赔规定。

第 3 条 保险金额

本附加险保险金额=补偿天数×日补偿金额。补偿天数及日补偿金额由投保人与保险人协商确定并在保险合同中载明，保险期间内约定的补偿天数最高不超过 90 天。

第 4 条 赔偿处理

全车损失，按保险单载明的保险金额计算赔偿；部分损失，在保险金额内按约定的日赔偿金额乘以从送修之日起至修复之日止的实际天数计算赔偿，实际天数超过双方约定修理天数的，以双方约定的修理天数为准。

保险期间内，累计赔款金额达到保险单载明的保险金额，本附加险保险责任终止。

2.2.13　车上货物责任险

投保了机动车第三者责任保险的机动车，可投保本附加险。

第 1 条 保险责任

保险期间内，发生意外事故致使被保险机动车所载货物遭受直接损毁，依法应由被保险人承担的损害赔偿责任，保险人负责赔偿。

第2条 责任免除

1）偷盗、哄抢、自然损耗、本身缺陷、短少、死亡、腐烂、变质、串味、生锈，动物走失、飞失、货物自身起火燃烧或爆炸造成的货物损失。

2）违法、违章载运造成的损失。

3）因包装、紧固不善，装载、遮盖不当导致的任何损失。

4）车上人员携带的私人物品的损失。

5）保险事故导致的货物减值、运输延迟、营业损失及其他各种间接损失。

6）法律、行政法规禁止运输的货物的损失。

7）本附加险每次赔偿实行20%的绝对免赔率，不适用主险中的各项免赔规定。

第3条 责任限额

责任限额由投保人和保险人在投保时协商确定。

第4条 赔偿处理

被保险人索赔时，应提供运单、起运地货物价格证明等相关单据。保险人在责任限额内按起运地价格计算赔偿。

2.2.14 精神损害抚慰金责任险

只有在投保了机动车第三者责任保险或机动车车上人员责任保险的基础上方可投保本附加险。

在投保人仅投保机动车第三者责任保险的基础上附加本附加险时，保险人只负责赔偿第三者的精神损害抚慰金；在投保人仅投保机动车车上人员责任保险的基础上附加本附加险时，保险人只负责赔偿车上人员的精神损害抚慰金。

第1条 保险责任

保险期间内，被保险人或其允许的合法驾驶人在使用被保险机动车的过程中，发生投保的主险约定的保险责任内的事故，造成第三者或车上人员的人身伤亡，受害人据此提出精神损害赔偿请求，保险人依据法院判决及保险合同约定，对应由被保险人或被保险机动车驾驶人支付的精神损害抚慰金，在扣除机动车交通事故责任强制保险应当支付的赔款后，在本保险赔偿限额内负责赔偿。

第2条 责任免除

1）根据被保险人与他人的合同协议，应由他人承担的精神损害抚慰金。

2）未发生交通事故，仅因第三者或本车人员的惊恐而引起的损害。

3）怀孕妇女的流产发生在交通事故发生之日起30天以外的。

4）本附加险每次赔偿实行20%的绝对免赔率，不适用主险中的各项免赔规定。

第3条 赔偿限额

本保险每次事故赔偿限额由保险人和投保人在投保时协商确定。

第4条 赔偿处理

本附加险赔偿金额依据人民法院的判决在保险单所载明的赔偿限额内计算赔偿。

2.2.15 不计免赔险

投保了任一主险及其他设置了免赔率的附加险后，均可投保本附加险。

第 1 条 保险责任

经特别约定，保险事故发生后，按照对应投保的险种规定的免赔率计算的、应当由被保险人自行承担的免赔金额部分，保险人负责赔偿。

第 2 条 责任免除

下列情况下，应当由被保险人自行承担的免赔金额，保险人不负责赔偿：

1）机动车损失保险中应当由第三方负责赔偿而无法找到第三方的。

2）因违反安全装载规定而增加的。

3）投保时指定驾驶人，保险事故发生时为非指定驾驶人使用被保险机动车而增加的。

4）投保时约定行驶区域，保险事故发生在约定行驶区域以外而增加的。

5）发生机动车全车盗抢保险规定的全车损失保险事故时，被保险人未能提供《机动车登记证书》、机动车来历凭证的，每缺少一项而增加的。

6）机动车损失保险中约定的每次事故绝对免赔额。

7）可附加本条款但未选择附加本条款的险种规定的。

8）不可附加本条款的险种规定的。

机动车损失保险无法找到第三方特约险

投保了机动车损失保险后，可投保本附加险。

投保了本附加险后，对于机动车损失保险第 11 条第 3）款列明的，被保险机动车损失应当由第三方负责赔偿，但因无法找到第三方而增加的由被保险人自行承担的免赔金额，保险人负责赔偿。

2.2.16　指定修理厂险

投保了机动车损失保险的机动车，可投保本附加险。

投保人在投保时选择本附加险，并增加支付本附加险的保险费的，机动车损失保险事故发生后，被保险人可指定修理厂进行修理。

2.2.17　释义

【碰撞】指被保险机动车或其符合装载规定的货物与外界固态物体之间发生的、产生撞击痕迹的意外撞击。

【倾覆】指被保险机动车由于自然灾害或意外事故，造成本被保险机动车翻倒，车体触地，失去正常状态和行驶能力，不经施救不能恢复行驶。

【坠落】指被保险机动车在行驶中发生意外事故，整车腾空后下落，造成本车损失的情况。非整车腾空，仅由于颠簸造成被保险机动车损失的，不属于坠落。

【外界物体倒塌】指被保险机动车自身以外的物体倒下或陷下。

【自燃】指在没有外界火源的情况下，由于本车电器、线路、供油系统、供气系统等被保险机动车自身原因或所载货物自身原因起火燃烧。

【火灾】指被保险机动车本身以外的火源引起的、在时间或空间上失去控制的燃烧（有热、有光、有火焰的剧烈的氧化反应）所造成的灾害。

【次生灾害】指地震造成工程结构、设施和自然环境破坏而引发的火灾、爆炸、瘟疫、有毒有害物质污染、海啸、水灾、泥石流、滑坡等灾害。

【暴风】指风速在 28.5 米/秒（相当于 11 级大风）以上的大风。风速以气象部门公布的数据为准。

【暴雨】指每小时降雨量达 16 毫米以上，或连续 12 小时降雨量达 30 毫米以上，或连续 24 小时降雨量达 50 毫米以上。

【洪水】指山洪暴发、江河泛滥、潮水上岸及倒灌。但规律性的涨潮、自动灭火设施漏水以及在常年水位以下或地下渗水、水管爆裂不属于洪水责任。

【玻璃单独破碎】指未发生被保险机动车其他部位的损坏，仅发生被保险机动车前后风挡玻璃和左右车窗玻璃的损坏。

【车轮单独损坏】指未发生被保险机动车其他部位的损坏，仅发生轮胎、轮辋、轮毂罩的分别单独损坏，或上述三者之中任意二者的共同损坏，或三者的共同损坏。

【车身划痕损失】仅发生被保险机动车车身表面油漆的损坏，且无明显碰撞痕迹。

【新增设备】指被保险机动车出厂时原有设备以外的，另外加装的设备和设施。

【新车购置价】指本保险合同签订地购置与被保险机动车同类型新车的价格，无同类型新车市场销售价格的，由投保人与保险人协商确定。

【单方肇事事故】指不涉及与第三者有关的损害赔偿的事故，但不包括自然灾害引起的事故。

【家庭成员】指配偶、子女、父母。

【市场公允价值】指熟悉市场情况的买卖双方在公平交易的条件下和自愿的情况下所确定的价格，或无关联的双方在公平交易的条件下一项资产可以被买卖或者一项负债可以被清偿的成交价格。

【参考折旧系数表】车辆种类 月折旧系数

车辆种类	月折旧系数			
	家庭自用	非 营 业	营 业	
			出 租	其 他
9 座以下客车	0.60%	0.60%	1.10%	0.90%
10 座以上客车	0.90%	0.90%	1.10%	0.90%
微型载货汽车	—	0.90%	1.10%	1.10%
带拖挂的载货汽车	—	0.90%	1.10%	1.10%
低速货车和三轮汽车	—	1.10%	1.40%	1.40%
其他车辆	—	0.90%	1.10%	0.90%

折旧按月计算，不足一个月的部分，不计折旧。最高折旧金额不超过投保时被保险机动车新车购置价的 80%。

折旧金额=新车购置价×被保险机动车已使用月数×月折旧系数

【饮酒】指驾驶人饮用含有酒精的饮料，驾驶机动车时血液中的酒精含量大于等于 20 mg/100 mL 的。

【全部损失】指被保险机动车发生事故后灭失，或者受到严重损坏完全失去原有形体、效用，或者不能再归被保险人所拥有的，为实际全损；或被保险机动车发生事故后，认为实际全损已经不可避免，或者为避免发生实际全损所需支付的费用超过实际价值的，为推定全损。

2.3　机动车商业保险行业基本费率

1．各险别保费计算方法

(1) 第三者责任保险

1) 按照被保险人类别、车辆用途、座位数/吨位数/排量/功率、责任限额直接查找保费。

2) 挂车根据实际的使用性质并按照对应吨位货车的 30%计算。

(2) 机动车损失保险

1) 按照被保险人类别、车辆用途、座位数/吨位数/排量/功率、车辆使用年限所属档次查找基准保费和费率。

保费=基准保费+保险金额×费率

下面以表 2-1 为例说明保费的计算方法。

表 2-1　保费的计算方法

家庭自用汽车与企业非营业用车		机动车损失保险			
		1 年以下		1～2 年	
		基准保费（元）	费率（%）	基准保费（元）	费率（%）
家庭自用汽车	6 座以下	539	1.28	513	1.22
	6～10 座	646	1.28	616	1.22
企业非营业客车	6 座以下	305	1.01	290	0.96
	6～10 座	365	0.96	348	0.91
	10～20 座	365	1.03	348	0.98
	20 座以上	381	1.03	363	0.98

注："6 座以下"的含义为 5 座、4 座、3 座、2 座、1 座，不包含 6 座；"6～10 座"的含义为 6 座、7 座、8 座、9 座，不包含 10 座；在费率表中，凡涉及分段的陈述都按照"含起点不含终点"的原则来解释；"20 座以上"的含义为 20 座、21 座……，包含 20 座。

【例 2-1】 假定某 5 座家庭自用汽车投保车损险，车龄为 1 年以下，保险金额为 10 万元。在费率表上查得对应的基准保费为 539 元，费率为 1.28%，则该车辆的保费=539+10 万× 1.28%=1 819（元）。如果保险金额变为 15 万元，则该车辆的保费=539+15 万×1.28%=2 459（元）。

【例 2-2】 假定某 7 座企业非营业客车投保车损险，车龄为 1 年，保险金额为 18 万元。在费率表上查得对应的基准保费为 348 元，费率为 0.91%，则该车辆的保费=348+18 万×0.91%=1 986(元)。如果保险金额变为 25 万元，则该车辆的保费=348+25 万×0.91%=2 623(元)。

2) 挂车根据实际的使用性质并按照对应吨位货车的 50%计算。

(3) 车上人员责任险

按照被保险人类别、车辆用途、座位数查找费率。

驾驶人保费=每次事故责任限额×费率

乘客保费=每次事故每人责任限额×费率×投保乘客座位数

（4）盗抢险

按照被保险人类别、车辆用途、座位数查找基准保费和费率。

保费=基准保费+保险金额×费率

挂车保险费按同吨位货车对应档次保险费的50%计收。

（5）玻璃单独破碎险

按照被保险人类别、座位数、投保国产/进口玻璃查找费率。

保费=新车购置价×费率

注：对于特种车，防弹玻璃等特殊材质玻璃标准保费上浮10%。

（6）车身划痕损失保险

按车龄、新车购置价、保额所属档次直接查找保费。

（7）不计免赔率特约条款

按照适用的险种查找费率。

保费=适用本条款的险种标准保费×费率

（8）可选免赔额特约条款

按照选择的免赔额、新车购置价查找费率折扣系数。

约定免赔额之后的机动车损失保险保费=机动车损失保险保费×费率折扣系数

2．费率调整

费率调整系数如表2-2所示。

表2-2　费率调整系数

序号	项　目	内　容	系　数	适用范围
1	无赔款优待及上年赔款记录	连续3年没有发生赔款	0.7	所有车辆
		连续2年没有发生赔款	0.8	
		上年没有发生赔款	0.9	
		新保或上年赔款次数在3次以下	1.0	
		上年发生3次赔款	1.1	
		上年发生4次赔款	1.2	
		上年发生5次及以上赔款	1.3	
2	多险种同时投保	同时投保车损险、三者险	0.95～1.00	
3	客户忠诚度	首年投保	1.00	
		续保	0.90	
4	平均年行驶里程	平均年行驶里程＜30 000km	0.90	
		平均年行驶里程≥50 000km	1.1～1.3	
5	安全驾驶	上一保险年度无交通违法记录	0.90	
6	约定行驶区域	省内	0.95	所有车辆
		固定路线	0.92	不适用于家庭自用车
		场内	0.80	

续表

序号	项　　目	内　　容	系　　数	适用范围
7	承保数量	承保数量＜5 台	1.00	不适用于家庭自用车
		5 台≤承保数量＜20 台	0.95	
		20 台≤承保数量＜50 台	0.90	
		承保数量≥50 台	0.80	
8	指定驾驶人	指定驾驶人员	0.90	仅适用于家庭自用车
9	性别	男	1.00	
		女	0.95	
10	驾龄	驾龄＜1 年	1.05	
		1 年≤驾龄＜3 年	1.02	
		驾龄≥3 年	1.00	
11	年龄	年龄＜25 岁	1.05	
		25 岁≤年龄＜30 岁	1.00	
		30 岁≤年龄＜40 岁	0.95	
		40 岁≤年龄＜60 岁	1.00	
		年龄≥60 岁	1.05	
12	经验及预期赔付率	40%及以下	0.7～0.8	仅适用于车队
		40%～60%	0.8～0.9	
		60%～70%	1.00	
		70%～90%	1.1～1.3	
		90%以上	1.3 以上	
13	管理水平	根据风险管理水平和业务类型	0.7 以上	
14	车辆损失保险车型	特异车型、稀有车型、古老车型	1.3～2.0	所有车辆

注： 本费率调整系数不适用于摩托车和拖拉机。

相关链接

《示范条款》由协会组织行业专业力量，依据相关法律、行政法规和保监会《关于加强机动车辆商业保险条款费率管理的通知》的要求，在广泛征求、充分沟通、反复论证的基础上，前后经过六次修订，历时近一年拟订而成，为保险公司提供了商业车险条款行业范本。《示范条款》将原有商业车险条款在实践中长期存在争议的责任免除条款予以删除，并进一步明确了车险“实保实赔”和“代位求偿”制度。

《示范条款》的发布，是国内商业车险产品发展进程中的一次重要创新，对国内车险市场的持续、健康发展意义重大、影响深远。《示范条款》立足于解决社会公众关心的重要问题、切实维护社会公众利益，对原有商业车险条款进行了全面梳理，认真筛查不利于保护被保险人权益、表述不清和容易产生歧义之处，并进行了合理修订，主要有四个突出特点。

一是调整车辆损失险承保、理赔方式，强化保护消费者利益。针对商业车险市场中广受关注的热点问题，《示范条款》明确规定，车辆损失保险的保险金额按投保时被保险机动车的实际价值确定。被保险机动车发生全部损失，保险公司按保险金额进行赔偿；发生部分损失，保险公司按实际修复费用在保险金额内计算赔偿。同时，《示范条款》还规定，因第三方对被保险机动车的损害而造成保险事故的，保险公司可以在保险金额内先行赔付被保险人，然后代位行使被保险人对第三方请求赔偿的权利。消费者在发生车辆损失保险事故后，除可以沿用过去的索赔方式外，还能直接向自身投保的保险公司进行索赔，免去了和第三方之间的沟通索赔之累。

二是扩大保险责任，减少免赔事项，提高车险保障能力。《示范条款》将原有商业车险中"教练车特约"、"租车人人车失踪"、"法律费用"、"倒车镜车灯单独损坏"、"车载货物掉落"附加险的保险责任直接纳入主险保险责任；删除了原有商业车险条款实践中存在一定争议的十余条责任免除，如"驾驶证失效或审验未合格"、"发生保险事故时无公安机关交通管理部门核发的合法有效行驶证、号牌，或临时号牌或临时移动证"；免去了原有商业车险条款中的部分绝对免赔率。从而有效扩大了商业车险的保险责任范围，使商业车险的保障更加满足广大消费者的需要。

三是强化如实告知，简化索赔资料，提升车险服务水平。《示范条款》根据实践经验和消费者反映，对原有商业车险条款中的概念、文字进行了修改和完善，尤其是对消费者最为关心的保险责任、责任免除、赔偿处理等内容进行了针对性完善，使条款文字表述更加清晰准确、通俗易懂，强化了保险公司如实告知义务，便于广大消费者更好地理解车险条款。同时，《示范条款》对商业车险的索赔资料进行了简化，如不再要求车辆损失保险索赔提供营运许可证或道路运输许可证复印件，不再要求盗抢保险索赔提供驾驶证复印件、行驶证正副本、全套原车钥匙等资料，便于广大消费者更快捷办理索赔手续，提升车险理赔效率和服务水平。

四是简化产品体系，优化条款条例，便于车主阅读理解。《示范条款》简化了商业车险的产品体系，除对特种车，摩托车、拖拉机，单程提车单独设置条款外，其余机动车均采用统一的条款。每个条款分为总则、主险条款、通用条款、附加险条款、释义等部分。同时《示范条款》还对现有商业车险的附加险条款进行了大幅简化，把部分附加险纳入主险保障范围，仅保留玻璃单独破碎险、自燃损失险、车身划痕损失险等十个附加险，并新增了无法找到第三方不计免赔险。

中国保监会项俊波主席在全国保险监管工作会议上指出，提升保险服务质量和水平是保险行业保护消费者利益、实现保险社会管理功能、改善和提升行业形象、转变发展方式的必由之路。中国保险行业协会相关负责人表示，《示范条款》的发布，一是贯彻落实保监会《关于加强机动车辆商业保险条款费率管理的通知》的一项重要举措，各家保险公司可以参考《示范条款》拟订本公司的商业车险条款。二是着力提升车险行业服务水平的一项重要举措，《示范条款》从源头强化了商业车险的保障能力、优化了商业车险的实务手续，广大消费者今后可以享受到更为全面、优质的车险服务。三是重点解决车险理赔难问题的一项重要举措，《示范条款》中对于车险"代位求偿"制度的规定、索赔资料手续的简化，将显著减少车险理赔矛盾纠纷，标本兼治，显著改进。

思考与练习

1．简述机动车辆商业保险条款费率变化的三个阶段?

2．一辆克莱斯勒“君王”牌轿车涉水时，因发动机进水而自然熄火。车主非常爱惜自己的汽车，未进行任何企图激活发动机的操作，并及时向保险公司报了案。

查勘人员来到现场后，调来拖车将汽车拖至修理厂。修理工首先将发动机上的火花塞全部拆下，然后转动曲轴清理发动机内的积水。在转动的过程中，感觉阻力太大，于是通过马达，强行转动曲轴。转完后不久，发现车底有漏出的机油。这一现象被车主清晰地看到了，立即指出责任不在自己，要求保险公司赔付可能造成的损失。拆解之后，发现汽缸果然被捣破。

试分析该起案例应该如何赔付?

3．一辆老款面包车在行驶途中起火烧损。车主报案称汽车在行进过程中撞上了路边的一棵树而导致起火。

现场查勘：路边那棵树被撞程度较轻，车前保险杠的变形也不算严重，但水箱已经损坏，路面也没有发现汽车制动的痕迹。打开发动机盖子后发现：发动机周围的可燃物已全部化为灰烬，铝合金制成的化油器已全部熔化，前轮轮胎已部分炭化，但轮胎与地面接触部分的炭化程度并不是最轻的。

查勘人员分别询问同车而行的其他人员，得知路途中驾驶员曾经两次修理过化油器。

试分析应该如何处理该起案例?

4．老赵一直安全行驶，没有处理事故的经验。2007 年 4 月续保不久，且仅投保交强险。老赵请小李帮忙驾驶拖拉机搞运输，在同年 6 月 5 日发生了因避让自行车将拖拉机翻入稻田中的事故，拖拉机的柴油流了一地，驾驶员受伤。经交警调解有以下几项损失要求老赵承担：小李医药费 4 000 元，护理费 480 元，误工费 960 元，一次性补偿 800 元，拖拉机损坏 1 000 元，农田污染赔偿 500 元。

您认为可以列入保险第三者责任赔偿范围的有哪几项？合计多少？你怎样对老赵做解释?

第3章　机动车辆保险投保实务操作

知识目标

了解机动车辆保险渠道的选择
了解机动车辆保险的投保流程
了解投保单的内容如何填写

技能目标

掌握机动车辆保险险种组合
掌握机动车辆保险投保单的填写

案例导读

某保险公司业务员张某拜访了王先生的物流公司，该物流公司拥有30辆大型货车，这30台车的保险即将到期，王先生想换家保险公司投保。作为保险公司业务员，你应建议王先生如何投保车险?

3.1　机动车辆保险的选择

我国的保险市场将进一步向多元化方向发展，保险市场的竞争也将越来越激烈。各保险公司将根据车辆、地域、汽车驾驶员的差异所造成的风险程度的不同确定保险内容，依据该公司的发展战略，在不同的地区，针对不同的投保人拟订不同的保险合同。在保险公司细分客户群体、细分保险责任的“超市型”条款的服务环境中，各保险公司在地域、条款、费率上都会有一定程度的差异。因此，投保人有了更大的选择余地，根据实际需求可以自由地选择保险公司和保险条款。

3.1.1　选择保险的目的和意义

机动车辆保险的选择，是机动车辆所有人基于自己的风险保障需要，利用已掌握的保险知识及信息资料，进行对比分析，挑选最佳保险公司及投保险种的行为过程。

机动车辆保险的科学选择，是购买和消费保险的前提和基础。

选择的过程，就是调查了解、收集信息资料，进行投保预测和决策的过程。选择工作能否做好，将直接关系到投保户的切身经济利益，也就是能否选到诚信度最好的保险公司及能否选到适合自己需要的费用省、保险范围大的优质险种。因此，做好投保前的调查研究，进行科学选择，对投保人（被保险人）具有极为重要的意义。

现在，一些大城市中有了“保险代理公司”，这使保险市场主体更加健全，与世界保险业进一步接轨的表现。保险代理公司是为保险公司代理销售保险产品（办理车辆保险手续），代理收取车辆保险费，根据保险公司委托代理损失勘察和理赔，依法维护保险公司与广大客户权益的中介机构。对于保险知识贫乏，不了解保险市场行情的车主们，可到保险代理公司咨询或委托代理人挑选保险公司并设计较合理的投保方案。

3.1.2　选择保险的原则

1．国内投保的原则

新《保险法》第 7 条对此原则的规定：“在中华人民共和国境内的法人和其他组织需要办理境内保险的，应当向中华人民共和国境内的保险公司投保。”所以，我国境内的法人和其他组织需要办理境内机动车辆保险业务的，应当向我国境内开办机动车辆保险业务的保险公司投保。国外的保险公司，以独资或合资方式进入我国保险市场，并经保监会批准“有权经营车险业务的外资保险公司分支机构”也可以投保。

2．信誉第一、服务便捷的原则

保险公司作为经营风险转嫁业务，提供损失补偿的信誉企业，其自身的诚信和服务质量，对投保人或被保险人来说是至关重要的。因为投保人支付保险费后，得到的仅是损失补偿的承诺，但是由于风险的客观性和不确定性，被保险人绝对不想发生事故，可是天有不测风云、人有旦夕祸福，一旦不幸的事情降临到自己头上，这种承诺能否兑现则取决于保险公司的资产和诚信度。因此，要想得到可靠的经济补偿和保险服务，就要坚持诚信第一的原则，到资产雄厚、信誉最好的保险公司去投保。

3．经济实用（性价比最佳）的原则

目前，各保险公司已经开办的车险险种较多，投保人选择的空间也很大，投保时要精心选择，兼顾经济实用的原则，挑选性价比最佳的产品。所谓性价比最佳，是指花费较少而保障范围较大；实用则是指挑选的险种既能充分满足风险保障的需要，又不造成经济上的浪费。也就是说，以自身对风险保障的需要，合理挑选险种，进行投保。

3.1.3　保险方案的选择

机动车辆保险的选择包括三个方面的内容：对保险的渠道选择、对保险公司的选择、对投保险种的选择。

1．机动车辆保险的渠道选择

购买机动车辆保险，可以通过以下途径。

1）专业代理机构，即主营业务是代卖保险公司的保险产品，一般提供多家保险公司的汽车保险产品，可以为客户提供较多的产品设计方案。

2）通过兼业代理，指在经营主营业务的同时，代卖保险公司的产品。保险市场中常见的兼业代理有汽车经销商、汽车修理厂、银行、邮政、机场、道路检查机构等。

3）亲自到保险公司投保，保险公司也有对外营业的窗口。这种上门投保的形式，节约了保险公司的经营成本，可能会得到一些较便宜的价格。

4）电话投保。保险公司开通专门的服务电话，保险公司有专门的人员接听电话，协助办理投保手续，另外还实行上门送单服务。

5）网络投保。保险公司设立专门的网站（电子商务平台）。客户可以在网上发送投保申请，保险公司在收到申请后会电话联系客户进行确认。这是目前最方便、最快捷的投保方式，但对于不经常使用网络的客户不方便。

以上各机动车辆保险渠道的优缺点如表3-1所示。

表3-1 各机动车辆保险渠道的优缺点

途径/渠道	优　点	缺　点
专业代理	服务积极/上门 办理手续/理赔有人帮	成本较高/选择不当有风险
兼业代理（汽修行业）	保险与今后可能的理赔可以一起办	价格讨价还价费口舌/选择不当有风险
上门投保	保单不会有假/保费可能便宜	花上一些自己的时间
电话投保	电话直销车险通过电话销售，节省了中间环节，投保费率低于其他渠道10%～15%	不太容易和保险公司谈判/不是直接沟通有误导可能
网上投保	足不出户/保单送上门	

2．对保险公司的选择

根据科学选择保险的目的和原则，投保人对保险公司的选择，主要是对保险公司的资产、诚信、机构设置及技术力量、服务质量、经营状况，以及国别等情况的调查了解和选择。挑选保险公司的基本标准是：

1）投保的公司应该是在中国境内依法成立、守法经营的保险公司，有车险业务经营权的保险公司。

2）投保的公司经营稳健、财务状况良好、偿付能力充足、信誉良好。

3）投保的公司应具有健全的组织机构，尤以机构网点遍布全国的大公司为佳。

4）投保的公司应拥有雄厚的资产和良好的诚信形象。

5）投保的公司在本地的技术力量强大，事业技术人员多，服务质量好。

6）投保的公司经营状况良好，近几年无亏损现象。

同时具备以上六个方面条件的保险公司，即理想的保险公司。

目前已获保监会批准，在中国境内有权经营车险业务的保险公司有39家：中国人民保险公司，中国太平洋保险公司，中国平安保险股份有限公司，华泰财产保险股份有限公司，天安保险股份有限公司，大众保险股份有限公司，华安财产保险股份有限公司，永安财产保险股份有限公司，新疆兵团保险公司，美亚保险公司上海分公司、广州分公司，丰泰保险（亚洲）有限责任公司上海分公司，皇家太阳联合保险公司上海分公司，香港民安保险有限责任公司上海分公司等。《示范条款》实施后车险产品进一步统一，而汽车保险的差异将来会更多集中在保险公司的理赔服务和综合服务上，所以选择信誉好、服务质量优的保险公司应是投保时首要考虑的因素。

3．对投保险种的选择

目前，保险公司开设的险种有基本险和附加险两大类。基本险有车辆损失保险和第三者责任险。附加险是在投保了车辆损失保险的基础上投保全车盗抢险、玻璃单独破碎险、车辆停驶损失保险及自燃损失保险，新增加设备损失保险，在投保了第三者责任险后可投保车上人员责任险、无过失责任险、车载货物掉落责任险；在投保了车辆损失保险和第三者责任险的基础上，方可投保不计免赔特约险，还有单程接车保险等。

对投保险种的选择，是在广泛收集各保险公司营销的机动车辆保险条款及宣传资料的基础上，按照科学选择的原则及自身的风险转嫁需要，通过分析对比而挑选优质险种的过程。投保人选择机动车辆保险险种时，应了解自身的风险特征，根据实际情况选择个人所需的风险保障。对于机动车辆保险市场现有产品要进行充分了解，重点是要了解保险产品的保险责任和责任免除范围以及赔偿方式，以达到满足自身风险保障需要的基本目的。同时还要注意不同保险公司在同类保险产品上价格的差异，坚持性价比最佳的原则。

投保人一般可以按照以下步骤来选择投保险种。

1）投保人首先应该搞清楚自己可能面临着哪些风险，可能导致什么不良后果，最终自己会承担多少风险等问题。例如，新车被盗抢的风险较大；老旧车型发生自燃火灾损失几率较高；营运车辆一旦发生事故，赔偿的数额较大。

2）向保险公司或其代理人（机构）索要有关保险条款和费率表，仔细阅读保险条款。投保人应当特别关注保险产品的保险责任、责任免除和特别约定，被保险人权利和义务，免赔额或免赔率的计算，申请赔款手续，退保和折旧等规定。如对保险条款和费率表有疑问，投保人可以要求保险公司或代理人对条款和费率表进行解释说明或与保险公司咨询部门直接联系，以切实保障自己的利益。

3）再进一步了解、比较各保险公司的具体机动车辆保险产品，看看哪一种更适合自己的特殊要求。注意所选择的机动车辆保险产品的保障范围，一定得把容易发生的、相对可能性较大的风险包括进去。否则，未得到保障的风险事故发生导致的损失得不到保险赔偿。

例如，拥有一辆新的中档轿车用于经营出租业务时，就必须投保车辆损失保险和第三者责任险。在当前盗窃轿车案件时有发生的情况下，经常有远程客户租用的出租车，极可能成为犯罪团伙盗抢的对象，为了化解可能发生的风险，应该再投保全车盗抢险。又如，拥有一辆中、低档且已有五六年车龄的中型客车，运行在县、乡之间的固定线路上，就必须先投保车辆损失保险和第三者责任险。由于行驶的道路较窄，交通情况很复杂，就应该再投保车上人员责任险，以防止发生意外时造成车上人员伤亡而无法应付；由于客车是中、低档的，设计和制造工艺都不是十分精细，加之已运行了五六年，电气设备的线路已经老化，存在线路起火的可能性，为稳妥起见，还是应该再投保自燃损失保险。

自 2012 年《示范条款》出台后，车险从条款和费率上将更加趋同，保险公司的产品竞争主要集中在各自差异化的附加险上，这对投保人来说，险种方面将有更灵活的组合选择，交强险是强制性险种，按规定任何车辆都必须投保。其他的险种则在很大程度上依赖于车主的经济情况，根据自己的经济实力与实际需求有选择地进行投保。以下是 6 个机动车辆保险组合方案。

（1）最低保障方案 A

险种组合：只投保交强险。

保障范围：只能在交强险的责任范围内对第三者的损失负赔偿责任。

适用对象：急于上牌照或通过年检的个人。

特点：只有最低保障，费用低，适用于那些怀有侥幸心理认为上保险没用的人。但不保交强险是不能上路的，所以按最低标准投保。

优点：可以用来应付上牌照或验车。

缺点：一旦撞车或撞人，对方的损失能得到保险公司的少量的赔偿，且赔偿限额仅限于交强险的范围内，超出部分只有自己承担了，另外自己的车的损失只有自己负担。

（2）最低保障方案 B

险种组合：交强险+第三者责任险 5 万元。

保障范围：基本能够满足一般事故对第三者的损失负赔偿责任。

适用对象：保险意识不是很强，但又担心自己不小心对他人造成损失的，或急于拿保险单去上牌照或验车的人。

特点：相对于最低保障方案 A，投保人造成一般事故时对第三者的责任风险已基本转移，但造成较大事故时对第三者的责任风险仍转移不够，此外，投保车辆的损失及自身的损害还缺乏保障。

优点：可以用来应付上牌照或验车，另外，第三者的保障基本能够满足。

缺点：一旦撞车或撞人，对方的损失能得到保险公司的一些赔偿，且赔偿限额“基本宽余”，但是自己车的损失只有自己负担。

（3）基本保障方案

险种组合：交强险+车辆损失保险+第三者责任险（10 万～20 万元）。

保障范围：只投保交强险和商业保险的两个主要基本险，不含盗抢险以及其他任何附加险。

特点：适用部分认为事故后修车费用很高的车主，他们认为意外事故发生率比较高，为自己的车和第三者的人身伤亡和财产损毁寻求保障，此组合为很多车主青睐。

适用对象：有一定经济压力的个人或单位。

优点：必要性最高。

缺点：不是最佳组合，最好加入不计免赔特约险。

（4）经济保险方案

险种组合：交强险+车辆损失保险+第三者责任险（20 万元）+全车盗抢险+不计免赔特约险。

特点：投保最必要、最有价值的险种。

适用对象：是个人精打细算的最佳选择。

优点：投保最有价值的险种，保险性价比最高；人们最关心的丢失和 100%赔付等大风险都有保障，保费不高但包含了比较实用的不计免赔特约险。当然，这仍不是最完善的保险方案。

（5）最佳保障方案

险种组合：交强险+车辆损失保险+第三者责任险（30 万元）+车上责任险（5 座每座 5 万元）+挡风玻璃险+不计免赔特约险+全车盗抢险

特点：在经济投保方案的基础上，增加第三者责任险到 30 万元，加入了车上责任险和挡风玻璃险，使乘客及车辆易损部分得到安全保障。

适用对象：一般公司或个人。

优点：投保价值大的险种，不花冤枉钱，物有所值。

（6）完全保障方案

险种组合：车辆损失保险+第三者责任险（50 万元）+车上责任险（5 座每座 10 万元）+挡风玻璃险+不免赔特约险+新增加设备损失保险+自燃损失保险+全车盗抢险

特点：保全险，居安思危方才有备无患。能保的险种全部投保，从容上路，不必担心交通所带来的种种风险。

适用对象：机关、事业单位、大公司。

优点：几乎与汽车有关的全部事故损失都能得到赔偿。投保的人员不必为少保某一个险种而得不到赔偿，承担投保决策失误的损失而担心。

缺点：保全险保费较高，某些险种出险的概率非常小。

任务：

朱小姐，25 岁，驾龄 1 年，花了 7.78 万元买了一辆起亚轿车，作为上下班的代步工具，只限于本人使用，驾驶区域相对稳定，有固定停车地点，同时作为女性，驾驶较谨慎，发生事故的概率较小。

1）请列出朱小姐投保前应准备的相关事宜。

2）请帮助朱小姐列出 3 个以上的可选的量身定做的汽车保险方案。

3）提醒朱小姐选择保险机构应注意事项。

4）作为保险机构工作人员的你，准备如何向朱小姐推荐车险产品？

5）结合保险方案的推荐，保险公司业务员应该提醒朱小姐哪些购买汽车保险的注意事项？

3.2　机动车辆保险的投保流程

机动车辆保险的投保，就是投保人到保险公司或保险代理公司购买机动车辆保险的险种，办理保险手续，与保险人正式签订机动车辆保险合同的过程。投保人要积极配合保险业务员办理有关手续，履行应尽的义务。

办理机动车辆保险的基本程序是：投保准备—填写投保单—确定保险金额—核交保险费—领取保险单证—审核保险单证并妥善保管。基本流程如图 3-1 所示。

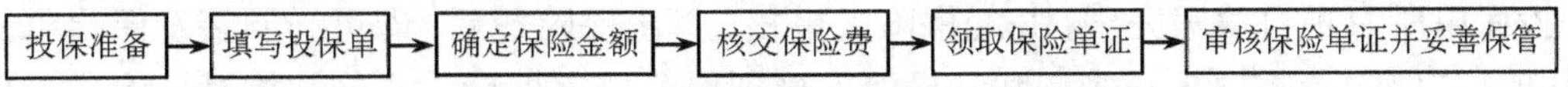

图 3-1　机动车辆保险投保基本流程

1. 机动车辆投保的准备

投保准备是根据机动车辆保险的投保条件及要求应做的各项工作。包括准备好证件，保养好车辆，协助业务员验证、验车，以及如实告知有关情况。

（1）机动车辆投保的条件

1）有公安交通管理部门核发的车辆号牌。对于新车投保，在车辆上牌照的同时办理保险业务。购买的新车要开往异地时，投单程提车保险需有公安交通管理部门核发的临时车辆号牌。

2）有公安交通管理部门填发的机动车辆行驶证。

3）有车辆检验合格证。新车需有出厂前的检验合格证；旧车行驶证上需有年检合格章。投保车辆必须达到国标GB 7258—2004《机动车辆安全运行技术条件》的要求。否则，即视为质量不合格或报废车辆，也就无投保资格。

（2）备好证件

1）被保险人为“法人或其他组织”的新保业务需要提供投保车辆行驶证、被保险人的组织机构代码复印件、投保经办人身份证明原件。

2）被保险人为“自然人”的新保业务需要提供投保“机动车辆行驶证”、被保险人身份证明复印件、投保人身份证明原件。

3）被保险人与车主不一致时，应提供由车主出具的能够证明被保险人与投保车辆关系的证明或契约。

4）约定驾驶人员时，需要提供约定驾驶人的“机动车辆行驶证”复印件。

5）投保人为“自然人”且不是由投保人本人办理投保手续时，或投保人为“法人或其他组织”时，应由投保人出具“办理投保委托书”并载明“授权委托×××”以本投保人名义办理××××××车辆的所有投保事宜”。投保人为“法人或其他组织”时，在委托书上加盖单位公章；投保人为“自然人”时，由投保人签名并提供身份证明原件。办理投保的经办人应同时提供本人身份证明原件。

（3）保养好车辆

应按规定保养好车辆，清洗干净，使其处于良好的技术状态，以备投保时保险公司业务人员验车。

2．正确填写投保单

投保人应按规定填写《机动车辆投保单》；若投保的车辆较多，投保单容纳不下时，还要填写《机动车辆投保单附表》。投保单及附表应字迹清楚，不会写的应及时询问保险业务员。投保单内容若有更改，投保人或经办人需在更改处签章。

3．保险金额的确定

保险金额由投保人和保险人共同协商确定，并在保险合同中载明保险车辆的份额。它既是计收保险费的依据，也是保险人承担损失补偿的最高限额。

4．核交保险费，领取保险单证

投保单所有项目填写完毕，并经保险人审核，算出保险费后，即可缮制签发保险单证，同时开具“保险费收据”一式三联。投保人接到保险费收据后，应仔细核对，确认无误方可据此办理交费手续。交费手续办完后，就可凭保险费收据领取机动车保险单（及保险单附表）、保险证。

投保人拿到保险单、证后，应再核对一遍，检查各栏目填写是否正确，计算是否准确，签章是否齐全。若有错误或遗漏，要即时更正。保险单带回后应妥善保管，因为保险单就是保险合同，是参加保险的凭证。机动车辆保险证还应随车带上，以备检查；万一发生事故，保险证是报案的凭据。

3.3　填具投保单

投保单是投保人要求投保的书面要约，是保险合同的重要组成部分，也是保险公司进行核保及核定给付、赔付的重要原始资料。汽车保险投保单一般包括投保人和被保险人情况、驾驶员情况、投保车辆情况、投保险种和期限、特别约定以及投保人和被保险人签章、标的初审情况等。表 3-2 为××××财产保险股份有限公司机动车辆保险、机动车辆交通事故责任强制保险投保单。

表 3-2　××××财产保险股份有限公司机动车辆保险、机动车辆交通事故责任强制保险投保单

欢迎您到××××财产保险股份有限公司投保！在您填写本保单前请先详细阅读《机动车交通事故责任强制保险条款》及我公司的机动车辆保险条款，阅读条款时请您特别注意各个条款中的保险责任、责任免除、投保人义务、被保险人义务等内容并听取保险人就条款（包括责任免除条款）所作的说明。您在充分理解条款后，再填写本投保单各项内容（请在需要选择的项目前的“□”内画“✓”表示）。为了合理确定投保机动车的保险费，并保证您获得充足的保障，请您认真填写每个项目，确保内容的真实可靠。您所填写的内容我公司将为您保密。本投保单所填写内容如有变动，请及时到我公司办理变更手续。

投保人	投保人名称/姓名				投保机动车数	辆	
投保人	联系人姓名		固定电话		移动电话		
投保人	投保人住所				邮政编码		
被保险人	□自然人 姓名：		身份证号码	□□□□□□□□□□□□□□□□□□			
被保险人	□法人或其他组织 名称：			组织机构代码	□□□□□□□□□		
被保险人	被保险人单位性质	□党政机关、团体 □个体、私营企业	□事业单位 □其他企业	□军队（武警） □其他	□使（领）馆		
被保险人	联系人姓名		固定电话		移动电话		
被保险人	被保险人住所				邮政编码	□□□□□□	
	被保险人与车辆的关系	□所有 □使用 □管理		车主			
	号牌号码		号牌底色	□蓝□黑□黄□白□白蓝□其他颜色			
	厂牌型号		发动机号				
	VIN 码	□□□□□□□□□□□□□□□□□		车架号			
	核定载客	人	核定载质量	千克	排量/功率	L/kW	
	初次登记日期	年　月	已使用年限	年	年平均行驶里程	千米	
	车身颜色	□黑色 □白色 □红色 □灰色 □蓝色 □黄色 □绿色 □紫色 □粉色 □棕色□其他					
	机动车种类						

续表

	机动车使用性质					
	上年是否在该公司投保商业机动车保险			□是 □否		
	行驶区域	□省内行驶 □固定行驶线路 具体路线：________				
	是否为未还清贷款的车辆	□是 □否		车损险与车身划痕险选择汽车专修厂		□是 □否
	上年赔款次数	□交强险赔款次数 次 □商业机动车保险赔款次数 次				
	上一年度交通违法行为	□有 □无				

投保主险条款名称			
指定驾驶人	姓名	驾驶证号码	初次领证日期
驾驶人 1		□□□□□□□□□□□□□□□□□□□□□□□□□	____年__月__日
驾驶人 2		□□□□□□□□□□□□□□□□□□□□□□□□□	____年__月__日
保险期间	____年__月__日零时起至____年__月__日二十四时止		

投保险种		保险金额/责任限额（元）	保险费（元）	备注
□机动车交通事故责任强制保险	□死残□医疗费			
□机动车损失保险：新车购置价______元				
□商业第三者责任险				
□车上人员责任险	投保人数____人	/人		
	投保人数____人	/人		
□附加盗抢险				
□附加玻璃单独破碎险	□国产玻璃			
	□进口玻璃			
□附加停驶损失保险：日赔偿金额____元×____天				
□附加车身划痕损失保险				
□附加火灾、爆炸、自燃损失保险				
□附加无过失责任险				
□不计免赔险特约	□车辆损失保险			
	□第三者责任险			
□不计免赔险特约	□车上货物责任险			
	□无过失责任险			
□救助特约				
保险费合计（人民币大写）：		（¥：		元）
特别约定				

续表

保险合同争议解决方式选择	□诉讼　□提交______仲裁委员会仲裁		
该保险公司由保险条款、投保单、保险单、批单和特别约定组成。 投保人声明：保险人已将投保险种对应的保险条款（包括责任免除部分）向本人做了明确说明，本人已充分理解；上述所填写的内容均属实，同意以此投保单为订立保险合同的依据。 投保人签名/签章： _____年__月__日			
验车验证情况	□已验车 □已验证　查验人员签名：　____年__月__日__时__分		
初审情况	业务来源：□直接业务 □个人代理 □专业代理 □兼业代理 □经纪人 □网上/电话业务 代理（经纪）人名称： 上年度是否在该公司承保：　□是 □否 业务员签字：　____年__月__日	复核意见	复核人签字：　____年____月____日
以上阴影部分内容由保险公司人员填写			

3.3.1　投保单填写方式

投保单有三种填写方式：

1）投保人或投保经办人口述，由公司业务人员或代理人员录入业务处理系统，打印后由投保人签字或签章；投保人提供的资料复印件附贴于投保单背面。

2）投保人利用公司电子商务投保系统等工具自助录入，打印后由投保人签字。

3）投保人手工填写后签字和签章；投保人提供的资料复印件附贴于投保单背面。

3.3.2　投保单内容

1. 投保人情况

投保人是指与保险人订立保险合同，并按照保险合同负有支付保险费义务的人。投保人可以与被保险人不同，但投保人对被保险机动车必须具有保险利益。

1）投保人名称/姓名：投保人为“法人或其他组织”时，填写其全称（与公章名称一致）；投保人为“自然人”时，填写个人姓名（与投保人有效身份证明一致）。投保人名称一律填写全称，必须完整、准确，不得使用简称。例如，“中国人寿财产保险股份有限公司”不得写作“国寿”、“国寿财”等。

2）国籍/注册地（注：有些保障单可能不需填写此项）：当投保人是自然人时，请填写投保人的国籍，持有港澳台地区护照的请填写香港、澳门、台湾地区，其余国家或地区请据实填写。当投保人为法人组织时，请填写其注册地所在国家或地区。

3）投保机动车数：填写该投保人本次投保的所有机动车的辆数，用阿拉伯数字填写。

4）联系人姓名：填写投保人或投保经办人的姓名。

5）固定电话：填写投保人或投保经办人的固定电话号码；投保人为“法人或其他组织”

时，应填写其常用联系电话，严禁用代理人的电话代替。

6）移动电话：填写投保人或投保经办人的手机号码。

7）投保人住所：投保人为“法人或其他组织”时填写其主要办事机构所在地，投保人为“自然人”时填写投保人常住地址，需要精确到门牌号码。

8）邮政编码：填写投保人住所的邮政编码。

2．被保险人情况

被保险人是指其财产或者人身受保险合同保障，享有保险金请求权的人，被保险人可以为投保人。

1）“法人或其他组织”和“自然人”选项：只可选择一项，被保险人是单位时选择“法人或其他组织”，被保险人是个人时选择“自然人”。

法人是指具有民事权利能力和民事行为能力，并依法享有民事权利和承担民事义务的组织，包括企业法人、机关法人和社会团体法人。

其他组织，指不具备法人条件的组织。主要包括：法人的分支机构；企业之间或企业、事业单位之间联营，不具备法人条件的组织；合伙组织；个体工商户等。

选择“法人或其他组织”时，在其后的“名称”后，填写其全称（与公章名称一致）；选择“自然人”时，在其后的“姓名”后，填写个人姓名（与被保险人有效身份证明一致）。被保险人名称一律填写全称，必须完整、准确，不得使用简称。例如，“中国人寿保险股份有限公司”不得写作“人寿”、“中国人寿”、CLIC 等。

2）“组织机构代码”和“身份证号码”：被保险人为“法人或其他组织”时填写被保险人的组织机构代码。组织机构代码由国家质量监督局颁发，是对中华人民共和国境内依法注册、依法登记的机关、企业单位、事业单位、社会团体和民办企业单位颁发的一个在全国范围内唯一的、始终不变的代码标识。

该代码为 9 位数字字母码。组织机构代码的结构是由八位数字（或大写拉丁字母）本体代码和一位数字（或大写拉丁字母）校验码组成，本体代码与校验码用连字符分隔：

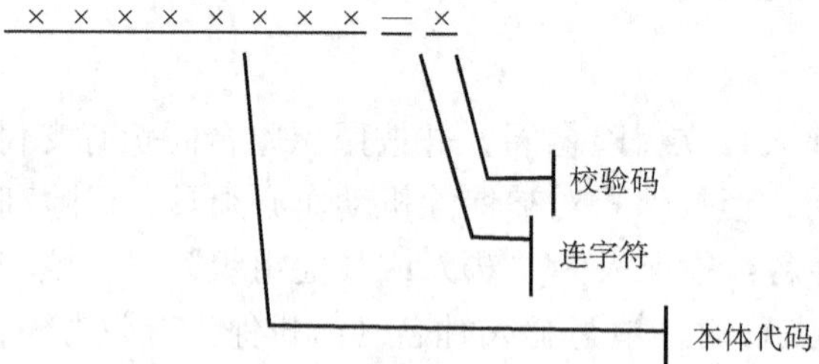

被保险人为“自然人”时填写被保险人的居民身份证号码。被保险人无居民身份证时，如被保险人为军官、外国籍人员，应在投保单特别约定栏内注明被保险人的有效身份证明名称、证件号码及被保险人性别、年龄。

3）被保险人单位性质：被保险人为“法人或其他组织”时，投保人要选择填写被保险人的单位性质，只可选择其中一项。具体分类如下。

ⅰ．党政机关、单位：包括国家机关、党政机关、社会团体、基层群众自治组织。公安、司法系统选择本项。

ⅱ．事业单位：包括卫生事业、体育事业、社会事业、教育事业、文化艺术业、广播电影电视业、科学研究业、综合技术服务业等单位。

iii．个体、私营企业：指由自然人投资设立或由自然人控股，以雇佣劳动为基础的营利性经济组织。包括按照《公司法》、《合伙企业法》、《私营企业暂行条例》规定登记注册的私营有限责任公司、私营股份有限公司、私营合伙企业和私营独资企业。

iv．其他企业：指除个体、私营企业以外的企业，包括内资企业、港澳台商投资企业和外商投资企业三大类企业。

v．军队（武警）：是指中国人民解放军或中国人民武装警察部队。

vi．使（领）馆。

vii．其他：指其他无法归入上面 6 类的单位，如外国常驻新闻机构、境外会计师事务所常驻代表机构、外国政府旅游部门在中国设立常驻代表机构、外国企业在中国设立旅游常驻代表机构等。

4）联系人姓名：为便于保险人与被保险人及时取得联系，被保险人为“法人或其他组织”时，填写被保险人指定的联系人姓名；被保险人为“自然人”时，填写被保险人姓名。

5）固定电话：填写被保险人常用固定电话号码，严禁用代理人电话代替。

6）移动电话：被保险人为“法人或其他组织”时，填写被保险人指定联系人的手机号码；被保险人为“自然人”时，填写被保险人手机号码。

7）被保险人住所：被保险人为“法人或其他组织”时填写其主要办事机构所在地，被保险人为“自然人”时填写投保人常住地址。填写至门牌号码。

8）邮政编码：填写被保险人住所的邮政编码。

3．投保机动车情况

投保机动车的情况应请投保人根据车辆行驶证登记的相应项目进行填写，若车辆未完成登记手续的，则以车辆出厂合格证明或者进口凭证相应的项目所载数额为准。

1）被保险人与机动车的关系：被保险人与投保机动车“机动车行驶证”上载明的车主相同时，选择“所有”；被保险人与车主不相符时，根据实际情况选择“使用”或“管理”。例如，租赁机动车的承租人投保所租赁机动车，被保险人也为承租人时，其投保机动车车主为租赁公司，此时被保险人与机动车的关系应选择“使用”；集团公司为其下属公司的机动车统一投保并交付保费时，投保机动车的车主为其下属公司，此种情况下被保险人与机动车的关系则应选择“管理”。

2）车主：被保险人与机动车关系为“所有”时，本项可省略不填写；被保险人不是车主时，需填写投保机动车“机动车行驶证”上载明的车主名称或姓名。

3）号牌号码：填写机动车管理机关核发的号牌号码，按照投保机动车“机动车行驶证”录入。除字母和数字外，一律不添加点、横杠、空格等符号。“九二”式号牌号码如京 AC1234、WJ011234、京 001023，号牌中所含的字母一律大写；“二〇〇二”式机动车号牌如京 AAAB123、京 ABCD456。

未上牌的机动车填写发动机号后六位字母或数字，部分地区保监局或同业信息平台有明确约定的，按约定执行。

4）号牌底色：根据投保机动车号牌的底色，在五种颜色中选择一种，不可多选。“二〇〇二”式号牌为白色间蓝的底色应选“白蓝”。

5）厂牌型号：投保机动车的厂牌名称和机动车型号，应与其“机动车行驶证”一致，“机动车行驶证”上的厂牌型号不详细的，应在厂牌型号后注明具体型号。进口车按商品检验单、国产车按合格证填写，应尽量写出具体配置说明，特别是同一型号多种配置，如丰田海狮 RZH105L-BMNRS、广州本田雅阁 HG7230、一汽解放 CA1032PL。

1988 年国家颁布了国家标准 GB 9417—1988《汽车产品型号编制规则》。汽车产品型号表明汽车的生产企业名称、车辆类型和主要特征参数、产品序号等。该项国家标准规定，国家汽车产品型号均应由汉语拼音字母和阿拉伯数字组成。汽车产品型号包括如下五部分：第一部分由 2 个或 3 个汉语拼音字母组成，是识别企业名称的代号。例如，CA 代表第一汽车制造厂，EQ 代表第二汽车制造厂，TJ 代表天津汽车制造厂，等等。车辆类别代号位于产品型号的第二部分，用一位阿拉伯数字表示（见表 3-3）。各类汽车的主要特征参数代号位于产品型号的第三部分，用两位阿拉伯数字表示（见图 3-2）。载货汽车、越野汽车、自卸汽车、牵引汽车、专用汽车与半挂车的主参数代号为车辆的总质量（t），牵引汽车的总质量包括牵引座上的最大总质量，当总质量在 100t 以上时，允许用三位数字表示；客车的主参数代号为车辆长度（m），当车辆长度小于 10m 时，应精确到小数点后一位，并以长度（m）的十倍数值表示；轿车的主参数代号为发动机排量（L），应精确到小数点后一位，并以其值的十倍数值表示。第四部分则代表产品的序号，用一位阿拉伯数字表示，数字由 0、1、2……依次使用。当车辆主参数有变化，大于 10%时，应改变主参数代号，必要时应改变其产品序号；有些车在四位数字后还有一些字母，这些字母没有准确的定义，是由生产厂家自定义的。专用汽车分类代号位于产品型号的第五部分，用反映车辆结构和用途特征的三个汉语拼音表示（见图 3-3）。结构特征代号按表 3-4 的规定，用途特征代号另行规定。为了避免与数字混淆，汽车产品型号中不应采用汉语拼音中的 I 和 O。

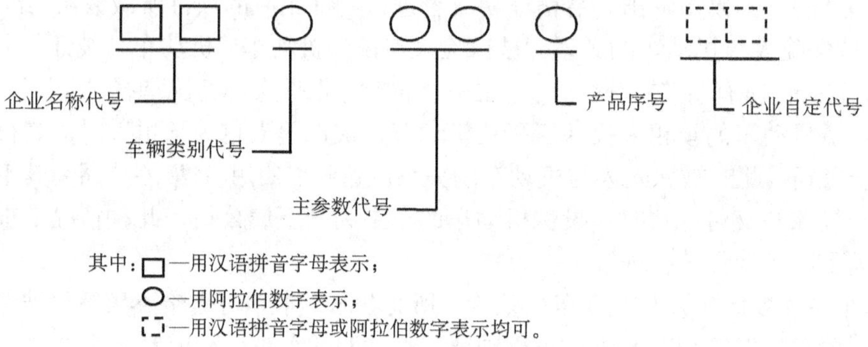

图 3-2　汽车产品型号的构成

表 3-3　汽车类别代号

车辆类别代号	车辆种类	车辆类别代号	车辆种类
1	载货汽车	5	专用汽车
2	越野汽车	6	客车
3	自卸汽车	7	轿车
4	牵引汽车	9	半挂车及专用半挂车

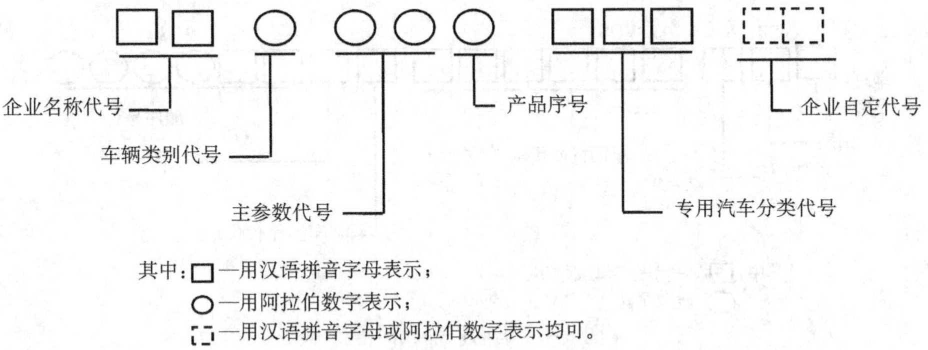

图 3-3　专用汽车和专用半挂车的专用汽车分类代号

表 3-4　结构特征代号

结构类型	结构特征代号	结构类型	结构特征代号
厢式汽车	X	特种结构汽车	T
罐式汽车	G	起重升举汽车	J
专用自卸汽车	Z	仓栅式汽车	C

6）发动机号：是机动车的身份证明之一，是生产厂家在汽车发动机缸体上打印的号码。此栏可根据投保机动车的“机动车行驶证”填写。

7）车架号：是机动车的身份证明之一，是生产厂家在车架上打印的号码。此栏可根据投保机动车的“机动车行驶证”填写。无 VIN 码的机动车必须填写车架号。

8）VIN 码：即机动车识别代号。VIN 码是表明机动车身份的代码。VIN 码由 17 位字符（包括英文字母和数字）组成，俗称 17 位码。有 VIN 码的机动车必须填写 VIN 码。9 座或 9 座以下的机动车和最大总质量小于或等于 3 500kg 载货汽车的 VIN 码一般应位于仪表板上；也可能固定在机动车门铰链柱、门锁柱或与门锁柱结合的门边之一的柱子上，接近于驾驶人员座位的地方；大型客车、货车则可能在整车底盘等地方。

对于有 VIN 码的车辆，应以 VIN 码代替车架号。

VIN（Vehicle Identification Number）码是车辆识别代码的英文简称。由 17 位字符组成，俗称十七位码，它包含车辆生产厂家、年代、车型、车身形式及代码、发动机代码及组装地点等信息。VIN 码一般位于仪表板上，也有固定在车门铰链柱、门锁柱或门锁柱结合的门边之一的柱子上，接近于驾驶员座位的地方，大型客车、货车则可能在整车底盘等处。车辆识别代码由三部分组成：世界制造厂识别代号（WMI）、车辆说明（VDS）、车辆指示（VIS），如图 3-4 所示。

WMI 为一至三位，主要识别车辆制造厂信息。其中，第一位是标明地理区域的字母或数字，第二位是标明一个特定地区的国家的字母或数字，第三位是标明特定制造厂的字母或数字。对于年产量≥500 辆的制造厂，WMI 由上述三位字码组成。对于年产量<500 辆的制造厂，WMI 的第三位字码为数字 9，此时 VIS 的第三、第四、第五字码将与 WMI 的三位字号一起作为世界制造厂识别代码。

VDS 由六位字码组成，主要是识别车辆的一般特性，其代号顺序由制造厂决定。如果制造厂不用其中的一位或几位字码，应在该位置填入制造厂选定的字母或数字占位。

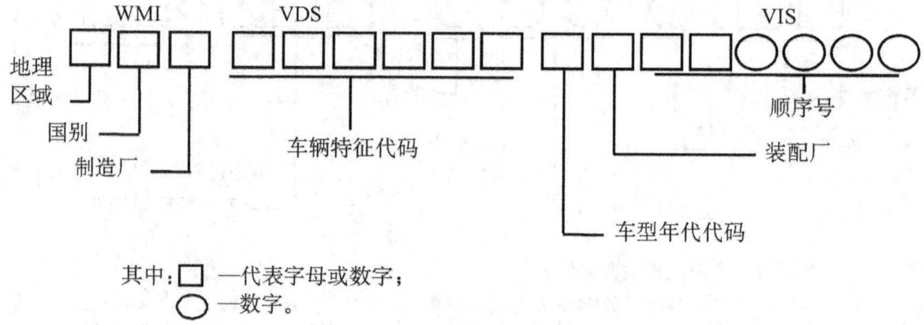

图 3-4 车辆识别代码

VIS 由八位字码组成。其中，第一位字码指示车型年份（见表 3-5）；第二位字码可以用来指示装配厂，若无装配厂，制造厂可规定其他内容；如果制造厂生产的某种类型的车年产量≥500 辆，第三至八位字码表示生产顺序号；如果年产量<500 辆，则第三位、第四位、第五位字码应与 WMI 的三位字码一起来表示一个车辆制造厂，最后三位表示生产序号。

表 3-5 标示年份的字码

年份	字码	年份	字码	年份	字码	年份	字码	年份	字码
1980	A	1987	H	1994	R	2001	1	2008	8
1981	B	1988	J	1995	S	2002	2	2009	9
1982	C	1989	K	1996	T	2003	3	2010	A
1983	D	1990	L	1997	V	2004	4	2011	B
1984	E	1991	M	1998	W	2005	5	2012	B
1985	F	1992	N	1999	X	2006	6	2013	D
1986	G	1993	P	2000	Y	2007	7	2014	E

9）核定载客：按投保机动车的“机动车行驶证”上载明的核定载客人数填写。

10）核定载质量：按投保机动车的“机动车行驶证”上载明的核定载质量填写，单位：千克（kg）。1 吨=1 000 千克。

11）排量/功率：排量是指发动机各个汽缸活塞从上止点移至下止点之间的工作容积总和。排量的单位为升（L）或毫升（mL 或 CC），在投保单上统一换算为升（L）填写，换算公式为：1 000mL=1L，1 000CC=1L。例如，摩托车排量为 125CC 的应填写 0.125L。拖拉机填写功率，功率的单位一般为千瓦（kW）或马力（HP），投保单上统一换算为千瓦（kW）填写，换算公式为 1HP=0.75kW。

12）初次登记日期：填写投保机动车在机动车管理部门进行初次登记的日期，可参照“机动车行驶证”上的“登记日期”填写。如果行驶证上的“登记日期”与初次登记日期不相符，此栏要追溯到真正的初次登记日期填写，如果确实无法提供初次登记日期，则要如实填写“已使用年限”。

13）已使用年限：指机动车自上路行驶到保险期限起期时已使用的年数。不足一年的不计算。例如，某车初次登记日期为 2001 年 5 月，如果保险期限起期为 2003 年 4 月 20 日，按一年计算；如果保险期限起期为 2003 年 5 月 5 日，按两年计算。

14）年平均行驶里程=投保机动车自出厂到投保单填写日的实际已行驶的总里程/已使用年份，不足一年按照一年计算。

15）车身颜色：按照投保机动车车身颜色的主色系在“黑、白、红、灰、蓝、黄、绿、紫、粉、棕”这 10 种颜色中归类选择一种颜色；多颜色机动车，应选择面积较大的一种颜色；有《机动车登记证书》的机动车，按照登记证书中的“车身颜色”栏目填写。如果实在无法归入上述色系中，才可选择“其他”颜色。

16）机动车种类：可从下面介绍的几种中选项一项。

ⅰ. 客车：包括各类客车。

ⅱ. 货车：包括各种载货汽车、自卸车、邮电车等。

ⅲ. 客货两用车：指既具有载客性能又有载货性能的汽车，如皮卡车。

ⅳ. 挂车：是指就其设计和技术特征需汽车牵引才能正常使用的一种无动力的道路机动车。

ⅴ. 摩托车及侧三轮：是指以燃料或电瓶为动力的各种两轮、三轮摩托车，电动车和残疾人专用车。

费率表中的摩托车分成 3 类：50CC 及以下，50～250CC（含），250CC 以上及侧三轮。但考虑侧三轮和排气量无关，在投保单设计时，把其单列出来。

ⅵ. 拖拉机：拖拉机按其使用性质分为兼用型拖拉机和运输型拖拉机。

兼用型拖拉机是指以田间作业为主，通过铰接连接牵引挂车可进行运输作业的拖拉机。兼用型拖拉机分为兼用型拖拉机 14.7kW 及以下、兼用型拖拉机 14.7kW 以上两种。兼用型拖拉机包括各种收割机。

运输型拖拉机是指货箱与底盘一体，不通过牵引挂车可运输作业的拖拉机。运输型拖拉机分为运输型拖拉机 14.7kW 及以下、运输型拖拉机 14.7kW 以上两种。

拖拉机费率表中运输型拖拉机是指农机部门核发号牌的拖拉机。

ⅶ 低速载货汽车：原农用运输车已更名为低速载货汽车。由公安交管部门核发号牌的运输型拖拉机为低速载货汽车，变形拖拉机归入低速载货汽车。

ⅷ 特种车：又称专用车，是一种不同于上述汽车类型并具有特种结构，主要用于各类装载油料、气体、液体等专用罐车，或适用于装有冷冻或加温设备的厢式机动车；或用于牵引（非集装箱拖头或货车牵引）、清障、清扫、起重、装卸、升降、搅拌、挖掘、推土、压路等的各种轮式专用机动车；或车内装有固定专用仪器设备，从事专业工作的监测、消防、清洁、医疗、电视转播、雷达、X 光检查等机动车；或专门用于牵引集装箱箱体（货柜）的集装箱拖头等特殊用途，选择特种车时需注明机动车的具体用途。

特种车按其用途共分为 4 类，不同类型机动车采用不同收费标准：

特种车一：油罐车、汽罐车、液罐车、冷藏车。

特种车二：用于牵引、清障、清扫、清洁、起重、装卸、升降、搅拌、挖掘、推土等的各种轮式专用机动车。

特种车三：装有固定专用仪器设备从事专业工作的监测、消防、医疗、电视转播的各种轮式专用机动车。

特种车四：集装箱拖头。

17）机动车使用性质：根据机动车的具体使用情况选择其中一项，如果兼有两种使用性质的机动车，按照费率高的性质选择。

ⅰ．家庭自用：指家庭或个人所有且不以获取运输利润为目的使用的机动车。

ⅱ．非营业自用（不含家庭自用）：指法人或其他组织不以获取运输利润为目的使用的机动车。

ⅲ．出租、租赁：出租客运指以行驶里程和时间计费，将乘客运载至指定地点的、以获取利润为目的的机动车。租赁机动车指专门租赁给其他单位或个人使用，以租用时间或租用里程计费、以获取利润为目的的机动车。

ⅵ．城市公交：指城市内专门从事公共交通客运的、以获取利润为目的的机动车。

ⅴ．公路客运：指专门从事公路旅客运输的、以获取利润为目的的机动车。

ⅵ．营业性货运：指专门从事货物运输的、以获取利润为目的的机动车。

4．保险合同争议解决方式

由投保人和保险人协商约定一种方式，当该保险公司当事人发生争议且协商不成的，按照约定的方式解决争议。如果选择“提交______仲裁委员会仲裁”时，必须要在投保单和保险单上约定仲裁委员会的名称。

5．投保人签名/签章

投保人对投保单各项内容核对无误并对投保险种对应的保险条款（包括责任免除和投保人义务、被保险人义务）明白理解后需在“投保人签名/签章”处签名或签章。投保人为自然人时必须由投保人亲笔签字；投保人为法人或其他组织时必须加盖公章，有委托书的可不必签章，投保人签章必须与投保人名称一致。

多车业务投保单填写时可以使用附表形式，投保人情况、被保险人情况、投保机动车种类、投保机动车使用性质及投保主险条款名称等共性的内容在投保单主页上填写，个性的内容填写“机动车保险投保单附表”，但填写规范与一车一单相同。

如果上述共性的内容有一项有差别，均要另外启用一份投保单填写共性内容及其附表。例如，某企业投保 20 辆客车，投保人情况、被保险人情况、投保机动车种类、机动车使用性质均相同，但其中 15 辆车选择交强险、《非营业用汽车损失保险条款》和《机动车第三者责任保险条款》投保，另外 5 辆车只选择交强险、《机动车第三者责任保险条款》投保，此时投保主险条款名称不同，要启用两份投保单，分别填写投保单主页和附表。

因投保单信息量较大，业务人员要对投保人或投保经办人进行详细的说明和解释。人工填写投保单时，投保单无阴影的内容由投保人填写，阴影部分的内容由业务人员填写。

任务：

投保单填写。

1．客户及车辆信息

2013 年 5 月 10 日罗桂英为其自有车辆投保交强险，机动车辆损失险（按新车购置价 92 800 元投保），第三者责任险限额 30 万元，车上人员责任险（驾驶员 1 名，乘客 4 名）每人责任限额 1 万元，附加盗抢险，附加单独玻璃破碎险，附加不计免赔率特约条款，附加可选免赔额特约条款（免赔额为 500 元）。该车使用年限为 2 年（期间从未出险，此次是向另一家保险投保），投保人的联系电话为 13873126639，身份证、驾驶证、行驶证信息如下：

姓名:罗桂英
性别：女 民族：汉
出生：1974年11月12日
住址：长沙市雨花区井圭路234号
公民身份号码:430123197411120348

中华人民共和国
居民身份证
签发机关 长沙市雨花区公安局
有效日期2005.11.21~2025.11.21

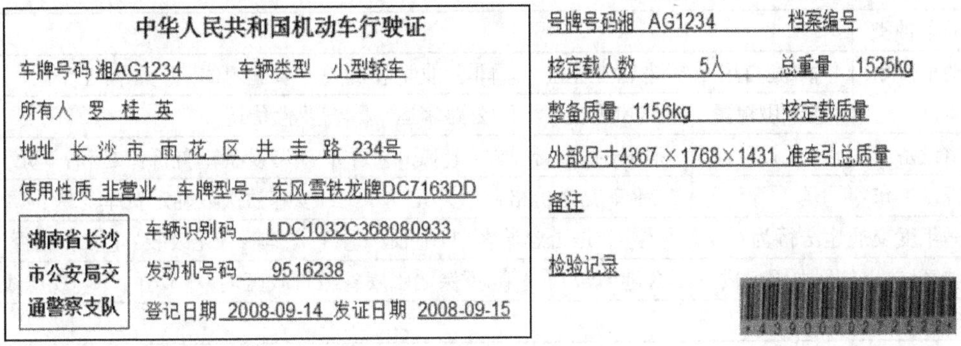
中华人民共和国机动车行驶证
车牌号码 湘AG1234　车辆类型 小型轿车
所有人 罗 桂 英
地址 长 沙 市 雨 花 区 井 圭 路 234号
使用性质 非营业　车牌型号 东风雪铁龙牌DC7163DD
湖南省长沙市公安局交通警察支队
车辆识别码 LDC1032C368080933
发动机号码 9516238
登记日期 2008-09-14 发证日期 2008-09-15

号牌号码湘 AG1234　档案编号
核定载人数 5人　总重量 1525kg
整备质量 1156kg　核定载质量
外部尺寸4367×1768×1431 准牵引总质量
备注
检验记录

2．根据以上信息填写如下投保单

×××财产保险股份有限公司

机动车保险投保单

投保单号：

交强险投保单号：

欢迎您到××财产保险股份有限公司投保！请您在投保前务必详细阅读相关保险条款，**特别注意责任免除、投保人及被保险人义务、赔偿处理**等内容，局势回答本公司就投保事项提出的相关询问，并在对打印的投保单确认后用蓝色或黑色水笔做出投保人声明，每辆机动车秩序投保一份机动车辆交通事故责任强制保险，为获得较充分的保障，您可以自愿选择投保商业机动车保险。投保后相关内容若发生变动，请及时通知本公司。

1．投保人、被保险人信息							
投保人	投保人名称/姓名					国籍/注册地	
	联系人姓名		固定电话			移动电话	
	投保人住所					邮政编码	
被保险人	自然人姓名：		身份证号码				
	联系人姓名		固定电话/移动电话			电子邮箱	
	投保人住所					邮政编码	

注：为确保您能享受本公司优质的客户服务，请务必详细提供以上信息。

车辆描述	被保险人与机动车的关系	□所有 □使用 □管理	行驶证车主	
	号牌号码		号牌底色	□蓝 □黑 □黄 □白 □白蓝 □其他颜色
	厂牌型号		发动机号	
	VIN 码		车架号	
	核定载客		排量/功率：	
	初次登记日期		已行驶里程	
	车身颜色	□黑色 □白色 □红色 □灰色 □蓝色 □黄色 □绿色 □紫色 □粉色 □棕色 □其他颜色		
	机动车种类			
	机动车使用性质	□家庭自用 □非营业企业 □非营业党政机关、事业团体 □非营业个人 □出租/租赁 □城市公交 □公路客运 □营业性货运		
	新增设备：□有 □无	新增设备是否投保：□是 □否	新增设备重置价值之和： 元	
	是否二手车：□是 □否	二手车交易价格： 万元	按赔款次数确定费率等级：	
	上一年度交通违法行为：□是 □否	是否忠诚客户：□是 □否	车辆有无改装：□是 □否	
	行驶区域	□中国境内（不含港澳台） □投保地所属省级行政区内 □场内 □规定线路		

2．投保事项					
期望保险期间	自 年 月 日零时起至 年 月 日二十四时止				
商业车险	投保险别	附加部级免赔率特约	保险金额/责任限额（元）	保险费（元）	备注
			□		
			□		
			□		
			□		
	保险费合计（人民币大写）： （¥： 元）				
	特别约定				

□交强险	死亡伤残赔偿限额		无责任死亡伤残赔偿限额		基础保费	
	医疗费用赔偿限额		无责任医疗费用赔偿限额		与道路违法行为和交通事故联系浮动比例	
	财产损失赔偿限额		无责任财产损失赔偿限额			
	保险费合计（人民币大写）： （¥： 元）				其中救助基金（0%）¥0元	
	特别约定					
	交强险请勿重复投保，重复投保仍只能获得一份保障，若您不在本公司投保交强险，请告知交强险投保情况					
	交强险保单号：				交强险承保公司：	
合同争议解决方式	□诉讼 □提交××市仲裁委员会仲裁					

投保人声明：本人确认投保单已附投保险种对应的保险条款，并且保险人已将保险条款的内容，尤其是免除保险人责任、投保人及被保险人义务、赔偿处理的条款的内容和法律后果，向本人进行了明确说明，本人已认真阅读并充分理解；本投保单系保险人确认本人的投保意愿后根据本人提供的投保资料及投保信息形成，本人已认真审核并确认投保单内容真实无误。本人愿对投保单内容的真实性、合法性负法律责任，本人保证目前车辆保养状况良好且继续保持；本人已知悉本投保单的填写及签章不代表保险合同的成立。上述所填内容均为本人真实意思，同意以此作为订立保险合同的依据。

投保人签名/签章：

____年__月__日

业务标识：否　　　　　　　　　　　　　　　　　　　　初审人签名：

验车验证情况	□免验车　□已验车验证　□未验车　□未验证	验车验证责任人（签名）：

补充材料

×××财产保险股份有限公司商业险费率表

		第三者责任保险（元）						
家庭自用汽车与非营业用车		5 万	10 万	15 万	20 万	30 万	50 万	100 万
家庭自用汽车	6 座以下	807	1 166	1 329	1 445	1 630	1 956	2 548
	6～10 座	843	1 186	1 342	1 446	1 620	1 928	2 512
	10 座以上	843	1 186	1 342	1 446	1 620	1 928	2 512

家庭自用汽车与非营业用车		机动车损失保险							
		1 年以下		1～2 年		2～6 年		6 年以上	
		基础保费	费率	基础保费	费率	基础保费	费率	基础保费	费率
家庭自用汽车	6 座以下	619	1.47%	590	1.40%	584	1.39%	602	1.43%
	6～10 座	743	1.47%	708	1.40%	701	1.39%	722	1.43%
	10 座以上	743	1.47%	708	1.40%	701	1.39%	722	1.43%

家庭自用汽车与非营业用车		车上人员责任险		机动车盗抢险		玻璃单独破碎险	
		驾驶人	乘客	基础保费	费率	国产玻璃	进口玻璃
家庭自用汽车	6 座以下	0.42%	0.27%	120	0.41%	0.19%	0.32%
	6～10 座	0.40%	0.26%	140	0.45%	0.19%	0.32%
	10 座以上	0.40%	0.26%	140	0.45%	0.23%	0.38%

可选免赔额特约条款

免赔额（元）	新车购置价（万元）					
	5 以下	5～10	10～20	20～30	30～50	50 以上
300	0.87	0.92	0.94	0.95	0.97	0.98
500	0.76	0.84	0.89	0.93	0.95	0.96
1 000	0.65	0.74	0.83	0.88	0.90	0.93
2 000	0.52	0.58	0.69	0.78	0.85	0.89

不计免赔率特约条款

适用险种	费　率
第三者责任保险	15%
机动车损失保险	15%
车上人员责任险	15%
车身划痕损失险	15%
盗抢险	20%

思考与练习

1．简述选择保险的原则。

2．简述机动车辆保险的投保流程。

3．投保人怎样填写机动车辆保险投保单？

4．请根据以下保险销售案例分析保险方案的选择技巧。

案例 1. 售后服务招来“回头客”

小张在第一年购买车险的时候听从了“4S”店商的建议，投保了平安产险的车损险。在这一年，小张发生了一起轻微的碰撞事故，到保险公司顺利获得理赔，小张并没有特别的感觉。

第二年投保的时候，朋友介绍给小张一家新的保险公司，保费相对前一年便宜了近300元，小张毫不犹豫地更换了保险公司。

这年7月，小张到无锡出差时在国道上发生碰撞，在拨打110的同时，小张也致电了保险公司，获得的答复是到维修网点才能享受快捷理赔。但小张的车身严重变形，已经无法行驶，好不容易找到维修点后，厂家又表示必须付现金领车，而且起码要等三个星期。小张马上要回上海，下回还要再去无锡领车，实在是叫苦不迭。

到了第三年投保时，小张再次回到平安，还把自己的故事告诉了工作人员。

案例 2. 通赔服务　快捷到位

李晨开了四年车没有出过险，却在今年春节回镇江老家过年时撞上了路边的一辆“POLO”，当时李晨的第一反应就是“完了”。因为刚刚听朋友说他的车子出了险，拖到维修站要一个月才能领取。

案例 3. 三地理赔资源共享

陆先生在上海为自己的本田车投保以后，经常驾车到上海的周边城市开会。今年6月，他的行程是：先去苏州开会，再去南京看望朋友，然后回上海。在参加会议期间，陆先生的车在苏州出险，可他又急着去南京。

后经过电话咨询以后，接线员告诉陆先生，经过报案、查勘以后，他可以选择在平安推荐的维修点维修，不需支付维修费用；同时，也可以在其他维修点维修后，再到南京办事，这时，平安便可根据陆先生的需求，由南京分公司向陆先生支付理赔费用。

案例 4. 从个人手里买保单

李先生遭遇理赔难的情况非常特殊，其原因是他手里拿的本来就是一份假保单。李先生2013年6月买了一辆二手桑塔纳轿车，不久后，这辆车的保险到期了。于是，他找到一位买车时遇到的“朋友”，因为这位朋友曾经向他提到过，如果要上车险可以找他，他可以以比较低的价格买到保险。李先生2013年8月交给这位朋友2 000多元保费，算是给车上了保险。

2014年1月，李先生开车时发生轻微碰撞，车体一侧被撞得有些凹陷。等李先生找到保险公司要求理赔时，却被告知他持有的保单是假的，所以保险公司无法给其进行理赔。而李先生再给这位朋友打电话时，手机已经打不通了。这种情况下，李先生只有自认倒霉了。

第4章　机动车辆保险承保实务操作

知识目标

掌握机动车辆保险展业、承保、核保工作的基本流程
掌握检验投保车辆和有关证件
掌握保险费的计算方法
掌握保险单、证的缮制、签发和批改方式
掌握保险合同的终止与解除的方式
了解续保与无赔款优待的条件

技能目标

学会根据客户的实际情况制订保险方案
能够根据相关条件计算保险费

案例导读

张先生，30岁，驾龄5年，花15万元新买了一辆大众速腾自用。平时一般停放在露天停车位，车主经常驾车出游，之前有过事故记录。张先生的妻子28岁，也经常用车，驾龄3年，无不良驾驶记录。张先生想为自己的车辆购买机动车辆保险，却一时犯了难，到底机动车辆保险该如何购买？有哪些注意事项？需要经过几个步骤？可获得哪些保证？

4.1　机动车辆保险承保概述

机动车辆保险承保是保险人与投保人签订合同的过程，包括展业、校验行驶证和车辆、填具投保单、计算保费、核保、缮制和签发保险单证、单证的清分与归档等。首先，由从事展业的人员为客户制订保险方案；投保人根据自身情况提出保险要求，填写投保单，协商确定保险费交付办法。然后，保险人审查投保单，向投保人询问有关保险标的和被保险人的各种情况，从而决定是否接受投保。如果保险人接受投保，则在保险单上签章并收取保险费，保险人出具保险单或保险凭证，保险合同即告成立。另外，在保险合同生效期间，如果保险标的的所有权改变，或者投保人因某种原因要求更改或取消保险合同，都需要进行批改作业。最后，保险期满后，根据投保人意愿可以重新办理续保。

机动车辆保险承保工作的基本流程如图 4-1 所示。

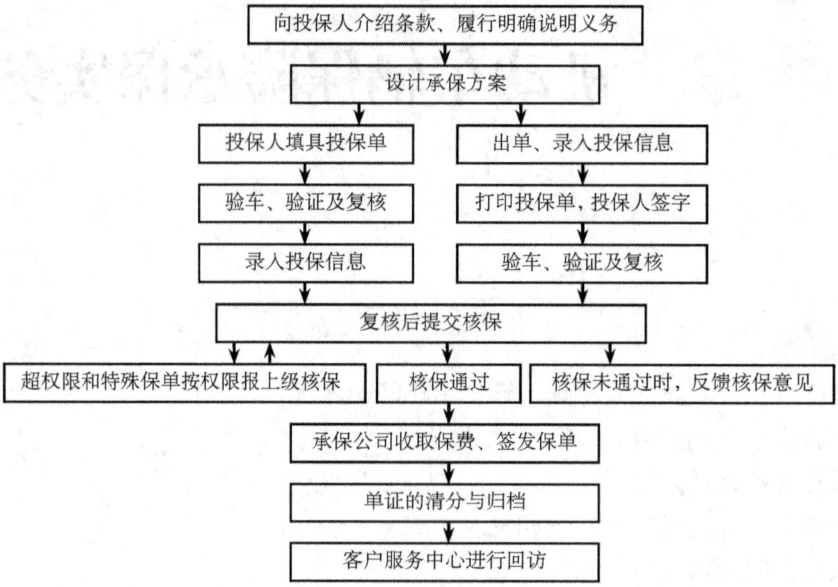

图 4-1 机动车辆保险承保工作的基本流程

4.2 展业

保险展业是保险公司进行市场营销的过程，即向客户提供保险商品的服务。从事展业的人员可以是保险公司的员工，也可以是中介机构的代理人或经纪人。

保险展业是保险业务经营过程中的第一步，展业工作做得如何，直接影响保险人的业务经营量。

4.2.1 做好展业准备

保险展业要求展业人员具有较高的综合素质，具备相关的知识和技能。展业人员进行展业活动前，必须做好各项准备。

1. 相关基础理论知识

学习掌握《中华人民共和国保险法》、《中华人民共和国合同法》、《中华人民共和国民法通则》、中国保险监督管理委员会对保险特别是机动车辆保险的监管政策、保险行业机构达成的行业自律公约或协议、该公司对机动车辆保险经营管理规定与保险业内的法律、法规和规定，以及国家及地方有关机动车辆保险，交通事故处理、机动车辆管理等方面的法律、法规和政策。

2. 当地市场基本情况

调查了解所辖区域机动车辆社会拥有量，各种车型所占比例，承保情况，驾驶人员数量，机动车辆和承保车辆的历年事故发生频率、事故规律、出险赔付等情况；了解市场对机动车辆保险的需求、选择取向、掌握客户投保心理动态；了解当地保险公司数量，各保险公司车险市场占有率、承保车辆数量、保费收入以及出险赔付等情况。

3．调查了解展业对象的基本情况

调查了解展业对象的性质、规模、经营范围和经营情况；了解其拥有的车辆的数量、车型和用途；了解车辆的状况、驾驶人员素质、运输对象（货物、人员）情况；了解车辆管理的情况，包括安全管理的组织机构和技术力量、对于安全管理（人力或物力）的投入、安全管理的实际情况、以往发生事故的情况；了解理念投保情况，包括承保公司、投保险种、赔付率等；了解投保动机、信誉程度，防止逆向投保和道德风险。这是有的放矢地开展机动车辆保险业务、保证业务质量的根本要求。

4．备齐各种展业宣传资料和有关单、证

备齐各种展业宣传资料和有关单、证，以便展业对象全面了解企业及产品情况。

4.2.2　保险宣传开展

保险宣传对于保险业务的顺利展开和增强国民的保险意识具有重要的作用。在我国，由于国内保险业务停办了 20 年，导致保险意识淡薄，不少人对保险比较陌生，有些企事业单位的领导对保险的职能和作用也认识不够。

保险宣传的方式多种多样，如广告宣传、召开座谈会、电台和报刊播放或登载保险知识系列讲座、印发宣传材料等。

机动车辆保险展业宣传应着重介绍以下内容：

1）机动车辆保险的职能和作用。只有更多的人了解、认识机动车辆保险的职能和作用，机动车辆保险展业宣传才会有更大的空间。

2）公司车险的名优产品以及经营能力、偿付能力、机构网络、人才、技术、服务等方面的优势。

3）参加保险的条件，投保、索赔手续及保险条款、费率规章。在介绍保险条款费率规章时，重点介绍保险责任，责任免除，投保人、被保险人义务，保险人义务以及附加险与主险在风险保障上的互补作用。在展业宣传过程中，要遵守国家有关法律、法规和中国保险监督管理委员会对财产保险特别是机动车辆保险的监管政策和规定，不得对保险条款进行扩展性解释或超越权限向投保人私自承诺，误导投保人投保。

任务：

机动车辆保险展业工作模拟。

4.2.3　提升展业绩效

提升展业绩效的渠道有三种：一是努力提高业务人员素质，依靠业务员去尽量多地争取业务；二是广设代理机构，建立广阔的服务网络；三是充分发挥保险经纪人的作用，积极开展大型客户业务、跨地区业务。

4.2.4　制订保险方案

由于投保人所面临的风险概率、风险程度不同，因而对保险的需求也各不相同，这需要展业人员为投保人设计最佳的投保方案。

提供完善的保险方案也是保险人加大保险产品内涵，提高保险公司服务水平的重要标志。

1．保险方案制订原则

1）充分保障原则。保险方案的制订应建立在对投保人的风险进行充分和专业评估的基础上，通过对风险的识别和评估制定出满足投保人自身风险保障需要的保险方案，从而最大限度地分散投保人的风险。

2）公平合理原则。保险方案的制订应遵循公平合理原则。确保保险方案所提供的风险保障是适用和必需的，防止提供不必要的保障。同时要考虑保险方案价格的高低，当然不能仅仅考虑方案价格绝对值的高低，还应注意与价格相对应的赔偿标准和免赔额的确定，用最小的成本实现最大的保障。

3）充分披露原则。新《保险法》第17条规定："订立保险合同，采用保险人提供的格式条款的，保险人向投保人提供的投保单应当附格式条款，保险人应当向投保人说明合同的内容……"展业人员在制订保险方案的过程中应根据最大诚信原则，履行如实告知义务，将保险合同的有关规定，特别是可能产生对投保人不利的规定要详细告知。

2．制订保险方案的基本步骤

在坚持保险方案制订原则的基础上，展业人员一般可以按下列步骤为投保人设计保险方案。

1）充分了解投保人投保车辆的数量、种类、用途、行驶区域等有关情况以及投保人的经济承受能力，全方位地掌握投保人的投保要求和保险需求。

2）从专业的角度对投保人可能面临的风险进行识别和评估。

3）根据投保人的实际情况以及风险评估的结果向投保人介绍相关险种、条款及其所能提供的增值服务，耐心、细致地帮助投保人制订最佳方案。

4）对保险人及其提供的服务进行介绍。

3．保险方案的主要内容

保险方案是展业人员为投保人设计的保险建议书。主要包括以下内容：① 保险人情况介绍。② 投保标的风险评估。③ 保险方案的总体建议。④ 保险条款以及解释。⑤ 保险金额和赔偿限额的确定。⑥ 免赔额以及适用情况。⑦ 赔偿处理的程序以及要求。⑧ 服务体系以及承诺。⑨ 相关附件。

任务：

朱小姐，25岁，驾龄1年，花了7.78万元买了一辆起亚轿车，作为上下班的代步工具，只限于本人使用，驾驶区域相对稳定，有固定停车地点，同时作为女性，驾驶较谨慎，发生事故的概率较小。

1）保险人进行展业活动前要做好哪些准备？

2）保险人如何才能更好地进行保险展业宣传？

3）为王小姐设计保险方案，并框算保险费。

4）保险人如实告知义务的内容有哪些？

5）被保险人如实告知义务及应提供的相关资料有哪些？

4.3　检验投保车辆和有关证件

4.3.1　告知

1. 投保人投保商业保险时保险人说明和告知的内容

1）依照新《保险法》及监管部门有关要求，严格按照《机动车辆保险条款》，向投保人告知投保险种的保障范围，免赔率的规定，特别要说明责任免除及被保险人义务等。不能为争取业务而有意对投保人进行误导。

2）对车险基本险和附加险条款解释容易发生歧义，特别是涉及保险责任免除的部分或保险条款发生变更时，应通过书面或其他方式进行明确说明。

3）应主动提醒投保人履行如实告知义务，特别对可能涉及保险人是否同意承保或承保时可能进行特别约定或使用变动费率以合理控制保险风险的情况，不得为了争取业务有意识对投保人进行误导。

4）应对投保户详细解释拖拉机和摩托车保险采用定额保单承保和采用普通保单承保的差异。

5）在客户投保险种选择与该公司因风险合理控制、有条件限制的承保险种之间存在差别时，应耐心做好宣传解释工作。

2. 投保人投保交强险时保险人说明和告知的内容

1）向投保人介绍条款，告知不要重复投保，即使投保多份也只能得一份保险保障。

2）投保人必须履行如实告知义务，否则保险公司将可以解除交强险合同。

3）被保险机动车所有权转移的，应当办理机动车交通事故责任交强险合同变更手续。

4）告知签订保险合同时必须一次全额支付保险费，否则，不能够出具保险单及保险标识，保险人也不承担赔偿责任。因投保人不付保险费造成无效单的情况，不属拒保行为。

5）告知准时续保，否则，公安交通管理部门将扣车至投保交强险后方予放车，并处罚应缴保险费的 2 倍罚款至救助基金管理，脱保期间不受保险保障。

4.3.2　检验行驶证和车辆

展业人员为投保人制订保险方案，且投保人填写了机动车辆投保单后，业务人员要检验投保人的投保车辆和有关证件（简称验车　验证），确定投保单内容和保险标的的真实可靠性，保证承保业务的质量。

1. 验车、验证的内容

验证：认真查验机动车行驶证、车辆登记书、有效移动证（临时号牌）是否真实、有效，是否经公安交通车辆管理机关办理年检；核实投保车辆的合法性，各种证件是否与投保标的和投保单内容相符，投保人对投保车辆是否具有可保利益，并确定其使用性质和初次登记日期、已使用年限；约定驾驶人员的，应检验约定驾驶人员的“机动车驾驶证”，并对照投保单核实驾驶人员信息。

验车：业务人员应认真查验牌照号码、发动机及车架号码、VIN 码等是否与“机动车行驶证”记录一致，车辆技术状况是否符合《机动车辆安全运行技术条件》的要求、是否配备了消防设备；车辆内外有无破损；附加投保盗抢险的机动车辆必须拓印的车架和发动机号码，并拍照留底、拓印的号码附贴在投保单正面，照片冲洗后则贴在投保单背面，并查验是否装备防盗设备。

拍摄照片要求：

1）从车辆前后两个角度（45°角）成对角线各拍一张反映车容车貌的照片；受损部位要标记。

2）拍摄车架号。

3）每次拍照要确认日期正确。

4）若遇特殊情况可以采取拓印发动机号及车架方式验车。

符合以下条件的机动车可以免验：

1）仅投保交强险的机动车。

2）购置时间一个月以内的新车投保。

3）按期续保且续保时未加保机动车损失保险及其附加险的机动车。

4）新保商业第三者责任险及其附加险的机动车。

5）同一投保人投保多辆车（具体多车免验标准各分公司可以根据该公司的人员数量、人员素质、风险管理等情况自行确定，确定标准时，党政机关、企事业单位车队投保机动车数应大于10辆，营运车队投保机动车数应大于20辆）。

免验范围以外的机动车均需验车承保，以下情况应严格检验：

1）第一次投保机动车损失保险及其附加险的机动车。

2）未按期续保的机动车。

3）续保时增加投保机动车损失保险及其附加险的机动车。

4）中途申请增加投保机动车损失保险及其附加险的机动车。

5）特种车或发生重大车损事故后修复的机动车。

6）出险事故率较高的机动车。

7）新车购置价较高的机动车（具体标准各分公司可以根据该公司的风险管理等情况自行确定，原则上新车购置价超过100万元的重点检验）。

2. 注意事项

1）验车、验证后，负责验车、验证的人员要在投保单“验车、验证情况”栏内签字确认。

2）对电话投保、网上投保等特殊业务，在未完成验车、验证的情况下，可根据投保人提交的信息，先行出具保险单，但必须在保险单送达投保人时，完成验车、验证工作。

3）验车、验证结果与投保人提交信息不符时，应按照检验结果出具保险单或拒绝承保。

任务：

机动车辆保险承保验车、验证过程模拟。

4.4 保险费

4.4.1 确定原则

根据保险价值理论厘定保险费的科学方法是依据不同保险对象的客观环境和主观条件

形成的危险度，采用非寿险精算的方法进行确定。但是，非寿险精算是一个纯计算后的范畴，在实际经营过程中，非寿险精算仅仅是提供一个确定费率的基本依据和方法，而保险人确定费率还应遵循一些基本的原则。

1．公平合理原则

公平合理原则的核心是确保实现每一个被保险人的保费负担基本上是依据或者反映了保险标的的危险程度。这种公平合理的原则应在两个层面上加以体现：

1）在保险人和被保险人之间。在保险人和被保险人之间体现公平合理的原则，是指保险人的总体收费应当符合保险价格确定的基本原理，尤其是在附加费率部分，不应让被保险人负担保险人不合理的经营成本和利润。

2）在不同的被保险人之间。在被保险人之间体现公平合理是指不同被保险人的保险标的危险程度可能存在较大的差异，保险人对不同的被保险人收取的保险费应当反映这种差异。

由于保险商品存在一定的特殊性，要实现绝对的公平合理是不可能的，所以，公平合理只能是相对的，只是要求保险人在确定费率的过程中注意体现一种公平合理的倾向，力求实现费率确定的相对公平合理。

2．保证偿付原则

保证偿付原则的核心是确保保险人具有充分的偿付能力。保险费是保险标的的损失偿付基本资金，所以，厘定的保险费率应保证保险公司具有相应的偿付能力，这是保险的基本职能决定的。保险费率过低，势必削弱保险公司的偿付能力，从而影响对保险人的实际保障。在市场经济条件下，经常出现一些保险公司在市场竞争中为了争取市场份额，盲目地降低保险费率，结果是严重影响其自身的偿付能力，损害了被保险人的利益，甚至对保险业和社会产生巨大的负面影响。为了防止这种现象的发生，各国对于保险费率的厘定，大多实行由同业公会制定统一费率的方式，有的国家在一定的历史时期甚至采用由国家保险监督管理部门颁布统一费率，并要求强制执行的方式。保证偿付能力是保险费率确定原则的关键，原因是保险公司是否具有足够的偿付能力，这不仅仅影响到保险业的经营秩序和稳定，同时，也可能对广大的被保险人，乃至整个社会产生直接的影响。

3．相对稳定原则

相对稳定原则是指保险费率厘定之后，应当在相当长的一段时间内保持，不要轻易地变动。由于机动车辆保险业务存在保费总量大等特点，经常的费率变动势必增加保险公司的业务工作量，导致经营成本上升。同时也会给被保险人需要不断适应新的费率带来不便。要实现保费确定相对稳定的原则，在确定保险费时就应充分考虑各种可能影响费率确定相对稳定的原则，在确定保险费时就应充分考虑各种可能影响费率的因素，建立科学的费率体系。更重要的是对未来的趋势做出科学的预测，确保费率的适度超前，从而实现费率的相对稳定。

要求费率的确定具有一定的稳定性是相对的，一旦经营的外部环境发生了较大的变化，保险费率就必须进行相应的调整，以符合公平合理的原则。

防灾防损是保险的一个重要职能，其内涵是保险公司在经营过程中应协商某一风险群体的利益，积极推动和参与针对这一风险群体的预防灾害和损失活动，减少或者避免不必要的灾害事故的发生。这样不仅可以减少保险公司的赔付金额和减少被保险人的损失，更重要的是可以保障社会财富，稳定企业的经营，安定人民的生活，促进社会经济的发展。为此，保险人在厘定保险费率的过程中，应将防灾防损的费用列入成本，并将这部分费用用于防灾防损工作。在机动车辆保险业务中，防灾防损职能显得尤为重要。一方面，保险公司将积极参与汽车制造商对于汽车安全性能的改进工作，如每年均有一些大的保险公司资助汽车制造商进行测试汽车安全性能的碰撞实验；另一方面，保险公司对于被保险人的加强安全生产，进行防灾防损的工作也会予以一定的支持，目的是调动被保险人主动加强风险管理和防灾防损工作的积极性。

4.4.2 机动车辆保险费率的模式

保险费率：依照保险金额计算保险费的比例，通常以千分率来表示。

保险金额：简称保额，保险合同双方当事人约定的保险人于保险事故发生后应赔偿（给付）保险金的限额，它是保险人据以计算保险费的基础。

保险费：简称保费，是投保人参加保险时所交付的保险费用。

在市场经济条件下，价值规律的核心是使价格真实地反映价值，从而体现在交易过程中公平和等价的原则。但是，如何才能够实现这一目标，从被动的角度出发，可以通过市场适度和有序的竞争实现这一目标，但这往往需要付出一定的代价。从主动和经济的角度出发，保险人希望能够在市场上生存和发展，就必须探索出确定价格的科学和合理的模式。

就机动车辆保险而言，保险人同样希望保费设计得更精确、更合理。在不断的统计和分析研究中，人们发现影响机动车辆保险索赔频率和索赔幅度的危险因子很多，而且影响的程度也各不相同。每一辆汽车的风险程度是由其自身风险因子综合影响的结果，所以，科学的方法是通过全面综合地考虑这些风险因子后确定费率。

通常保险人在经营机动车辆保险的过程中将风险因子分为两类：

1）与汽车相关的风险因子，主要包括汽车的种类、使用的情况和行驶的区域等。

2）与驾驶人相关的风险因子，主要包括驾驶人的性格、年龄、婚姻状况、职业等。

因此，各国机动车辆保险的费率模式基本上可以划分为两大类，即从车费率模式和从人费率模式。从车费率模式是以被保险车辆的风险因子为主体，作为确定保险费率主要因素的费率确定模式。从人费率模式是以驾驶被保险车辆人员的风险因子为主体，作为确定保险费率主要因素的费率确定模式。

从车费率模式是指在确定保险费率的过程中主要以被保险车辆的风险因子作为影响费率确定因素的模式。目前，我国采用的机动车辆保险的费率模式就属于从车费率模式，影响费率的主要因素是与被保险车辆有关的风险因子。

现行的机动车辆保险费率体系和影响费率的主要变量为车辆的使用性质、车辆生产地和车辆的种类：

1）根据车辆的使用性质划分：营业性车辆与非营业性车辆。

2）根据车辆的生产地划分：进口车辆与国产车辆。

3）根据车辆的种类划分：车辆种类与吨位。

除了上述的三个主要的从车因素外，现行的机动车辆保险费率还将车辆行驶的区域作为机动车辆保险的风险因子，即按照车辆使用的不同地区，适用不同的费率。例如，在深圳和大连采用专门的费率。

从车费率模式具有体系简单，易于操作的特点，同时，由于我国在一定的历史时期被保险的车辆绝大多数是“公车”，驾驶人与车辆不存在必然的联系，也就不具备采用从人费率的条件。随着经济的发展和人民生活水平的提高，汽车正逐渐进入家庭，2003 年各保险公司制定并执行的机动车辆保险条款，就开始采用从人费率模式。

从车费率模式的缺陷是显而易见的，因为在汽车的使用过程中对于风险的影响起到决定因素的是与车辆驾驶人有关的风险因子。尤其将机动车辆保险特有的无赔偿优待与车辆联系，而不是与驾驶人联系，显然不利于调动驾驶人的主观能动性，其本身也与设立无赔偿优待制度的初衷相违背。

从人费率模式是指在确定保险费率的过程中主要以被保险车辆驾驶人的风险因子作为影响费率确定因素的模式。目前，大多数国家采用的机动车辆保险的费率模式均属于从人费率模式，影响费率的主要因素是与保险车辆驾驶人有关的风险因子。

各国采用的从人费率模式考虑的风险因子也不尽相同，主要有驾驶人的年龄、性别、驾驶年限和安全行驶记录等。

1）根据驾驶人的年龄划分：通常将驾驶人按年龄划分为三组，第一组是初学驾驶，性格不稳定，缺乏责任感的年轻人；第二组是具有一定驾驶经验，生理和心理条件均较为成熟，有家庭和社会责任感的中年人；第三组是与第二组情况基本相同，但是年龄较大，反应较为迟钝的老年人。通常认为第一组驾驶人为高风险人群，第三组驾驶人为次高风险人群，第二组驾驶人为低风险人群。至于三组人群的年龄段划分是根据各国的不同情况确定的。

2）根据驾驶人的性别划分：男性与女性。研究表明女性群体的驾驶倾向较为谨慎，相对于男性，她们为低风险人群。

3）根据驾驶人的驾龄分：驾龄的长短可以从一个侧面反映驾驶人的驾驶经验，通常认为从初次领证后的 1～3 年为事故多发期。

4）根据安全记录划分：安全记录可以反映驾驶人的驾驶心理素质和对待风险的态度，经常发生交通事故的驾驶人可能存在某一方面的缺陷。

从以上对比和分析可以看出从人费率相对于从车费率具有更科学和合理的特征，所以，我国正在积极探索，逐步将从车费率的模式过渡到从人费率的模式。

4.4.3　机动车辆交强险保费计算

1．基准费率表的使用

机动车交通事故责任强制保险基准费率表（2008 版）如表 4-1 所示。

表 4-1　机动车交通事故责任强制保险基准费率表（2008 版）　　单位：元

车辆大类	序　号	车辆明细分类	保　费
一、家庭自用汽车	1	家庭自用汽车 6 座以下	950
	2	家庭自用汽车 6 座及以上	1 100

续表

车辆大类	序　号	车辆明细分类	保　费
二、非营业客车	3	企业非营业汽车 6 座以下	1 000
	4	企业非营业汽车 6～10 座	1 130
	5	企业非营业汽车 10～20 座	1 220
	6	企业非营业汽车 20 座以上	1 270
	7	机关非营业汽车 6 座以下	950
	8	机关非营业汽车 6～10 座	1 070
	9	机关非营业汽车 10～20 座	1 140
	10	机关非营业汽车 20 座以上	1 320
三、营业客车	11	营业出租租赁 6 座以下	1 800
	12	营业出租租赁 6～10 座	2 360
	13	营业出租租赁 10～20 座	2 400
	14	营业出租租赁 20～36 座	2 560
	15	营业出租租赁 36 座以上	3 530
	16	营业城市公交 6～10 座	2 250
	17	营业城市公交 10～20 座	2 520
	18	营业城市公交 20～36 座	3 020
	19	营业城市公交 36 座以上	3 140
	20	营业公路客运 6～10 座	2 350
	21	营业公路客运 10～20 座	2 620
	22	营业公路客运 20～36 座	3 420
	23	营业公路客运 36 座以上	4 690
四、非营业货车	24	非营业货车 2 吨以下	1 200
	25	非营业货车 2～5 吨	1 470
	26	非营业货车 5～10 吨	1 650
	27	非营业货车 10 吨以上	2 220
五、营业货车	28	营业货车 2 吨以下	1 850
	29	营业货车 2～5 吨	3 070
	30	营业货车 5～10 吨	3 450
	31	营业货车 10 吨以上	4 480
六、特种车	32	特种车一	3 710
	33	特种车二	2 430
	34	特种车三	1 080
	35	特种车四	3 980
七、摩托车	36	摩托车 50CC 及以下	80
	37	摩托车 50～250CC（含）	120

续表

车辆大类	序　号	车辆明细分类	保　费
	38	摩托车 250CC 以上及侧三轮	400
八、拖拉机	39	兼用型拖拉机 14.7kW 及以下	按保监产险［2007］53 号实行地区差别费率
	40	兼用型拖拉机 14.7kW 以上	
	41	运输型拖拉机 14.7kW 及以下	
	42	运输型拖拉机 14.7kW 以上	

1．座位和吨位的分类都按照“含起点不含终点”的原则来解释。

2．特种车一：油罐车、汽罐车、液罐车；特种车二：专用净水车、特种车一以外的罐式货车，以及用于清障、清扫、清洁、起重、装卸、升降、搅拌、挖掘、推土、冷藏、保温等的各种专用机动车；特种车三：装有固定专用仪器设备从事专业工作的监测、消防、运钞、医疗、电视转播等的各种专用机动车；特种车四：集装箱拖头。

3．挂车根据实际的使用性质并按照对应吨位货车的 30%计算。

4．低速载货汽车参照运输型拖拉机 14.7kW 以上的费率执行。

拖拉机交强险费率方案如表 4-2 所示。

表 4-2　拖拉机交强险费率方案　　单位：元

省　份	兼用型 14.7kW 及以下	兼用型 14.7kW 以上	运输型 14.7kW 及以下	运输型 14.7kW 以上
北京	60	90	400	560
天津	60	90	400	560
河北	60	90	400	560
山西	60	90	340	480
内蒙古	50	80	280	340
辽宁	60	90	340	560
吉林	60	90	340	560
黑龙江	60	90	340	560
上海	60	90	340	560
江苏	80	120	540	700
浙江	80	120	540	700
安徽	70	110	540	700
福建	70	110	400	560
江西	70	110	460	640
山东	70	110	460	640
河南	70	110	460	640
湖北	70	110	460	640
湖南	70	110	460	640
广东	60	90	400	560
广西	60	90	340	480

续表

省　份	兼用型 14.7kW 及以下	兼用型 14.7kW 以上	运输型 14.7kW 及以下	运输型 14.7kW 以上
海南	60	90	340	480
重庆	60	90	400	560
四川	60	90	400	560
贵州	60	90	400	560
云南	60	90	400	560
西藏	50	80	280	340
陕西	60	90	400	560
甘肃	60	90	400	560
青海	50	80	340	480
宁夏	60	90	400	560
新疆	50	80	280	340

注：深圳、宁波、大连、青岛、厦门等计划单列市执行本省费率。

2．车辆种类、使用性质分类

车辆种类，使用性质分类可参见《机动车交通事故责任强制保险费率方案》(2008 版)。

3．基准保费的计算

(1）一年期基准保费的计算

投保一年期机动车交通事故责任强制保险的，根据《机动车交通事故责任强制保险基准费率表》中相对应的金额确定基础保费。

(2）短期基准保费的计算

投保保险期间不足一年的机动车交通事故责任强制保险的，按短期费率计收保险费，不足一个月按一个月计算。具体为：先按《机动车交通事故责任强制保险基准费率表》中相对应的金额确定基准保费，再根据投保期限选择相对应的短期月费率（见表 4-3），两者相乘即短期基准保费。

表 4-3　短期月费率

保险期间（月）	1	2	3	4	5	6	7	8	9	10	11	12
短期月费率（%）	10	20	30	40	50	60	70	80	85	90	95	100

短期基准保费=年基准险费×短期月费率

(3）费率浮动方案

机动车交通事故责任强制保险基准费率浮动因素和浮动比率按照《机动车交通事故责任强制保险费率浮动暂行办法》（保监发［2007］52 号）执行。

1）费率浮动系数（见表 4-4）。

表 4-4　费率浮动系数

浮动因素			浮动比率
与道路交通事故相联系的浮动 A	A1	上一个年度未发生有责任道路交通事故	–10%
	A2	上两个年度未发生有责任道路交通事故	–20%
	A3	上三个及以上年度未发生有责任道路交通事故	–30%
	A4	上一个年度发生一次有责任不涉及死亡的道路交通事故	0
	A5	上一个年度发生两次及两次以上有责任道路交通事故	10%
	A6	上一个年度发生有责任道路交通死亡事故	30%

2）费率浮动方案说明。

ⅰ．基准保费全国统一。

ⅱ．交强险最终应交保险费的计算方法是：交强险最终应交保险费=交强险基准保险费×(1+与道路交通事故相联系的浮动比率 A)。

ⅲ．交强险费率浮动标准根据被保险机动车所发生的道路交通事故计算。摩托车和拖拉机暂不浮动。

ⅵ．与道路交通事故相联系的浮动比率 A 等于 A1 至 A6 其中之一，不累加。同时满足多个浮动因素的，按照向上浮动或者向下浮动比率的高者计算。

ⅴ．仅发生无责任道路交通事故的，交强险费率仍可享受向下浮动。

ⅵ．浮动因素计算区间为上期保单出单日至本期保单出单日之间。

ⅶ．与道路交通事故相联系浮动时，应根据上年度交强险已赔付的赔案浮动；上年度发生赔案但还未赔付的，本期交强险费率不浮动，直至赔付后的下一年度交强险费率向上浮动。

ⅷ．几种特殊类型机动车的交强险费率浮动方法：

- 首次投保交强险的，费率不浮动。
- 在保险期限内，被保险机动车所有权转移，应当办理交强险合同变更手续，且交强险费率不浮动。
- 机动车临时上道路行驶或境外机动车临时入境投保短期交强险的，交强险费率不浮动。其他投保短期交强险的情况下，根据交强险短期基准保险费并按照上述标准浮动。
- 被保险机动车经公安机关证实丢失后追回的，根据投保人提供的公安机关证明，在丢失期间发生道路交通事故的，交强险费率不向上浮动。
- 机动车上一期交强险保单满期后未及时续保的，浮动因素计算区间仍为上期保单出单日至本期保单出单日之间。
- 在全国车险信息平台联网或全国信息交换前，机动车跨省变更投保地时，如投保人能提供相关证明文件的，可享受交强险费率向下浮动。不能提供的，交强险费率不浮动。
- 出单日期与保单起期相差不能超过三个月。
- 除投保人明确表示不需要的，保险公司应当在完成保险费计算后、出具保险单以前，向投保人出具《机动车交通事故责任强制保险费率浮动告知书》（附件），经投保人签章确认后，再出具交强险保单、保险标志。投保人有异议的，应告知其有关道路交通事故的查询方式。

- 已经建立车险联合信息平台的地区，通过车险联合信息平台实现交强险费率浮动。除当地保险监管部门认可的特殊情形以外，《机动车交通事故责任强制保险费率浮动告知书》和交强险保单必须通过车险信息平台出具。
- 未建立车险信息平台的地区，通过保险公司之间相互报盘、简易理赔共享查询系统或者手工方式等，实现交强险费率浮动。

4．保险费测算

交强险最终应交保险费=交强险基准保费×（1+与道路交通事故相联系的浮动比率A）

【例4-1】某6座以下非营业用个人车辆，上一年度发生一次有责任但不涉及死亡的道路交通事故，试计算本年交强险应缴保费。

交强险最终保险费=950×(1+0)=950（元）

与道路交通事故相联系的浮动比率：发生一次有责任但不涉及死亡的道路交通事故，费率浮动系数为0。

【例4-2】张某自己使用11座金杯车于2010年8月1日来我公司投保，该车2010年12月25日报废，未能提供上一年度交强险保单，但在车险信息平台中查询到上年度有两次有责任的赔付事故（未涉及伤亡），试计算交强险应缴保费。

1 100×(1+10%)×50%=605（元）

4.4.4 机动车辆商业保险保费计算

商业保险费率包括《商业保险基准费率表》、《绝对免赔额系数表》、《商业保险费率系数表》三部分。以下所称“基准保费”、“应交保费”是指1年期的保费，其中具体含义是：“基准保费”是指，根据《商业保险基准费率表》直接查出或计算得到的保费；“应交保费”是指，在查出或计算出基准保费后，通过《绝对免赔额系数表》、《商业保险费率系数表》进行风险修正或费率浮动以后的保费，也就是投保人实际需要向保险人支付的保险费。

1．基准费率表的使用及各险别保费计算方法

（1）商业保险基准费率表的使用

1）机动车辆商业保险费率基准费率表商业保险费相比较于交强险全国统一的费率，商业保险根据全国不同地区经济发展水平及风险状况的不同，实行差异化的费率水平，但每个省份执行统一的费率（除了部分地区，如深圳、宁波、东莞等）。

2）选用费率表。根据投保险种选择对应的费率表类别，分别有商业第三者责任险基准费率表、车辆损失保险基准费率表、全车盗抢险基准费率表、车上人员责任险基准费率表、附加险基准费率表。

（2）各险别保费计算方法

1）车辆损失保险的保费计算。车辆投保车辆损失保险时，应根据车辆使用性质、所属性质、车辆种类和车龄，选择相应的车辆损失保险基准保费费率表中对应的档次，确定固定保费和基准费率，按下列公式计算车辆损失保险基准保费：

车辆损失保险基准保费=固定保费+车辆损失保险保险金额×基准费率

【例 4-3】 广州地区非营业个人用车，5 座（2010 年 5 月 1 日），新车购置价 10 万元，车辆损失保险保费：（于 2012 年 9 月 25 日起保，以下例子中的保险起期均按此）

508+100 000×1.21%=1 718（元）

2）商业第三者责任险的保费计算。车辆投保商业第三者责任险时，应根据车辆使用性质、所属性质和车辆种类，选择相应的商业第三者责任险基准保费费率表中对应的档次，确定商业第三者责任险的基准保费。

机动车辆商业第三者责任险的基准保费是指按照投保车辆的使用性质和车辆种类对应的商业第三者责任险每次事故最高赔偿限额为 5 万元、10 万元、15 万元、20 万元、30 万元、50 万元、100 万元及 100 万元以上时的保险费。

$$\text{商业第三者责任险 100 万元以上限额保费计算公式}=(N-2)\times(A-50\text{ 万元限额保费})\times(1-N\times0.005)+A$$

式中，A 指同档次限额为 100 万元时的三者险保费；N=限额÷50 万元，限额必须是 50 万元的整倍数。

【例 4-4】 广州地区非营业个人用车，5 座（2010 年 5 月 1 日），商业第三者责任险 15 万元，三者险保费经查询费率表知为 1 113 元。

3）全车盗抢险的保费计算。车辆投保全车盗抢险时，应根据车辆使用性质、所属性质和车辆种类，选择相应的全车盗抢险基准保费费率表中对应的档次，确定固定保费和基准费率，按下列公式计算全车盗抢险基准保费：

全车盗抢险基准保费=固定保费+全车盗抢险保险金额×基准费率

【例 4-5】 广州地区非营业个人用车，5 座（2010 年 5 月 1 日），新车购置价 10 万元，计算保费：（于 2012 年 9 月 25 日起保，以下例子中的保险起期均按此）

解： 全车盗抢险保额为

100 000×(1−29×0.6%)=82 600（元）

保费为 120+82 600×0.49%=524.74（元）

4）其他险别的保费计算。车辆投保其他险别时，应根据所投保的险别，选择费率表中对应的档次，计算各险别的基准保费。

【例 4-6】 广州地区非营业个人用车（2010 年 5 月 1 日），新车购置价 10 万元，第三者责任保险（15 万元）、车辆损失保险、全车盗抢险，其他车上人员责任险（共 5 座，司机 1 万元，乘客每座 1 万元），自燃损失保险、玻璃单独破碎险和倒车镜或车灯单独损坏险（国产）、车身划痕损失保险（5 000 元）、基本险不计免赔率特约条款、附加险不计免赔率特约条款的保费是多少？

司机座位：10 000×0.42%=42（元）；乘客座位：10 000×4×0.27%=108（元）；自燃损失保险：82 600×0.20%=165.2（元）；玻璃单独破碎险：100 000×0.20%=200（元）；倒车镜或车灯单独损坏险：100 000×0.08%=80（元）；车身划痕损失保险：850 元；基本险不计免赔：(1 718+1 113+42+108)×15%+524.74×20%=552.10（元）；附加险不计免赔：(165.2+850)×15%=152.28（元）。

（3）短期费率

1）本费率方案中机动车辆保险费率表，均为保险期间一年的费率表，即年费率表。

2）投保时，保险期间不足一年的按短期月费率（见表 4-5）计收保险费（不足一个月按月计算）。

表 4-5　短期月费率表

保险期间（月）	1	2	3	4	5	6	7	8	9	10	11	12
短期月费率（%）	10	20	30	40	50	60	70	80	85	90	95	100

短期保险费=年保险费×短期月费率

2．商业保险费率系数表及最终保险费计算方法

（1）商业保险费率系数表（个人）（见表 4-6）

表 4-6　商业保险费率系数表（个人）

费率因子		系数值	说　明	使用范围
指定驾驶人 C1	C1a	0.9	指定驾驶人	非营业个人车辆
	C1b	1	未指定驾驶人	
驾驶人年龄 C2	C2a	1.05	年龄<25 岁	非营业个人车辆
	C2b	1	25 岁≤年龄<30 岁	
	C2c	0.95	30 岁≤年龄<40 岁	
	C2d	1	40 岁≤年龄<60 岁	
	C2e	1.05	年龄≥60 岁	
驾驶人性别 C3	C3a	1	男	非营业个人车辆
	C3b	0.95	女	
驾驶人驾龄 C4	C4a	1.05	驾龄<1 年	非营业个人车辆
	C4b	1.02	1 年≤驾龄<3 年	
	C4c	1	3 年≤驾龄	
行驶区域 C5	C5a	1	境内	所有个人车辆
	C5b	0.95	省内	
	C5c	0.92	固定路线	营业个人车辆
平均年行驶里程（km）C6	C6a	0.9	[0，30 000)	所有个人车辆
	C6b	1	[30 000，50 000)	
	C6c	1.1～1.3	≥50 000	
投保年度 C7	C7a	1	首年投保	所有个人车辆
	C7b	0.9	续保	
交通违法记录 C8	C8a	0.9	上一保险年度无交通违法记录	所有个人车辆
	C8b	1	上一保险年度有交通违法记录	
以往保险年度索赔记录 C9	C9a	0.7	连续三年及以上无赔款记录	所有个人车辆
	C9b	0.8	连续两年无赔款记录	
	C9c	0.9	上年无赔款记录	

续表

费率因子		系数值	说　明	使用范围
以往保险年度索赔记录 C9	C9d	1	上年发生两次及以下赔款或首年投保	
	C9e	1.1	上年发生三次赔款	
	C9f	1.2	上年发生四次赔款	
	C9g	1.3	上年发生五次及以上赔款	
多险别投保优惠 C10	C10a	0.95～1	同时投保车辆损失保险及商业第三者责任险的，所有险别最高优惠 5%	所有个人车辆
绝对免赔额 C11	C11a		由免赔额系数表确定	所有个人车辆
	…			
车辆损失保险车型 C12	C12	1.3～2.0	老、旧、新、特车型	所有个人车辆

注：摩托车、拖拉机不适用各费率系数。

（2）费率折扣下限

各险别使用各费率系数优惠总幅度超过监管部门规定的最大优惠幅度时，按照监管部门规定的最大优惠幅度（目前为 7 折）执行，但车辆损失保险计算优惠幅度时不含绝对免赔额系数。

（3）保费计算

1）车辆损失保险最终保险费计算方法。车辆损失保险的基准保费乘以费率系数表中适用系数后，即该车辆投保车辆损失保险应支付的签单保费。计算公式如下：

$$车辆损失保险签单保费=基准保费\times C1\times C2\times\cdots\times Cn$$

2）商业第三者责任险最终保险费计算方法。商业第三者责任险基准保费乘以相应费率系数表中适用系数后，即该车辆投保商业第三者责任险应支付的签单保费。计算公式如下：

$$商业第三者责任险签单保费=基准保费\times C1\times C2\times\cdots\times Cn$$

机动车辆商业第三者责任险的基准保费是指按照投保车辆的使用性质和车辆种类对应的商业第三者责任险每次事故最高赔偿限额为 5 万元、10 万元、15 万元、20 万元、30 万元、50 万元、100 万元及 100 万元以上时的保险费。

3）全车盗抢险签单保费=基准保费×C1×C2×…×Cn。

4）其他险别基准保费乘以相应费率系数表中适用系数后，即该车辆投保其他险别应支付的签单保费。计算公式如下：

$$其他险别签单保费=基准保费\times C1\times C2\times\cdots\times Cn$$

5）商业保险最终保险费计算方法。

$$商业保险各投保险别最终应交保险费=各投保险别基准保险费\times C1\times C2\times\cdots\times Cn$$

投保车辆应支付的签单保费为以上各险别签单保费合计值。

各险别使用各费率系数优惠总幅度超过监管部门规定的最大优惠幅度时，按照监管部门规定的最大优惠幅度执行，但车辆损失保险计算优惠幅度时不含绝对免赔额系数。

摩托车、拖拉机不适用各费率系数。

【例 4-7】基准保费参见例 4-4，保险车辆平均年行驶里程为 25 000km，我公司正常续保业务，上年无赔款记录，其折后保费：

$$(1\ 718+1\ 113+42+108+524.74+165.2+200+80+850+552.10+152.28)\times(0.9\times0.9\times0.9\times0.960\ 2)=5\ 505.32\times0.7=3\ 853.73\ (\text{元})$$

解析：因客户同时投保车损险及商业第三者责任险，可给予客户多险别投保优惠。但因整体最高折扣为 7 折，经过计算后，多险别投保优惠系数为最高到 0.960 2。

4.5 核保

核保人应根据公司核保制度、承保权限、承保具体规定和岗位职责，认真核保。

4.5.1 核保的内容

核保是保险公司在业务经营过程中的一个重要环节。核保是指保险公司的专业技术人员对投保人的申请进行风险评估，决定是否接受这一风险，并在决定接受风险的情况下，决定承保的条件，包括使用的条款和附加条款、确定费率和免赔额等。核保的基本内容如下：

1）投保人资格。对于投保人资格进行审核的核心是认定投保人对保险标的拥有保险利益，机动车辆保险业务中主要是通过核对行驶证来完成的。

2）投保人或被保险人的基本情况。投保人或被保险人的基本情况主要是针对车队业务的。通过了解企业的性质、是否设有安保部门、经营方式、运行主要线路等，分析投保人或被保险人对车辆管理的技术管理状况，保险公司可以及时发现其可能存在的经营风险，采取必要的措施降低和控制风险。

3）投保人或被保险人的信誉。投保人与被保险人的信誉是核保工作的重点之一。对于投保人和被保险人的信誉调查和评估逐步成为机动车辆保险核保工作的重要内容。评估投保人与被保险人信誉的一个重要手段是对其以往损失和赔付情况进行了解，那些没有合理原因，却经常“跳槽”的被保险人往往存在道德风险。

4）保险标的。对保险车辆应尽可能采用“验车承保”的方式，即对车辆进行实际的检验，包括了解车辆的使用和管理情况，复印行驶证、购置车辆的完税费凭证，拓印发动机与车架号码，对于一些高档车辆还应当建立车辆档案。

5）保险金额。保险金额的确定涉及保险公司及被保险人的利益，往往是双方争议的焦点，因此保险金额的确定是机动车辆保险核保中的一个重要内容。在具体的核保工作中应当根据公司制定的汽车市场指导价格确定保险金额。对投保人要求按照低于这一价格投保的，应当尽量劝说并将理赔时可能出现的问题进行说明和解释。对于投保人坚持己见的，应当向投保人说明后果并要求其对于自己的要求进行确认，同时在保险单的批注栏上明确。

6）保险费。核保人员对于保险费的审核主要分为费率适用的审核和计算的审核。

7）附加条款。主险和标准条款提供的是适应汽车风险共性的保障，但是作为风险的个体是有其特性的。一个完善的保险方案不仅解决共性的问题，更重要的是解决个性问题，附加条款适用于风险的个性问题。特殊性往往意味着高风险，所以，在对附加条款的适用问题上更应当注意对风险的特别评估和分析，谨慎接受和制定条件。

本级核保的内容包括以下方面。

1）审核投保单是否按规定内容和要求填写，有无错漏。对新车购置价、保险金额确定是否合理。对不符合要求的，退给业务人员指导投保人予以更正。

2）审核业务人员特别是代理人是否对投保车辆进行了验车、验证，是否按照新《保险法》要求向投保人履行告知义务。对需特别约定的事项是否在特约栏内注明。

3）审核费率标准和计收保险费是否正确。

4）高保额和投保盗抢险车辆的有关证件是否与实际情况和投保单填写一致，是否按规定拓印拍照存档。

注意事项：

1）对事故率高、风险集中的投保单位提出限制性承保条件。但提出限制承保或不可保车型时，必须要有详细、真实的数据定量分析，否则要慎之。

2）对在费率表中未列明的高档专用或特种车辆，视其风险情况提出费率确定的意见。

3）对保险业务数据库中特别列明的投保车辆或投保人，提示承保人做出更详细的特别约定或补充相关车辆证明资料。

核保完毕后，核保人在投保单上签署意见。对超过本级核保权限的，应通过传真或电脑网络报上级公司核保。

上级核保的内容包括以下方面：

1）根据掌握的情况考虑可否接受投保。

2）接受投保的险别、保险金额、赔偿限额是否需要限制或调整。

3）接受投保是否需要增加特别约定。

4）协议投保的内容是否完整，是否符合保险监管制度规定。

5）对于上报核保的车辆应单独做出业务经营分析，以便及时调整核保权限，完善核保内容。

上级核保后，签署明确的意见并立即返回请示的公司。

核保工作结束后，核保人将投保单、核保意见一并转业务内勤据此缮制保险单证。

4.5.2 核保方式

根据不同的分类标准，通常将核保业务分为标准业务核保和非标准业务核保、计算机智能核保和人工核保、集中核保和远程核保、事先核保和事后核保等。各保险公司根据其自身组织结构和经营情况的特点选择一定的核保方式，而且保险公司在确定其核保方式时并不拘泥于某一种核保方式，而是结合投保业务的特点将多种核保方式交叉使用，充分发挥不同方式的特点和优越性。

1．标准业务核保和非标准业务核保

标准业务指常规风险的机动车辆保险业务，这类风险的特点是其基本符合机动车辆保险险种设计所设定的风险情况，按照公司的有关核保规定就能够进行核保。非标准业务是指风险具有较大特殊性的业务，这种特殊性主要体现为出现频率高或出现后损失巨大等需要有效控制的业务。

标准业务可以根据公司有关的核保规定进行核保，而非标准业务则无法完全依靠公司有关的核保规定进行核保，而需由核保人员运用保险的基本原理，相关的法律、法规和自

己的经验，通过研究分析来解决这些特殊的问题，必要时核保人员应当向上级核保部门进行请示或组织专家进行论证。

机动车辆保险非标准业务主要有保险金额、赔偿限额、免赔额等有特殊要求的业务，特殊车型业务、高档车辆的盗抢险业务、统保协议、代理协议等。

2．计算机智能核保和人工核保

计算机技术的飞速发展和广泛应用给核保工作带来了巨大的变化，尤其智能化计算机的发展和应用，使得计算机已经完全可以胜任对标准业务的核保工作。在核保过程中应用计算机技术可以大大缓解人工核保的工作压力，提高核保工作的效率和准确性，减少在核保过程中的人为因素。但是，计算机不可能解决所有的核保问题，还需要与人工核保的方式相结合。

3．集中核保和远程核保

从核保制度的发展过程分析，集中核保的模式代表了核保技术发展的趋势和方向。集中核保可以有效地解决统一标准和业务规范问题，实现技术和经验最大限度地利用。但是，以往集中核保在实际工作中遇到的困难是经营网点的分散和缺乏便捷、高效的信息传输、反馈渠道。

计算机技术的广泛应用，尤其互联网技术的发展带动了核保领域的革命性进步，解决了以往集中核保在实际工作中遇到的经营网点分散和沟通联系困难的问题，远程核保的模式应运而生。远程核保就是建立区域性的核保中心，利用互联网等现代通信技术，集中区域内的核保专家对辖区内的所有业务进行集中核保。这种核保方式较以往任何一种核保方式均具有不可比拟的优势，它不仅可以利用核保中心人员技术的优势，还可以利用中心庞大的数据库，实现资源的共享。同时，远程核保还有利于对经营过程中的管理疏忽，甚至道德风险进行有效的防范。

4．事先核保和事后核保

事先核保是在核保工作中广泛应用的模式。它是指投保人提出投保申请后，核保人员在接受承保之前对标的的风险进行评估和分析，决定是否接受承保。在决定接受承保的基础上，根据投保人的具体要求确定保险方案，包括确定适用的条款、附加条款、费率、保险金额、免赔额等承保条件。

与之相反，事后核保是在决定承保之后再对标的的风险进行评估和分析，主要是针对标的金额较小、风险较低、承保业务技术比较简单的业务。这些业务往往是由一些偏远的经营机构或者代理机构承办，保险公司从人力和经济的角度难以做到事先核保的，可以采用事后核保的方式。所以，事后核保是对未来进行事先核保的一种补救措施。

4.5.3 核保的意义

1．防止逆选择，排除经营中的道德风险

在保险公司的经营过程中始终存在一个信息问题，即信息的不完整、不精确和不对称。尽管最大诚信原则要求投保人在投保时应履行充分告知的义务。但是，事实上始终存在信息的不完整和不精确的问题。保险市场信息问题，可能导致投保人或被保险人的道德风险和逆选择，给保险公司经营带来巨大的潜在的风险。保险公司建立核保制度，由资深人员运用专业技术和经验对投保标的进行风险评估，通过风险评估可以最大限度地解决信息不对称的问题，排除道德风险，防止逆选择。

2．确保业务质量，实现经营稳定

保险公司是经营风险的特殊行业，其经营状况关系社会的稳定。保险公司要实现经营的稳定，关键一个环节就是控制承保业务的质量。但是，随着国内保险市场供应主体的增多，保险市场竞争日趋激烈，保险公司在不断扩大业务的同时，经营风险也在不断增大。其主要表现为：一是为了拓展业务而急剧扩充业务人员，这些新的工作人员业务素质有限，无法认识和控制承保的质量；二是保险公司为了扩大保险市场的占有率，稳定与投保户的业务关系，放松了拓展业务方面的管理；三是保险公司为了拓展新的业务领域，开发了一些不成熟的新险种，签署了一些未经过详细论证的保险协议，增加了风险因素。保险公司通过建立核保制度，将展业与承保相对分离，实行专业化管理，严格把好承保关。

3．扩大保险业务规模，与国际惯例接轨

我国加入 WTO 以后，国外的保险中介机构正逐步进入中国保险市场；同时，我国保险的中介力量也在不断壮大，现已成为推动保险业务的重要力量。在看到保险中介组织对于扩大业务的积极作用的同时，也应注意到其可能带来的负面影响。由于保险中介组织经营目的和价值取向的差异以及人员的良莠不齐，保险公司在充分利用保险中介机构进行业务开展的同时，也应对保险中介组织的业务加强管理，核保制度是对中介业务质量控制的重要手段，建立和完善保险中介市场的必要前提条件。

4．实现经营目标，确保持续发展

在市场经济条件下，企业发展的重要条件是对市场进行分析，并在此基础上确定企业的经营方针和策略，包括对企业的市场定位和选择特定的业务和客户群。同样在我国保险市场的发展过程中，保险公司要在市场上争取和赢得主动，就必须确定自己的市场营销方针和政策，包括选择特定的业务和客户作为自己发展的主要对象，确定对各类风险承保的态度，制定承保业务的原则、条款和费率等。而这些市场营销方针和政策实现的主要手段是核保制度，通过核保制度对风险选择和控制的功能，保险公司能够有效地实现其既定的目标，并保持业务的持续发展。

4.5.4　核保的流程

核保工作原则上采取本级核保和上级核保两级核保体制。先由保险展业人员（包括业务员、代理人、经纪人）在展业过程中进行初步审核，然后将初步接受的业务交由专业核保人员根据各级核保权限进行审核，超过本级核保权限的，报上级公司核保，进而决定是否承保，承保条件以及保险费率等。车险业务核保工作流程如图 4-2 所示。

任务：

朱小姐，25 岁，驾龄 1 年，花了 7.78 万元买了一辆起亚轿车，作为上下班的代步工具，只限于本人使用，驾驶区域相对稳定，有固定停车地点，同时作为女性，驾驶较谨慎，发生事故的概率较小。

1）核保工作的基本流程是什么？

2）核保管理的基本要求是什么？

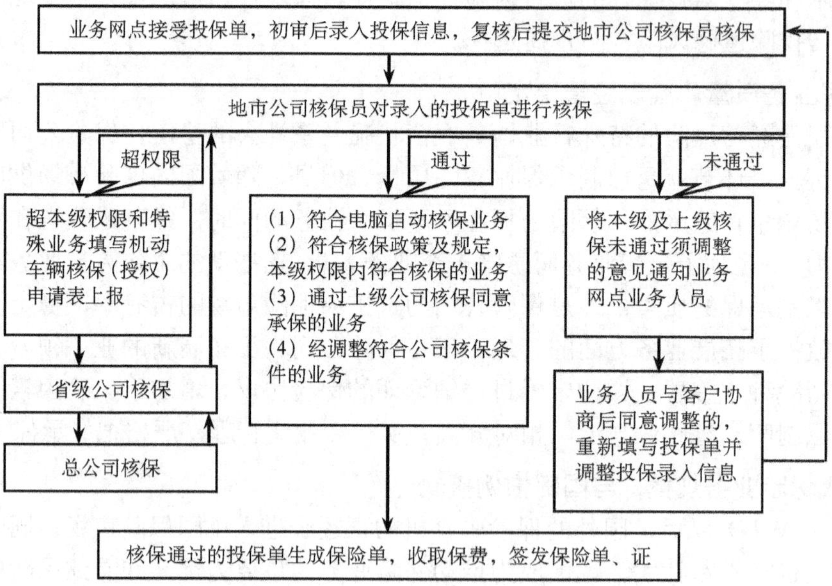

图 4-2 车险业务核保工作流程

3）核保的基本原则有哪些？

4）核保的基本内容有哪些？

5）验车 / 验证的具体内容要求如下：

序号	项　目	说　明
1	被保险人与投保机动车辆的关系	所有
2	车主	王××
3	号牌号码	鄂 A-AE345
4	号牌底色	蓝色
5	厂牌型号	起亚 YQZ7162E3 轿车
6	发动机型号	52057154
7	VIII 号	17 位码，由英文字母和数字组成
8	车架号	LJDDAA2275002623
9	核定载客	5 人
10	核定载质量	0
11	排量/功率	1.6L
12	初次登记日期	2011 年 1 月
13	已使用年限	0
14	年平均行驶里程	0
15	车身颜色	红
16	机动车种类	6 座以下客车
17	机动车使用性质	家庭自用
18	是否本公司续保	否

续表

序号	项　　目	说　　明
19	行驶区域	中国境内
20	上年赔款次数	无
21	是否未还清贷款车辆	无
22	车损险车身划痕选择专修厂	无
23	上年度交通违规行为	无

4.6　缮制和签发保险单、证

新《保险法》第 13 条规定："投保人提出保险要求，经保险人同意承保，保险合同成立。保险人应当及时向投保人签发保险单或者其他保险凭证。保险单或者其他保险凭证应当载明当事人双方约定的合同内容。当事人也可以约定采用其他书面形式载明合同内容。依法成立的保险合同，自成立时生效。投保人和保险人可以对合同的效力约定附条件或者附期限。"

保险单或保险凭证是订立保险合同、载明保险合同双方当事人权利和义务的书面凭证，是被保险人向保险人索赔的主要依据。因此，缮制保险单证工作质量的优劣，往往直接影响机动车辆保险合同的顺利履行。缮制和签发保险单证的流程为缮制保险单、复核保险单、收取保险费、签发保险单证、清分保险单证、保险单证归档。

4.6.1　缮制和签发保险单证的流程

1．缮制保险单

缮制保险单是在承接保险业务后填制保险单的过程。

1）业务内勤接到投保单及其附表后，根据核保人员签署的意见，即可缮制保险单。

保险单一般由电脑制单，包括以下步骤：将投保单有关内容输入电脑中保险单的对应栏目中，同时在保险单"被保险人"和"厂牌型号"栏内登录统一规定的代码（一单承保多车时，厂牌型号代码应逐车登录），并打印保险单一式三联，电脑出单后不得在保单上涂改，否则无效。若有差误则应重新出单。

保险单原则上由电脑出具，子公司所辖的保险办事处或保险代办机构暂无电脑设备而只能手工出具的营业单位，必须得到上级公司认可。手工填制保险单必须是保监会统一监制的保单，并按规定填制相应份数。保险单上的印制流水号即保险单号码，手工出单要求字迹清楚，单面整洁，涂改处加盖制单人名章。涂改三处以上的保单，应作废重新出单。所有手工单出单后必须在子公司电脑上补录。

制单完毕后，制单人应在"制单"处签章，并将保险单号码转录在投保单及其附表上的"保险单号码"栏内。

2）特约条款和附加条款，应在保险单正本背面印上或加贴；加贴的条款应加盖骑缝章。

注意事项如下。

ⅰ．特别约定：双方协商并在投保单上写的特别约定，应完整地载明到保险单对应栏目上，特别约定项目多，保险单"特别约定"栏内无法全部打印时，须在"特别约定"栏中注明“详见特别约定清单”，并另外打印“特别约定清单”，附贴在保险单正本背面，并统一加盖骑缝章。若核保有新的意见时应根据核保意见修改或增加。

ii．无论主车和挂车一起投保，还是挂车单独投保，挂车都必须单独出具具有独立保险单号码的保险单。当主车和挂车一起投保时，可以按照多车承保方式处理，给予一个合同号，以方便查阅。

iii．需将承保险种对应的所有保险条款附贴在保险单正本背面，并统一加盖骑缝章。保险条款中的责任免除、被保险人义务、免赔等规定的印刷字体应与其他内容相区别，以提示被保险人注意阅读。

3）保险单及其附表缮制完毕后，制单人应将其连同投保单一起送复核人员复核。

2．复核保险单

复核人员接到投保单、保险单及其附表后应认真对照复核。为了保证承保工作的质量，必须加强复核工作。复核人员应严格履行职责，将保险单内容逐项复核。复核中尤其应当认真审核特别约定的内容、保险期限起讫时间以及保险金额的确定是否符合规定、费率厘定是否合理、保险费计算是否正确等内容。

经复核无误后，在保险单上签章。

3．开具保险费收据

保险单经审核无误后，业务人员应一次打印“保险费收据”一式三联。保险费收据上的收款金额应与保险单上的总保险费一致，分期交费的按实际收费数填写。分期交费的必须在保险单上载明分期交费的日期和金额。投保人凭保险单收据办理交费手续。财务人员经复核保险单然后连同保险单一起呈经理或其授权人。经理或其授权人审核无误后，在保险单上加盖经理签章。

4．收取保险费

投保人凭保险费收据办理交费手续。收费人员经复核保险单无误后，向投保人核收保险费，并在保险单“会计”处和保险费收据的“收款人”处签章，同时在保费收据上加盖财务专用章。

如果被保险人没有按约定交费或没有按约定期限履行付费义务，则该保险单不产生效力。

5．签发保险单、保险证

投保人员交费后，业务人员必须在保险单上注明公司名称、详细地址、邮政编码及电话，并加盖保险公司业务专用章。然后，根据保险单填具《机动车辆保险证》。无论主、挂车一起投保还是挂车单独投保，挂车都需单独出具独立保险单号码的保险单。主、挂车一起投保可按多车承保方式处理，给予一个合同号，以方便调阅。挂车填制保险单时，“发动机号码”栏统一填写“无”。

《机动车辆保险证》应与保险单同时签发，要做到一车一证，及时发送，不得委托投保户自填。保险证的填写应与保险单有关项目的内容一致，险种一栏填写总颁险种代码，电话一栏必须填写公司报案电话，项目需填写清楚，齐全，不得涂改，空白保险证应妥善保管，不得预盖业务专用章。目前，对于保险证智能化问题正在专题研究，保险证功能的拓展对提高保险服务质量有着积极的意义。

对已经同时投保车损险、商业第三者责任险、车上人员责任险、不计免赔险的投保人签发保险事故伤员抢救费用担保卡，并做好登记。商业保险和交强险单证不能混淆使用。

6．保险单证补录

1）手工出单的机动车辆保险单、批单、提车暂保单、定额保单（含代理人用自己电脑出具的暂保单），必须逐笔补录到公司计算机车险业务数据库中，补录应在出单后 10 个工作日内完成。

2）单证补录前应经专人审核、检查，并由专人输入，业务外勤或经办人不得自行补录。补录内容必须完整正确。

4.6.2　相关单证

1．交强险单证

交强险单证是指投保人与保险公司签订的，证明强制保险合同关系存在的法定证明文件，由保监会监制，全国统一式样。交强险单证及使用范围如表 4-7 所示。

表 4-7　交强险单证及使用范围

单证名称	单证分类	适用范围
投保单	机动车交强险投保单	机动车
保险单（一式四联）	机动车交强险保单	机动车
	摩托车交强险保单（按照排量分为三类）	摩托车（兼有投保单性质）
	拖拉机交强险保单（按照用途及功率分为四类）	拖拉机（兼有投保单性质）
保险标志	内置式	具有前挡风玻璃车辆
	便携式	不具有前挡风玻璃车辆
批改申请书	批改申请书	已签发的各类交强险保单进行批改时使用
批单（一式三联）	交强险批单	

机动车交通事故责任保险保险单如表 4-8 所示。

表 4-8　机动车交通事故责任保险保险单

保险单号：

被保险人						
被保险人身份证号码（组织机构代码）						
地　址				联系电话		
被保险机动车	号牌号码		机动车种类		使用性质	
	发动机号码		识别代码（车架号）			
	厂牌型号		核定载客	人	核定载质量	千克
	排量		功率			
责任限额	死亡伤残赔偿限额	110 000 元	无责任死亡伤残赔偿限额	22 000 元		
	医疗费用赔偿限额	10 000 元	无责任医疗费用赔偿限额	2 000 元		
	财产损失赔偿限额	2 000 元	无责任财产损失赔偿限额	400 元		

续表

与道路交通安全违法行为和道路交通事故相联系的浮动比率 %	
保险费合计（人民币大写）：（¥： 元）其中救助基金（ %）（¥： 元）	
保险期间自 年 月 日零时起至 年 月 日二十四时止	
保险合同争议解决方式	
特别约定	
重要提示	1．请详细阅读保险条款，特别是责任免除和投保人、被保险人义务。 2．收到本保险单后，请立即核对，如有不符合或疏漏，请及时通知保险人并办理变更或补充手续。 3．保险费应一次性交清，请您及时核对保险单和发票（收据），如有不符，请及时与保险人联系。 4．投保人应如实告知对保险费计算有影响的或被保险机动车因改装、加装、改变使用性质等导致危险程度增加的重要事项，并及时通知保险人办理批改手续。 5．被保险人应当在交通事故发生后及时通知保险人。
保险人	公司名称： 公司地址： 邮政编码： 服务电话： 签单日期： （保险人签章）

保险人授权签字： 复核： 制单： 业务员： 代理/经纪人：

机动车交通事故责任强制保险摩托车定额保险单（副本）如表4-9所示。

表4-9 机动车交通事故责任强制保险摩托车定额保险单（副本）

被保险人		被保险人身份证号（组织机构代码）			
被保险人地址				被保险人电话	
号牌号码		厂牌型号		发动机号码	
识别代码（车架号）					
责任限额	死亡伤残赔偿限额50 000元	医疗赔偿限额8 000元		财产损失赔偿限额2 000元	
	无责任死亡伤残赔偿限额10 000元	无责任医疗赔偿限额1 600元		无责任财产损失赔偿限额2 000元	
保险费合计（人民币大写）：（¥： 元）其中救助基金（ %）：¥： 元					
保险期间自 年 月 日零时起至 年 月 日24时止					

整备质量			纳税人识别号			
当年应缴	¥： 元	往年补缴	¥： 元	滞纳金	¥： 元	
合计（人民币大写）：					（¥： 元）	
完税凭证号（减免税证明号）			开具税务机关			

特别约定：本保险单涂改无效。	
重要提示	1．请详细阅读保险条款，特别是责任免除和投保人、被保险人义务。 2．收到本保险单后，请立即核对，若有不符或疏漏，请及时通知保险人并办理变更或补充手续。

续表

投保人声明：保险人已将投保险种对应的保险条款（包括责任免除部分）向本人做了明确说明，本人已充分理解；上述所填写的内容均属事实，同意签订该保险合同。 投保人签字（签章）：　　年　月　日	公司名称： 公司地址： 邮政编码：　　　　服务电话： 签章日期：　　年　月　日（保险人签章）

核保：　　　　　　　　　　　　　　　经办：

保险标志是交强险的专有名称。一般来说，不特别说明就是指的交强险的保险标志。交强险保险标志分为内置式交强险标志和便携式交强险标志两种（见图 1-1）。具有前挡风玻璃的投保车辆应使用内置式保险标志；不具有前挡风玻璃的投保车辆应使用便携式保险标志。

内置式标志为椭圆形，长 88mm，宽 75mm，正面涂胶，使用时将正面张贴在前挡风玻璃处；便携式标志为长方形，长 90mm，宽 60mm，四角为圆角，使用时可方便地放置到行驶证或驾驶证中。内置式保险标志正面文字包括“强制保险标志”、“年份”、“中国保险监督管理委员会监制”以及作为光栅背景的 SALI 等，背面文字包括“流水号”、“保险单号”、“号牌号码”、“保险期间”、“承保公司”、“服务电话”、“注释”以及“月份的反面文字”等。便携式保险标志正面文字包括“强制保险标志”、“年份”、“保险期间”、“承保公司”、“服务电话”以及“注”等。

2. 商业保险单证

商业保险单证及使用范围如表 4-10 所示。

表 4-10　商业保险单证及使用范围

单证名称	单证分类	适用范围
投保单	机动车投保单	机动车
保险单（一式三联）	机动车商业保险保险单	机动车
	摩托车商业保险保险单（按照排量分为三类）	摩托车（兼有投保单性质）
	拖拉机商业保险保险单（按照用途及功率分为四类）	拖拉机（兼有投保单性质）
保险证	机动车辆保险证	机动车
批改申请书	批改申请书	已签发的商业保险保单进行批改时使用
批单（一式三联）	机动车辆保险批单	

×××××财产保险股份有限公司机动车保险单如表 4-11 所示。

表 4-11　×××××财产保险股份有限公司机动车保险单

被保险人			保单号码		
行驶证车主			身份证号		
车牌号码		厂牌型号		厂牌别名	
发动机号码		VIN 码		车辆种类	
使用性质		初次登记年月		座位/吨位	
车架号码		行驶区域		装载货物	

续表

新车购置价		号牌种类		车身颜色		争议处理					
指定驾驶人	主驾驶	姓名		性别		年龄		准驾车型		驾驶证号码	
	副驾驶	姓名		性别		年龄		准驾车型		驾驶证号码	
	副驾驶	姓名		性别		年龄		准驾车型		驾驶证号码	
险别	新车购置价	保险金额	基本保费	费率（%）	绝对免赔额	是否承保不计免赔特约险	保险费小计				
车辆损失保险											
	保险金额（责任限额）	基本/固定保费	费率（%）	是否承保不计免赔特约险	保险费小计						
保险费合计（大写）：						（小写）：					
保险期间：自　年　月　日零时起至　年　月　日24时止											
特别约定：											

明示告知：

（1）该保险合同为不定值保险合同。

（2）收到本保险单后请立即核对，填写内容如与投保事实不符，立即通知本保险人采用批单更改，其他更改方式无效。

（3）请详细阅读所附保险条款，特别是有关责任免除和投保人、被保险人义务和赔偿处理的部分。

（4）附加险条款中未约定的内容（包括责任免除及其他事项），均以所投保基本险相应的条款为准。

（5）保险车辆转卖、转让、赠送他人、变更用途等，应书面通知该公司并办理批改手续。

（6）发生保险事故后，请48小时之内通知保险公司。

联系人：　　　　联系电话： 邮政编码： 被保险人地址：	保险人（签章公司）： 地址： 全国统一服务电话： 报案电话： 邮政编码：　　（保险人签章）

核保：　　　　制单：　　　　经办：　　　　签单日期：

一般来说，保险单必须单独编制保险单号码并通过业务处理系统出具，但对于业务分散的摩托车、拖拉机业务和短期提车险业务，允许以定额保单的形式手工出单。

定额保单是指事先把保额确定的一种保险单，定额保单使用较方便，尤其通过代理渠道承保的业务时。

保险证（卡）通常是车主购买商业保险单后，由保险公司签发给被保险人的简单凭证，供投保户随身携带或者方便报案之用。但通常不作索赔的根据，如图4-3所示。

保险单号 ______________________________

被保险人 ______________________________

号牌号码 ______________ 厂牌型号 ______________

发动机号 ______________ 使用性质 ______________

车架号 ______________ 人/千克 ______ / ______

承保险种 ______________________________

保险期限自 ______ 年 ______ 月 ______ 日零时起 ______ 保险公司

至 ______ 年 ______ 月 ______ 日二十四时止 ______ 签章

服务报案电话：×××××

(a) 反面

×××××保险公司　　　　No.00000000

机动车辆保险证

承保险别：

________，保险金额：__________万元，绝对免赔额：__________元，

事故责任免赔率：_____

____________，赔偿限额：________万元

事故责任免赔率：_____

附加险：

(b) 正面

图 4-3　机动车辆保险证

任务：

朱小姐，25 岁，驾龄 1 年，花了 7.78 万元买了一辆起亚轿车，作为上下班的代步工具，只限于本人使用，驾驶区域相对稳定，有固定停车地点，同时作为女性，驾驶较谨慎，发生事故的概率较小。请填写保险单。

4.6.3 单证的清分与归档

1．单、证的清分

承保业务单证主要指投保单、保单、批改申请书、批单、验车报告、相关证明材料、发票、退保费收据等。每月定期整理，按照发票、投保单、投保单附件（如上年保单）、保险单、批改申请书、批改申请书附件、批单、退保费收据等顺序粘贴牢固。保险单和投保单的附表，要分别贴在保险单和投保单背面，并在保险（投保）单及其附表上加盖骑缝章。

清分时按下列要求进行：

1）清分给被保险人的单证有保险单正本、保险费收据（保户留存联）、保险证。

2）送计财部门留存的单证有保险费收据（会计留存联）。

3）业务部门留存的单证有保险单副本、投保单及其附表、保险费收据（业务留存联）。

2．单证统计归档

1）登记。业务部门应建立承保登记簿，将承保情况逐项登记，并编制承保日报表。

2）归档。留存业务部门的单证，应按下述要求整理、装订、归档。

ⅰ．每一套承保单、证的整理排列顺序为保险费收据、保险单副本及其附表、投保单及其附表。

ⅱ．单证整理后，客服专员应分险种按保单流水号顺序每 100 份装订为一册保险单卷宗；卷宗封面上应详细准确地注明业务部门名称、卷宗编号、承保年度、险种类别、保单

流水号起讫、保管期限、立卷人、立卷日期、卷宗说明等。

卷宗编号编码规则为××××××××，共八位阿拉伯数字，前四位为险种代码，后四位为顺序号。每册卷宗应附本册目录，目录以保单流水号为顺序，同时应列明单证流水号、保单号、被保险人、单证使用状态及客服专员等信息。

iii．承保业务单证应由专人专柜保管，并建立严格借阅制度，保证卷宗的安全性。借阅业务卷宗时，严禁涂改、画圈、撤封。相关人员要求借阅或复印业务单证时，必须填写《业务单证借阅、复印申请表》，经分支公司业管部门负责人或机构负责人签字批准并在《业务单证借阅登记本》上登记后方可借出。

iv．业务卷宗的保管期限自保险合同终止之日起计算，不得少于10年。

4.7 批改

4.7.1 批改的内容

在保险单证签发后，对保险合同内容进行修改、补充或增删所进行的一系列作业称为批改，经批改所签发的一种书面证明称为批单。

机动车辆保险批改的主要内容如下：

1）保险人变更。一般情况下，保险人变更是不可能的。但是，当出现保险人破产、被责令停业、被撤销保险业经营许可等情况时，会导致保险人变更；保险公司的合并或分立，也可能导致保险人变更。

2）保险车辆变更使用性质，增、减危险程度。新《保险法》第52条规定：“在合同有效期内，保险标的的危险程度显著增加的，被保险人应当按照合同约定及时通知保险人，保险人可以按照合同约定增加保险费或者解除合同……”

3）增、减投保车辆。

4）增、减或变更约定驾驶人员。

5）调整保险金额或责任限额。

6）保险责任变更。保险责任变更是指保险人承担的保险责任范围的扩大或缩小等。如果投保人或被保险人有变更保险责任条款的需要，经双方协商，可以约定变更。

7）保险期限变更。

8）变更其他事项。

我国《机动车辆保险条款》规定：“在保险合同有效期内，保险车辆转卖、转让、赠送他人、变更用途或增加危险程度，被保险人应当事先书面通知保险人并申请办理批改。”

同时，一般机动车辆保险单上也注明“本保险单所载事项如有变更，被保险人应立即向该公司办理批改手续，否则，如有任何意外事故发生，该公司不负赔偿责任。”的字样，以提醒被保险人注意。

4.7.2 批改的程序

首先，由被保险人填具批改申请书，明确提出要求修改保险合同的项目和原因。其次，保险公司审核同意后，出具批单给投保人存执，存执粘贴于保险单正本背面，同时批改变动保险证上的有关内容，并在变动处加盖保险人业务专用章。最后，新的保险合同生效。

4.7.3　批改的方式

根据我国新《保险法》的规定，保险单的批改有两种方式：一是在原保险合同上进行批改；二是另外出具批单附贴在原保险单正本、副本上并加盖骑缝章，使其成为保险合同的一部分。在实际工作中大都采用出具批单的方式，批单应采用统一和标准的格式。

批单的主要内容包括：

1）保险单号码。登录原保险单号码。

2）批单号码。以年度按顺序连贯编号。

3）被保险人。填写被保险人称谓，应与原保单相符。

4）批文。批文按规定的格式填写。其内容包括变更的要求、变更前的内容、变更后的内容、是否增收（退还）保险费、增收（退还）保险费的计算公式、增收（退还）保险费的金额、变更起始时间以及明确除本变更外原保险合同的其他内容不变。下面举例说明。

ⅰ．保险车辆转卖、转让、赠送他人的批文内容：

根据被保险人申请，因________（牌照号）保险车辆已转给________，自________年________月________日________时起该车的被保险人变更为________，直至保险期满。其他事项不变。

特此批改。

机动车交通事故责任保险批单（正本）

批　单　号：

被保险人：　　　　　　　　保险单号：

批文：

票　　样

保险人签章：

年　　月　　日

第三联　交投保人

备注：

核保：　　　　　　制单：　　　　　　经办：

商业车险批单样张

No

机动车商业保险批单（副本）

保险单号：　　　　　　批单号：

被保险人：　　　　　　批发日期：

批文：

票　　样

（保险人签章）

年　　月　　日

第一联　业务联

备注：

核保：　　　　　　制单：　　　　　　经办：

ⅱ．车辆使用性质变更，并涉及增、退费的批文内容：

根据被保险人申请，因________（牌照号）保险车辆的使用性质已由________变更为_______，变更时间自____年__月__日__时起至保险期满，应增收（退还）保险费人民币（大写）_______元（计算公式_______）。其他事项不变。

特此批改。

iii. 调整保险金额/责任限额的批文内容：

根据被保险人申请，_______（牌照号）保险车辆因_______，保险金额由_______（元）调整为_______（元），变更时间自____年__月__日__时起至保险期满，应增收（退还）保险费人民币（大写）______元（计算公式______）。其他事项不变。

特此批改。

批单填制完毕，制单人送交复核。复核人员应认真复核批单各栏内容是否符合要求。经复核无误后，在“复核”处签章。

签发批单。批单由经理（副经理）或其他授权人审批签章后加盖保险公司业务章。同时收回原保险证，换发新保险证。

批单的批改内容涉及对保险人的安全整改或增加承包的限制责任条件或增加保费或解除合同时，则批单上应有保险人签署意见和姓名。

对于批改需要办理增、退费的，由经办人员填制保险费收据一式三联，随批单一起送财务部门核收、退保险费。批单、保险费收据等有关单、证的清分与归档与保险单、证的清分与归档的方法及要求相同。有关批改的效力一般规定为：批改的效力优于原文。如存在多次批改，最近一次批改的效力优于之前的批改，手写批改的效力优于打印的批改。

任务：

朱小姐，25 岁，驾龄 1 年，花了 7.78 万元买了一辆起亚轿车，作为上下班的代步工具，只限于本人使用，驾驶区域相对稳定，有固定停车地点，同时作为女性，驾驶较谨慎，发生事故的概率较小。

1）朱小姐一年保险期满后需续保，请填写机动车辆续保通知书。

机动车辆保险续保通知书

机动车辆保险续保通知书

________（投保人名称/姓名）：

您于____年___月___日投保的_____（号牌号码）车辆，保险单号为_________，将于____年___月___日 24 时到期，为了能够不间断地为您提供保险保障，请及时与我公司业务人员或 955××客户服务中心联系，以便于我们为您提供保险服务。

此致

保险公司（签章）：

年　月　日

保险公司地址：

业务联系电话：

2）朱小姐需提供哪些资料？可享受哪些无赔偿规定？

3）朱小姐续保 2 月后，将车转让给余先生后，请出具保险批单。

4）朱小姐续保 2 月后，将车转让给余先生后，需做哪些变更事项？余先生应提供哪些材料？

5）批改的注意事项有哪些？

6）若朱小姐续保后，因某些原因要退保，应提供哪些文件资料？如何办理？

机动车辆保险批单

××财产保险股份有限公司机动车辆保险批单（正本）		
批单号： 保险单号： 被保险人： 批文：		
经当事人双方协商一致，××××××（号牌号码）车辆进行以下变更，变更时间自　年　月　日　时起至　年　月　日　时止。		
变更项目	变更前	变更后
其他事项不变， 特此批改。 保险公司（签章）： 年　月　日		
备注：		
核保：　制单：　经办：		

4.7.4　批改的保费核算

增加保费计算公式：

交强险：应增保费=（最终核定保费−原保单保费）×（承保责任天数/保险期间天数）

商业保险：应增保费=（最终核定保费−原保单保费）×短期月费率

减少保费计算公式：

（原保单保费−最终核定保费）×（1−已了责任天数/保险期间天数）

【例 4-8】张某于 2010 年 4 月 20 日到某公司为其所有的家庭自用别克赛欧（核定座位数 5 座）投保了交强险、商业第三者责任险 10 万元，保险期限自 2010 年 4 月 21 日零时起至 2011 年 4 月 20 日二十四时止。后张某将车卖给李某作为出租车使用，张某与李某于 2010 年 12 月 31 日到我公司来办理批改手续。

解：交强险：应增保费=(1 800−950)×110÷365=256.16（元）

商业保险：应增保费=(3 238−1 183)×40%=822（元）

4.7.5　批改有关规定

批改有关规定如下：

1）业务人员接到投保人提出的书面变更申请后，对原保险单和有关情况进行核对并提出处理意见。

2）批改生效日期不得提前于批改录入日期。

3）更换车辆不得进行批改，必须采取退保原车辆、重新承保的方式。

4）保险车辆要求全部险种或部分险种更换条款时，必须将原保险单按照短期月费率计算退保，再按照新条款、新费率以短期月费率计算保费，重新出具短期保险单，或以新条款、新费率计算保费并出具一年期保险单。

5）进行部分险种或全部险种的退保时，必须查询退保险种是否有未决报案信息，对于明确属于保险责任的，应在被保险人领取赔款后方可退保。

6）凡加保机动车损失保险或全车盗抢险或自燃损失保险或火灾、爆炸、自燃损失保险（含加保及增加保额），必须按照规定验车。加保其他险种，必要时进行验车。

7）交强险除下列情况外，不得接受投保人解除合同的申请：

- 被保险机动车被依法注销登记的。
- 被保险机动车办理停驶的。
- 被保险机动车经公安机关证实丢失的。
- 投保人重复投保交强险的。

办理合同解除手续时，投保人应提供相应的证明材料，保险人应收回交强险保险单、保险标志后，方可办理交强险退保手续，并书面通知机动车管理部门。

投保人因重复投保解除交强险合同的，只能解除保险期间的起期在后面的保险合同，保险人全额退还起期在后面的保险合同的保险费，出险时由起期在前的保险合同负责赔偿。

4.8 保险合同的终止与解除

保险合同终止是指保险合同权利、义务关系的绝对消灭。当保险合同终止后，保险合同的法律效力也就终止了。

4.8.1 合同终止、解除的种类

1）被保险人提出解除合同

- 保险责任开始前，投保人要求解除合同。
- 保险责任开始后，被保险人要求解除合同（但对已发生保险责任赔款的，应在保险人赔偿之日起 30 日内提出）。

2）保险人要求解除合同。

- 在合同期内，因被保险人发生违约行为。如没有按时申请办理批改等。
- 在合同期内，已发生保险赔款且未超过 30 日的（但应提前 15 日通知投保人）。
- 在合同期内，被保险人故意制造保险事故或未发生保险事故谎称发生保险事故的。

3）保险车辆全损或推定全损，合同自保险事故发生之日起终止。

4）保险车辆因报废、转让、赠送他人等原因中途终止合同。

5）保险合同期限届满而自然终止。

4.8.2 合同终止通知

根据新《保险法》和保险惯例，合同除自然终止外，终止或解除合同时，承保方均应发出书面通知（或出具批单代替）。举例如下：

1）因标的原因合同中途解除（终止）的批文（通知）内容。______（牌照号）保险车辆，因封存（或报废、转让、赠送他人），自____年__月__日零时起终止保险责任，应退保险费人民币（大写）______元（计算公式______）。特此批改（通知）。

2）履行赔偿义务后合同解除（终止）的批文（通知）内容。______（牌照号）保险车

辆因发生全损保险事故，我公司已按照合同约定履行了保险赔偿义务。因此，有关该车辆的 No. ______（保险单号）保险合同自____年__月__日零时终止。特此批改（通知）。

4.8.3 合同终止的退费

1）根据《中华人民共和国保险法》的有关规定，下列情况下，合同解除（或终止）不退还保险费：

i．合同自然终止或合同赔偿责任已全部履行而终止。

ii．根据新《保险法》第 16 条，投保人故意或者因重大过失未履行前款规定的如实告知义务，足以影响保险人决定是否同意承保或者提高保险费率的，保险人有权解除合同。

iii．根据新《保险法》第 27 条，被保险人故意制造保险事故或谎报保险事故，保险人提出解除合同的。

iv．利用保险车辆从事非法活动，保险人提出解除合同的。

v．法律规定保险人有权单方解除合同的其他事项。

2）下列情况下，合向解除（终止）时应全额退还保险费，但需扣减保险费金额 3%的退保手续费。

i．投保人对保险标的无可保利益或合同非法导致合同无效的。

ii．保险责任开始前，被保险人提出解除合同的。

$$退还保险费=实收保费\times（1-3\%）$$

3）下列情况下，合同解除（终止）时应办理退还保险费手续，退还保险费应按日计算：

i．根据新《保险法》第 16 条规定，投保人因过失未履行如实告知义务，对保险事故的发生有严重影响的或足以影响保险人决定是否承保或提高保险费率，保险人提出解除合同的。

ii．根据新《保险法》第 52 条规定，因危险程度增加，保险人提出解除合同的。

iii．根据新《保险法》第 51 条规定，被保险人未履行其对保险标的安全应尽的责任，保险人提出解除合同的。

退费计算公式为

$$退还保险费=实收保险费-应收年保险费\times已了责任天数\div保险天数$$

4）下列情况下，合同终止时应按月（短期费率）计收保险责任期的保险费；保险责任期不足一月的，按月计收。

i．根据新《保险法》第 16 条规定，被保险人因过失未履行如实告知义务，保险人提出解除合同。

ii．根据新《保险法》第 54 条规定，被保险人在保险责任开始后提出解除合同。

iii．保险车辆因转让、报废、赠予他人和封存停驶解除合同的。

iv．被保险人在单独投保第三者责任险及其附加险，且未发生过赔款，因车辆全损而终止保险合同的。

注：凡投保了车损或盗抢险的车辆，因全损获取了赔款而终止合同的，其他各险种保险费均不再退还。

退费计算公式为

退费=实收保险费×未了责任月数费率

ⅴ．根据新《保险法》第58条规定，在保险责任期间，保险标的发生部分损失，保险人在赔偿后20日内、被保险人或保险人（提前15天）提出解除合同的，保险人应根据保险合同有效期的长短，计算费率，并将保险金额扣除保险赔款和免赔金额后的未了责任部分的剩余保险费退还被保险人。

5）交强险重复投保解除合同的，需提供重复投保的保单，只解除保险起期在后面的保险单，并全额退还保费。

6）投保人已缴纳交强险保费，但保险责任尚未开始的，全额退还保险费。

【例4-9】张某于2010年4月20日到某公司深圳分公司营销服务部为其所有的家庭自用别克赛欧（核定座位数5座）投保了交强险（保费950元）、商业保险（保费1 183元），因该车被盗（未投保盗抢险），保险期限自2010年4月21日零时起至2011年4月20日24时止。张某于2010年12月31日持公安机关开具的被盗证明办理退保手续。退保保费如何计算？

解： 交强险：950×(1−256÷366)=285.52（元）

商业保险：1 183×(1−256÷366)=355.55（元）

任务：

湖南车主张某非营业个人用车（5座），新车购置价10万元，于2012年1月1日到某公司投保了交强险、商业三者险20万元、足额的车损险。保险期限自2012年1月1日零时起至2012年12月31日24时止。

请计算：

1）张某应交保费是多少？

2）张某于2012年8月23日持公安机关开具的被盗证明办理退保手续。退保保费如何计算？

4.9 续保与无赔款优待

4.9.1 发续保通知

业务人员应在车辆保险临近期满前，视情况需要，以电话、信函、上门等方式向被保险人及时发出续保通知，督促被保险人按时办理续保手续。

4.9.2 核定无赔款优待

被保险人在办理续保手续时，业务人员应认真查阅原保险单副本、批单副本、立案登记簿，逐车核实有无出险和赔款记录。对符合享受无赔款优待的车辆，车辆计算无赔款优待金额，在保险单特约栏中注明并相应核减应收保险费。优待金额计算公式为

无赔款优待余额=该车续保险别本年应交保险费×优待比例

保险车辆续保时可否享受无赔款优待，应根据以下原则确定：

1）在上一保险期内未发生过任何一个险别的赔款、并按期续保的可以享受。

2）被保险人只能享受所续险种的无赔款优待，并以投保金（限）额对应的应交保费为

基础计算无赔款优待。

3）无赔款优待按车辆计算，在同一保险单内未出险的车辆续保时均可享受。

4）无论机动车辆连续几年无事故，无赔款优待标准一律按 10%计算。

注：对提前续保或已续保后，被保险人又要求增加续保险别且未发生过任何赔款的，仍可按条款规定给予无赔款优待。

5）下列情况不能享受无赔款优待：

ⅰ. 上一保险期限不足一年。

ⅱ. 在上一年保险期内，发生过赔案（包括未决的赔案），除非被保险人申明放弃赔款请求。

ⅲ. 在上一年保险期内保险车辆发生所有权转移却未办理批改的。

ⅳ. 保险单期满后已脱保的。

6）如果被保险人在续保时享受了无赔款优待，但事后发现在上一保险期内发生过赔案或期满后补报赔案，保险人应出具批单追回或再次支付赔款时扣除其已享受的无赔款优待金额。

7）从其他保险公司（含本系统其他分支公司）转来续保的车辆，无赔款优待应根据投保人提供转保车辆上年度的无赔款有效证明。

任务：

针对给定案例核定机动车辆保险费优待。

思考与练习

1. 如何做好机动车辆保险的展业工作？
2. 机动车辆保险方案的制订原则是什么？
3. 机动车辆保险费率厘定的基本原则有哪些？
4. 机动车辆保险的核保工作有哪些意义？
5. 保险机动车辆享受无赔款优待的原则是什么？

第5章 机动车辆保险索赔实务操作

知识目标

掌握被保险人索赔程序
掌握被保险人在索赔阶段的权益
掌握索赔注意事项
了解索赔遭拒的常见情况

技能目标

掌握报案技能
掌握索赔证据收集及提交技能
掌握权益转让书的填写技能
学会处理保险赔偿争议

案例导读

李某驾解放牌货车在山路上行驶，突遇路面滑坡，车辆滑至坡下30余米，好在李某并未受伤。李某下车后，发现车辆还在继续下滑，便从工具箱中取出千斤顶并准备把车的前部顶起以便阻止车辆继续下滑。然而，就在李某正在操作千斤顶时，车辆突然下滑，将李某压住并致其腰椎骨折。事后李某迅速向保险公司报案并提出索赔申请。保险公司业务人员在审核时发现该车辆只投保了车辆损失险，并以李某的人员伤残费用不在保险责任范围内为由予以拒赔。请问李某该如何应对保险人的拒赔?

机动车辆保险索赔是指被保险人保险的机动车辆发生保险责任范围内的保险事故后，按照保险合同有关条款的规定，向保险公司要求赔偿的行为。本章主要介绍保险索赔程序、被保险人在索赔阶段的权益及索赔注意事项。

5.1 被保险人索赔程序

保险机动车辆发生事故后，被保险人向保险公司提出索赔要求一般要经过下列程序。

5.1.1　出险通知

被保险人的保险机动车辆发生事故后，被保险人应及时向投保的保险公司报案。我国新《保险法》第 21 条规定，投保人、被保险人或者受益人知道保险事故发生后，应当及时通知保险人。这是因为保险机动车辆发生保险责任范围内的保险事故后，越早进行调查，越容易掌握事故的真实原因、过程和后果，有利于尽快获得保险公司的赔偿。

出险后在抢救伤者和避免损失扩大的前提下，尽量保护好第一现场，为交通警察确定事故责任提供原始资料。在第一时间内向交警队报案，一般是拨打全国统一电话 122 报案，也可以向当地交警队报案，报告清楚时间、地点、车牌号码等事故相关情况，等候交警队进行事故处理。

在向交警队报案的同时，向投保的保险公司报案，除不可抗力外，被保险人应在保险事故发生后 48 小时内通知保险公司。否则，造成损失无法确定或者扩大的部分，保险人不承担赔偿责任。向保险公司报案的形式一般有电话报案、上门报案、传真方式报案、其他方式报案。其中，由于电话报案方式快捷方便，是最常用的报案方式，各保险公司也提供了报案电话，如人保的 95518，太保的 95500，平保的 95511。报案时保险公司会主要询问保险单号码、被保险人姓名、牌照号码、车型、出险时间、出险地点、出险原因、驾驶员姓名、事故原因类型、事故经过、受损情况、报案人姓名、联系电话及方式等情况，同时询问是否涉及第三方车辆，如果涉及，则询问第三方车辆的车型、车牌号码等信息。如表 5-1 所示。

表 5-1　报案期限、方式及报案时告知内容

报案期限	报案方式	报案告知内容
保险事故发生后立即报警 在 48 小时内通知保险公司	到保险公司报案 电话（传真）报案 网上报案	被保险人名称、保单号、保险期限、保险险别 出险时间、地点、原因、车牌号码、厂牌车型 人员伤亡情况、伤者姓名、送医时间、医院名址 事故损失及施救情况、车辆停放地点 驾驶员、报案人姓名及与被保险人关系、联系电话

任务：

小李车上放了好多东西，香水瓶、小熊小猪什么的。有一天差点撞到人，一脚急刹车，香水瓶飞起来碰到车窗又弹到他额头上。缝了 8 针，车窗费、误工费、医药费和精神损失费共计 3 800 元。请根据上述情节进行模拟报案。

5.1.2　采取合理的施救措施

机动车辆事故发生后，被保险人应履行施救义务，尽量减少事故发生所造成的损失，这样做既符合被保险人的利益，也符合保险公司的利益。因此，在事故发生时，被保险人应该进行积极抢救，对受损财产进行整理、恢复，采取各种必要措施，减少物质损失。对于因被保险人没有尽到施救的义务而使保险标的的损失扩大的，保险公司对损失扩大的部分不负赔偿责任。我国新《保险法》第 57 条规定，保险事故发生时，被保险人有责任尽力采取必要的措施，防止或者减少损失。保险事故发生后，被保险人为防止或者减少保险标的的损失所支出的必要的、合理的费用由保险人承担。保险人所承担的数额在保险标的损失赔偿金额以外另行计算，最高不超过保险金额的数额。被保险人如果收到保险公司有关采取防止或者减少损失的合理措施的特别通知，应当按照保险公司的要求处置。

保险公司对合理的施救费用承担补偿义务，即被保险人为了抢救以及保护、整理保险财产而支付的必要的、合理的费用由保险公司负担。这里需要注意的是，保险公司对被保险人支出的合理施救费用的补偿，应当在保险标的损失赔偿以外，但补偿的最高限额以不超过保险金额为限。因此，必要、合理的施救措施的采用，一方面有保险公司对施救费用的补偿保证；另一方面也有助于减少社会财富和自然资源的损失，同时对被保险人来说，避免损失进一步扩大，也可以减少由于免赔率的规定而需由自己承担的那部分损失。

5.1.3 积极配合保险公司的查勘工作

保险公司查勘定损人员到达出险现场后会调查事故的原因、过程、后果及损失程度，并通过拍照、记录等手段来掌握第一手材料，而这些材料是判断事故是否属于保险责任以及计算、确定保险赔偿金额的重要依据。如果上述材料不准确，会给判断事故是否属于保险责任和计算、确定保险赔偿金额造成困难。因此，被保险人应当积极协助他们进行现场查勘，提供检验上的方便，使保险公司能够正确、迅速地进行查勘。

另外，有一点值得注意的是，人保的机动车辆保险条款的保险人义务一章中规定，保险人接到报案后48小时内未进行查勘且未给予受理意见，造成财产损失无法确定的，以被保险人提供的财产损毁照片、损失清单、事故证明和修理发票作为赔付理算依据。这对保险公司进行现场查勘提出时限上的要求，而不仅仅对被保险人在报案时间上进行要求，真正做到了对双方的公平，同时能够促使保险公司提高工作效率，更好地服务于被保险人。

5.1.4 向保险公司提出索赔

被保险人向保险公司索赔时，应当向保险公司提供与确认保险事故的性质、原因、损失程度等有关的证明和资料作为索赔证据。索赔证据主要包括两方面的证明和资料（见表5-2）。

表5-2 索赔证据

条 件		说 明
1．基本索赔单证		基本索赔单证是指常规的任何车险事故都需要的材料
保险单正本及复印件	驾驶证、行驶证复印件	
索赔申请书	出险证明	
损害赔偿调解书	被保险人身份证原件及复印件	
赔款收据一式三份	交通事故责任认定书	
2．涉及车损案件的索赔单证		涉及车损案件的索赔单证是指在基本索赔单证的基础上增加的材料
定损单	汽修发票	
施工单、材料明细单	施救费用清单	

续表

条件		说明
3．涉及人员伤亡案件的索赔单证		涉及人员伤亡案件的单证是指在基本索赔单证的基础上增加的材料
就医医院诊断证明	护理证明、休假证明	
伤者医疗、医药费用收据	用药处方及住院清单	
残疾鉴定书	经济赔偿执行凭证	
个人缴纳所得税证明	当事人身体证复印件	
死亡证明及户籍注销证明	抚养关系证明及户口簿复印件	
4．涉及车辆盗抢的索赔单证		涉及车辆盗抢的索赔单证是指在基本索赔单证的基础上增加的材料
车辆盗抢证明	行驶证、驾驶证、身份证复印件	
机动车辆保险单正本	车辆购置附加税凭证	
购车原始发票	权益转让书	

1）关于事故的件质、原因等方面的证明资料，属于道路交通事故的，被保险人应提供公安交通管理部门或者法院等机构出具的事故证明、有关的法律文书（裁定书、裁决书、调解书、判决书等）及其他证明；属于非道路交通事故或者公安交通管理部门不进行处理的事故的，应提供相关的事故证明。

2）关于损失程度、事故后果方面的证明资料，以确定赔款数额，如损失清单、有关费用单据、修理发票等。

另外，被保险人还应当提供保险单、保险车辆行驶证和发生事故时驾驶人员的驾驶证等资料。如果保险公司认为被保险人提供的有关证明和资料不完整，可以通知被保险人补充提供有关的证明和资料。但保险公司应尽量一次将所需提供的证明和资料清单告知被保险人，以避免被保险人往返多次准备相关材料。我国新《保险法》第 22 条规定，保险事故发生后，依照保险合同请求保险人赔偿或者给付保险金时，投保人、被保险人或者受益人应当向保险人提供其所能提供的与确认保险事故的性质、原因、损失程度等有关的证明和资料。保险人按照合同的约定，认为有关的证明和资料不完整的，应当及时一次性通知投保人、被保险人或者受益人补充提供。

被保险人在提出索赔时一定要注意保险索赔时效的要求，保险事故发生后，被保险人必须在规定的期间内向保险公司提出赔偿的要求，这一期间被称为索赔的期限。在索赔期限内，被保险人享有向保险公司索赔的权利。超过索赔期限以后，被保险人向保险公司索赔的权利丧失，保险公司对索赔请求不受理，被保险人即使向人民法院起诉也不可能胜诉。

根据《中华人民共和国民法通则》第 135 条和第 137 条的规定，一般来说，向人民法院请求保护民事权利的诉讼时效期间为二年；诉讼时效期间从知道或者应当知道权利被侵害时起计算。另外，我国新《保险法》第 26 条规定，人寿保险以外的其他保险的被保险人或者受益人，向保险人请求赔偿或者给付保险金的诉讼时效期间为二年，自其知道或者应当知道保险事故发生之日起计算。这里有一点需要注意的是，索赔期限并非自保险单事故发生之日起计算，而是被保险人知道或者应当知道保险事故发生之日起计算。因此，当被保险人知道保险事故发生之日起应当在两年内提出索赔申请，否则会可能因超过索赔期限而得不到赔偿。当然超过索赔期限，如果保险公司愿意受理索赔，并进行赔偿，法律也不禁止。

图5-1所示为中国人民财产保险股份有限公司的机动车辆保险索赔申请书。

<table>
<tr><td colspan="3">被保险人：</td><td colspan="2">保险单号：</td></tr>
<tr><td colspan="2">厂牌型号：</td><td>号牌号码：</td><td>牌照底色：</td><td>车辆种类：</td></tr>
<tr><td colspan="3">出险时间：</td><td colspan="2">出险原因：</td></tr>
<tr><td colspan="3">报案人：</td><td colspan="2">报案时间：</td></tr>
<tr><td colspan="3">报案方式：□ 电话 □传真 □上门 □其他</td><td colspan="2">是否第一现场报案：</td></tr>
<tr><td colspan="3">联系人：</td><td colspan="2">联系电话：</td></tr>
<tr><td colspan="3">出险地点：</td><td colspan="2">出险地邮政编码：</td></tr>
<tr><td rowspan="2" colspan="2">出险地点分类</td><td>□ 高速公路 □ 普通公路 □ 城市道路</td><td colspan="2">车辆已行驶里程：</td></tr>
<tr><td>□ 乡村便道和机耕道 □ 场院及其他</td><td colspan="2">车辆初次登记日期：</td></tr>
<tr><td colspan="4">处理部门：□ 交警 □其他事故处理部门 □保险公司 □自行处理</td><td>排量/功率：</td></tr>
<tr><td rowspan="8">驾驶人员情况</td><td colspan="2">驾驶人姓名：</td><td colspan="2">初次领证日期：____年____月____日</td></tr>
<tr><td colspan="4">驾驶证号码：□□□□□□□□□□□□□□□□□□□□</td></tr>
<tr><td colspan="2">准驾车型：</td><td>性别：□ 男 □ 女</td><td>年龄：</td></tr>
<tr><td rowspan="4">职业分类</td><td colspan="3">□ 职业驾驶员 □ 国家社会管理者 □ 企业管理人员</td></tr>
<tr><td colspan="3">□ 私营企业主 □ 专业技术人员 □ 办事人员</td></tr>
<tr><td colspan="3">□ 个体工商户 □ 商业服务员员工 □ 产业工人</td></tr>
<tr><td colspan="3">□ 农业劳动者 □ 军人 □ 其他</td></tr>
<tr><td>文化程度</td><td colspan="3">□研究生及以上 □大学本科 □大专 □中专 □高中 □初中及以下</td></tr>
<tr><td colspan="5">事故经过：（请您如实填报事故经过。报案时的任何虚假、欺诈行为，均可能成为保险人拒绝赔偿的依据。）
报案人签字：
年 月 日</td></tr>
<tr><td colspan="5">____________：
本人的保险车辆发生的上述事故已结案，相关的索赔材料已整理齐全，现特向贵公司提出索赔申请。
本人声明：以上所填写的内容和向贵公司提交的索赔材料真实、可靠，没有任何虚假和隐瞒。
此致
被保险人签章：
年 月 日</td></tr>
</table>

图5-1 机动车辆保险索赔申请书

任务：

2011年12月2日17时左右，湖北省某市个体驾驶员刘某（系车辆损失险及第三者责任险被保险人）持B证驾驶小客车在行驶途中，因天冷路滑，在急弯内侧（占道）处与相对而行的个体驾驶员张某的三轮车相交会，致使三轮车方受损、两名乘客及驾驶员受伤，刘某驾驶的小客车未受损。经该市交警大队调解处理，刘某负此次事故的全部责任，合计损失6 000余元。请根据上述案情提交索赔证据。

5.1.5 领取赔款

当保险公司核实损失并经计算确定应赔偿的保险金以后，保险公司会通知被保险人领取赔款。被保险人为法人或者其他组织的，应提供单位财务专用章或者公章。被保险人为自然人的，应提供被保险人身份证明（原件）。代他人领取赔款的，需被保险人签署的《领取赔款授权书》和领取赔款人身份证明（原件）。被保险人接到领取赔款的通知后应及时领取。

5.1.6 出具权益转让书

出具权益转让书并不是机动车辆保险索赔的必经程序，只有保险车辆涉及第三者责任时，被保险人领取赔款后才需出具权益转让书。当保险标的发生保险责任范围以内的损失，按照国家的法律和有关规定，应当由第三者负责赔偿的，保险公司可以先向被保险人支付赔偿金，但被保险人要向第三者索赔的权利转让给保险公司，由保险公司向第三者追偿。我国新《保险法》第 45 条规定，因第三者对保险标的的损害而造成保险事故的，保险人自向被保险人赔偿保险金之日起，在赔偿金额范围内代位行使被保险人对第三者请求赔偿的权利。

任务：

2011 年 12 月 2 日 17 时左右，湖北省某市个体驾驶员刘某（系车辆损失险及第三者责任险被保险人）持 B 证驾驶小客车在行驶途中，因天冷路滑，在急弯内侧（占道）处与相对而行的个体驾驶员张某的三轮车相交会，致使三轮车方受损、两名乘客及驾驶员受伤，刘某驾驶的小客车未受损。经该市交警大队调解处理，刘某负此次事故的全部责任，合计损失 6 000 余元。请根据上述案情填写索赔申请书、权益转让书。

5.2 被保险人在索赔阶段的权益

5.2.1 被保险人索赔的权益

机动车辆保险合同成立后，双方当事人开始按照合同的规定享有权利和义务，保险公司承担相应的保险责任。因此，被保险人有权在约定的保险事故发生时请求保险公司赔偿。

保险机动车辆发生保险事故后，被保险人就赔偿事项享有如下权益：

1）保险公司进行事故现场查勘后，应根据事故性质、损失情况，及时向被保险人提供索赔须知、告知被保险人应提供的各种与索赔相关的材料，在被保险人提供了各种必要单证后，保险公司应当迅速审查核定，并将核定结果及时通知被保险人。若认为有关的证明和资料不完整，应当及时通知被保险人补充提供相关证明和资料。如果保险机动车辆发生的事故经保险公司认定属于保险责任，并且在保险公司与被保险人对赔偿余额均无异议的情况下，保险公司应在与被保险人达成有关赔偿的协议后 10 日内支付赔款。若保险公司在与被保险人达成有关赔偿的协议后 10 日内未支付赔偿，则违反了《保险法》和保险合同条款的有关规定，因此除支付赔款外，还应当赔偿被保险人因此受到的损失。

我国新《保险法》第 23 条规定，保险人收到被保险人或者受益人的赔偿或者给付保险金的请求后，应当及时做出核定，并将核定结果通知被保险人或者受益人；对属于保险责任的，在与被保险人或者受益人达成有关赔偿或者给付保险金额的协议后10日内，履行赔偿或者给付保险金义务。保险人收到被保险人或者受益人的赔偿或者给付保险金的请求后，应当及时做出核定；情形复杂的，应当在30日内做出核定，但合同另有约定的除外。保险人应当将核定结果通知被保险人或者受益人；对属于保险责任的，在与被保险人或者受益人达成赔偿或者给付保险金的协议后10日内，履行赔偿或者给付保险金义务。保险合同对赔偿或者给付保险金的期限有约定的，保险人应当按照约定履行赔偿或者给付保险金义务保险人未及时履行前款规定义务的，除支付保险金外，应当赔偿被保险人或者受益人因此受到的损失。任何单位和个人不得非法干预保险人履行赔偿或者给付保险金的义务，也不得限制被保险人或者受益人取得保险金的权利。

2）保险事故发生后，可能会发生因事故损失严重具体损失金额在短时间内无法完全确定的情况，或由于受害者受伤严重造成治疗时间很长或需要继续治疗，从而赔偿金额暂时无法确定的情况。针对上述赔偿数额不能确定的情况，为保护被保险人的利益，保险公司应自收到赔偿请求和有关证明、资料之日起60日内，根据已有证明和资料可以确定的最低数额先予支付。然后待赔偿数额最终确定后，保险公司再支付相应的差额。我国新《保险法》第25条规定，保险人自收到赔偿或者给付保险金的请求和有关证明、资料之日起60日内，对其赔偿或者给付保险金的数额不能确定的，应当根据已有证明和资料可以确定的数额先予支付；保险人最终确定赔偿或者给付保险金的数额后，应当支付相应的差额。

3）保险事故发生后，被保险人应及时通知保险公司；保险公司得知后，要对事故的原因、性质、过程等进行调查，以便确定保险事故是否属于保险责任范围。被保险人向保险公司提出赔偿的请求时应当提供有关事故和损失的证明和资料，保险公司应当及时确定保险标的的损失程度和损失金额，计算应该支付的赔款金额。在这个过程中，保险公司和被保险人都会产生一些费用开支。例如，保险公司为了调查事故发生的原因，可能需要支出一些差旅费、调查费，有时还要请有关部门进行鉴定或者聘请保险公估公司，也要支付费用；被保险人为了取得有关部门的证明和资料以便向保险公司请求赔偿，也可能需要支出一些差旅费、鉴定费等费用。我国新《保险法》第64条规定，保险人、被保险人为查明和确定保险事故的性质、原因和保险标的的损失程度所支付的必要的、合理的费用，由保险人承担。保险公司要对被保险人发生费用的必要性及合理性进行审查，对其中认为不必要、不合理的部分不予承担。为了避免在这个问题上发生争议，在保险实务中，被保险人一般是应保险公司的要求或者征得保险公司的同意后，才支出此项费用。

4）在责任保险中（如机动车辆第三者责任险、车载货物掉落责任险等），当被保险人对第三者造成损害，依法应对第三者负赔偿责任时，被保险人对第三者的损害赔偿责任由保险公司承担，被保险人在此过程中可能会与第三者在赔偿数额上发生争议，从而发生一些费用，如诉讼费、仲裁费、聘请律师的费用、差旅费、制作有关文件的费用等。我国新《保险法》第66条规定，责任保险的被保险人因给第三者造成损害的保险事故而被提起仲裁或者诉讼的，被保险人支付的仲裁或者诉讼费用以及其他必要的、合理的费用，除合同另有约定外，由保险人承担。

责任保险中由保险公司来承担被保险人支付的诉讼、仲裁费用以及其他必要、合理的费用。这是因为：第一，在责任保险合同的条款中，一般都约定：没有经过保险公司的同意，被保险人不得对第三者就赔偿金额达成协议或者做出承诺，否则保险公司对于其认为不合理的赔偿金额部分，不负保险赔偿责任。责任保险的被保险人因发生保险事故而被提起仲裁或者诉讼，通常是由于被保险人按照保险公司的要求，没有同意向第三者赔偿或者承诺较高的赔偿金额引起的，保险公司应当承担相应的责任。第二，被保险人同意仲裁或诉讼，因此而支付诉讼费、仲裁费以及其他必要、合理的费用，目的是减少对第三者的赔偿金额，保险公司可以从中受益。当然，并非每个仲裁或者诉讼案件都能够使保险公司减少对第三者的赔偿金额。即使经过仲裁或者诉讼没有使保险公司受益，仲裁机关或人民法院支持了第三者的索赔要求和金额，保险公司也必须承担被保险人支付的诉讼、仲裁费用以及其他必要、合理的费用。

5.2.2　被保险人处理残值的权益

在机动车辆保险合同中，发生保险合同约定的保险事故后，保险公司按照规定向被保险人支付了保险赔偿金，被保险人对保险标的受损后的残值享有一定的权益。这里所说的残值是指保险事故发生后保险标的存在的一部分可以供被保险人继续使用的经济价值。有的是保险事故发生后直接形成的，有的则是经过加工整理后形成的。被保险人对受损保险标的的残值享有一定的权益分为两种情况，一种是如果保险公司已支付了全部保险金额，并且保险金额等于保险价值，则受损保险标的的全部权利属于保险公司。另一种是如果保险金额低于保险价值的，则保险公司按照保险金额与保险价值的比例取得受损保险标的的部分权利，而被保险人拥有剩余部分的权利。我国新《保险法》第 59 条规定，保险事故发生后，保险人已支付了全部保险金额，并且保险金额等于保险价值的，受损保险标的的全部权利归保险人；保险金额低于保险价值的，保险人按照保险金额与保险价值的比例取得受损保险标的的部分权利。

由于被保险人是保险标的的所有者，熟悉保险标的的情况，而保险公司对拥有保险标的的残值的权利实际上并没有多少好处。因此，一般各保险公司都在保险合同条款中规定保险标的遭受损失后的残余部分归被保险人，由双方协商确定其价值，并在赔款中扣除；如果被保险人确定残余物资无法继续利用，或者各双方对于作价的金额达不成协议，经协商无效，可以由保险公司收回处理。

5.2.3　对保险赔偿提出争议的权益

保险理赔是保险公司最为重要的业务环节之一，是保险保障功能的重要体现，也是出现保险纠纷最多的环节。被保险人如果认为保险公司的赔偿金额与自己预期不相符，有权对赔偿金额提出异议，对保险公司的行为提出质疑。

保险公司对于保险责任范围内的保险事故，经过核定后应该及时履行保险责任。对于不属于保险责任范围内的保险事故，保险公司在收到被保险人的赔偿请求后，应当向被保险人发出拒绝赔偿的通知书。我国新《保险法》第 23 条规定，保险人收到被保险人或者受益人的赔偿或者给付保险金的请求后，对不属于保险责任的，应当向被保险人或者受益人发出拒绝赔偿或者拒绝给付保险金通知书。该规定明确规定了保险公司处理非保险责任范围内的事故所应采取的措施或者做法，也是保险公司对被保险人提出的不属于保险责任范围内的索赔请求所给予的书面答复。如被保险人收到了保险公司发出的拒绝赔偿通知书，则说明保险公司认定其提出的索赔请求不成立，不予赔付。这是一种书面的拒赔证明。被保险人如果对保险公司的决定不服，可以申请仲裁或向人民法院提起民事诉讼。

导致保险公司和被保险人双方对赔偿金额发生争议的原因很多。其中，因为保险条款不严密，从而使双方对条款的理解有差异是一个重要原因。我国新《保险法》第 30 条规定，采用保险人提供的格式条款订立的保险合同，保险人与投保人、被保险人或者受益人对合同条款有争议的，应当按照通常理解予以解释。对合同条款有两种以上解释的，人民法院或者仲裁机构应当做出有利于被保险人和受益人的解释。另外，《中华人民共和国合同法》第 41 条规定，对格式条款的理解发生争议的，应当按照通常理解予以解释。对格式条款有两种以上解释的，应当做出不利于提供格式条款一方的解释。这是因为，保险条款通常是保险公司事先拟定好的格式条款，投保人、被保险人没有参与保险条款的制定。因此，保险条款是有利于保险公司的。如果由于保险条款本身存在歧义造成投保人或者被保险人的误解，引起争议，人民法院或者仲裁机构自然应当做有利于投保人和被保险人的解释，否则，对投保人和被保险人来说是不公平的。就保险条款解释而言，需要注意的是保险公司未向投保人或者被保险人明示的内容不得以公司内部条款解释为由约束被保险人。

另外，由于保险公司的原因，如误用条款、计算错误等，也会造成赔偿金额发生错误。被保险人如果有充足的理由和证据，有权对赔偿金额提出异议，要求保险公司予以解释，必要时可以向仲裁机关或者向人民法院起诉来保护自己的合法权益。

任务：

李某为其新购买的福特全顺 15 座客车在某保险公司投保车辆损失险和第三者责任险，车损险的保险金额按投保时新车购价确定为 251 900 元，第三者责任险赔偿限额为 100 000 元。2013 年 7 月 12 日下午普降暴雨，造成部分路段大量积水。驾驶员李某驾驶该车行驶到某街时，对面驶过一辆载货车，造成路面积水涌动水位上升漫过空气滤清器进气口，积水经空气滤清器和涡轮增压装置被吸入发动机燃烧室，产生发动机顶缸事故。事故发生后被保险人立即向保险公司报案，经保险公司理赔人员现场查勘后，保险车辆被拖至一汽车修理厂。7 月 16 日将发动机解体后，发现如下情况：空气滤清器与涡轮增压装置连接部分的空气通道内有水和泥沙，发动机缸盖有锈迹和水迹，两个连杆弯曲变形且上表面破损，发动机第二、第三缸的缸套边缘附近缸体破损，发动机四个缸的缸套有水迹和锈迹。

保险公司定损后确定修理价格为 15 359 元，而被保险人认为此定损价格较低将难以保证修理质量，因此双方就修理价格发生纠纷，经协商后双方决定委托某保险公估公司对修理价格进行确定。请就此案情针对理赔争议进行模拟演练。

5.3　索赔注意事项

5.3.1　未经保险公司认可不要擅自修复受损保险车辆

不要未经保险公司检查，确定修理项目、方式和费用就对受损保险车辆或者第三者财产进行修复。

根据机动车辆保险条款规定，保险机动车辆因保险事故损坏或者致使第三者财产损坏，应当尽量修复。修理前被保险人应当会同保险公司检验，协商确定修理项目、方式和费用。

否则，保险公司有权重新核定或者拒绝赔偿。在实际生活中，一些保险车辆的被保险人认为先将受损车辆或者财产送至修理厂修复后，再向保险公司索赔，不仅可以缩短时间，而且也方便，其实这是违反保险合同的错误行为。因为保险车辆发生保险事故后的查勘定损是保险公司的主要业务工作，最终要由保险公司来支付赔款，没有保险公司的检验、定损，确定修理项目、费用与方式，其他任何单位或者个人的自行定损、确定修理等行为，保险公司都将不予承认，有权重新核定或者拒绝赔偿。

5.3.2　被保险人不要对第三者自行承诺或者支付赔偿金额

按照机动车辆保险条款规定，保险车辆发生第三者责任事故时，保险公司按照《道路交通事故处理办法》规定的赔偿范围、项目和标准以及保险合同的约定，在保险单载明的责任限额内核定赔偿金额。未经保险公司书面同意，被保险人自行承诺或者支付的赔偿金额，保险人有权重新核定。也就是说，被保险人在机动车辆保险事故中，不能因为参加了机动车辆保险，在涉及第三者人身伤亡或者财产损毁的保险事故中，就对第三者损失金额中的不合理赔偿要求或者明显带有敲诈勒索性质的赔偿要求自行承诺支付，被保险人应据理力争，承担自己应承担的事故损失赔偿部分，不能应允第三者的不合理要求，否则保险公司将有权重新核定或者拒绝赔偿。

另外，有一点需要注意的是，保险公司对被保险人给第三者造成的损害，可以依照法律的规定或者合同的约定，直接向第三者赔偿保险金。

5.3.3　代位追偿的注意事项

根据我国新《保险法》第 60 条、第 61 条、第 62 条、第 63 条的规定，在保险公司行使代位追偿权利时，被保险人需要注意以下几个问题。

1）保险公司代位追偿的金额不得超过其向被保险人支付的赔款。保险公司的代位追偿权利的产生是由于已经向被保险人支付了赔款，因此保险公司代位追偿的金额以其向被保险人支付赔款的金额为限，即保险公司只能在已经支付赔款的范围内向第三者请求赔偿，如果保险公司因代位追偿权利的行使而获得的赔偿大于其向被保险人支付的赔款，则超过部分的赔偿应还给被保险人，保险公司不能因而获利。

2）保险事故发生后，被保险人已经从第三者取得损害赔偿的，保险公司赔偿保险金时，可以相应扣减被保险人从第三者已取得的赔偿金额，否则被保险人可能会得到多于实际损失的赔款而违背了保险的损失补偿原则。

3）如果被保险人因保险事故的发生而从保险公司获得的赔款少于实际损失，即使保险公司行使代位追偿权的权利，也不影响被保险人就未取得赔偿的部分向第三者请求赔偿的权利，即被保险人仍可以就其实际损失与从保险公司所获赔偿的差额部分向第三者请求赔偿。

4）保险公司行使代位追偿的权利，需要被保险人的协助。当第三者造成保险事故时，被保险人作为当事人和受害者掌握有关情况，持有有关证据和文件。因此，在保险公司向第三者行使代位请求赔偿权利时，被保险人应当向保险公司提供必要的文件和其所知道的有关情况。由于被保险人的过错致使保险公司不能行使代位追偿的权利的，保险公司可以相应扣减保险赔偿金。

5）保险公司行使代位追偿的权利时，除被保险人的家庭成员或者其组成人员故意造成保险事故以外，保险公司不得对被保险人的家庭成员或者其组成人员行使代位请求赔偿的权利。因为如果保险公司对被保险人的家庭成员或者其组成人员行使代位请求赔偿的权利，会使被保险人因保险事故而获得的赔款又回到保险公司手中，那么被保险人实际上就没有获得保险保障。

6）保险公司赔偿前被保险人不得放弃向第三者索赔的权利。保险公司的代位追偿的权利产生于其向被保险人支付赔款之时。在保险公司向被保险人支付赔款之前，并不具有代位追偿的权利，向第三者请求赔偿的权利属于被保险人。由于民事权利是可以放弃的，所以，此时若被保险人放弃向第三者请求赔偿的权利，并不违背法律的规定，是可以发生法律效力的，只是必将损害保险公司的利益。因为被保险人已放弃向第三者请求赔偿的权利，保险公司向被保险人支付赔款后，被保险人已不可能再向保险公司转让向第三者请求赔偿的权利。

7）保险公司赔偿后被保险人不得放弃向第三者索赔的权利。自保险公司向被保险人支付赔款之日起，无论被保险人在形式上是否向保险公司转让其向第三者请求赔偿的权利，保险公司在法律上都已取得代位追偿的权利。被保险人向第三者请求赔偿的权利在保险公司赔款金额以内的部分应归属于保险公司，被保险人无权处理。所以，保险公司向被保险人支付赔偿后，如果被保险人未经保险公司的同意放弃对第三者请求赔偿的权利的，该行为无效。

5.3.4 索赔时不要有隐瞒事实、伪造单证、制造假案等行为

被保险人如发生隐瞒事实、伪造单证、制造假案等行为，保险公司可以依据保险合同的规定拒赔或者对其虚报的部分不承担赔偿责任，而且被保险人还有可能受到法律的制裁。我国新《保险法》第27条规定，被保险人未发生保险事故而谎称发生保险事故；故意造成财产损失的保险事故；伪造、变造与保险事故有关的证明、资料和其他证据，或者指使、唆使、收买他人提供虚假证明、资料或者其他证据，编造虚假的事故原因或者夸大损失程度骗取保险金进行保险欺诈活动，构成犯罪的，依法追究刑事责任，情节轻微，尚不构成犯罪的，依照国家有关规定给予行政处罚。另外，我国新《保险法》第27条规定，保险事故发生后，被保险人以伪造、变造的有关证明、资料或者其他证据，编造虚假的事故原因或者夸大损失程度的，保险公司对其虚报的部分不承担赔偿责任。

5.4 索赔遭拒的常见情况

索赔遭拒的常见情况如下：

1）车辆未按期检测。保险合同只对合格车辆生效，对于未按期检测的机动车，保险公司视为不合格，该情况下发生的事故，保险公司当然拒赔。

2）车辆无牌照。车辆出险时，必须具备公安交通管理部门核发的有效行驶证及号牌，否则保险公司将拒绝赔偿事故损失。

3）车辆在收费停车场或营业性修理场所出险。保险公司认为收费停车场或营业性修理场所对车辆负有保管责任，在保管期间因保管人员管理不善造成车辆损毁、丢失的，保管

人员应承担相应责任，因此保险公司不会赔偿损失。

4）驾驶证未按期审核。驾驶员逾期没有年审，驾驶机动车便属于违法行为，保险公司可以根据合同拒绝理赔。

5）酒后肇事。饮酒开车，会降低驾驶员的应急反应能力，增加出事故的概率，因此交通安全法规严令禁止饮酒开车。违法行为产生的事故损失，保险公司拒绝赔付。

6）被保险人、车辆驾驶员及其家庭成员受害。根据第三者责任险的责任免除的规定，被保险人、被保险车辆的驾驶员不属于第三者，当他们成为事故受害者时，不能获得保险公司的赔偿。

7）车轮单独损坏。如果被保险车辆仅车轮单独损坏，车轮包括轮胎、轮辋、轮毂罩，而其他部位未发生损坏，保险公司认为此损失极易产生道德风险，因此在保险条款中规定不予赔偿。

8）牵引没保险的车撞车不赔。如果因为开车牵引一辆没有投保第三者责任险的车辆上路，与其他车辆相撞并负全责，保险公司不会对此作任何赔偿。

9）非被保险人允许的驾驶人员使用保险车辆肇事。保险条款规定，驾驶人员使用保险车辆必须征得被保险人的允许，否则，造成的车辆损失，保险公司不负责赔偿。

10）利用保险车辆从事违法活动。利用保险车辆从事违法活动不利于社会安定，不符合保险稳定社会生产和社会生活的宗旨，保险公司不予保障。

任务：

2011 年 12 月 2 日 17 时左右，湖北省某市个体驾驶员刘某（系车辆损失险及第三者责任险被保险人）持 B 证驾驶小客车在行驶途中，因天冷路滑，在急弯内侧（占道）处与相对而行的个体驾驶员张某的三轮车相交会，致使三轮车方受损、两名乘客及驾驶员受伤，刘某驾驶的小客车未受损。经该市交警大队调解处理，刘某负此次事故的全部责任，合计损失 6 000 余元。处理结案后，刘某以第三者责任损失为由迅速向保险公司索赔，而保险公司在审理此案时则以“两车未发生碰撞”及“紧急避险超过必要限度”为由予以拒赔。双方遂引起纠纷。请针对此案情就索赔遭拒应对模拟演练。

思考与练习

1．简述索赔程序。
2．被保险人在索赔阶段具有哪些权益？
3．何为残值？《保险法》对被保险人享有残值的权益有何规定？
4．《保险法》对代位追偿权利的行使有哪些规定？
5．索赔遭拒的常见情况有哪些？

第6章 机动车辆保险查勘定损实务操作

知识目标

掌握案件受理的程序和注意事项
掌握现场查勘的基本概念、流程
掌握定损原则与步骤
了解特殊事故现场查勘的注意事项
了解常见定损项目的注意要点

技能目标

掌握现场查勘报告缮制技能
掌握询问笔录撰写技能
掌握现场查勘中收取物证、现场摄影、现场丈量、绘制现场草图、车辆检查、道路查勘等技能
学会车辆损失确定的方法

案例导读

驾驶员介绍：7月5日10点10分，驾驶员驾驶一辆旅行车沿某市环线快速路由南向北行驶，车辆行至辅道入口处，由于标的车左前方车辆突然向右变道想进入辅道，标的车驾驶员紧急刹车并向右打方向躲避，导致车辆撞在护栏上，右前轮脱落，驾驶员又向左急打方向，导致车辆撞到另一边的护栏，最后停在路的中间，双气囊全爆，驾驶员受轻伤。请问此案现场查勘的具体操作方法及注意事项。

机动车辆保险查勘定损是整个车险理赔程序中的关键一环。查勘人员掌握的信息基本决定了案件性质和以后的处理情况，也是有效控制损失、降低赔付率的关键一环。机动车辆保险事故现场调查，是公正、客观、严密地查明事故真相的根本措施，是准确认定事故责任，依法正确处理车险意外事故的基础和前提。本章严格按照机动车辆保险查勘定损实务流程展开，从案件的受理开始，到如何现场查勘，再到损失的确定，都进行了详细的介绍。特别值得一提的是，本章对于水灾、火灾、盗抢等特殊事故现场的查勘和常见定损项

目予以了阐述，具有一定的实践指导意义。

6.1　案件受理

6.1.1　案件受理的基本内容

1．保单查询

1）询问报案人保单要素，如交强险保单号码、商业保险保单号码、被保险人名称、车牌号等。只询问其中任何一个保单要素在系统中进行保单查询，尽量不用模糊查询。

2）查看系统中保单信息并与报案人进行核对，特别是“交强险”和“商业保险”投保情况及保单号码，在录入案件信息之前确保出险保单准确无误（一般核对信息要保证 2～3 项内容）。

2．受理报案

（1）询问案情

1）询问案情要点：出险时间、地点、事故原因及经过，报案人姓名、联系电话，驾驶员姓名、联系电话等，现场损失及施救情况，并告知报案人具体的索赔处理程序和需要准备的有关单证及注意事项。

2）涉及其他车辆的，需尽可能地询问对方车辆的车牌号码、驾驶员、损失情况，以及交强险或商业保险所投保的公司和保单号。

3）涉及人伤的应尽可能地询问伤者人数、姓名、受伤情况、是否送医、医院名称及地址，特别注意伤者身份（行人、本车司机、乘客、对方车上人员）、伤情。

4）涉及车辆以外的财产损失的询问损失情况及施救措施。

（2）录入系统

向报案人询问案情过程中，将信息同时录入系统进行报案登记。

1）单承保“交强险”的，在系统录入报案信息后，生成报案号，如事故一方财产损失超过交强险责任限额或涉及人员伤亡的，提醒报案人同时向交警部门和其商业保险的承保公司报案。

2）单承保“商业保险”的，在系统录入报案信息后，生成报案号；提醒报案人必须向其交强险的承保公司报案，由交强险的承保公司首先进行赔偿，如事故损失金额超过交强险责任限额，再由商业保险进行赔偿。

3）同时承保“交强险”和“商业保险”的，在系统录入报案信息后，系统同时生成报案号。

4）通过出险地与承保公司的关系，判断是否异地出险（省外或直辖市外）。

（3）案件提交

案件提交之前，根据案件发生的情况和客户的需求，选择案件处理的紧急程度。如案件为本地案件，提交案件，流转至调度岗；有疑问的案件及时提醒调度岗，如案件为异地出险，需要提醒承保公司是否需要委托处理，承保如有需要，应及时出具委托手续。

（4）理赔回访

案件处理过程中和赔款支出后对客户进行理赔回访，表达对客户的关怀，采集客户的意见，了解客户需求，传递相关信息，增进客户关系。

任务：

两位同学为一组，一位同学为报案人，另一位同学为案件受理人，一对一训练受理报案过程中的案情询问过程，评价询问内容是否齐备，语言是否恰当，过程是否合理。

6.2 现场查勘

现场查勘工作对保险案件的赔付有重要影响，是计算事故损害赔偿的基础。本节主要介绍现场查勘的基本概念、现场查勘的流程、特殊事故现场查勘、现场查勘方法和工作等相关知识。

6.2.1 现场查勘的基本概念

1. 保险事故现场

保险事故是指被保险车辆因过错或意外造成的人身伤亡或者财产损失的事件。保险事故现场（以下简称现场）是指发生保险事故的被保险车辆及其与事故有关的车、人、物遗留下的同事故有关的痕迹证物所占有的空间。现场必须同时具备一定的时间、地点、人、车、物5个要素，他们的相互关系与事故发生有因果关系。

现场按事故现场状态可分为原始现场、变动现场、伪造现场和逃逸现场。

（1）原始现场

原始现场是指发生事故后至现场查勘前，没有发生人为或自然破坏，仍然保持着发生事故后的原始状态的现场。这类现场的现场取证价值最大，它能较真实地反映出事故发生的全过程。

（2）变动现场

变动现场是指发生事故后至现场查勘前，由于受到了人为或自然原因的破坏，使现场的原始状态发生了部分或全部变动。这类现场给查勘带来种种不利因素，由于现场证物遭到破坏，不能全部反映事故的全过程，给事故分析带来困难。

现场变动的原因通常有下面几种。

1）抢救伤者：变动了现场的车辆和有关物体的位置。

2）保护不善：现场上的痕迹被过往车辆和行人碾压践踏而模糊或消失。

3）自然影响：因下雨、下雪、刮风等自然因素的影响，造成现场或物件上遗留下来的痕迹模糊不清或完全消失。

4）特殊情况：执行任务的消防、救护、警备、工程抢险车以及首长、外宾乘坐的汽车在发生事故后，因任务的需要驶离了现场。

5）快速处理：一些主要交通干道或繁华地段发生事故，造成交通堵塞，需立即排除，因而移动了车辆及其他物体。

6）其他原因；如车辆发生了事故后，当事人没有发觉，车脱离了现场。

对于变动现场，必须注意识别和查明变动的原因及情况，以利于辨别事故的发生过程。正确分析原因和责任。

（3）伪造现场

伪造现场指当事人为逃避责任、毁灭证据或达到嫁祸于人的目的，或者为了谋取不正当利益，有意改变或布置的现场。

（4）逃逸现场

逃逸现场指肇事人为了逃避责任，驾车潜逃而导致现场变动。其性质比伪造现场更为恶劣。

《道路交通安全法》明确规定，造成交通事故后逃逸的，由公安机关交通管理部门吊销机动车驾驶证，且终生不得重新取得机动车驾驶证。

另外，还有一种叫恢复现场，恢复现场有两种情况：一是对上述变动现场，根据现场分析、证人指认，将变动现场恢复到原始现场状态；二是原始现场撤除后，因案情需要，根据原现场记录图、照片和查勘记录等材料重新布置恢复现场。

2. 事故分类

在对事故现场查勘中，根据事故发生的性质，一般可把事故分为单方事故、双方事故及多方事故。单方事故是指标的车辆与固定静止的物体发生碰撞，造成人员伤亡或财产损失的事故，如公路护栏、公路中间隔离带、树木、农田、山坡、建筑物等；双（多）方事故是指标的车辆与其他车辆一部或多部发生碰撞，造成人员伤亡或财产损失的事故。

根据交通事故发生的形态，交通事故基本可分为碰撞、碾压、刮擦、翻车、坠车、爆炸和失火 7 种形态，绝大部分交通事故都是碰撞事故。

3. 现场查勘的目的

现场查勘是证据收集的重要手段，是准确立案、查明原因、认定责任的依据，也是保险赔付、案件诉讼的重要依据。因此，现场查勘在事故处理过程中具有非常重要的意义。

1）查明事故的真实性。通过客观、细致的现场查勘证明案件是否普通单纯的交通事故，是否为骗保而伪造事故，即确定事故的真实性。

2）确定标的车在事故中的责任。通过对现场周围环境、道路条件的查勘，可以了解道路、视距、视野、地形、地物对事故发生的客观影响；对事故经过进行分析调查，查明事故的主要情节和交通违法因素，分清标的车在事故中所负的责任。

3）确定事故的保险责任。通过现场的各种痕迹物证，对当事人和证明人的询问和调查，对事故经过进行分析调查，查明事故发生的主要情节，结合保险条款和相关法规，确定事故是否属于保险责任范畴。

4）确认事故的损失。通过对受损车辆的现场查勘，分析损失形成的原因，确定该起事故中造成的标的车及第三者的损失范围。通过对第三者受损财物的清点统计，确定受损财物的型号、规格、数量以及受损的程度，为核定损失提供基础资料，损失较小者可以现场确定事故损失。

6.2.2　现场查勘的流程

现场查勘，就是一个对事故定性、定责的过程，即通过仔细了解现场情况，确定损失原因及是否属于保险责任，该项工作主要由现场查勘人员完成。查勘人员在接到调度指令后，第一时间赶赴事故发生现场，对事故的真实性进行核实，协助客户处理现场，并告知客户相关索赔事项。

1．查勘前的准备

在赶赴现场之前，必须携带必要的查勘工具和救护用具，准备好查勘单证及相关资料。需准备的用品及用具如下所述。

1）查勘设备：查勘车辆、照相用的相机、录音笔、电池及充电器等，重大案件需携带录像机；测量用的钢卷尺或皮尺；记录用的签字笔、书写板、三角板、印泥等文具；夜间查勘需准备手电筒；雨天查勘需准备雨伞、胶靴等；视情况还需准备反光背心、事故警示牌、手套等防护用品；新手查勘还需准备事故现场所在地的地图备查。

2）常用药具：有条件的业务部还可常备创可贴、云南白药、碘酒、十滴水、风油精、正气水、药棉、纱布、绷带或医用胶带等常用药具。

3）作业资料：现场查勘需准备现场查勘报告单、定损单、索赔指导书、出险通知书、赔款收据、事故快速处理书和其他在现场派发或收集的资料。

2．出发前的各项检查

出发前，检查查勘车辆车况。离合、制动性能是否良好，备胎情况及更换工具是否随车携带，燃油油量能否满足当天查勘要求，另外，检查相机等查勘工具、救护用具、作业资料等是否完备，各类电子设备电量是否充足。

3．到达事故现场的工作

到达事故现场后，查勘人员应先将查勘车辆停放在不影响通行的安全位置，携带好查勘工具下车参与现场查勘。

（1）确认事故现场及客户身份并向客户做自我介绍

1）到达现场后，查勘人员首先要通过车牌号码来确认事故现场，同时要确认客户身份，并向客户进行自我介绍。

2）随后将名片递送给客户，以取得客户配合，同时消除客户急躁情绪。

（2）了解事故现场概况

在向客户做自我介绍的同时要确认现场是否存在以下情况：

1）查看事故现场是否有人员受伤。对于有人伤的案件，查勘人员应指导客户拨打120和122报警，并保护好现场、协助将伤员送往医院等（因抢救需要移动现场车辆或人员位置的，要做好标记）；如属于群死群伤的大案件，积极协助客户、交警部门妥善处理人伤事宜。

2）查看事故车辆是否处于危险状态。如事故车辆仍处在危险状态，查勘人员应指导客户联系122、119或协作实施拖、吊、灭火等救援工作。

（3）拍摄现场照片

由于事故现场极易被破坏，故在了解事故现场概况的同时，查勘人员应及时拍取现场照片。现场照片的拍摄贯穿整个现场查勘的主要工作。

现场照片的拍摄要按以下要求进行。

1）拍摄原则：先拍摄原始状况，后拍摄变动状况；先拍远景，后拍近景，再拍局部；先拍摄现场路面痕迹，后拍摄车辆上的痕迹；先拍摄易破坏易消失的，后拍摄不易破坏和消失的。相片必须清晰（车牌号码、车架号码、发动机号码、车损部位）、完整（能全面反映事故情况、损失情况），必须带有日期。

2）相机要求：相机须设置日期；数码相机的照片大小调整为 640×480；尽量避免使用立式拍摄，严禁使用对角拍摄。

3）现场照相内容：现场方位、概览、中心、细目照相；现场环境、痕迹勘验、人伤照相；道路及交通设施、地形、地物照相；分离痕迹、表面痕迹、路面痕迹、衣着痕迹、遗留物、受损物规格编码照相；车辆检验（车架号或发动机号）、两证检验照相。

4）现场拍照顺序：首先是全景照：在事故现场的前后各拍一张全景，要把现场的道路情况、标志标线等反映出来；其次是方位照：从侧面拍摄，反映车辆所处的方位、行驶方向等；最后是细目照：把碰撞的部位、车损情况、地上的散落物、漆片、刹车印、玻璃碎片等拍下来。

5）隐损件拍摄：涉及隐损的零件及容易扩大损失的零件（如大灯、散热网、水箱等）需贴标签拍摄，并签署查勘人员姓名和查勘时间。

（4）核实事故情况

核实事故情况就是要确认事故的真实性、要确认标的车在事故中的责任、要确认事故或损失是否属于保险责任范畴。自我介绍之后，查勘人员就要立即开始核实事故情况，核实事故情况主要按以下流程进行。

1）查勘碰撞痕迹：勘查事故车辆的接触点、撞击部位和事故痕迹，查找事故附着物、现场散落物，检查事故车辆接触部位黏附的物体。采集这些物体的标本作为物证，以便分析事故附着物、散落物及事故痕迹是否符合，从而判断事故的真实性（如通过风挡玻璃上所黏附的毛发分析，可确定事故为何人驾驶所致等）。对存在疑点或报案不符的事项做重点调查，必要时对当事人或目击人做询问记录。

事故附着物、散落物是指黏附在事故车辆表面或散落在现场的物质（如油漆碎片、橡胶，人体的皮肉、毛发，血迹，纤维、木屑及汽车零部件、玻璃碎片等），事故痕迹是肇事车辆、被撞车辆、伤亡人员、现场路面及其他物体表面形成的印迹（如撞击痕迹、刮擦痕迹、碾轧痕迹、刹车痕迹等）。

对事故车辆与被碰撞物已经分离的情况，要用卷尺指明碰撞点拍摄，来反映碰撞物体之间的空间关系（如地上石头的高度与车辆底盘被碰撞点高度；墙体、栏杆上碰撞痕迹的长度、高度与车辆碰撞痕迹长度、高度）。

2）确认事故的真实性。通过对事故现场的仔细勘验，查勘人员要对事故的出险时间和地点做出判断，以确认事故是否真实。

3）确认车辆行驶状态。通过查勘车辆行驶后遗留的轮胎印痕，勘察现场环境和道路情况，可确认事故车辆的行驶路线。

4）判定事故责任。确定车辆行驶路线后，结合出险驾驶员或事故目击人员的叙述，查勘人员可根据《道路交通安全法》和《道路交通安全法实施细则》的相关规定对事故责任做出判定。

交通事故责任分为全责、主责、同责、次责、无责几种。如果标的车辆在事故中没有责任，可以直接开始缮制《现场查勘报告》，在报告中注明标的车无责，并告知客户向有责任的一方索赔的程序后，可结束查勘工作。

5）出具《交通事故快速处理书》。如事故所在城市实施了交通事故快速处理、快速理赔机制，查勘人员要根据现场情况，在授权范围内向事故当事人出具《交通事故快速处理书》。

需要注意的是，向事故当事人出具《交通事故快速处理书》，只是证明事故的真实性和确定事故责任，并不代表保险公司就必须要承担相应的赔偿责任。

6）查明事故发生的原因。出险的真实原因是判断保险责任的关键，对原因的确定应采取深入调查，切忌主观武断。对于事故原因的认定应有足够的事实依据，通过必要的推理，得出科学的结论，应具体分析说明是客观因素，还是人为因素，是车辆自身因素（如轮胎爆裂引起事故），还是受外界影响；是严重违章，还是故意行为或违法行为等，尤其对于保险责任的查勘，应注意确定是外部原因引起、是损伤形成后没有进行正常维修而继续使用造成损失扩大所致，还是车辆故障导致事故。对损失原因错综复杂的，应运用近因原则进行分析，通过对一系列原因的分析，确定导致损失的近因，从而得出结论。凡是与案情有关的重要情节都要尽量收集、记载、以反映事故全貌，同时，应获取证明材料，收集证据。

7）核实事故是否属于保险责任范畴。查明真实的事故原因后，查勘人员结合《保险法》、《合同法》和相关保险条款对存在疑点（如标的车驾驶员和三者车驾驶员描述不一致）或报案不符的事项做重点调查，必要时对当事人或目击人做询问记录。

各种除外责任参见《机动车交通事故责任强制保险条例》和《机动车商业保险行业基本条款》。

如果查明事故非保险责任范畴，查勘人员可以直接开始缮制《现场查勘报告》，在报告中注明事故非保险责任范畴，并向客户解释清楚后，可结束查勘工作。

（5）核实标的车辆情况

如果事故车辆可以自行移动，在确认事故的真实性、保险责任和事故责任之后，查勘人员可同意（或要求）事故当事人将事故车辆移到不影响交通的地方，继续核实标的车的情况。核实标的车的情况要按以下的流程进行：

1）核实事故车辆的车牌号、车架号（VIN码）或发动机号，特别注意车架号（或VIN码）是否与保单相符，确认事故车辆是否为承保标的，并拍摄车架号码；对于套牌的进口车、改装车、特种车，要注明国产型号和原厂车型；若事故车辆信息与保单记录不符，应及时调查取证，现场向报案人（或被保险人）做询问记录，并要当事人签名确认。

2）核实事故车辆的行驶证记录与事故车辆是否一致，是否有效，并做好记录，拍照留存。

3）核实事故车辆的使用性质，确认事故车辆出险时是否在从事营运活动，是否与保单上记录的使用性质相符，不相符的，应及时调查取证，现场向报案人（或被保险人）做询问记录，并要当事人签名确认，且在查勘记录中说明。

4）核实出险车辆的装载情况，在查勘报告中记录载客人数、货物重量、高度等；车辆装载异常或挂有营运牌的，注意索取运单、发货票等资料留存。

5）核实事故车辆是否存在保险利益发生转移的情况。即核实被保险人是否将标的车进行过转让、转卖、赠送等。如存在上述情况，则应及时调查取证，设法取得相关书面协议。

（6）核实驾驶员情况

1）查验事故车辆驾驶员的驾驶证，要核实驾驶证是不是出险驾驶员本人的，同时要重点核查准驾车型、驾驶证是否有效等信息，并做好记录。如有异常情况要尽量将驾驶证复印留存；对事故处理机关扣留驾驶证的，在查勘记录中说明。

2）记录出险驾驶员姓名、联系电话；核实出险驾驶员与被保险人的关系，以便了解出险驾驶员使用标的车是否得到被保险人的允许。

3）核实出险驾驶员是否存在酒后驾车的情形。如发现出险驾驶员是酒后驾车的，查勘人员要及时调查取证，现场向出险驾驶员做询问记录（询问笔录制作方法见附件一），并要当事人签名确认，且在查勘记录中说明。

（7）核定事故损失

1）剔除非事故或非保险责任内损失。现场查勘时，查勘人员要确认事故车辆的损失部位。对非本次事故造成的损失（或非保险责任范畴内的损失）要予以剔除，并做好客户的沟通解释工作，取得客户理解和确认。

2）核定事故车辆损失。对于责任明确、车损较小、没有隐损件的事故，查勘人员要根据损失大小，在现场核定维修工时和配件价格，出具《定损单》，并在有需要回收的受损零部件上粘贴回收标签，告知客户妥善保管核准更换的受损零部件，以备回收。

3）清点财产损失情况。对于造成其他财产损失的案件，查勘人员应现场确认第三方财产损失的型号、数量等，对于货品及设施的损失，应核实数量、规格、生产厂，并按损失程度分别核实；对于车上货物还应取得运单、装箱单、发票、核对装载货物情况；对于房屋建筑、绿化带、农田庄稼等要第一时间丈量损失面积，告知客户提供第三方财产损失清单，并对受损财产仔细拍照。现场清点后，要列出物损清单，并要求事故双方当事人在清单上签名确认。

4）确定人员伤亡情况。对于有人员伤亡的事故，查勘人员要及时与事故当事人沟通，确认事故中人员伤亡的数量、伤势、伤员就医的医院。有条件的，要前往伤者所在医院，确认伤者伤势、姓名、年龄、身份、职业、家庭情况等。

（8）缮制查勘报告

查勘人员在完成上述现场查勘工作后，要将上述情况汇总形成文字材料，即要制作《现场查勘报告》。《现场查勘报告》的内容要求如表 6-1 所示。

表 6-1　××财产保险公司机动车辆保险事故现场查勘报告

保险单号码：　　　　　　　　报案编号：　　　　　　　　立案编号：

保险车辆	厂牌型号：	发动机号：	车辆已行驶里程：	已使用年限：
	号牌号码：	车架号（VIN）：		初次登记日期：
驾驶人员姓名：		驾驶证号码：□□□□□□□□□□□□□□□□□□		职业：
初次领证日期：　年　月　日		性别：□男　□女	年龄：	准驾车型：□A　□B　□C　□其他
查勘时间：　年　月　日　时		查勘地点：		是否第一现场报案：□是　□否
赔案类别：□一般　□特殊（□简易　□互碰　□救助　□其他）双代（□委托外地查勘　□外地委托查勘）				
出险地点：　年　月　日　时		出险地点：　省　市　县		
第三方车辆	厂牌型号：	号牌号码：	是否保险：□是　□否	车辆已行驶里程：
	驾驶人员姓名：	驾驶证号码：□□□□□□□□□□□□□□□□□□		车辆初次登记日期：
	初次领证日期：	准驾车型：□A　□B　□C　□其他	职业：	车辆已使用年限：

续表

<table>
<tr><td>现场查勘时请按右侧所列内容仔细查验并认真完整填写</td><td colspan="4">1. 出险原因：□碰撞 □倾覆 □火灾 □爆炸 □自燃 □外界物体倒塌 □外界物体坠落
□雷击 □暴风 □暴雨 □洪水 □雹灾 □玻璃单独破碎 □其他（ ）
2. 事故原因：□制动失灵 □转向失灵 □其他机械故障 □疲劳驾驶 □超速行驶
□违章并线 □逆向行驶 □安全间距不够 □违章装载 □其他违章行驶
□疏忽大意、措施不当 □其他
3. 事故所涉及险种：□交强险 □车损险 □三责险 □盗抢险 □玻璃单独破碎险
□自燃损失险 □车上人员责任险 □车上货物责任险 □其他（）
4. 保险车辆的号牌号码、发动机号、车架号与保险单上所载明的是否相符 □是 □否
5. 出险时间是否在保险有效期内 □是 □否
6. 出险时间接近保险起讫期的，有无相应时间证明 □有 □无
7. 出现地点：(1) 分类：□高速公路 □普通公路 □城市道路 □乡村便道和机耕道
□场院及其他；
(2) 与报案人所报是否一致 □是 □否
8. 实际使用性质与保险单上所载明的是否一致 □是 □否
9. 保险车辆驾驶人员情况与报案人所述是否一致 □是 □否
10. 保险车辆驾驶人员的驾驶证是否有效 □是 □否
11. 保险车辆驾驶人员准驾车型与实际驾驶车辆是否相符 □是 □否
12. 使用各种专用机械车、特种车的人员是否有国家有关部门核发的有效操作证 □是 □否
13. 驾驶营业性客车的驾驶人员是否有国家有关部门核发的有效资格证书 □是 □否
14. 保险车辆驾驶人员是否为被保险人允许的驾驶人员 □是 □否
15. 保险车辆驾驶人员是否为保险合同约定的驾驶人员 □是 □否
16. 保险车辆驾驶人员是否为酒后驾车 □是 □否
17. 事故车辆损失痕迹与事故现场痕迹是否吻合 □是 □否
18. 保险车辆安全配置情况：□安全气囊 □ABS □倒车雷达 □卫星定位 □其他防盗装置
19. 第三者车辆是否已向其承保公司报案、索赔 □是 □否
20. 事故是否涉及第三方人员伤亡 □是（伤____人，亡____人） □否
21. 事故是否涉及第三方财产损失 □是 □否
22. 事故是否涉及本车上人员伤亡 □是（伤____人，亡____人） □否
23. 确定或预计责任划分：□全部 □主要 □同等 □次要 □无责任 □单方肇事
24. 保险车辆损失程度：□全部损失 □部分损失
25. 其他需要说明的内容：
是否属于保险责任：□是 □不是 □待确定（原因： ）</td></tr>
<tr><td rowspan="5">事故估损金额</td><td colspan="4">事故损失金额估计合计：</td></tr>
<tr><td colspan="4">其中：强制险损失</td></tr>
<tr><td rowspan="2">强制保险</td><td>死亡伤残：</td><td colspan="2">财产损失：</td></tr>
<tr><td>医疗费用：</td><td colspan="2">其他费用：</td></tr>
<tr><td colspan="2">车辆损失险损失：</td><td>第三者损失：</td><td>其他损失：</td></tr>
</table>

续表

<table>
<tr><td rowspan="3"></td><td rowspan="3">商业保险</td><td rowspan="3">车辆损失险</td><td>标的损失：</td><td rowspan="3">第三者责任险</td><td>车辆：</td><td rowspan="3">其他险别</td><td rowspan="3"></td></tr>
<tr><td>施救费：</td><td>人员：</td></tr>
<tr><td></td><td>财产：</td></tr>
<tr><td colspan="7" rowspan="3">查勘人意见（包括事故经过简单描述和初步责任认定）：

查勘人签字：</td><td>询问笔录　张</td></tr>
<tr><td>现场草图　张</td></tr>
<tr><td>事故照片　张</td></tr>
</table>

说明：1. 估计损失金额单位为人民币元。2. 第三方车辆不止一辆，可增加《机动车辆现场查勘记录》用纸。

(9）事故处理及索赔指引

完成《现场查勘报告》后，现场查勘工作就基本完成。但为了更好地体现保险公司的服务水平，查勘人员还必须指导客户进行事故处理或告知客户索赔的流程和注意事项。

1）对于要由执法机关处理的事故，查勘人员要主动询问客户是否熟悉事故处理流程，对于不熟悉事故处理流程的客户，查勘人员要告知客户事故处理流程，指导客户处理事故。

2）对于标的车辆在事故中无责的，要告知客户向有责任的一方进行索赔，同时要提醒客户在修车前要通知有责任一方的保险公司进行定损，根据定损金额要求有责任的一方支付维修费用。

3）对于查勘人员处理的事故，查勘人员要告知客户（包括第三方）索赔流程和注意事项。包括双方修车前要通知保险公司进行定损；有物损的，还要告知客户物损核定的流程；核价查询电话；索赔所需资料等。

4）发放相关索赔资料，并指导客户正确填写。

(10）告别客户离开现场

在告知客户事故处理程序和索赔流程后，查勘人员可以离开现场，赶赴处理下一个事故。

1）在离开现场前，查勘人员要向客户告别。

2）在现场查勘结束后，查勘人员应将现场查勘情况反馈给客服中心，对于有疑点、在现场又无法取证的疑难案件更要把疑点向客服中心详细反馈。

6.2.3　特殊事故现场查勘

1. 水灾事故

车辆涉水行驶或水淹后，由于处理或操作不当，极易造成发动机内部损坏。而这些内部损坏一般都是除外责任内的损失。而且车辆被水浸泡后，其电子元器件极易遭到腐蚀、氧化，导致损失扩大。所以水灾致损车辆的查勘速度一定要快，而且要尽快提出施救方案，督促被保险人积极施救，车辆到修理厂后，及时拆检定损，避免损失扩大。水灾现场的查勘，除了按现场查勘的基本流程操作外，还要特别注意以下要求：

1）接到报案后，联系客户用语："请问您的车被水浸泡了多长时间？水位有多高？您是否重新启动？"如客户未重新启动，则告知"请您千万不要打火启动车辆，避免扩大损失，我们将马上赶到现场协助您处理"。

2）到达现场后，快速进行处理，拍摄现场相片，必须要拍出水淹的水线位置，确定车辆被浸泡的高度，了解受损的大概情况。

3）拍摄完现场照片后，应协助客户积极联系施救厂，并协助客户将水淹车辆推（拖）出水淹现场。

4）查勘水灾事故现场时，查勘人员必须制作现场询问记录，询问笔录除就附件一中问题详细记录外，还应就车辆水淹后如何熄火、熄火后采取的措施（如有没有再次点火、点火多少次等）要求事故车辆驾驶员做出明确答复，详细记录其中相互矛盾的地方。

5）查勘水灾事故现场时，查勘人员必须现场检查发动机进气口是否进水，空气滤清器滤芯是否被水浸湿，并拍照存档。如果空气滤清器滤芯没有浸湿，则可以排除发动机内部进水的可能性。

补充材料 1

水灾事故损失程度按浸水部位和高度来区分，分 6 种情形（见图 6-1）。

A．底盘部分浸水（未到驾驶室）

B．驾驶室轻度进水（水已入驾驶室地板，水面未及座椅表面或在仪表台下面）

C．驾驶室中度进水（水位已没座椅表面，接近仪表位置，行李厢入水）

D．车身重度浸水（水位淹没仪表台以上）

E．驾驶舱进水（水淹程度在顶棚以下仪表台以上部位）

F．水面超过车顶，汽车被淹没顶部

在查勘过程中可根据上述标准来预估车辆可能遭受的损失。

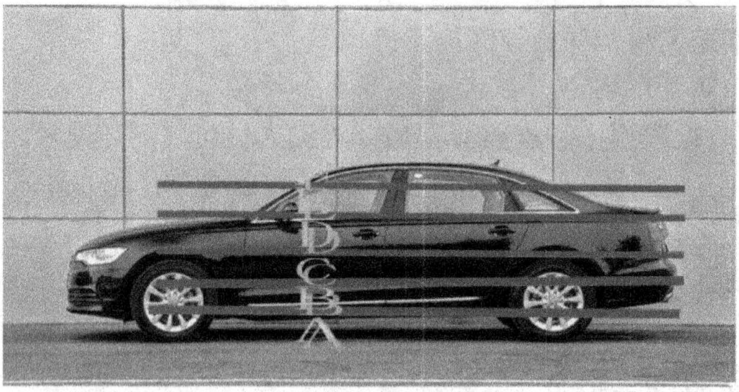

图 6-1　水灾事故缺失程度

2．火灾事故

火灾事故的发生原因复杂多样，造成的损失一般也比较大，起火原因主要有碰撞起火、自燃起火、人为失火三种类型，不同的起火原因属于不同的理赔责任范围，现场查勘时要多观察、多了解、多询问。

1）到达现场后，注意勘察现场环境，是在繁忙道路上还是在住宅小区，记录当时的天气状况，查勘事故地周围有无异常物。

2）向驾驶员了解保险车辆着火的详细经过，注意观察驾驶员的言行举止，了解车辆碰撞或翻车的具体情节，车辆起火和燃烧的具体情节，发现着火时驾驶员采取了那些抢救的措施；车辆着火时的具体情况，核对当事人的叙述与已知的事实是否相符。

3）查勘路面痕迹，车辆着火现场路面上的各种痕迹，观察制动拖印、挫划印痕的形态，测量起始点至停车位制动拖印的距离；查勘着火车辆在路面上散落的各种物品及碰撞被抛洒的车体部件、车上物品位置，推算着火车辆行驶速度。

4）查勘车体燃烧痕迹，检查车辆燃烧痕迹，重点查看车辆的电器、油路及电路情况，查勘发动机舱和车内仪表台的受损情况；初步判断燃烧起火点及火源，分析是碰撞事故引起燃烧还是车辆自燃引起燃烧。

5）了解当事司机与被保险人关系，车辆为何由当事司机使用；近来该车技术状况和使用情况如何，是否进行过修理，最近一次在哪家修理厂维修的。

6）调查取证，走访、调查现场其他有关人员，就其当时看到的情况做好询问记录，并对记录签名，留下联系电话。

7）发现案件中存在某些疑点、牵涉故意行为或人为失火情况，应作进一步调查，如多几个起火点、车上配件被移下、当事人行动反常、证词相互矛盾等，必要时通过公安消防部门进一步了解案件性质、着火原因。

8）跟踪公安消防部门认定火灾原因，与自己通过查勘、访问、观察、提取、检验、清点等方法分析得出的火灾原因进行比较，发现疑问要及时沟通，并做好记录。

3．机动车被盗抢案件

机动车被盗抢案件，就是投保车辆发生全车被盗或被抢，根据保险条款，由保险公司在保险金额范围内按照出险时车辆的实际价值进行赔偿，如今，各家保险公司都把盗抢险作为主险来承保。盗抢案件查勘注意事项如下：

1）接到调度后，调查人员应赶赴第一现场查勘，对当事人进行询问并做好询问记录，进行现场拍照并检查现场有无盗抢痕迹，有无遗留作案工具。注意分析报案人所言有无自相矛盾之处，如停车位置周围环境、车主反映的被盗经过等有无可疑之处。

2）走访、调查现场有关人员，调查车辆停放、保管、被盗抢的情况，做好询问记录；特别注意停车场收费情况，要求被保险人提供停车收费凭证，了解车辆丢失后追偿的可能性。

3）调查车匙及证件是否一同丢失。调查被盗车辆的钥匙配备情况，对钥匙进行鉴定，判断是否为原件，调查车辆相关证件是否缺失；查看车主证件，车主是单位的需营业执照，是个人需身份证。

4）核实报警情况，走访接报案公安部门的执勤民警，核实客户报案时间，记录当时接报案的详细情况，被盗案件是否立案侦查，丢失车辆是否录入公安网上系统。

5）调查被盗抢车辆的购置、入户上牌及过户等情况，调查使用人是否具有保险利益，如被盗抢车辆发生转让，应请被保险人及时提供有关转让证明。

6）向被保险人了解其近期财务状况，是否有经济纠纷，调查被盗车辆近期维修情况。

7）向保险人了解被盗车辆的投保、验车情况记录，索取被盗车辆的投保单。

8）告知客户索赔所需的资料，如《行驶证》、《购置费凭证》、《购车发票》、车钥匙、保单等，跟踪案件立案后两个月内是否侦破。

6.2.4 现场查勘方法和工作

1．现场查勘方法

1）沿着车辆行驶路线查勘法：这种方法必须是事故发生地点痕迹清楚。

2）从中心（接触点）向外查勘法：这种方法适用于现场范围不大，痕迹、物体集中，而且中心明确的现场。

3）从外向中心查勘法：这种方法适用于范围大、痕迹分散的现场。

4）分片、分段查勘法：这种方法适用于现场范围大和伪造的现场。

2．现场查勘工作

现场查勘工作主要包括收取物证、现场摄影、现场丈量、绘制现场草图、车辆检查、道路查勘等。

3．收取物证

物证是证明交通事故发生过程最客观的依据。收取物证是现场查勘的核心工作，其方法和手段均为收取物证服务。做好物证的收取，在于认识物证，发现物证，并用科学的手段和方法取得物证。事故现场物证的类型有散落物、附着物和痕迹。

4．现场摄影

（1）现场摄影的原则

现场拍摄的一般步骤是先拍摄现场方位，再拍摄现场概貌，然后拍摄现场重点部位，最后拍摄细节。拍摄的原则是：先拍原始，后拍变动；先拍重点，后拍一般；先拍容易的，后拍困难的；先拍容易消失和被破坏的，后拍不容易消失和被破坏的。

（2）现场摄影的方式

1）方位摄影：拍摄确定现场的位置、全貌，反映现场轮廓，也就是要拍摄以肇事车辆为中心的周围环境，反映出事故现场的地形、路况，以及肇事车辆和其他物体接触碰撞情况。

2）中心摄影：主要是拍摄现场中心地段，以接触点为中心，拍摄与肇事触点相关联的各个部位，反映肇事车辆的整体形态。

3）细目摄影：主要拍摄现场上发现的各种痕迹以及肇事车辆的碰撞部位。主要包括：肇事车辆和其他物体接触部分的表面痕迹；肇事车辆刹车拖印痕迹，以及现遗留的其他痕迹；肇事车辆牌照号码等。

4）宣传摄影：即运用技巧突出反映事故某一侧面的拍摄。此拍摄方式重在突出事故某一侧面的状态、特点，目的是宣传和收集资料。

（3）现场摄影的技术问题

现场摄影存在的技术问题，一般包括现场摄影的取景、接片技术和常见的痕迹拍摄技术等。

现场拍照的取景特别重要，应根据拍照的目的和要求，确定拍照范围及拍照重点，选择合适的拍照角度及距离。要求所拍摄的碰撞部位，基本上能反映肇事车辆（包括损坏物体）的损失状况。

为了记录事故的发生地，应尽量选择静止的固定参照物进入拍摄画面。

5．现场丈量

现场丈量必须准确，必要的尺寸不可缺，多余的尺寸不必要，在丈量前要认定与事故有关联的物体、痕迹，然后逐项进行，并做好记录。

1）确定事故现场方位：事故现场的方位以道路中心线与指北方向的夹角来表示。如果事故路段为弯道，以进入弯道的直线与指北方向夹角和转弯半径表示。

2）事故现场定位：事故现场定位方法有三点定位法、垂直定位法、极坐标法等。三种定位方法首先都需要选定一个固定现场的基准点，基准点必须具有永久的固定性，如可选有标号的里程碑或电线杆。

三点定位法是用基准点、事故车辆某一点以及基准点向道路中心线做垂线的三个交点所形成的三角形来固定现场位置，所以此时只需要量取三角形各边的距离即可，如图 6-2 所示。

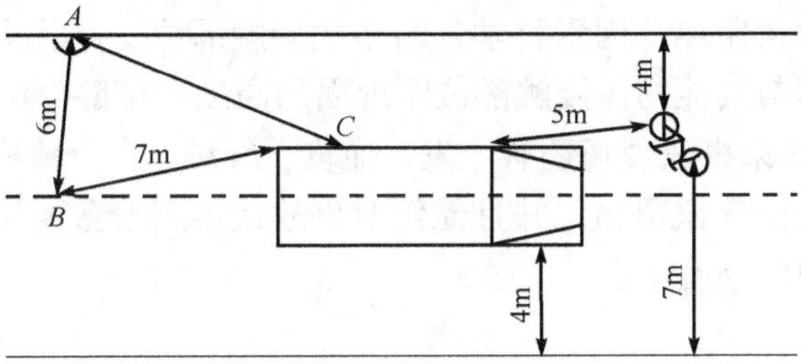

图 6-2 三点定位法

垂直定位法用经过基准点且平行于道路边线的直线与经过事故车辆某一个点且垂直于道路边线的直线相交所形成的两个线段来固定事故现场，所以该方法只需要量取基准点与交点、交点与事故车辆某一点两条线段的距离即可，如图 6-3 所示。

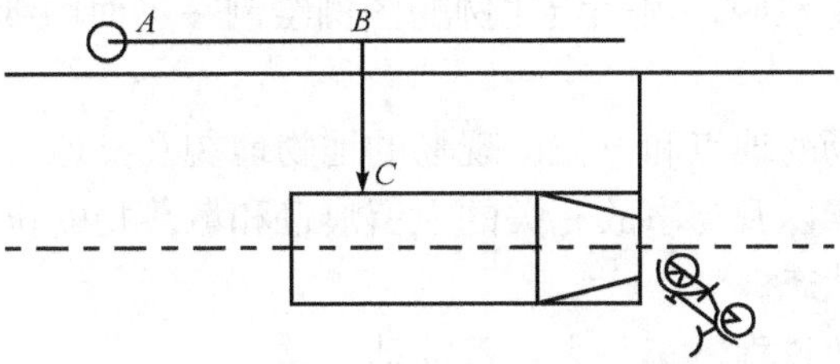

图 6-3 垂直定位法

极坐标法是用基准点与事故车辆某一点连接形成线段的距离以及线段与道路边线垂直方向的夹角来固定现场，所以该方法只需量取线段长度和夹角度数即可，如图 6-4 所示。

3）道路丈量。道路的路面宽度、路肩宽度以及边沟的深度等参数一般需要丈量。

4）车辆位置丈量。事故车辆位置用车辆的四个轮胎外缘与地面接触中心点到道路边缘的垂直距离来确定，所以只需量取四个距离即可。车辆行驶方向可根据现场遗留的痕迹判断，如从车上滴落油点、水点，一般其尖端的方向为车辆的行驶方向，等等。

5）制动痕迹丈量。直线形的制动印痕的拖印距离直接测量即可；弧形制动印痕的拖印距离量取，一般是先四等分弧形印痕，分别丈量等分点至道路一边的垂直距离，再量出制动印痕的长度即可。

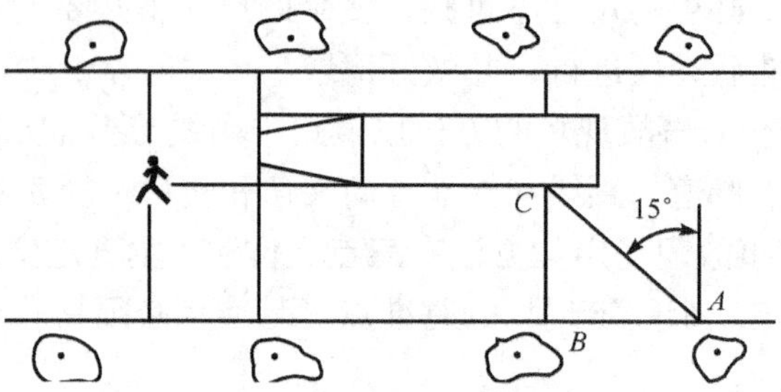

图 6-4　极坐标法

6）事故接触部位丈量。事故接触部位的丈量最关键的是先准确判定事故接触部位。事故接触部位是形成事故的作用点，是事故车辆的变形损坏点，因此，可根据物体的运动、受力、损坏形状以及散落距离等因素科学判断事故接触部位。对其丈量时，一般应测量车与车、车与人，或者车与其他物体接触部位距地面的高度、接触部位的形状大小等。

7）其他的丈量。如果事故现场还有毛发、血皮、纤维、车身漆皮、玻璃碎片、脱落的车辆零部件、泥土、物资等遗留物，并且他们对事故认定起着重要作用，则一并需要丈量它们散落的距离或黏附的高度等。

6．绘制现场草图

现场草图通常包括现场的位置和周围的环境以及遗留有痕迹、物证的地点，运动的关系、事故的情况等。现场草图给人以总体的印象。绘制草图虽然可以粗糙些，但内容必须完整、齐全，尺寸必须准确，同时必须与现场查勘笔录记载的内容吻合。

现场草图是以正投影原理的绘图方法绘制的。实质上是一张保险车辆事故发生地点和环境的小范围地形图。根据现场查勘要求必须迅速全面地把现场上的各种交通元素、遗留痕迹、道路设施以及地物地貌，用一定比例的图例绘制在平面图纸上。它所表现的基本内容是：

- 能够表明事故现场的地点和方位、现场的地物地貌及交通条件。
- 表明各种交通元素以及与事故有关的遗留痕迹和散落物的位置。
- 表明各种事物的状态。
- 根据痕迹表明事故过程，车、人、畜的动态。

所以，现场草图是研究分析出险事故产生原因，判断事故责任，准确定责的根据，现场草图不仅是绘图者能看懂，更重要的是能使别人看懂，使没有到过现场的人员从现场草图中了解到出险现场的概貌。

现场草图根据制作过程可分为现场记录图和现场比例图。

（1）现场记录图

现场记录图是合理理赔的重要依据，是到达现场的人根据现场查勘程序，在出险现场绘制、标注，当场画的出险现场示意图。它是现场查勘的主要记录资料。由于现场记录图是在现场绘制的，而且绘图时间短，因而就不那么工整，但内容必须完整，物体位置和形状、尺寸、距离的大小要成比例，尺寸数字要准确。出图的发现问题，可以修改、补充。在一般情况下，通过平面图和适当的文字说明，即可反映出出险事故现场的概貌。有时，为了表达出险事故现场的空间位置和道路纵、横断面几何线形的变化，也常采用立面图和纵横剖面图。

（2）现场比例图

现场比例图是根据现场记录图所标明的尺寸、位置，选用一定比例准确地绘制而成的。它是理赔或诉讼的依据。

现场记录图要求在现场查勘结束时当场出图，在很短的时间内，把现场复杂的情况完整无误地反映在图面上，就要求绘图者必须具备一定的业务水平和熟练的绘图技巧。现场记录图的绘制过程如下：

- 选比例。根据出险现场情况，选用适当比例，进行图面构思。
- 画轮廓。按近似比例画出道路边缘线和中心线。确定道路走向，在图的右上方绘制指北标志，标注道路中心线与指北线的夹角。
- 画车辆。根据图面绘制的道路，用同一近似比例绘制出险车辆图例，再以出险车辆为中心向外绘制各有关图例。
- 标尺寸。根据现场具体条件选择基准点，应用定位法为现场出险车辆及主要痕迹定位。按现场查勘顺序标尺寸，后注文字说明。
- 小处理。根据需要绘制立面图、剖面图或局部放大图。
- 先校核。核对、检查图中各图例是否与现场相符，尺寸有无遗漏和差错。
- 后签名，经核对无误，现场查勘人员、见证人、绘图人、校核人应签名。

7．车辆检查

车辆的技术状况及乘员、载重情况，与交通事故有直接关系，必须认真地进行检查和鉴定，其内容主要包括转向、制动、挡位、轮胎、喇叭、灯光、后照镜、刮水器等，以及乘员、装载情况，有的事故必要时可检查鉴定机械内部状况，对各项检查都要做好记录，如检验内容、试车次数、试车路面、检验结果等，检查结束后检验人员签字盖章。

（1）车辆转向系的检查

首先，检查转向盘游隙和转角。可以通过人工检查，或使用便携式的转向盘游隙和转角检测仪检查。其次，检查车辆转向系的其他性能。检查方法如下：车辆在各种道路条件下以任何速度行驶时，转向均应灵活可靠，不得出现卡住、转向沉重、行驶跑偏或轮胎与车架、翼子板碰擦等现象。

（2）车辆制动系的检查

车辆制动系的检查包括制动装置检查和估算持续制动距离。

1）车辆制动装置检查：包括行车制动装置检查和驻车制动装置检查。检查行车制动装置时，应停车检查制动踏板的反应，低速行驶检查制动性能是否有效、制动距离是否符合国家相关规范要求，以及制动是否出现跑偏，依次判断行车制动装置是否有效。检查驻车制动装置时，将驻车制动装置拉 3～5 个牙，如果停在 20%坡度的车道上不溜车，表明驻车制动装置有效。

2）按照要求估算持续制动距离。持续制动距离是指从踏下制动踏板开始，到汽车完全停止时所驶过的距离。根据现场查勘制动拖印的长度、制动系统的协调时间、估算车辆发生事故时的初速度等，按照汽车理论的运动学特性，估算车辆的持续制动距离。

任务：

1．上面两张照片为某事故现场照片。① 请说明两张照片的摄影方式。② 请根据照片绘制事故现场草图。③ 分析可能事故原因和经过。

2．假如你是保险公司查勘人员，请根据下列现场查勘图片分析

1）此事故现场保险查勘的基本流程。

2）查勘准备包括那几方面的内容？

3）现场查勘的方法和准则是：

4）填写机动车辆保险事故现场查勘记录

5）填写机动车辆保险事故现场查勘询问笔录。

6.3　损失确定

保险车辆定损是理赔工作的重要环节，主要包括车辆损失、人身伤亡和其他财产损失的确定，以及施救费用、残值处理等知识。

6.3.1　定损原则及方法、步骤

1．基本定损原则

1）修理范围仅限本次事故中所造成的车辆损失（包括车身损失、车辆的机械损失）。

2）能修理的零部件，尽量修复，不得随意更新零部件。

3）能局部修复的不能扩大到整体修理。

4）能更换零部件的坚决不能更换总成件。

5）准确确定工时费用。

6）准确掌握汽车零配件价格。

2．定损方法

1）修理范围的鉴别：区分事故损失与机械损失的界限，区分新旧碰撞损失的界限。

2）估损定价的技术依据：了解出现车辆的总体结构及整体性能；受损零部件拆装难易程度及相关拆装作业量；掌握零部件的检测技术并了解修理工艺及所需工具；掌握修复过程的辅助材料；掌握和了解事故车辆修复后的鉴定技术标准。

3）基本方法步骤：弄清受损部位并判断和确定因肇事部位的撞击、震动可能引起其他部位的损伤；根据确定的修复部位和方案确定工时费用；根据需更换或修复的汽车配件的价格确定材料费用。

4）几种典型情况的处理方法。

① 确定工时费用要处理好和修理厂的矛盾；② 确定更换配件方面处理好与保户的关系；③ 重大事故及特殊车型定损问题要慎重，尽量安排在保险公司的定损中心和指定修理厂进行；④ 外地出险的车辆可委派当地的分支机构进行查勘并及时反馈勘查信息；⑤ 车上货损的处理要灵活，如对于易腐烂、易变质的要征得领导同意后尽快现场变价处理，对机电设备损坏程度的确定应联系有关部门进行严格的技术鉴定，对确实报废的要计算残值并折算给被保险人；⑥ 施救中新损失的处理办法，区分不合理的施救表现：对倾覆车辆在吊装中未合理固定，造成二次倾覆的；在使用吊车时未对车身合理保护，致使车身大面积受损；移动车辆未进行检查，导致车辆机械损坏；在分解施救过程中，造成零件损坏或丢失的。

3．定损步骤

1）核定损失时，必须先明确车辆的修理范围，否则直接影响损失核定的准确性。到厂后，首先了解该起事故现场情况，是否有查勘过现场。如果该起事故已看过现场的，向现场查勘人员了解该车的出险情况，现场碰撞部位及车辆损失状况，明确本次事故造成的损失范围；未看过现场的，联系事故当事人，了解事故发生的时间、地点、事故损失部位及程度等出险基本情况，掌握事故损失大致范围。

2）查看车损痕迹，观察碰撞部位痕迹新旧、颜色状况，分析碰撞力度及方向，测量碰撞受损部位的高度、凹陷破损部位的大小等，比对碰撞痕迹。

如果双方事故车辆在同一厂维修的，建议把两车放在一起进行事故还原，然后比对测量碰撞部位。两车先后定损维修的，测量先定损车辆的碰撞痕迹，供与后定损车辆的痕迹进行对比。

3）核定损失前，先估算事故车辆大致损失，对损失较小、项目简单明确的案件，可一次核定完损失，对损失较大、不能一次定损完的案件，先核定外观件更换项目，拍摄隐损待定件外观照片，根据不同情况及要求决定是否拆检。

4）定损时，按照“先换件后修理”（先确定换件项目后确定维修项目）的顺序，定损项目的登记讲究“从前到后，从左到右，先上后下，从外到里”的顺序，分钣金覆盖件、机修、底盘、仪表等类别，做到准确合理、不重复不遗漏，并在定损单上及时记录。

5）受损车辆原则上应一次定损，对于有隐损未定完或需拆检未定完的车损，尽快安排时间进行二次定损。损失较大，要求尽量在拆检现场进行监督，一般要求是在吊下发动机之前拍摄过程照片，拆检发动机及波箱等重大部件时一定要在现场验证。

6）根据拆检情况，按照技术标准核定更换及维修项目，对隐损件进行后续定损，隐损情况勘查完毕，记录隐损项目，排除没有隐损的部分，试车待定件待基本件修复后试车确定。

7）确定维修项目，确定事故拆装、钣金、机修、电工、油漆各工种修复项目，把作业详细内容列入估价单上，逐项分解核定，估算工时费用。

8）定完更换和维修项目后，让修理厂报价，然后把项目录入理赔系统，转入核价流程。

6.3.2 确定车辆损失

确定车辆损失应遵循修复原则和会同验损原则，即确定车辆损失时应会同被保险人和修理厂进行车辆损失的确定工作。对于涉及第三者责任的，必要时还应有第三者或者其保险人参与损失确定工作；在确定车辆的损失之前，对于损失情况严重和复杂的，在可能的条件下，应对受损车辆进行必要的解体，以保证检验工作能够全面反映损失情况、车辆的损失是由其修复的费用具体体现的，对不经过保险人定损而被保险人自行修理的车辆，保险人在重新核定修理费用时，被保险人应当如实向保险人提供车损情况、修理情况、证明材料等，如不属实，保险人会部分或全部拒赔。

1. 车辆损失的定损内容

1）核实标的。核实事故车辆的车牌号码、厂牌型号、生产厂家、发动机号、车架号或车辆识别编码，确认出险车辆是否为承保标的，拓印、拍摄发动机号和车架号。

2）检查损失。根据《查勘报告》记录的案情内容，认真检查受损车辆，拍摄车辆损失照片，确定受损部位、损失项目、损失程度，对投保车辆按新车出厂时车辆标准配置及以外新增设备进行区分，并分别确定损失项目，车辆损失严重有隐蔽待查项目的，应该等待车辆解体后或修复过程中试车再确认待查项目的损失。对没有进行现场查勘的案件，定损人员均应采集证据，根据当事人所写事故经过判断是否有异议，如有异议应会同当事人复勘第一现场，有必要的应到相关处理部门调查了解情况。

3）组织定损。核定受损车辆或财产的损失项目和修理工时，应注意区分本次事故和非本次事故的损失、事故损失和正常磨损。坚持“以修为主”的原则，凡能修复的部分，不得更换新件(修复费用与换件费用相接近的灵活掌握)，能更换零部件的，不得更换总成件。

4）制订修理方案。与客户协商确定修理方案，包括换件项目和数量、修复项目和数量、检修项目和数量以及修理工时；换件的残值应该积极协助被保险人进行处理，并合理作价，在定损金额中扣除。若协商不成，应将车辆的旧件收回后，按公司相关规定处理。

5）上报审核，及时获取技术指导。根据换件项目、修理项目的有关内容，出具《机动车辆保险车辆损失情况确认书》（含零部件更换项目清单和修理项目清单，一式两份），对规定需要审核的定损单，上报核价核损岗位审核。定损后发现超出自己定损权限的案件及时上报给核损人员审核，核损人员对案件有异议的应及时进行解释、沟通。对损失金额较大，双方协商难以定损的，或受损车辆技术要求高，难以确定损失的，可聘请有关专家或委托公估机构进行定损。

6）出险现场查勘记录，详细核定事故造成的车辆损失部件和修理项目，逐项列明修理所需的工时、工时的定额（单价）、需要更换的零配件项目；对于必须更换的零部件应进行询价、报价；确定修复所需要的全部费用，并与被保险人和可能涉及的第三方协商，最后共同签订机动车辆保险定损确认书。

2．车辆定损应注意的几个问题

1）应注意区分本次事故和非本次事故造成的损失，事故损失与正常维修的界限，尤其检验地点不是第一现场的情况下更应当注意区分。对确定为本次事故损失的部分应坚持尽量修复的原则，如车主提出扩大修理或应修而要求更换部件时，其超过部分的费用应由被保险人自行承担，并在机动车辆保险定损确认书中明确注明。

2）应尽可能地一次性完成确定损失的工作，避免二次定损。但是，对于损失状况严重而且复杂的，可能在受损车辆解体后发现尚有属于本次事故造成的损失，应要求修理人及时通知检验人员进行二次检验，在核实后，可追加修理项目和费用，但也必须签订机动车辆保险定损确认书。

3）受损车辆在检验人员检验之前，已经由被保险人自行送修的，根据保险条款有关规定，保险人有权重新核定修理费用或拒绝赔偿。在重新核定损失时，应对照查勘记录，逐项核对修理项目和费用，剔除其扩大修理和其他不合理的项目费用。

4）注意对更换零配件工作的控制和管理。

5）经保险公司事先书面同意，对保险车辆损失原因进行鉴定和损失评估的费用可以负责赔偿。对于不合理的鉴定和评估，应当要求被保险人拒绝，而其相应的费用也不属于保险责任的范围。

6）检验定损人员应随时掌握最新的零配件价格，了解机动车辆修理工艺和技术，以避免因不掌握最新的零配件价格和不了解机动车辆修理工艺和技术而一味压低理赔价格，造成修理厂无法按常规修复的错误或被骗保。

7）车损照片的拍摄要求。数码相机像素要调整为 640×480，对受损车辆的照片要从远到近拍摄；全车照片应与车辆中心线成 45°拍摄，并能够反映出事故车的全貌、牌照、门徽、受损部位；车牌脱离车体的，用粉笔标记车号，严禁单独拍摄车牌、门徽及损失部位。车损超过 1 万元全车照片要求至少前后两张，超过 2 万元全车照片要求前后四张，以便对车辆总体损失有直观了解。尽量避免使用立式拍摄，严禁使用对角拍摄方式；损失部位不明显的，应做标记或有人指示损失处拍摄；拍摄玻璃照片时注意玻璃的光线反光；玻璃单独破碎险中玻璃损坏不严重，先拍一张照片，再击打玻璃受损处扩大明显后，再拍一张照片；受损金额较大的零部件总成件应单独拍摄，需拆检的，拆卸损坏部件单独拍摄，并配上车牌或用粉笔注明车号；根据拍摄部位的不同（如车架号、缸体损坏的细小裂纹等），要灵活调整相机焦距、曝光，以保证拍摄的照片能清晰准确地反映损失情况（可认真阅读数码相机的使用说明书）。

8）其他要求。受损车辆原则上采取一次性定损，定损完毕后，可以由被保险人自行选择修理厂修理，或应被保险人要求推荐、招标修理厂修理。推荐、招标的修理厂应尽量选择资质为一类的汽车修理厂或专业汽车维修站，不得选择资质低于一类的汽车修理厂；对重大车辆损失案件，可采取修复中抽检，修复后复查的形式，跟踪事故车辆修理全过程。

3．维修费用的确定

在机动车辆保险的经营成本中，事故车辆的维修费用是一个重要部分；同时，维修质量在一定程度上体现了机动车辆保险产品的服务质量。为此，保险公司应当加强对于事故车辆修复工作的管理。

目前，我国汽车维修行业的价格属于管制价格。由于我国各地的物价指数差异较大，采用的是由各省交通厅和物价委员会根据当地市场和物价指数情况，联合制定并颁布《机动车辆维修行业工时定额和收费标准》，作为机动车辆维修行业的定价依据。通常，每两年更新一次价格标准。

事故车辆的维修价格主要由三部分构成：修理的工时费、材料费和其他费用。

（1）工时费

工时费=定额工时×工时单价

式中，定额工时是指实际维修作业项目核定的结算工时数；工时单价是指在生产过程中，单位小时的收费标准。

（2）材料费

材料费=外购配件费（配件、漆料、油料等）+自制配件费+辅助材料费

式中，外购配件费按实际购进的价格结算；漆料、油料费按实际消耗量计算，其价格按实际进价结算；自制配件费按实际制造成本结算；辅助材料费是指在维修过程中使用的辅助材料的费用，但是，在计价标准中已经包含的辅助材料不得再次收取。

（3）其他费用

其他费用=外加工费+材料管理费

式中，外加工资是指在汽车维修过程中，实际发生在厂外加工的费用。但是，凡是维修项目范围内的外加工费，不得另行收取。材料管理费是指在材料的采购过程中发生的采购、装卸、运输、保管、损耗等费用，其收取的标准是：单件配件购进价格在 1 000 元以下，按实际进价的 15%结算；单件配件购进价格在 1 000 元以上，按实际进价的 10%结算。对配件购置地点距离较近的，可按实际进价的 9%结算；购置地点距离较远的，可按实际进价的 18%结算。

4．零配件及报价

在保险车辆事故修理费的构成中零配件所占的比例相当大，轿车的维修中零配件所占成本的比例能够达 70%以上。由于零配件的生产厂家众多，市场上不但有原厂或正规厂家生产的零配件，而且还有许多其他小厂家生产的零配件，因此，零配件市场鱼龙混杂，即使同样的零配件，其价格也不一样。另外，由于生产厂家的生产调整、市场供求变化、地域的差别等多种原因也造成零配件价格不稳定，特别是进口汽车零部件没有统一的零配件价格标准，而且变化范围较大，使得价格差异很大。

为此，保险公司必须建立一个完整、准确、动态的询报价结合的报价体系。在这方面，大的保险公司（如人保、平保）都建立了独立的报价系统，而中小公司则采用与专业机构合作的方式。例如，人保通过在保险公司内部建立零配件报价体系——《事故车辆定损系统》，一方面能够利用自身的业务员，形成较大的购买力，继而获得一个较为优惠的供应价格；另一方面能够给予系统内的所有经营机构以支持，使得经营机构在定损的过程中能够争取主动，保证定出的零配件价格做到“有价有市”。这不但对于降低赔付率，加快理赔速度带来了明显的成效，而且对于保险公司经营管理的规范化和科学化，乃至廉政建设均起到了积极的作用。

另外，对于更换下来的受损零配件应由查勘检验人员回收管理，以免被少数不法分子进行简单的修复后继续使用，留下事故隐患。这样做，一是可以杜绝上述情况，二是对于一些局部受损的配件的完整部分还可以再利用。

在事故车辆的修复工作中出现争议较多的一类问题是由修理质量产生的。解决这类问题的方法是规范和完善对修理合同的管理。在大多数情况下，车主在委托修理厂进行车辆的修理过程中往往不习惯与修理厂签订修理合同，这是导致一旦出现质量问题无法妥善解决的最主要的原因。所以，应提倡在委托修理的过程中签订维修合同，特别是保险事故车辆的修理中应当要求被保险人与修理厂签订合同，应根据《汽车维修合同实施细则》中的有关规定对修理的价格、工期和质量等做出明确规定，以免日后产生争议。

6.3.3　确定人身伤亡的费用

1．人身伤亡费用的确定

保险事故常常会造成人员伤亡，从而可能构成第三者责任险、车上责任险等险种的赔偿对象。检验人员应根据保险合同规定和有关法律、法规，妥善处理。

1）对于保险事故中出现人身伤亡的，应当众立即将受伤人员送往医院急救，以抢救生命和控制伤情。目前，我国的大多数保险公司在承保了第三者责任险或者车上责任险的情况下均向被保险人提供了“医疗急救费用担保卡”，有的还与有关的医院签订了协议建立保险事故受伤人员急救“绿色通道”，以确保保险事故受伤人员能够得到及时的治疗。

2）按照《道路交通事故处理办法》的规定，人身伤亡可以赔偿的合理费用主要包括以下内容。

ⅰ．受伤人员的医疗费用：指受伤人员在治疗期间发生的由本次事故造成的损伤的医疗费用（限公费医疗的药品范围）。与医疗相关的费用是指在医疗期间发生的误工费、护理费、就医交通费、住院伙食补助费等。

ⅱ．残疾赔偿费用：指残疾者生活补助费和残疾用具费。

ⅲ．死亡人员的赔偿：指死亡补偿费。与死亡相关的处理费用是指丧葬费。

ⅳ．抚养费用：指死亡人员的被抚养人生活费。

ⅴ．其他费用：指伤亡者直系亲属及合法代理人参加交通事故调解处理的误工费、交通费和住宿费。

3）被保险人在向保险人提出索赔前应对所有费用先行支付，而后将所得的单证以及相关资料提交给检验人员作为索赔依据，检验人员应及时审核被保险人提供的事故责任认定书、事故调解书和伤残证明以及各种有关费用单证。费用清单应分别列明受害人姓名及费用项目、金额以及发生的日期。

4）收到被保险人提供的上述单证后，检验人员认真进行审核，根据保险条款和《道路交通事故处理办法》，对不属于保险责任范围内的损失和不合理的费用，如精神损失补偿费、请客送礼费等给予剔除，并在人员伤亡费用清单上“保险人的意见”栏内注明剔除项目及金额。

人员伤亡赔偿标准的计算，保险公司是根据《道路交通事故处理办法》以及机动车辆保险条款的有关规定进行逐项计算。根据规定，交通事故损害共计以下13项，这13项赔偿项目是法定赔偿项目，也是保险公司依法赔偿的项目，除此以外的其他项目保险公司不予赔付。这13项赔偿项目如下。

1）医疗费。医疗费是指在交通事故中受伤人员的医疗费用。医疗费根据医疗机构出具的医药费、住院费等收款凭证，结合病历和诊断证明等相关证据确定。赔偿义务人对治疗的必要性和合理性有异议的，应当承担相应的举证责任。

医疗费的赔偿数额，按照一审法庭辩论终结前实际发生的数额确定。器官功能恢复训练所必要的康复费、适当的整容费以及其他后续治疗费，赔偿权利人可以待实际发生后另行起诉。但根据医疗证明或者鉴定结论确定必然发生的费用，可以与已经发生的医疗费一并予以赔偿。

2）误工费。误工费根据受害人的误工时间和收入状况确定。误工时间根据受害人接受治疗的医疗机构出具的证明确定。受害人因伤致残持续误工的，误工时间可以计算至定残日前一天。受害人有固定收入的，误工费按照实际减少的收入计算。受害人无固定收入的，按照其最近三年的平均收入计算；受害人不能举证证明其最近三年的平均收入状况的，可以参照受诉法院所在地相同或者相近行业上一年度职工的平均工资计算。

3）护理费。护理费是指伤者、残者或死者生前，在医院抢救治疗期间或康复过程中所必需的陪护人员的误工费或工资。

ⅰ．护理费根据护理人员的收入状况和护理人数、护理期限确定。

ⅱ．护理人员有收入的，参照误工费的规定计算；护理人员没有收入或者雇用护工的，参照当地护工从事同等级别护理的劳务报酬标准计算。护理人员原则上为一人，但医疗机构或者鉴定机构有明确意见的，可以参照确定护理人员人数。

ⅲ．护理期限应计算至受害人恢复生活自理能力时止。受害人因残疾不能恢复生活自理能力的，可以根据其年龄、健康状况等因素确定合理的护理期限，但最长不超过20年。

ⅳ．受害人定残后的护理，应当根据其护理依赖程度并结合配制残疾辅助器具的情况确定护理级别。

v．超过确定的护理期限，赔偿权利人向人民法院起诉请求继续给付护理费的，人民法院应予受理。赔偿权利人确需继续护理的，人民法院应当判令赔偿义务人继续给付相关费用 5～10 年。

4）交通费。交通费根据受害人及其必要的陪护人员因就医或者转院治疗实际发生的费用计算。交通费包括四种费用：一是受害人上医院就医时的交通费用；二是受害人转院就医时的交通费用；三是护理人员（陪护人员）的交通费用；四是受害人死亡后其亲属办理丧葬事宜时的交通费用。

交通费应当以正式票据为凭；有关凭据应当与就医地点、时间、人数、次数相符合。

5）住宿费。住宿费是指受害人有必要到外地治疗，因客观原因不能住院，受害人本人及其陪护人员实际发生的住宿费用。住宿费的合理部分保险人应予赔偿。

住宿费凭住宿发票计算赔款。

6）住院伙食补助费。住院伙食补助费是指对受害人住院治疗期间的伙食费用的一定补助。只对在住院期间给予补助，未住院者不给予补助。

受害人确有必要到外地治疗，因客观原因不能住院，受害人本人及其陪护人员实际发生的住宿费和伙食费，其合理部分应予赔偿。

住院伙食补助费可以参照当地国家机关一般工作人员的出差伙食补助标准予以确定。

7）营养费。营养费是指受害人通过平时的食品摄入尚不能达到受损前身体康复的要求，而需要增加营养品作为对身体补充所支出的费用。

营养费根据受害人伤残情况参照医疗机构的意见确定。

8）残疾赔偿金。残疾赔偿金根据受害人丧失劳动能力程度或者伤残等级，按照受诉法院所在地上一年度城镇居民人均可支配收入或者农村居民人均纯收入标准，自定残之日起按 20 年计算。但 60 周岁以上的，年龄每增加一岁减少一年；75 周岁以上的，按五年计算。

受害人因伤致残但实际收入没有减少，或者伤残等级较轻但造成职业妨害严重影响其劳动就业的，可以对残疾赔偿金作相应调整。

超过确定的残疾赔偿金给付期限，赔偿权利人向人民法院起诉请求继续给付残疾赔偿金的，人民法院应予受理。赔偿权利人确实没有劳动能力和生活来源的，人民法院应当判令赔偿义务人继续给付相关费用 5～10 年。

赔偿权利人举证证明其住所地或经常居住地城镇居民人均可支配收入或者农村居民人均纯收入高于受诉法院所在地标准的，残疾赔偿金可按照其住所地或者经常居住地的相关标准计算。

按伤残鉴定机构出具的伤残程度鉴定书，并对照国家质量监督检疫总局发布的国家标准《道路交通事故受伤人员伤残评定》确定伤残等级（见表 6-2）。

表 6-2 伤残等级与赔偿比例

伤残等级	1	2	3	4	5	6	7	8	9	10
赔偿比例（%）	100	90	80	70	60	50	40	30	20	10

9）残疾辅助器具费。残疾辅助器具费按照普通适用器具的合理费用标准计算。伤情有

特殊需要的，可以参照辅助器具配制机构的意见确定相应的合理费用标准。

辅助器具的更换周期和赔偿期限参照配制机构的意见确定。

超过确定的残疾辅助器具费给付期限，赔偿权利人向人民法院起诉请求继续给付辅助器具费的，人民法院应予受理。赔偿权利人确需继续配制辅助器具的，人民法院应当判令赔偿义务人继续给付相关费用 5～10 年。

10）丧葬费。丧葬费为在交通事故中死亡人员的有关丧葬费用，包括整容、寄存尸体、火化、骨灰盒、搬运尸体等必需的费用。

丧葬费按照受诉法院所在地上一年度职工月平均工资标准，以 6 个月总额计算。

11）被扶养人生活费。被扶养人生活费是指死者生前或残者丧失劳动能力前实际抚养的未成年子女或没有其他生活来源的配偶、父母等亲属在物质和生活上提供扶助与供养的费用。

被扶养人生活费根据扶养人丧失劳动能力程度，按照受诉法院所在地上一年度城镇居民人均消费性支出和农村居民人均年生活消费支出标准计算。被扶养人为未成年人的，计算至 18 周岁；被扶养人无劳动能力又无其他生活来源的，计算 20 年。但 60 周岁以上的，年龄每增加一岁减少一年；75 周岁以上的，按五年计算。

被扶养人是指受害人依法应当承担扶养义务的未成年人或者丧失劳动能力又无其他生活来源的成年近亲属。被扶养人还有其他扶养人的，赔偿义务人只赔偿受害人依法应当负担的部分。被扶养人有数人的，年赔偿总额累计不超过上一年度城镇居民人均消费性支出额或者农村居民人均年生活消费支出额。

赔偿权利人举证证明其住所地或经常居住地城镇居民人均可支配收入或者农村居民人均纯收入高于受诉法院所在地标准的，被扶养人生活费可按照其住所地或者经常居住地的相关标准计算。

12）死亡补偿费。死亡补偿费是指对于在交通事故中死亡人员的一次性补偿，具体的死亡补偿费计算公式为：

死亡补偿费=年平均生活费×补偿年限×事故责任比例×（1−免赔率）

死亡补偿费按照受诉法院所在地上一年度城镇居民人均可支配收入或者农村居民人均纯收入标准，按 20 年计算。但 60 周岁以上的，年龄每增加一岁减少一年；75 周岁以上的，按五年计算。

赔偿权利人举证证明其住所地或经常居住地城镇居民人均可支配收入或者农村居民人均纯收入高于受诉法院所在地标准的，死亡补偿费可按照其住所地或者经常居住地的相关标准计算。

13）后续治疗费。后续治疗费是指对损伤经治疗后体征固定而遗留功能障碍需再次治疗的或伤情尚未恢复需二次治疗所需的费用。后续治疗费可待实际发生后予以赔偿。但根据医疗证明或鉴定结论确定必然发生的费用，可与已经发生的医疗费一并赔偿。

2．注意事项

1）医疗费须严格控制。在受害者送医时就开始此过程的介入，全面了解受害者受伤和治疗的情况、各类检查和用药情况。对于一些疑难的案件，可以委托专业医务人员协助。

2）伤者住院期间经医院确定要带护理人员，护理人员最多不超过 2 人。伤者要转医赴外地治疗时，须由所在医院出具证明并经事故处理部门同意，伤残鉴定费经过保险人同意，方可负责。

3）抚养费用也需要认真核实。

4）被保险人和受害者提供的索赔支持材料，如被抚养人的情况及生活费、医疗费、伤残鉴定证明等是否缺乏真实性、合法性、合理性。

5）交通警察在事故处理过程中出具的交通事故经济赔偿调解协议书，是在其主持下由双方根据有关规定进行协商的结果，这种结果如果明显违背了相关规定，可以视同被保险人对自己合法权益的不当放弃，则保险人应当赔偿的金额可以根据有关规定进行二次计算，并以此作为保险赔偿的依据。

6.3.4　其他财产损失的确定——第三者财产损失确定、车上货物的损失

保险事故导致的财产损失，除了车辆本身的损失之外，还可能会造成第三者的精神损失、财产损失和车上承运货物的损失，从而可能构成交通事故精神损失损害赔偿险、第三者责任险、车上责任险赔偿对象。交通事故精神损害赔偿险责任是基于保险车辆发生交通意外，致使第三者或车上人员受到伤害，受害方据此提出精神损失赔偿要求，应根据法院的判决中确定的应由被保险人确定的法律责任，按合同约定，在赔偿限额内予以赔偿。对于车上承运货物的损失，应当会同被保险人和有关人员对受损的货物进行逐项清理，以确定损失数量、损失程度和损失金额。

第三者财产损失赔偿责任是基于被保险人的侵权行为产生的，应根据民法的有关规定按照被损害财产的实际损失予以赔偿。确定的可以采用与被害人协商，协商不成可以采用仲裁或者诉讼的方式。

非车辆财产损失的定损：

1）财产损失应会同被保险人和有关人员逐项清理，拍摄损失照片，确定损失数量、损失程度和损失金额，同时要求被保险人提供有关货物、财产的原始发票。定损人员核实修复费用或重置价值后，制作《财产损失确认书》，由被保险人签字认可。

2）对受损财产技术性强、定损难度较大的物品，如较难掌握赔偿标准可聘请技术监督部门或专业维修部门鉴定，严禁盲目定价，必要时请生产厂家进行鉴定。

3）根据车险条款规定，损失残值应尽可能协商折价折归被保险人，并在赔款中扣除。

4）其他物资查勘定损。

ⅰ. 市政和道路交通设施：如广告牌、电线杆、防护栏、隔离桩、绿化树等，在定损中按损坏物产的制作费用及当地市政、路政、交管部门的赔偿标准定损。

ⅱ. 房屋建筑：了解房屋结构、材料、损失状况，然后确定维修方案，最后请当地数家建筑施工单位对损坏部分及维修方案进行预算招标，确定最低修复费用。

ⅲ. 农田庄稼：在青苗期按青苗费用加上一定的补贴即可，成熟期的庄稼可按当地同类农作物平均产量测算定损。

ⅳ. 家畜、牲畜：牲畜受伤以治疗为主，受伤后失去使用价值或死亡的，凭畜牧部门证明或协商折价赔偿。

ⅴ. 车上货物及其他货品：对于车上承运货物的损失，应会同被保险人和有关人员对

受损的货物进行逐项清理，以确定损失数量、损失程度和损失金额。在损失金额的确定方面应坚持从保险利益原则出发，注意掌握在出险当时的标的，或者已经实现的价值，确保体现补偿原则。

应根据不同的物品分别定损，对一些精密仪器、家电、高档物品等应核实具体的数量、规格、生产厂家，可向市场或生产厂家了解物品的价格。另外，对于车上货物还应取得运单、装箱单、发票，核对装载货物情况，防止虚报损失。

5）受损照片的拍摄要求。受损财产的照片能够反映出财产损失的全貌及损失部位，多处受损应分别拍摄；带包装的物品受损应将包装拆下后拍摄，并注意拍摄包装物上的数量、类型、型号、质量等；价值较高的货物在分类后单独编号拍摄。

6.3.5 施救费用的确定和残值处理

1. 施救费用的确定

1）施救费用是指当被保险标的遭遇保险责任范围内的意外灾害事故时，被保险人或其代理人、雇用人员等采取必要抢救措施以防止损失扩大，其中因采取必要施救措施而支出的合理费用。

2）合理的费用是指施救行为支出的费用是直接的、必要的，并符合国家有关政策规定。

3）施救费用的确定要严格按照条款规定事项并要注意以下几点。

ⅰ. 被保险人使用他人（非专业消防单位）的消防设备，施救保险车辆所消耗的费用及设备损失可以赔偿。

ⅱ. 保险车辆出险后，雇用吊车和其他车辆进行抢救的费用，以及将出险车辆拖运到修理厂的运输费用，按当地物价部门颁布的收费标准予以负责。

ⅲ. 在抢救过程中，因抢救而损坏他人的财产，如果应由被保险人承担赔偿责任的，可酌情予以赔偿。但在抢救时，抢救人员个人物品的丢失，身体受到的伤害不予赔偿。

ⅳ. 抢救车辆在拖运受损保险车辆途中发生意外事故造成的损失和费用支出，如果该抢救车辆是被保险人自己或他人义务派来抢救的，应予赔偿；如果该抢救车辆是有偿的，则不予赔偿。

ⅴ. 保险车辆出险后，被保险人赶赴肇事现场处理所支出的费用，不予负责。

ⅵ. 保险公司只对保险车辆的施救费用负责。保险车辆发生保险事故后，涉及两车以上应按责分摊施救费用。受损保险车辆与其所装货物（或其拖带其他保险公司承保的挂车）同时被施救，其施救货物（或其他保险公司承保的挂车）的费用应予剔除。如果它们之间的施救费用分不清楚，则应按保险车辆与货物（其他保险公司承保的挂车）的实际价值进行比例分摊赔偿。

ⅶ. 保险车辆为进口车或特种车，发生保险责任范围的事故后，当地确实不能修理，经保险公司同意去外地修理的移送费，可予负责。但护送车辆者的工资和差旅费，不予负责。

ⅷ. 交强险中受害人财产损失需要施救的，财产损失赔款与施救费累计不超过财产损失赔偿限额。

ⅸ. 商业保险的施救费用与修理费用应分别核定和理算。

2. 残值处理

残值处理是指保险公司根据保险合同履行了赔偿并取得对于受损标的所有权后，对尚存一部分经济价值的受损标的进行的处理。

在通常情况下，对于残值的处理均采用协商作价归还被保险人的做法，并在保险赔款中作相应扣除。如果保险双方协商不成，保险公司可以将已经赔偿的受损物资收回。这些受损物资可以委托有关部门进行拍卖处理，处理所得款项应当冲减赔款。一时无法处理的，则应交保险公司的损余物资管理部门收回。

任务：

客户张先生驾车在十字路口与第三者车发生交通事故，未第一现场报案，事故车停放在修理厂，你作为查勘定损员接到调度指令后，赶赴事故车辆所在地查勘定损。

1）定损的操作流程是什么？

2）定损的工作要点有哪些？

3）定损的注意事项是什么？

6.4 常见定损项目介绍

6.4.1 发动机的定损

1. 发动机基本机构

发动机是一种由许多机构和系统组成的复杂机器。无论汽油机，还是柴油机；无论四行程发动机，还是二行程发动机；无论单缸发动机，还是多缸发动机。要完成能量转换，实现工作循环，保证长时间连续正常工作，都必须具备以下一些机构和系统。汽油机由两大机构和五大系统组成，即由曲柄连杆机构、配气机构、燃料供给系统、润滑系统、冷却系统、点火系统和启动系统组成；柴油机由两大机构和四大系统组成，即由曲柄连杆机构、配气机构、燃料供给系统、润滑系统、冷却系统和启动系统组成，柴油机是压燃的，不需要点火系统。

1）曲柄连杆机构。曲柄连杆机构是发动机实现工作循环，完成能量转换的主要运动零件。它由机体组、活塞连杆组和曲轴飞轮组等组成。在做功行程中，活塞承受燃气压力在汽缸内做直线运动，通过连杆转换成曲轴的旋转运动，并从曲轴对外输出动力。而在进气、压缩和排气行程中，飞轮释放能量又把曲轴的旋转运动转化成活塞的直线运动。

2）启动系统。要使发动机由静止状态过渡到工作状态，必须先用外力转动发动机的曲轴，使活塞做往复运动，汽缸内的可燃混合气燃烧膨胀做功，推动活塞向下运动使曲轴旋转。发动机才能自行运转，工作循环才能自动进行。曲轴在外力作用下开始转动到发动机开始自动地怠速运转的全过程，称为发动机的启动。完成启动过程所需的装置，称为发动机的启动系统。

3）点火系统。在汽油机中，汽缸内的可燃混合气是靠电火花点燃的，为此在汽油机的汽缸盖上装有火花塞，火花塞头部伸入燃烧室内。能够按时在火花塞电极间产生电火花的全部设备称为点火系统，点火系统通常由蓄电池、发电机、分电器、点火线圈和火花塞等组成。

4）冷却系统。冷却系统的功用是将受热零件吸收的部分热量及时散发出去，保证发动机在最适宜的温度状态下工作。水冷发动机的冷却系通常由冷却水套、水泵、风扇、水箱、节温器等组成。

5）润滑系统。润滑系统的功用是向做相对运动的零件表面输送定量的清洁润滑油，以实现液体摩擦，减小摩擦阻力，减轻机件的磨损。并对零件表面进行清洗和冷却。润滑系统通常由润滑油道、机油泵、机油滤清器和一些阀门等组成。

6）配气机构。配气机构的功用是根据发动机的工作顺序和工作过程，定时开启和关闭进气门和排气门，使可燃混合气或空气进入汽缸，并使废气从汽缸内排出，实现换气过程。配气机构大多采用顶置气门式配气机构，一般由气门组、气门传动组和气门驱动组组成。

7）燃料供给系统。汽油机燃料供给系统的功用是根据发动机的要求，配制出一定数量和浓度的混合气，供入汽缸，并将燃烧后的废气从汽缸内排到大气中去；柴油机燃料供给系统的功用是把柴油和空气分别供入汽缸，在燃烧室内形成混合气并燃烧，最后将燃烧后的废气排出。

2．曲轴连杆机构的定损

一般事故不会造成发动机曲轴连杆机构损坏，但是严重的碰撞事故以及倾覆事故，则可能造成发动机曲轴连杆机构中的零部件损坏。碰撞事故相对倾覆事故更容易造成发动机的损坏；在碰撞事故中轿车类相对货车类（含旅行车、大客车）则更容易造成发动机损坏。

碰撞事故可能造成以下主要零部件的损坏：

1）汽缸体。常见的损坏形式有汽缸体螺孔处损伤、汽缸体裂纹或破裂、缸盖局部破损（或破裂）。

2）汽缸盖。在碰撞事故中常见的汽缸盖损坏有汽缸盖外部的部件固定螺栓孔撞裂、螺孔内螺纹损坏、缸盖局部破损（或破裂）。对于固定螺栓孔撞裂以及螺孔内螺纹损坏可采取修复方法进行处理，但对缸盖有破损、掉块的则一般很难采取焊补方法进行处理，一般情况下应予更换。

3）油底壳。在碰撞事故中，有时油底壳会有不同程度的变形或破裂。对于一般变形或有裂纹的，可采取整形或焊补修复处理；对于铝合金铸造成形的因其较脆受碰撞撞击大多为破裂，若碰撞破损碎块未遗失则可采取修焊处理，但受碰撞破损后碎块遗失则一般很难焊补处理。

4）连杆。连杆轻微变形可进行校正修复，严重变形的则无法修复，应予更换。

5）曲轴。在严重碰撞事故中，将可能造成曲轴前端皮带轮破碎，以及正时轮室盖变形或破碎。对于曲轴弯曲变形不大的可进行校正处理。

6）飞轮。汽车发动机的飞轮大都是铸铁制成的，其断面尺寸较大，且外部受飞轮壳保护，一般很少见到因碰撞而受损的现象。

7）轮壳。汽车发动机和变速器是通过飞轮壳连接成一个整体，发动机的缸体以及变速箱壳体一般都是方箱式铸件，而飞轮壳则是薄壳式铸件，在这三个铸件中飞轮壳的刚度最差，也就是在碰撞（或倾盖）事故中飞轮壳相对于发动机缸体和变速箱壳体最容易受到损坏。

飞轮壳一般是由铸铁或铝合金制成的，断裂后修复焊接工艺比较复杂，且飞轮壳起支撑连接作用，受力较大，修焊后的飞轮壳很难保证能够使用，一般情况下都采取更换处理。但对于局部轻微裂纹且不在受力部位亦可采取焊补处理。

定损时应注意区分损坏部分属使用过程中的机械损坏，还是由保险责任事故所造成的损坏。区分方法：根据碰撞的部位和接触点，判断撞击力能否使该处产生损坏（主要指裂纹）；检查裂痕的新、旧程度，新的裂纹无油污和锈痕，而原有的裂纹则有油污和锈痕。

3．配气机构的定损

主要区分运行过程中的正常损坏和碰撞事故中的损坏。

（1）运行过程中的正常损坏

1）气门磨损、弯曲和歪斜。气门和气门座圈因受高温高压气体的冲击和承受工作过程中的机械负荷，所以容易烧蚀和磨损。

2）气门弹簧折断。弹簧材质不佳或热处理不当；弹簧长期在高速、过热的状态下工作，金属材料因疲劳而折断；发动机转速急骤变化，使气门弹簧压缩和伸张的频率突然猛增，从而加速金属疲劳而折断；不等距弹簧由于安装颠倒造成惯性力和振动大大增加，容易使弹簧折断。

3）气门挺杆磨损。气门挺杆与挺杆导管经过长期相对运动而产生自然磨损；当自然磨损过大，配合有松动时，挺杆的上下运动将发生偏斜摇摆，导孔不能起导向作用，从而加速磨损。

4）摇臂推杆组磨损和折断。由于摇臂推杆经常处在高速冲击负荷下工作，加之润滑不良，在使用过程中容易磨损、折断。

5）凸轮轴和凸轮磨损和弯曲。凸轮轴经过长期使用，或其他部位发生故障，将促使凸轮轴产生弯曲、扭转变形，凸轮工作表面磨损，凸轮轴轴颈磨损等故障。

6）正时齿轮损伤。正时齿轮经长期使用而磨损，啮合齿隙增大，并发出声响；齿轮牙齿碰伤或损坏掉牙，或个别牙齿不合规格时也会发生声响。

（2）碰撞事故中的损坏

车辆发生严重碰撞事故则有可能造成下列零件的损坏：

1）正时齿轮盖产生裂纹或变形。

2）正时齿轮牙齿损伤，齿轮毂部裂纹或振动。

3）凸轮轴弯曲或轴承座损坏。

4）顶置式配气机构还可能使气门室破裂变形。

5）摇臂轴及摇臂弯曲，摇臂支座断裂。

凡发生上述损坏，考虑到发动机运转的技术要求，通常情况下都采取更换的办法进行定损处理。

4．润滑系统的定损

（1）运行中的正常损坏

1）机油集滤器的损坏。滤网被油污遮盖不通，或滤网损坏；浮筒凹陷或破裂下沉，浮筒内油污过多或滤网积垢过多而堵塞，使吸油量减少，引起机油压力下降；油管阻塞。

2）润滑油道损坏。油道被油污、杂物所堵塞，使得润滑油流动受阻，甚至不能通往各油道；各油道因裂纹或破损而渗油、漏油，将造成运动机件严重磨损或烧损事故。

3）机油泵的磨损。机油泵经长期使用后会造成齿轮磨损，啮合间隙增大，从而使泵油量减少和供油压力降低。

4）机油滤清器和散热器损坏。机油滤清器的常见故障是阻塞不通，旁通阀压力差调整不当；机油清滤器旁通阀弹簧张力不足，使球阀关闭不严，机油压力不稳；机油散热器常见的故障是管道阻塞不通，管道破裂，散热片重叠变形。

（2）碰撞事故中的损坏

当车辆发生碰撞或倾覆事故时，润滑系统零件的损坏有以下几种情况：

1）正面碰撞。机油散热器装在冷却水散热器的前面，车辆发生碰撞时，机油散热器容易变形、损坏，发生漏油；装在正时齿轮盖上的限压阀，因正面严重碰撞，会因齿轮盖的变形而损坏；通往散热器的机油管因碰撞可能折断，造成螺栓（母）变形、螺纹损坏。

2）侧面碰撞。机油组、细滤清器会因撞击而外壳凹陷、变形，滤芯损坏；空气滤清器与曲轴箱连接的通气管、机油管与空气滤清器的连接管以及机油管因碰撞会变形、断裂。

对于机油组、细滤清器外壳轻微凹陷、变形可予以加热矫正处理，但一般情况下都采取更换方式处理。对于各通气管、机油管变形、断裂的一般都应更换。

5．燃料供给系统的定损

（1）损坏表现

汽油箱、汽油滤清器、汽油泵、化油器、空气滤清器、消声器及进、排气歧管等都会在正常工作运行中出现损坏。在车辆碰撞事故中的损坏主要表现在以下两个方面。

1）侧面碰撞。油箱容易碰撞或擦伤：载重车油箱大多装载车架外侧，车辆交会或车辆向油箱一侧倾覆时，油箱容易碰撞凹陷、变形、破漏。尤其油箱侧面的加油管，容易刮碰使其变形或与油箱在结合处裂开；油箱的前部与外侧面容易碰撞凹陷，结合处易裂开；碰撞严重时装在加油管内的延伸管及滤网也可能变形损坏。汽油滤清器损坏：汽油滤清器一般固定在车架外侧，在车辆碰撞或倾覆事故中一般不易破坏，但有时可能因撞击油管，使油管接头及滤清器盖损坏。汽油泵损坏：汽油泵固装在发动机体侧面，只有当侧面严重碰撞或倾覆，其他零件变形或位移时，才有可能撞击汽油泵。

2）正面或车头前部侧面碰撞。空气滤清器碰撞凹陷、变形；化油器损坏；进、排气歧管断裂；排气管和消声器碰撞凹陷。

（2）定损处理

油箱：对于加油管与油箱连接处开裂或油箱焊接开裂的可以进行焊修处理，但焊修时必须遵守操作规程，注意安全。对于油箱因大面积碰撞变形或破裂的则予以更换。

汽油泵：汽油泵壳体损坏的一般可更换总成件。

化油器：对于中体及上体因碰撞断裂的可予更换。下体断裂可焊接处理。对于化油器外部部分附件损坏的可设法配附件，尽量避免更换化油器总成件。

排气管和消声器：若轻微碰撞、凹陷不影响使用时可不必修复，若碰撞严重，则应予以更换。

6．冷却系统的定损

（1）损坏表现

冷却系统的损坏主要表现在以下两个方面。

1）运行过程中的正常损坏：散热器的损坏、水泵的损坏、调温器的损坏。

2）碰撞事故中的损坏：冷却系统主要零部件（散热器、水泵）是装在发动机的前部，车辆发生碰撞事故时，这些零部件容易受到损坏。

散热器：碰撞后易产生凹瘪、漏水、扭曲；上下水室与散热器进出水管接头处因碰撞漏水；散热器芯子碰撞弯曲变形；冷却管因碰撞断裂漏水；散热片碰剐弯曲，从而影响空气流动，降低散热效能；散热器框架因车辆碰撞或倾覆变形、断裂。

空调：汽车空调恒温器是汽车空调系统中控制温度的一种开关元件，它感受蒸发器的表面温度，从而控制压缩机的开与停，起到调节车内温度及防止蒸发器结霜的作用。当车内温度上升到某一设定值时，温度开关触点闭合，电磁离合器接通，压缩机工作；当车内温度下降到某一设定值时，温度开关触点脱开，电磁离合器电流中断，压缩机停止工作。目前恒温器大体分为三种形式：波纹管式、双金属片式和热敏电阻式。

水泵：泵壳破裂；水泵轴弯曲，叶轮破裂。一般事故水泵轴是不会受损的，只有发生严重的碰撞才会导致水泵轴弯曲、叶轮破裂。

（2）定损处理

散热器：严重凹陷、冷却水管多处断折、扭曲的可予以更换；轻微扭曲的可以修焊处理；能修复的尽量避免更换。

空调：能修复就修复，不能修复就更换。

水泵：水泵壳体是由铸铁制成，若碰撞产生裂纹不在轴承座处时，可焊接修复；若泵壳破碎则应更换壳体。水泵轴弯曲的可施压校正，叶轮破裂的应予更换。

6.4.2　底盘的定损

1．传动系统的定损

汽车传动系统的作用是将发动机发出的动力可靠地传给汽车的驱动车轮。目前轿车类通常采取后轮驱动及前轮驱动两种形式，大货车则基本上都为后轮驱动形式。传动系统由离合器、变速器、万向传动装置及驱动桥等组成。

（1）离合器的事故损坏情况

离合器安装在发动机与变速器之间，一般的碰撞或倾覆事故不太容易使离合器受损。只有当车辆正面严重碰撞（前轮驱动）或侧面严重碰撞（后轮驱动）致使变速器壳体遭受强烈撞击时才破裂；另外，当车架严重变形或发动机严重变形或发动机严重位移时可能造成离合器部分零件损坏；当汽车倾覆（山区陡坡深崖）翻滚时，在发动机等重总成件惯性力作用下，飞轮壳破裂、移位可能造成离合器压板等组件受损。

离合器绝大多数事故损坏表现在操纵机构受损；踏板拉杆及踏板轴弯曲变形，分离叉弯曲变形、分离油缸破裂。只有当车架前部使飞轮发生位移时才可能造成离合器内部机件损坏。

对于离合器外部操纵构件变形的可采取校正方法处理。一般不分解检查，对于严重的倾覆造成发动机或变速器损坏时可视情况分解检查。对于事故性损坏的离合器零件则必须采取更换办法处理，工时费用的确定可按照当地维修行业作业项目工时定额。

（2）变速器

变速器的损坏大多属于使用中的损坏，车辆发生事故造成变速器损坏的现象很少。只有当车辆发生严重碰撞且碰撞力直接触及变速器，造成变速器壳体损坏时（或在特殊情况下）才有可能造成变速器零部件损伤，变速器支架的损坏一般不可能导致变速器内部零件的损坏。例如，操纵机构的变速杆弯曲或折断；变速叉及叉轴弯曲变形或断裂；变速器轴弯曲及变速箱壳体破裂。

变速器各零部件的损坏一般情况下无法修复都需更换，在更换时原则上哪部分零件损坏更换哪部分（如变速箱壳体、操纵机构），但前提是配件市场可提供该类配件。轻易不得更换变速器总成。若更换变速器壳，其工时费用按变速器三保作业范围工时定额确定。变速器壳局部裂纹，可采取修焊处理。对于严重碰撞造成变速器壳体严重破损，需要更换壳体时，对变速器内部的齿轮、轴、轴承等可能造成损坏，应对此零件重点检查。目前，大多是自动变速器装置。此装置为装有变矩器离合器（TCC）的电控——液压机械自动变速器。

（3）万向传动装置

在一般碰撞或倾覆事故中，万向传动装置基本上都不会损坏。只有当车辆遭受严重碰撞时才会有可能导致万向传动装置的损坏。

前轮驱动球笼式万向传动装置。当汽车前侧部受到碰撞，左前轮向后位移，若位移量过大，使半轴轴线摆角超出万向节允许摆角限度时，球笼万向节可能受到损伤，或者造成传动轴弯曲。

对于后轮驱动的，当后桥严重位移时，则会使主传动轴弯曲及两端的万向节损坏；车架严重变形，安装中间支承的横梁严重变形，会造成中间支承的支架断裂，轴承损坏，甚至可能使中间传动轴弯曲、主传动轴伸缩节套及花键损坏；当汽车在倾覆过程中，外界物体直接撞击传动轴，则有可能使传动轴局部凹陷、弯曲变形或者造成平衡块脱落。

对于前轮驱动的，当球笼变形损坏或发卡发响时，一般应予以更换，对于传动轴轻微变形的可进行校正处理，但其校正后的径向跳动量应满足技术要求；对于传动轴变形稍严重的，因其属于旋转运动件，校正后很难满足技术要求，一般情况下应予更换。

对于后轮驱动的，因传动轴大多属薄臂管式，当凹陷变形或严重弯曲变形时，很难修复。轻微变形可进行校正处理，但校正后应进行平衡试验（大多数修理厂都无此设备），无条件进行校正试验的也可考虑采取更换方法处理。

（4）驱动桥

驱动桥主要由减速器、差速器、半轴和驱动桥壳等组成。在汽车使用过程中，驱动桥除驱动桥内部零件磨损之外，其损坏主要表现在：半轴弯曲或断裂、驱动桥弯曲变形或断裂。当驱动桥壳直接遭受碰撞时可能使桥壳损坏，一般情况都不可能使桥壳及其内部零件损坏。当车轮直接遭受猛烈撞击时则有可能导致半轴套管弯曲变形或断裂，当撞击力通过轮毂传给半轴时，如果撞击力的方向与半轴轴线成一定夹角，半轴则有可能弯曲或断裂，严重时可能还会使差速器半轴齿轮及十字轴损坏。

处理办法：后桥壳轻微变形的可进行液压校正处理，一般情况下不得轻易更换桥壳，若弯曲变形较大或桥壳的刚度大，允许加温校正，但温度不得超过 700℃，以免桥壳强度下降；对于半轴套管弯曲不严重的可冷压校正，有裂纹则应更换；半轴弯曲可拆下冷压校正，半轴断裂或有裂纹的则应更换处理。

2．行驶系统的定损

汽车行驶系统一般由车架、车桥、车轮和悬架等机构组成。

(1) 车架

车架是一个受力情况很复杂的构件，在使用中最容易发生变形、裂纹及铆钉松动；而在车辆碰撞、倾覆事故中也极易造成车架损坏变形。在日常定损过程中需正确处理使用损坏与事故损坏的区别。在确定是否因事故损坏方面，除掌握根据车辆碰撞的方向、部位以及撞击力能否使车架该部位变形、裂纹外，还要了解车架的受力情况，从理论上帮助被保险人分析车架损坏原因；另外，还应掌握车架的检测方法。

车辆碰撞（倾覆）对车架造成的损坏有以下几个方面：正面碰撞首先会碰撞到保险杠，造成保险杠弯曲；侧面碰撞一般是在车辆交会、雨雪天行使路面侧滑或为避让行人所采取的紧急避让措施所致，损坏部位一般情况在前钢板后吊耳向前的部位，并向车架中心线方向弯曲，总梁有时还会产生局部扭曲；车辆中部被撞，轻度碰撞一般情况是被撞车辆只会损坏油箱、车厢；后部被撞通常是在行驶途中或停车不当所引起，被撞车辆一般情况下车架不易变形，如果被撞车辆是重载停放在路边，并拉紧制动，碰撞严重时会导致拖钩损坏，后尾梁撕裂，纵梁轻度弯曲；车辆倾覆对车架也有一定影响；车辆火灾对车架的损坏要视其火灾的大小而定，如果火已烧到车架，车架表面油漆层烧毁，车架呈暗红色，表面有氧化物，应视其燃烧部位及其车架受力点而定，如果硬度、抗拉强度达不到标准的技术要求，该车架已不能使用，应更换新件。

一般情况下，车架的变形多采取校正处理，除非变形特别严重，否则不得轻易更换。

(2) 车桥、车轮和悬架的定损

车桥通过悬梁和车架相连，两端安装汽车车轮。悬架是车架与车桥或车轮之间的一切传力连接装置的总称。它能缓和与吸收车轮在不平道路上所遭受的冲击和振动，并传递力和力矩。悬架装置因车辆碰撞、倾覆容易受损，尤其当车辆正面碰撞时，前悬架更易损坏，由于车辆底盘高度不同，碰撞接触的部位也不同，悬架装置因碰撞受到撞击力的大小也不一样，因而受损程度也不同。

1) 车辆倾覆的损坏：车辆一般倾覆会导致钢板错位，中心固定螺栓变形，钢板弹簧夹箍及螺栓变形或折断等；车辆严重倾覆会导致钢板支架裂纹，中心螺栓折断，U 形螺栓变形折断等。

2) 车辆碰撞的损坏：车辆正面碰撞会导致钢板前支架铆钉松动或折断，支架断裂，钢板错位或断裂，中心固定螺栓折断，钢板弹簧夹箍及螺栓严重变形或折断；车辆前侧面碰撞的损坏会造成前悬架的损坏，与正面碰撞损坏部件基本相同，只是一侧受损，损坏的程度一般会比正面碰撞稍轻，因为侧面碰撞时，首先撞击车轮、翼子板，因此撞击力有所减弱。

悬架定损的注意事项：

1) 独立悬架的上下摆臂有变形或裂纹时一定要更换，不允许整形或焊接，否则会影响前轮定位的准确性，造成方向不稳。

2）减震器工作缸筒变形，凹陷或活塞杆弯曲变形的一般应更换，而防尘罩和储油缸筒凹陷可校正修复。但是，车辆倾覆不严重时，减震器活塞杆也容易拉出，定损时不要因为活塞杆拉出，而误认为损坏，如果防尘罩无碰撞凹陷变形，只有活塞杆拉出，这是正常现象，不需要更换，若被保险人提出更换，可进行检查。其方法是：推拉减震器上吊环，应有一定的阻力，且阻力均匀无刮擦声为性能良好。

3）钢板单片断裂，一般更换单片。

3. 转向系统的定损

转向系统一般由转向器和转向传动装置组成。

事故损坏分析及处理：汽车正面碰撞或侧面碰撞，将会造成转向系统部分零件的损坏。

1）碰撞转向轴套管。当驾驶室因碰撞而发生位移或前围板变形，由于转向轴下端与转向机连接，转向轴套管固定在驾驶室仪表板下支架上，碰撞造成驾驶室移位，一般情况是支架变形，但也有可能是造成套管和方向盘转向轴的变形，此种情况下可采用校正修复。对于分段式转向轴，一般不可能造成转向轴弯曲。

2）在碰撞事故中，若未直接碰撞到转向器，一般不会造成损坏，极个别情况会造成转向器固定支架和铆钉断裂。

3）当直接碰撞到转向器，造成转向器外壳裂纹或转向垂臂轴的变形，才应列入定损范围。转向器壳裂纹可采用焊修，若裂纹在轴承孔处，可换新件。

4）转向垂臂在碰撞外力作用下扭曲，可校正，若花键损坏，应换新件。

5）横拉杆如果在碰撞中造成弯扭变形，可进行冷压校正，若断裂应更换新件。

6）横拉杆在事故碰撞中损坏现象较多，但因事故造成球头销、球头碗的损坏较少，当被保险人提出更换要求时，应注意区分正常磨损和事故损坏的区别。

定损注意事项：

1）转向套管碰撞凹陷、变形可以修复。

2）转向轴弯曲要根据弯曲的部位确定是否属于保险责任范围。

3）横、直拉杆球节松旷，方向盘游动间隙大，转向臂轴轴向间隙大均属正常使用中的磨损。

4）横拉杆弯曲，可以冷压校正，一般不需更换。

5）转向机壳用铆钉固定在车架上。若事故造成壳体裂纹，绝大多数是固定螺栓处破裂，应尽量焊修。

4. 制动系统的定损

现代汽车上大都设有两套独立的制动装置：脚制动装置和手制动装置。

前部碰撞造成损坏时，对于气压式制动系统的空气压缩机的皮带轮、汽缸盖和汽缸体变形或断裂损坏，可采用换零件修理的方法，一般不允许总成报废。裂纹的修理方法可参见发动机缸体的修理方法。曲轴材料为优质碳素钢，机械性能优于铸铁，弯曲的可能性较小。对于液压式制动装置总泵与进口轿车的真空加力室都安装在引擎盖内，严重正面碰撞，会造成引擎盖内部机件移位，从而挤压制动总泵、连接油管接头和真空加力室，造成变形和断裂损坏。总泵泵壳变形和断裂应更换。因真空加力室是薄板冲压制成，外壳变形可拆下采取钣金校正方法修复，若变形较大则应更换。当碰撞致使驾驶室后移时，将会造成制动拉杆变形，可校正修复。

6.4.3　电器设备与空调系统的定损

1. 电器设备的定损

汽车电器设备包括电源部分和用电部分。电源部分有蓄电池、发电机和调节器；用电部分有发动机、点火系统、照明装置和辅助设备等。车辆碰撞直接撞击电器设备零件，造成电器零件壳体变形、断裂等直接损坏。正确判定电器部件的事故损坏范围，并确定可修复和报废的界限是定损的关键。

1）蓄电池定损。外壳裂纹或破裂，可根据裂缝的部位和程度，确定对壳体进行修补或单独更换外壳；连接板断裂，可进行焊接；极柱折断可焊接；极板组因碰撞而变形，活性物质脱落，可更换单个极板组。蓄电池所损坏的各部件均可单独更换予以修复处理，定损中不得轻易更换。只有当外壳破碎，极板组栅架弯曲、变形，活性物质脱落无法修复时方可更换。

2）发电机定损。发电机一般安装在发动机机体前部的侧面，当车辆发生碰撞时容易造成发电机损坏，一般做如下定损：皮带盘破裂的一般应予更换；壳体破裂的一般应予更换；电枢轴弯曲的可进行校正；前后盖支臂螺孔处断裂的可进行焊修处理。

3）发动机定损。一般事故发动机不会受损，只有当车辆严重碰撞造成飞轮壳受损或发动机本身遭直接撞击时，才可能使发动机部分零件造成以下损坏：驱动齿轮变形、牙齿断裂可更换驱动齿轮；后端盖因碰撞断裂应更换；电枢轴弯曲可进行校正处理。

4）照明装置的定损。照明装置极易损坏，对灯罩破裂的，如有灯罩配件可更换灯罩，无灯罩但有半总成件的可更换半总成件。对于灯具底座（或称后壳）破裂的可采取塑焊修补方法处理。

5）仪表板（也称仪表台）定损。在碰撞事故中极易造成仪表台面挤压弯折及破裂。因仪表台面大多是塑料件，对于台面轻微弯折或破裂的可采取塑工处理；台面内支架破裂的可进行塑焊处理；对于有组合部件的可更换部件部分组件，对于仪表损坏的可单独更换仪表；对于仪表未损坏，而仪表台面严重损坏的可单独更换仪表台面。对于高档轿车仪表总成一般轻易不得更换。

2. 空调系统的定损

汽车空调系统包括制冷压缩机、冷凝器、蒸发箱、储液罐（俗称干燥瓶）、鼓风机等。

1）制冷压缩机的定损。制冷压缩机的损坏一般表现为：皮带盘变形、压缩机轴弯曲变形、压缩机壳体破裂、压缩机空压管接头损坏等。皮带盘的轻微变形可校正，严重变形的需更换；压缩机轴弯曲变形可校正处理；壳体破裂的一般应予更换；空接管接头损坏可更换。制冷压缩机技术要求高、价格高，一般不要轻易更换，但维修一般达不到要求，如果没有可换零件，不得已情况再做更换，但要收回旧件以便今后利用相关零件。

2）冷凝器的定损。一般的正面碰撞极易造成冷凝器的损坏，轻度弯扭变形可矫正；严重变形或破漏应更换。对于冷凝器外部连接的空调管道连接撞击弯折、破裂的一般都要更换。

3）干燥瓶的定损。干燥瓶遭受碰撞损坏时一般采取更换办法处理。但干燥瓶连接管道损坏时，只需要换连接管，不必更换干燥瓶总成。

4）蒸发箱、鼓风机等的定损。碰撞过程中极易挤压蒸发箱和鼓风机的壳体并导致破碎。一般局部破碎都可采取塑焊方法处理，如遇壳体大面积破碎需要更换壳体。

6.4.4　机动车辆水灾、火灾及第三者责任险的定损

1．水灾对车辆损坏情况的定损

（1）水灾对车辆损坏情况的分析

机动车辆遇到水灾时，在不知水深涉水而过可能会造成积水由空滤器吸入发动机汽缸内，造成发动机内部机件的损坏和变形，严重时会造成缸体破裂；山洪暴发造成车辆翻滚可能导致车辆车身、车架严重变形，车内也会有严重损失；大面积的、突发性的水灾会使车辆来不及转移，造成车辆长时间浸泡在泥水中，可能会造成发动机内部进入大量淤泥，汽车各部位零配件及装饰件都会遭受锈蚀、失效和损坏。

（2）定损处理方法

水灾时车辆不可在水中浸泡太久，要快速高效、合理定损。

1）水灾造成车辆损失不允许在现场发动车辆，以避免扩大发动机损失。必须用牵引的方式把车拖回修理厂定损。

2）运动状态下突遭水灾，应重点检查发动机部分，因液体不可以压缩，一旦进入汽缸破坏性很大。如果明显发现有液体进入汽缸，应分解检查。解体后发现活塞破碎、汽缸套裂、连杆弯扭、曲轴变形等，应属水灾损坏范围。对于水灾造成发动机汽缸内机件损坏的，定损应掌握如下原则：缸筒拉伤时可采用搪缸方法解决；活塞破碎的应更换；连杆弯扭轻度变形可校正，重度变形可更换；曲轴弯曲变形可校正，曲轴轴颈拉伤的可采取磨轴的方法处理；工时费用的核定，可对比发动机大修工时费用，解体发动机若未发现机件损坏则应按保养工时考虑，并考虑给予适当辅料。

3）车辆遭受严重水灾泡损的，定损时应注意重点掌握如下几点：对机械运动件部分进行清洗、除锈、分解、润滑处理，工时费用按车辆正常二级保养工时费用计算；对电器、仪表部分应进行干燥处理后，用仪器检测，对确实因水灾损坏的应予更换；车内装饰件应进行清洁整理，对已损坏部分应考虑予以更换；对车体表面漆有损伤的应考虑重新喷漆处理。

4）对在洪水中冲走并翻滚的车辆，除考虑上述 2）和 3）外，还要参照碰撞定损处理。

2．火灾对车辆损坏情况的定损

（1）火灾对车辆损坏情况的分析及着火原因

火灾损坏一般分为整体燃烧和局部燃烧。整体燃烧损坏比较严重：机舱内线路、电器、发动机附件、仪表台、内装饰件、坐椅烧损、机械件壳体烧融变形，车体金属（钣金件）脱炭，表面漆层大面积烧损。局部烧毁表现在机舱着火造成发动机前部线路、发动机附件、部分电器、塑料件烧损；轿壳或驾驶室着火造成仪表台、部分电器、装饰件烧损；货运车辆货箱内着火。

常见的起火原因：线路搭铁产生火花，引起易燃物品起火；燃油管破裂或接口漏油、机舱内温度过高、泄漏燃油蒸气过浓、高压线漏电而点燃起火；人工直流燃油而起火；燃

油箱遇明火点燃而起火；车辆碰撞、倾覆而引起着火；车载易燃品泄漏及运输途中碰撞摩擦引起着火；外界火源引起保险车辆起火；故意纵火。

(2) 火灾车辆定损处理方法

对明显烧损的进行分类登记；对机械件应进行测试、分解检查，特别是转向、制动、传动部分的密封橡胶件；对金属件考虑是否因燃烧退火、变形；对因火灾和水灾导致的保险车辆的损失确定，分解检查的工作量比较大，且检修期长，一般是边检查边定损。最好放在特约修理厂内进行。

3．第三者责任险的定损

第三者责任包括保险车辆造成的第三者人员伤亡、车辆和其他财产的损失。对于第三者的车辆可以参照前面所述的定损，其他参照相关法律规定进行定损。第三者物产损失包括车辆、第三者车辆所载货物、道路、道路安全设施、房屋建筑、电力和水电设施、道旁树木花卉、道旁农田庄稼等。交通事故造成财产直接损失的，应当恢复原状或折价赔偿。

1）对于市政设施的损坏，市政部门对肇事者所索要的损失赔偿往往带有一部分属处罚性质以及间接损失方面的赔偿。定损要考虑制造成本、安装成本和赔偿标准等。

2）对于道路及道路设施的损坏，要综合考虑车辆的载重、道路状况、路政部门的意见、道路维修及设施修复费用标准。

3）对房屋建筑物的定损，要考虑建筑材料、人工费用等因素，最好考虑招标形式。

4）对车辆倾覆造成的农田的损坏，可参照当地同类产品的亩产量进行测算定损。

5）对第三者货物的定损一般仅考虑直接损失，不考虑间接损失和处罚性质费用。

6.4.5　维修费用的评估

1．拆装、换件与钣金工时价格定额

1）拆装工时定额。事故车辆在受损后，常常为了修理某一部件，需要把其他部件先行拆除，然后修理好受损部件后再依次安装。故拆装工时分为显性工时、隐形工时和整车拆装工时。例如，一辆桑塔纳轿车侧面与另一车碰撞后，两车门受损，左中门立柱受损，同时引起轿顶局部变形。要修整轿顶就要拆除内顶饰板和立柱内饰板等部分，修理后要按原样装好。往往拆装所需的比整形修理所需的工时还多。

2）换件工时定额。修理事故车辆中，对已经确定更换零部件的工时称为换件工时。如某轿车前部碰撞，前保险杠及骨架、中网、水箱框架、大灯、转向灯、水箱、冷凝器、翼子板等已损坏，更换上述部件所需的工时即换件工时。

3）钣金工时价格定额。钣金工时价格定额需要考虑的因素包括车辆购置价、车型号、修理部位、钣金面积大中小、拆装换件的工时费、漆料费等，如表 6-3 所示。

表 6-3　钣金工时价格定额

工时费用（元）／修理部位	车辆购置价 8 万元以下/8 万～20 万元车型				
	钣　金			拆装换件的工时费	漆料费
	小	中	大		
前翼子板	39/65	66/110	99/165	30/50	210/350

续表

修理部位＼工时费用（元）	车辆购置价8万元以下/8万～20万元车型				
	钣金			拆装换件的工时费	漆料费
	小	中	大		
车顶	70/125	150/259	255/425	240/400	360/600
后翼子板	60/199	90/150	150/250	300/500	240/400

2．整形与机修工时价格定额

1）整形工时价格定额。事故车辆钣金件因碰撞变形，对其整形复位所需的工时为整形工时。根据钣金件的变形程度可以分为A、B和C三类：A类是局部的小范围的，不影响整体安装的轻度变形与其钣金修理的工时费用约为新件价值的10%～20%，如轿车的前翼子板；B类是局部框架的中度变形，需局部拆开整形，钣金修理的工时费用约为新件价值的20%～35%，如轿车的前门立柱等；C类是已整体变形，需全部拆开整形，其钣金修理的工时费用约为新件价值的35%～50%，如平头货车的前立柱等。

在确定整形工时价格定额时，需要考虑不同的车型和变形程度。车型越大，定额标准越高；变形程度越高，定额标准越高。

2）机修工时价格定额。在事故车辆修理中，对机械部分进行的检查、调整、修理所需的工时称为机修工时。如汽车掉进水里，发动机被水浸泡，对发动机进行解体、清洗、组装、调整的工时。这类机修工时与汽车的总成大修或保养作业接近或相同，可参考汽车修理工时定额确定。

3．电工与其他工时价格定额

1）电工工时价格定额。电工工时包括对电器的修理和为配合其他工种作业所进行的灯具拆装、线路更换或整仪表台及仪表的拆装、蓄电池补充电解液和充电、仪表传感器的拆装，发电机、发动机的检查、修理等作业所用的工时。

现代汽车上电器设备复杂，检查和修理的技术含量越来越高，不能以常规的电气作业简单对待。现有的行业工时标准也在逐步完善中。

2）喷烤漆、调试等工时价格定额。喷烤漆、调试都在行业内有相应的工时价格定额，其中，喷烤漆费用=工时费+材料费，一般汽修厂安装玻璃、焊修水管、玻璃钢黏结都需找专业工种外协施工。具体要参照对应行业的工时标准。

6.4.6　碰撞损伤的评估

在交通事故中绝大部分都是碰撞事故。要准确地评估好一辆事故汽车，还要对其碰撞受损的原因和受损情况做出准确的诊断。要确切地评估出汽车受损的严重程度、范围及受损部件。确定后才可以制定维修工艺，确定维修方案，从而进行工时和材料费等的确定。

1．车辆碰撞特点

汽车碰撞事故可分为单车事故和多车事故，其中单车事故可细分为翻车事故和与障碍物碰撞事故。前者一般是驶离路面或高速转弯造成的，后者可分为前撞、尾撞和侧撞。按汽车碰撞行为分，汽车碰撞损伤可分为直接损伤和间接损伤。直接损伤是指车辆直接碰撞部位出现的损伤，间接损伤是指二次损伤，损伤离碰撞点有一定距离，是因碰撞力传递而导致的弯曲变形和各种钣金件的扭曲变形等。汽车碰撞损伤可归纳为五大类：侧弯、凹陷、折皱或压溃、菱行损伤、扭曲。

2．碰撞形式及原因分析

1）追尾事故。当前车采取制动后，等速跟进的后车追尾碰撞。此类原因大多是后车驾驶员思想麻痹、反应迟钝或因后车刹车制动器效果不佳导致，多数定为后车责任。

2）交叉路口相撞事件。在丁字路口或者十字路口容易发生相撞事故。按照相撞车辆运动方向的夹角不同，交叉路口车辆相撞主要有直交相撞、正面斜交相撞、侧面斜交相撞三种情况，后者事故损失程度一般较小。此类情况车辆接触后，还可能从碰撞点移动很大距离，此点对判断碰撞点十分重要。

3）弯道上的碰撞事故。车辆高速经过弯道时，驾驶员为了避免车辆制动时的侧滑而翻车，一般不敢使用强烈制动以免车轮抱死，因此弯道事故不像直行路段事故那样能够留下制动拖印。

4）超车碰撞事故。在超车过程中易发生与被超车刮、碰以及与对方来车、路边非机动车或行人碰撞的事故。

5）弯道翻车事故。大部分弯道翻车事故都属于车辆高速通过弯道，未提前减速而导致车辆倾覆。

6）车辆驶出路面事故。车辆由于驶出路面而造成的坠落、倾覆、碰撞事故应先分析原因。一般驶出路面因如下情况：为躲避行人；躲避迎面而来的车辆；车速较快、制动跑偏；雨雪道路侧滑、车辆失控。

3．碰撞损坏特点

碰撞中的双方车辆都有一定的速度和惯性，因此在碰撞中会产生很大的碰撞冲击，对双方车辆都不同程度地造成损坏和变形。碰撞汽车的零配件也相应损伤。受撞击的零件，一般呈弯曲、扭曲变形及断裂损伤形式，且具有明显损伤痕迹。碰撞可以分为一般碰撞、中度碰撞和严重碰撞，如表 6-4 所示。

表 6-4　碰撞的分类

常见车损	一般碰撞	中度碰撞	严重碰撞
正面碰撞的常见车损	大小灯、防雾灯、散热器、发动机盖、百叶窗、水箱、水箱支架、翼子板、翼子板支架、风扇叶、水泵、保险杠、大梁前端	除包括一般碰撞车损外，还有大梁、减震器、前桥、转向节、转向弯臂、转向直臂、转向摇臂、横直拉杆、稳定杆、方向机、前钢板、钢板活动吊耳、钢板销及套、发电机支架、发电机、加机油管、机油滤清器、空压机、气门室盖、化油器、汽油泵、前挡风玻璃、驾驶室变形	除包括中度碰撞车损外，还有汽缸体、汽缸盖、曲轴、凸轮轴、飞轮壳、飞轮、齿圈、离合器、油底壳、分电器总成、发动机总成、驾驶室严重变形、轿车顶部及底板变形、仪表台总成件、发动机总成件需大修或报废、变速箱、传动轴总成等受碰撞力及振动波

续表

常见车损	一般碰撞	中度碰撞	严重碰撞
追尾碰撞的常见车损	后尾灯、后左右翼子板、后保险杠、后备厢围板及盖	除包括一般碰撞车损外，还有大梁、后悬挂装置、后桥总成件、传动轴、后备厢底板、后挡风玻璃	除包括中度碰撞车损外，还有后桥壳变形、轮胎及钢圈、轿车顶部及底板变形、轿车坐椅变形移位、变速箱总成件、传动轴总成件及离合器等将受到碰撞力冲击及振动波影响
侧面碰撞的常见车损	翼子板、翼子板支架、引擎盖、后备厢盖、驾驶室、车门及立柱、车身围板、货厢拦板、油箱及支架、电瓶、倒车镜及支架	除包括一般碰撞车损外，还有大梁、轿车底板、减震器及悬挂装置、轮胎及钢圈、转向装置及后桥总成、前后挡风玻璃	除包括中度碰撞车损外，还有水箱、水箱支架、散热器罩、仪表台总成件、轿车坐椅、轿车顶部、轿车整体骨架扭变

思考与练习

一、思考题

1. 车辆事故现场有哪些种类？事故现场出现变动的原因有哪些？
2. 现场查勘工作包括哪些内容？
3. 现场拍摄时应注意哪些事项？
4. 车险事故中人身伤亡费用按照什么来确定？
5. 车上货物定损的原则有哪些？

二、选择题

1. 下列（　　）属于全损或推定全损的条件。

A. 事故车辆无法施救

B. 保险车辆的施救费用达到或超过保险事故发生时车辆的实际价值

C. 事故车辆修理费用达到或超过保险事故发生时事故车辆的实际价值

D. 当事故车辆修理费用与施救费用之和，达到或超过保险事故发生时事故车辆的实际价值时，可以与被保险人协商采取推定全损处理

E. 当第三者的事故车辆修理费用与施救费用之和，达到或超过商业三者险保险限额时，可以与被保险人协商采取推定全损处理

2. 被保险人在索赔机动车盗抢险时，未提供（　　）材料会额外增加免赔率。

A. 机动车行驶证

B. 机动车驾驶证

C. 机动车登记证

D. 车辆购置税完税证明（车辆购置附加费缴费证明）

E. 标的车原车钥匙

3．下列（　　）属于医疗费用审核的依据。

A．保险条款的约定

B．国务院卫生主管部门组织制定的《交通事故人员创伤临床诊疗指南》

C．国家基本医疗保险标准

D．医疗费根据医疗机构出具的医药费、住院费等收款凭证，结合病历和诊断证明等相关证据确定

E．医疗费要求为县级以上医院发生的费用，现场急救除外

4．下列说法正确的是（　　）。

A．肇事机动车中应投保而未投保交强险的车辆，以视同投保交强险的机动车参与计算

B．肇事机动车中的无责任车辆，既参与对有责方车辆损失或车外人员伤亡损失的赔偿计算，也参与对其他无责车辆和车外财产损失的赔偿计算

C．当事故中有责方有人员伤亡时，有责方的医疗费用、伤残费用、财产损失等各项损失均不适用无责代赔

D．多方有责，一方无责的，无责方对各有责方车辆损失应承担的赔偿金额以交强险无责任财产损失赔偿限额为限，在各有责方车辆之间平均分配

E．初次计算后，如果有致害方交强险限额未赔足，同时有受害方损失没有得到充分补偿，则对受害方的损失在交强险剩余限额内再次进行分配，在交强险限额内补足

5．医疗费的赔偿是根据国务院卫生主管部门指定的（　　）进行核定。

A．《国家基本医疗保险用药目录》　　B．《国家基本医疗诊疗目录》

C．《国家基本医疗设备目录》　　D．《交通事故人员创伤临床诊疗指南》

E．《最高人民法院关于审理人身损害赔偿案件适用法律若干问题的解释》

6．在涉及人员伤亡的案件中，需要了解的信息有（　　）。

A．伤亡人员的个人基本信息　　B．伤亡人员的家庭信息

C．伤亡人员的伤情治疗信息　　D．伤亡人员的死亡丧葬信息

E．伤亡人员的工作及收入信息

7．按照《机动车辆保险人伤案件理赔实务手册》中规定，下列（　　）不予赔偿。

A．挂号费　　B．病历费

C．诊疗费　　D．会诊费

E．家庭病房床位费

8．关于人伤案件的缮制理赔时效，下列说法正确的是（　　）。

A．一万元以下案件应在当日内缮制完成并提交核赔

B．一万元（含）以上案件应在三日内缮制完成并提交核赔

C．核赔退回的一万元以下案件，须于当日内根据核赔退回的意见及时进行修改并反馈至核赔

D．核赔退回的一万元（含）以上案件，须于三日内根据核赔退回的意见及时进行修改并反馈至核赔

9．人伤案件调解的前提条件有（　　）。

A．人伤部分损失金额较小

B．事故事实清楚、责任明确

C．事故损失基本能够达成一致

D．各方当事人的调解意愿较为强烈、有可能达成协议

E．调查案件进展过程中有挂床住院、伤情与住院时间不符等情况出现

10．关于《最高人民法院关于审理人身损害赔偿案件适用法律若干问题的解释》，下列说法正确的是（　　）。

A．交通费根据受害人及其必要的陪护人员因就医或者转院治疗实际发生的费用计算

B．住院伙食补助费可以参照当地国家机关一般工作人员的出差伙食补助标准予以确定

C．受害人确有必要到外地治疗，因客观原因不能住院，受害人本人及其陪护人员实际发生的住宿费和伙食费，其合理部分应予赔偿

D．营养费根据受害人伤残情况参照医疗机构的意见确定

E．残疾辅助器具费按照普通适用器具的合理费用标准计算。伤情有特殊需要的，可以参照辅助器具配制机构的意见确定相应的合理费用标准

三、案例题

1．案情介绍：被保险人王某将自己的轿车在某保险公司购买了车辆损失保险，保险期限为2012年1月11日至2013年1月10日。2013年1月9日上午8：30保险公司接到王某的报案，称1月8日王驾驶轿车夜间11：30在市区环城路行驶时前部与一大型箱式货车追尾，货车已趁夜色逃逸，目前被保车辆已在郊区某修理厂。1月9日上午10时，受保险公司委派，查勘定损人员随即赶到修理厂，发现该轿车前部受损，需更换保险杠、左右大灯、左右转向灯、左右雾灯、散热器、冷凝器等部件，预计费用1万元；经修理厂对该车作进一步拆检后发现，发动机因过热已严重损坏，需更换活塞、缸体、曲轴、连杆等部件，这部分修理费用为4.2万元。

问题：1．请根据上述案情，写一份现场查勘报告。

2．作为保险公司的查勘定损人员，您应如何处理客户的索赔？

3．根据5张现场事故照片分析以下内容。

（1）本次事故发生的真实原因估计有哪几种可能？（在下列原因中的可能项目中画“√”）

（坠落物、追尾、正面碰撞、侧面碰撞、倾覆、擦划、其他）

（2）简单分析事故形成过程以及保险责任界定。

（3）根据资料照片，列出损失项目，并认定换、修、待定项目（填写下表）

（4）确定相关工时项目，并根据当地工时及工时费标准，确定工时费总额（填写下表）。

损失项目					工时项目（指工时量）				
换件项目	修理项目	待定项目	喷漆项目	辅料（含氟、液、油等）		拆装工时	钣金工时	喷漆工时	其他工时
					—				
					—				
					—				
					—				
					—				
					—				
					—				
					—				
					合计				

当地工时费单价：　　　　　　　　　　所需工时费总额：

事故照片

附件一：

机动车辆保险事故现场查勘询问笔录

询问人：______询问地点：_____________时间：____年__月__日__时__分

被询问人姓名：________________________性别：__________年龄：_________职业：

身份证号：____________________________联系电话：______________________________

工作单位：____________________________家庭住址：______________________________

兹将询问内容记录如下：依照《保险法》和保险条款的规定，我们就案件的真实性进行调查询问，希望您能理解和配合，回答情况要属实，因为任何虚假的证词都可能导致保险人依照法律和保险条款的规定行使拒赔权，或诉诸法律。

1.（问）：事发车辆的车牌号是多少？该车的车架号、发动机号是多少？所有人是何人？与被询问人为和关系？

（答）：______

2.（问）：事发车辆何时购买的？是新车还是二手车？如为二手车，有无转让协议？是否已办理过户手续、过户双方情况（姓名、地址、联系电话等）？______

（答）：______

3.（问）：事发车辆车况如何？在本次事故前有无大事故或大维修？

（答）：______

4.（问）：事发车辆是从何地开往何地，路过此处发生何事故？在车辆行驶过程中有无异常现象？

（答）：______

5.（问）：事故发生时车上有几人？与被询问人是何关系？分别坐在车辆什么位置？有无人员受伤？

对伤员采取了哪些措施？______

（答）：______

6.（问）：事发车辆是否为营运车辆？所载货物为何？货物重量多少？运载货物有无超高、超宽？有无货单？______

（答）______

7.（问）：事发当时是否及时向保险公司报案？是否及时向交警部门报案？______

（答）：______

8.（问）：事发车辆有无施救？采取了什么样的施救方式？施救距离有多远？______

（答）：______

9.（问）：事发当时车辆驾驶员是何人，其当天身体状况如何？事发当天是否饮酒或疲劳驾驶？

（答）：______

10.（问）：请您详细描述事发经过及事后处理过程。

（答）：______

11.（问）：还有什么需要补充的事项吗？请陈述。

（答）：______

重要提示：以上记录本人已看过，与本人所述相符，情况属实。如与事实有出入本人愿意承当相应的法律责任。

被询问人（签字）：______

注：1. 此笔录仅供处理常规案件时使用，如遇存疑较多案件须附纸记录。共 页 第 页

2. 自燃、水淹、盗抢案件不适用。

第 7 章　机动车辆保险理赔实务操作

知识目标

掌握机动车辆保险赔款计算的基本原理和有关规定
掌握机动车辆保险核赔的基本流程和主要内容
掌握机动车辆保险理赔结案的基本流程和主要内容
了解机动车辆保险理赔特殊案件处理的有关知识

技能目标

掌握机动车辆保险赔款计算技能
掌握机动车辆保险核赔基本技能
掌握机动车辆保险理赔结案基本技能
学会处理机动车辆保险理赔特殊案件

案例导读

某车的主车在甲保险公司投保商业三者险（责任限额 20 万元），挂车在乙保险公司投保商业三者责任险（责任限额为 5 万元），发生事故后，驾驶员负事故的主要责任，造成第三者损失 20 万元。试计算甲、乙保险公司各应赔付第三者多少？

7.1　赔款理算

7.1.1　交强险赔款理算

在赔偿顺序上，交强险是第一顺序，商业机动车保险是第二顺序。因此，交强险的赔款理算，将影响到商业机动车保险的赔款理算。交强险对死亡伤残、医疗费用、财产损失三类分别设定了赔偿限额，同时设定了无责任赔偿限额，而无责任赔偿限额又分为死亡伤残、医疗费用、财产损失三类，其赔款理算比较烦琐。

1．交强险赔偿范围

被保险人在使用被保险机动车过程中发生交通事故，致使受害人（不包括被保险机动车辆本车车上人员、被保险人）遭受人身伤亡或者财产损失，依法应当由被保险人承担的损害赔偿责任，保险人按照交强险合同的约定对每次事故在分项赔偿限额内负责赔偿。

2．交强险赔偿项目

1）受害人的死亡伤残费用，其中包括死亡补偿费、丧葬费、受害人亲属办理交通事故支出的合理交通费、残疾赔偿费、残疾辅助器具费、护理费、康复费、被扶养人生活费、住宿费、误工费，被保险人依照法院判决或者调解所承担的精神抚慰金。

死亡伤残费用和医疗费用的核定标准：按照《最高人民法院〈关于审理人身损害赔偿案件适用法律若干问题的解释〉》规定的赔偿范围、项目和标准，公安部颁布的《道路交通事故受伤人员伤残评定》（GB 18667—2002），以及交通事故人员创伤临床诊疗指南和交通事故发生地的基本医疗标准核定人身伤亡的赔偿金额。对被保险人依照法院判决或者调解承担的精神损害抚慰金，原则上在其他赔偿项目足额赔偿后，在死亡伤残赔偿限额内赔偿。

2）受害人的医疗费用，其中包括医药费、诊疗费、住院费、住院伙食补助费，必要的、合理的后续治疗费、整容费、营养费。

3）受害人的财产损失费用和施救费用。

3．赔偿限额

根据新交强险，车辆在道路交通事故中有责任的赔偿限额为死亡伤残赔偿限额11万元、医疗费用赔偿限额1万元、财产损失赔偿限额2 000元，车辆在道路交通事故中无责任的赔偿限额为死亡伤残赔偿限额1.1万元、医疗费用赔偿限额1 000元、财产损失赔偿限额100元。主车与挂车连接使用时发生交通事故，赔偿金额的总和不超过一份交强险合同的责任限额。

4．赔款计算

在交强险各分项赔偿限额内，对受害人人身伤亡、财产损失分别计算赔偿。

1）基本计算公式。

总赔款=Σ各分项损失赔款=受害人死亡伤残赔款+受害人医疗费用赔款+受害人财产损失赔款

各分项损失赔款=各分项核定损失金额

【例7-1】被保险机动车甲发生交通事故，导致骑车人王某受伤，事故造成伤者王某医药费12 000元，护理费800元，误工费4 500元，自行车损失200元。交强险死亡伤残、医疗费用、财产损失赔偿限额分别为11万元、1万元和2 000元（下同），则甲车交强险赔款计算如下（因医疗费用12 000元超过医疗费用责任限额，按责任限额计算）：

赔款=死亡伤残费用赔款+医疗费用赔款+财产损失赔款

=死亡伤残费用核定金额+医疗费用核定金额+财产损失核定金额

=（4 500+800）+10 000+200=15 500（元）

2）两辆及两辆以上机动车交通事故的赔偿。

i．交管部门未确定保险事故各方车辆在交强险项下所承担的赔偿责任时：

各分项核定损失金额=交通事故中被保险车辆以外的所有受害人的各分项核定损失金额之和÷（N–1）

式中，N为交通事故中肇事机动车的数量。

ii．交管部门已确定保险事故各方车辆在交强险项下所承担的赔偿责任时：

各分项核定损失金额=交通管理部门确定的被保险车辆对事故中

所有受害人承担的各分项损失之和

iii．肇事车辆中（除被保险车辆外）有未投保交强险的，视同投保车辆计算赔款。

【例 7-2】 被保险机动车 A 与车 B 发生交通事故，造成 A 车与 B 车受损、B 车车上人员柳某受伤，经交警现场处理但未划分责任。本案发生 A 车修理费 2 000 元、B 车修理费 1 000 元、柳某医疗费用 500 元，则 A 车交强险赔款计算如下：

赔款=Σ各分项损失赔款÷$(N-1)$

=（受害人医疗费用赔款+受害人财产损失赔款）÷$(N-1)$

= (500+1 000)÷(2−1)=1 500（元）

3）机动车与非机动车、行人之间发生交通事故的赔偿

i．事故中所有受害人的分项核定损失之和在交强险分项赔偿限额之内的，按实际损失计算赔偿；

ii．事故中所有受害人的分项核定损失之和超过交强险分项赔偿限额的，按分项赔偿限额计算赔偿；

iii．交通管理部门已确定保险事故各方车辆在交强险项下所承担的赔偿责任时：

各分项核定损失金额=交通管理部门确定的被保险机动车
对事故中所有受害人承担的各分项损失之和

【例 7-3】 甲车在行驶过程中超速加上临危处置不当造成将行人夏某和张某撞伤的事故，经交警判定甲车负全部责任。经交警裁定两名受伤人员的费用如下：夏某医药费 1 500 元，诊疗费 500 元，住院费 200 元，误工费 1 800 元；张某医药费 1 800 元，诊疗费 600 元，住院费 300 元，误工费 2 100 元。

本案赔款计算如下：

- 死亡伤残赔款

夏某死亡伤残赔款=误工费=1 800（元）

张某死亡伤残赔款=误工费=2 100（元）

- 医疗费用赔款

夏某医疗费用赔款=医药费+诊疗费+住院费=2 200（元）

张某医疗费用赔款=医药费+诊疗费+住院费=2 700（元）

伤者死亡伤残费总额=夏某死亡伤残费+张某死亡伤残费

=1 800+2 100=3 900（元）

伤者医疗费用总额=夏某医疗费用+张某医疗费用

=2 200+2 700=4 900（元）

本案的交强险总赔款=伤者死亡伤残费总额+伤者医疗费用总额

=3 900+4 900=8 800（元）

【例 7-4】 机动车甲在途经某校园门口时由于采取措施不当将横过马路的学生周某、吴某撞伤，经交警大队裁定，甲车负事故的全部责任。伤者被急救中心治疗后，周某于当日经抢救无效死亡，吴某经治疗后痊愈出院，经交警裁定两名受伤人员的费用如下：周某医药费 10 000 元，诊疗费 2 000 元，住院费 200 元，丧葬费 5 000 元，死亡补偿费 70 000 元，交通费 1 000 元；吴某医药费 12 000 元，诊疗费 3 000 元，住院费 1 000 元，交通费 300 元，

护理费2 000元，住院伙食补助费1 200元。

本案的赔款计算如下：

- 死亡伤残赔款

周某的死亡伤残费用=丧葬费+死亡补偿费+事故处理人员交通费

=5 000+70 000+1 000=76 000（元）

吴某的死亡伤残费用=交通费+护理费

=300+2 000=2 300（元）

周某的死亡伤残赔款=该项目赔偿限额×周某的死亡伤残费用÷死亡伤残总费用

=50 000×76 000÷(76 000+2 300)=48 531.29（元）

吴某的死亡伤残赔款=该项目赔偿限额×吴某的死亡伤残费用÷死亡伤残总费用

=50 000×2 300÷(76 000+2 300)=1 468.71（元）

- 医疗费用赔款

周某的医疗费用=医药费+诊疗费+住院费

=10 000+2 000+200=12 200（元）

吴某的医疗费用=医药费+诊疗费+住院费+住院伙食补助费

=12 000+3 000+1 000+1 200=17 200（元）

周某的医疗费用赔款=该项目赔偿限额×周某的医疗费用÷医疗总费用

=10 000×12 200÷(12 200+17 200)=4 149.66（元）

吴某的医疗费用赔款=该项目赔偿限额×吴某的医疗费用÷医疗总费用

=10 000×17 200÷(12 200+17 200)=5 850.34（元）

周某的赔款=死亡伤残赔款+医疗费用赔款

=48 531.29+4 149.66=52 680.95（元）

吴某的赔款=死亡伤残赔款+医疗费用赔款

=1 468.71+5 850.34=7 319.05（元）

本案的交强险总赔款=周某的赔款+吴某的赔款

=52 680.95+7 319.05=60 000（元）

4）对于多车（三车及三车以上）相撞事故的赔偿处理，交管部门仅确定责任，没有确定各方车辆在交强险项下所承担的赔偿金额时，各方车辆在交强险项下按照有无责任进行处理，不按照责任比例的大小进行处理，且各项赔偿在有无责任限额下单独核算。基本赔偿比例计算公式如下：

$$\text{主车（赔偿方）的赔偿比例}=\frac{\text{主车（赔偿方）对应的责任限额}}{\text{主车（赔偿方）对应的责任限额}+\text{其他赔偿方对应的责任限额}}$$

ⅰ．确定被赔偿方的在死亡伤残、医疗费用、财产损失三项赔偿下的各损失金额，以对应项目损失金额为基数，以主车（赔偿方）的赔偿比例为比率，进行计算。

ⅱ．根据以上计算结果，对于主车（赔偿方）需要赔偿给各个被赔偿方的总额不超过对应限额时，按照以上计算的分摊结果赔付给各方；总额超过对应限额的，按照需要赔偿给各个被赔偿方的金额占总赔偿额之和的比例乘以对应交强险的对应限额进行赔偿。

【例 7-5】 A，B 和 C 三车事故，A 车全责，其余车辆无责，且所有车辆都购买交强险（没有购买交强险的车辆等同购买了交强险计算）。若 A 车损失 3 000 元；B 车损失 1 000 元；C 车损失 200 元，那么赔偿方式（对于本次事故 A 在有责限额内进行赔偿，B 和 C 在无责限额内进行赔偿）如下：

- B 分摊 A 的损失，B 为主车（赔偿方），C 为其他赔偿方，所以 B 车赔偿给 A 的赔偿比例为 100÷（100+100）。

需要赔偿的损失金额基数为 A 车的损失 3 000 元

那么 B 分摊 A 的损失：3 000×［100÷（100+100）］＝1 500（元）

- C 赔 A，C 为主车（赔偿方），B 为其他赔偿方，所以 C 车赔偿给 A 的赔偿比例为 100÷(100+100)。

需要赔偿的损失金额基数为 A 车的损失 3 000 元

那么 C 分摊 A 的损失：3 000×［100÷（100+100）］=1 500（元）

- A 分摊 B 的损失，A 为主车（赔偿方），C 为其他赔偿方，所以 A 车赔偿给 B 的赔偿比例为 2 000÷(2 000+100)。

需要赔偿的损失金额基数为 B 车的损失 1 000 元

那么 A 分摊 B 的损失：1 000×［2 000÷(2 000+100)］=952（元）

- C 赔 B，C 为主车（赔偿方），A 为其他赔偿方，所以 C 车赔偿给 B 的赔偿比例为 100÷(100+2 000)。

需要赔偿的损失金额基数为 B 车的损失 1 000 元

那么 C 分摊到 B 的损失：1 000×［100÷（100+2 000）］=48（元）

- B 分摊 C 的损失，B 为主车（赔偿方），A 为其他赔偿方，所以 B 车赔偿给 C 的赔偿比例为 100 ÷(100+2 000)。

需要赔偿的损失金额基数为 C 车的损失 200 元

那么 B 分摊 C 的损失：200×［100÷（100+2 000）］=10（元）

- A 赔 C，A 为主车（赔偿方），B 为其他赔偿方，所以 A 车赔偿给 C 的赔偿比例为 2 000÷(2 000+100)。

需要赔偿的损失金额基数为 C 车的损失 200 元

那么 A 分摊 C 的损失：200×［2 000÷（2 000+100）］=190（元）

综上所述：

A 交强险分摊到需要赔偿的损失=190+952=1 142<2 000（A 车全责）

那么，A 在财产损失限额内赔偿 B 952 元，赔偿 C 190 元。

B 交强险分摊到需要赔偿的损失=10+1 500=1 510>100（B 车无责）

那么，B 在财产损失限额内赔偿 A 100×［1 500÷（1 500+10）］=99（元），赔偿 C 100×［10÷（1 500+10）］＝1（元）。

C 交强险分摊到需要赔偿的损失=48+1 500=1 548>100（C 车无责）

那么，C 在财产损失限额内赔偿 A 100×［1 500÷（1 500+48）］=97（元），赔偿 B 100×［48÷（1 500+48）］＝3（元）。

【例 7-6】 A，B 和 C 三车事故，A 车主责，B 车次责，C 车次责，且所有车辆都购买交强险，没有购买交强险的车辆等同购买了交强险计算。若A车损失1 000元；B车损失5 000元；C车损失200元；D（C车上人）医疗费用10 000元，那么赔偿方式（对于本次事故A，B和C都在有责限额内进行赔偿，D不参与赔偿计算）如下：

- B分摊A的损失，B为主车（赔偿方），C为其他赔偿方，所以B车赔偿给A的赔偿比例为2 000÷(2 000+2 000)。

需要赔偿的损失金额基数为A车的损失1 000元

那么B分摊A的损失：1 000×［2 000÷（2 000+2 000)］=500（元）

- C赔A，C为主车（赔偿方），B为其他赔偿方，所以C车赔偿给A的赔偿比例为2 000÷(2 000+2 000)。

需要赔偿的损失金额基数为A车的损失1 000元

那么C分摊A的损失：1 000×［2 000÷(2 000+2 000)］=500（元）

- A分摊B的损失，A为主车（赔偿方），C为其他赔偿方，所以A车赔偿给B的赔偿比例为2 000÷(2 000 +2 000)。

需要赔偿的损失金额基数为B车的损失5 000元

那么A分摊B的损失：5 000×［2 000÷(2 000+2 000)］=2 500（元）

- C赔B，C为主车（赔偿方），A为其他赔偿方，所以C车赔偿给B的赔偿比例为2 000÷(2 000 +2 000)。

需要赔偿的损失金额基数为B车的损失5 000元

那么C分摊到B的损失：5 000×［2 000÷(2 000+2 000)］=2 500（元）

- B分摊C的损失，B为主车（赔偿方），A为其他赔偿方，所以B车赔偿给C的赔偿比例为2 000÷(2 000+2 000)。

需要赔偿的损失金额基数为C车的损失200元

那么B分摊C的损失：200×［2 000÷(2 000+2 000)］=100（元）

- A赔C，A为主车（赔偿方），B为其他赔偿方，所以A车赔偿给C的赔偿比例为2 000÷(2 000+2 000)。

需要赔偿的损失金额基数为C车的损失200元

那么A分摊C的损失：200×［2 000÷(2 000+2 000)］=100（元）

- B分摊D的损失，B为主车（赔偿方），A为其他赔偿方，所以B车赔偿给D的赔偿比例为10 000÷(10 000+10 000)。

需要赔偿的损失金额基数为D的损失10 000元

那么B分摊D的损失：10 000×［10 000÷(10 000+10 000)］=5 000（元）

- A赔D，A为主车（赔偿方），B为其他赔偿方，所以A车赔偿给D的赔偿比例为10 000÷(10 000+10 000)。

需要赔偿的损失金额基数为D的损失10 000元

那么A分摊D的损失：10 000×［10 000 ÷(10 000+10 000)］=5 000（元）

综上所述：

A交强险分摊到需要赔偿的损失=100+2 500=2 600>2 000（A车主责）

那么，A在财产损失限额内赔偿B 2 000×［2 500 ÷(2 500+100)］=1 923（元），赔偿C

2 000×［100÷(2 500+100)］=77（元）。

A 在医疗限额范围内赔偿 D 5 000 元。

B 交强险分摊到需要赔偿的损失=100+1 000=1 100<2 000（B 车次责）

那么，B 在财产损失限额内赔偿 A 1 000 元，赔偿 C 100 元。

B 在医疗限额范围内赔偿 D 5 000 元。

C 交强险分摊到需要赔偿的损失=2 500+500=3 000>2 000（C 车次责）

那么，C 在财产损失限额内赔偿 A 2 000×［500÷(2 500+500)］=333（元），赔偿 B 2 000×［2 500÷(2 500+500)］= 1 667（元）。

5）多辆被保险机动车碰撞非机动车或行人的，各被保险机动车的保险人分别在交强险的责任限额内承担赔偿责任，若交通管理部门未确定事故各方车辆应承担的赔偿责任，各保险人平均分摊赔款金额。

6）两辆及两辆以上机动车与多个非机动车、行人的交通事故，参照本节上述规定计算赔偿。

7）受害人财产损失需要施救的，财产损失赔款与施救费累计不超过财产损失赔偿限额。

8）主车和挂车连接使用时发生道路交通事故，赔偿金额的总和不超过一份交强险合同的责任限额。主车与挂车均投保交强险的，由承保主车的保险人先行赔付，提供完整的赔案材料复印件（加盖理赔专用章）后，与承保挂车的保险人结算，分别承担 50%的赔款。

9）被保险机动车投保一份以上交强险的，各保险人的赔偿金额的总和不超过一份交强险合同的责任限额，保险人按照交强险合同的责任限额与各交强险合同责任限额的总和的比例承担赔偿责任。

5．受理受害人直接索赔的赔款

保险事故涉及多个受害人的，在所有受害人均提出索赔申请，且受害人所有材料全部提交后，保险人方可计算赔款：

1）事故中所有受害人的分项核定损失之和在交强险分项赔偿限额之内的，按实际损失计算赔偿。

2）事故中所有受害人的分项核定损失之和超过交强险分项赔偿限额的，保险人在分项赔偿限额之内按以下方式计算赔偿：

某一受害人得到的被保险人交强险项下的分项赔偿金额=各分项赔偿限额×（事故中某一受害人的分项核定损失金额/事故中所有受害人的各分项核定损失金额之和）

6．交强险预付赔款

被保险机动车发生涉及受害人受伤的交通事故，因抢救受害人需要保险人支付抢救费用的，在接到公安机关交通管理部门的书面通知和医疗机构出具的抢救费用（已发生）清单后，对于符合规定的抢救费用，在医疗费用赔偿限额内支付。被保险人在交通事故中无责任的，保险人在无责任医疗费用赔偿限额内支付。

注：此类案件作预付赔款处理，与一般赔案同样编号管理，但必须在赔案卷皮加盖“预付赔案”印章，在未最终赔付之前，所有单证材料装入卷宗，由理算人员单独妥善保管，并应及时提醒保户尽快结案。

7．交强险垫付赔款

凡符合交强险中垫付条件的，致害人向医疗机构支付受害人人身伤亡的抢救费用不足的，在接到公安机关交通管理部门的书面通知和医疗机构出具的抢救费用清单后，对不足的部分，在医疗费用赔偿限额内垫付。被保险人在交通事故中无责任的，在无责任医疗费用赔偿限额内垫付（具体操作见特殊赔案“垫付赔案”中的规定）。

8．赔偿顺序

1）保险事故造成受害人财产损失，同时涉及受害人的车辆损失、受害人车辆以外的财产损失、受害人车上财产损失时，优先赔偿受害人车辆损失以外的其他财产的损失。

2）死亡伤残、医疗费用赔偿金额超过交强险赔偿限额的，在限额内按以下顺序赔偿：

ⅰ．死亡伤残赔偿顺序依次为残疾赔偿金、残疾辅助器具费（丧葬费、死亡补偿费），护理费、误工费、交通费、住宿费（受害人亲属办理交通事故支出的合理交通、住宿、误工费用），被扶养人生活费。

ⅱ．医疗费用赔偿顺序依次为抢救费，医药费、诊疗费、住院费，住院伙食补助费，后续治疗费、整容费，必要的营养费。

ⅲ．精神损害抚慰金：对被保险人依照法院判决或者调解承担的精神损害抚慰金，在其他赔偿项目足额赔偿后，在死亡伤残赔偿限额内赔偿。

9．在理赔实务中几个理解上争议较大问题的说明

（1）强制保险赔偿的责任承担方式

机动车交通事故责任强制保险究竟是按责赔偿，还是无责赔偿？是否实行商业保险所通用的责任比例原则？

按照《道路交通安全法》第 76 条的规定，交强险实行的是无过错赔偿，即交强险的赔偿不建立在被保险人过错责任的基础上，只要发生事故，交强险即在责任限额内予以赔偿。而按照《条例》和《条款》，交通事故的责任分为一般事故赔偿限额与无责任赔偿限额，从这种区分来看，似乎又是按责赔偿。因此，需要对此有一个明确的认识。

其实，《道路交通安全法》和《条例》、《条款》的规定是不矛盾的，结合两者的规定，可以理解为机动车强制保险突破了以往的比例责任，实行了简单的责任二分法，即将交强险项下的责任仅区分为有责任和无责任两种情况，不再细分主要责任、同等责任和次要责任，按照具体的责任比例来计算赔偿，而是只要有责任，即按照损失与一般责任限额的对比来确定赔偿。对于无责任的，则按无责任限额进行赔偿。举例说明如下。

甲、乙两车互撞，甲车承担 100%责任，车损 3 000 元，乙车不承担责任，车损 5 000 元，则甲、乙两车强制责任险的赔偿分别为：

甲车交强险赔偿乙车：5 000（元）>2 000（元），故赔款=2 000（元）；而不是 5 000（元）×100%=5 000（元）>2 000（元）。

乙车交强险赔偿甲车：3 000（元）>100（元），故赔款=100（元）；而不是 3 000×0%=0（元）。

交强险的这种责任承担方式，是由交强险保护社会公众和受害人利益的主旨决定的，它可以避免因为事故责任不均而使受害人赔偿受到影响的情况，符合“不因被保险人过错程度差异而影响受害人赔偿”的交强险基本原则，是交强险与传统商业车险的主要区别之一。

(2) 交强险中“受害人索赔”的处理

交强险中，受害人可否直接向保险人索赔，如果受害人向保险人索赔，尤其案件存在多个受害人时，保险人应如何处理？

《条例》第 28 条规定：被保险机动车发生道路交通事故的，由被保险人向保险人申请赔偿保险金。因此，一般情况下，交强险应由被保险人向保险公司索赔，而受害人不享有直接索赔权。但是，按照保险行业协会发布的交强险理赔规程要点，下列情况下，发生人身伤亡的受害人可以直接索赔：被保险人死亡、失踪、逃逸、丧失索赔能力、书面放弃索赔权利或向受害人出具书面授权书；人民法院判决书或执行裁定书确定受害人可以直接索赔；法律规定受害人可以代位索赔等其他情形。

因此，对于交强险的索赔，一般情况下应由被保险人进行，受害人只有满足《条例》所列的特定条件时，方可直接向保险人索赔。对于受害人不满足相应条件而提出索赔的，应不予受理，并告知《条例》第 28 条规定，要求其督促被保险人索赔。

受害人直接索赔，须提供以下特别材料：受害人有效身份证明；法院判决文书或执行文书或交警的事故认定书和调解书等；证明被保险人死亡、失踪、逃逸、丧失索赔能力等的文件；被保险人放弃索赔权利或授权受害人索赔的文书。

事故涉及多个受害人，被保险人委托其中一个受害人索赔，可能损害其他受害人利益的，公司不予受理。已经受理的，不得将全部赔偿支付受委托的受害人，仅对其支付该受害人应得赔偿。

多个受害人并存时，受害人直接索赔的，应在所有受害人均提出索赔申请，且各受害人所有材料全部提交后，才可以进行赔款理算。赔款理算时，多个受害人的损失超过分项责任限额的，各受害人按照损失比例受偿。

当前，普遍存在一个误解，认为一般案件受害人均可以直接向保险人索赔，其依据主要是《条例》第 27 条和第 31 条。第 27 条规定：被保险机动车发生交通事故，被保险人或者受害人通知保险公司的，保险公司应当立即给予答复，告知被保险人或受害人具体的赔偿程序等有关事项。第 31 条规定：保险公司可以向被保险人赔偿保险金，也可以直接向受害人赔偿保险金。其实，这两个条文并未授予受害人直接索赔的权利。仔细分析可知，第 27 条是关于报案处理的规定，强调的是被保险人和受害人报案时，保险公司有指引和告知的义务，实际上，凡是知道保险事故的人，都可以报案，报案后，保险公司都应该受理，只是一般人员的报案，保险人无须进行指引和告知，只需记录报案信息以便下一步工作而已，而对被保险人和受害人的报案，则在受理的同时，需要进行一定的理赔指导，因为他们是理赔的利害关系人。而第 31 条则是关于赔偿支付的规定，强调的是保险公司决定赔偿并且明确了具体的赔偿金额后，可以选择被保险人或受害人作为赔款支付对象，但没有要求保险公司一定要向受害人支付赔款，更没有明确受害人可以直接向保险人索赔。

(3) 交强险抢救费用支付、垫付及追偿的处理

1) 抢救费用支付、垫付的联系和区别。《条例》和《条款》对于抢救费用，有两方面规定，一是抢救费用的支付，一是抢救费用的垫付。此二者的联系与区别，有必要加以明确。

抢救费用是指被保险机动车发生交通事故导致受害人受伤时，医疗机构对于生命体征不平稳和虽然生命体征平稳但如果不采取处理措施会产生生命危险、导致残疾、器官功能障碍，或者导致病程明显延长的受害人，参照国务院卫生主管部门组织制定的交通事故临床诊疗指南和国家基本医疗保险标准，采取必要的处理措施所发生的医疗费用。

抢救费用的支付，指的是对属于交强险责任的事故，保险人在正常理赔结案前，向受害人就治医院提前支付抢救费用，以便受害人得到及时抢救；抢救费用的垫付，则是指对不属于交强险责任的交通事故，在满足特定条件的情况下，由承保强制险的保险公司先行代为垫付抢救费用，以保障受害人得到及时救治，再向事故致害人进行追偿的制度安排。

两者的联系在于：两者都在交强险中发生的，都是为了保护交通事故受害人能够得到及时救治而支付的费用；两者都是按照交通事故人员创伤临床诊疗指南和抢救地的国家基本医疗保险的标准进行审核，最高限额都是交强险医疗费用赔偿限额或无责任医疗费用赔偿限额；两者在程序上都是由交警部门通知，并提供医疗机构抢救费用清单供审核的情况下发生。

两者的区别在于：抢救费用支付的前提是事故本身属于交强险责任，抢救费用垫付则是在事故本身不属于交强险责任的情况下发生；支付的抢救费用不存在进行追偿的问题，而垫付的抢救费用则可以向致害人（一般情况下是被保险人）追偿；两者的前提条件不同，抢救费用的垫付有着更为严格的条件，即仅在发生《条例》规定的四种特殊情况，即无证驾驶、醉酒、盗抢期间肇事或被保险人故意等情况时适用；从公司的处理流程来说，抢救费用的支付走的是预赔的程序，而抢救费用的垫付则将适用单独的垫付程序进行处理。

2）垫付抢救费用的条件。

- 交通事故符合交强险条款规定四种情形，即驾驶人未取得驾驶资格的、驾驶人醉酒的、被保险机动车被盗抢期间肇事的、被保险人故意制造交通事故的。
  - 无驾驶资格：无证驾驶、驾驶资格审验期满、驾驶车辆与准驾车型不符。
  - 醉酒：血液酒精浓度，1.0mg/mL。
  - 被保险车辆在被盗抢期间肇事：公安机关盗抢立案证明和登报证明。
- 接到公安交管部门签署的书面垫付通知。
- 受害人必须抢救，且抢救费用已经发生。医院提供了病历（或诊断证明）、抢救费用明细单。
- 抢救所用药品、检查费用等必须与本次事故有关，并符合国务院卫生主管部门组织制定的有关临床诊断指南和出险地基本医疗保险标准。

3）支付抢救费用的条件。

- 交通事故属于机构车交通事故责任强制保险条款的保险责任。
- 接到公安交管部门签署的书面支付通知书。
- 受害人必须抢救，且抢救费用已经发生。医院提供了病历（或诊断证明）、抢救费用明细单。
- 抢救所用药品、检查费用等必须与本次事故有关，并符合国务院卫生主管部门组织制定的有关临床诊断指南和出险地基本医疗保险标准。

4）不予支付抢救费用的情况。

- 事故不构成保险责任，如受害人的故意行为、被保险人的故意行为等。
- 应由道路交通事故社会救助基金垫付的抢救费用。
- 抢救费用超过机动车交通事故责任强制保险责任限额的。
- 肇事机动车未参加机动车交通事故责任强制保险的。
- 机动车肇事后逃逸的。
- 非抢救费用或抢救费用不符合国务院卫生主管部门组织制定的有关临床诊断指南和出险地基本医疗保险标准的费用。
- 非本次事故交强险受害人的抢救费用。
- 无医院抢救费用明细单据。

7.1.2　车辆损失保险赔款理算

1．车辆损失保险的赔偿范围

依照法律、法规和保险合同的约定，保险车辆的损失金额超出《道路交通事故责任交强险》赔偿部分（以下简称交强险车损部分）的赔款。

2．商业保险的赔偿实行过错责任赔偿的原则

保险人依据保险车辆驾驶人在事故中所负责任比例，承担相应的赔偿责任。被保险人根据有关法律、法规规定选择自行协商或由公安交通管理部门处理事故未确定事故责任比例的，保险人按照下列规定确定事故责任比例：

1）保险车辆方负事故主要责任的，责任比例为 70%。

2）保险车辆方负事故同等责任的，责任比例为 50%。

3）保险车辆方负事故次要责任的，责任比例为 30%。

3．有关免赔率的常见规定

（1）家庭自用汽车损失保险条款

1）负次要事故责任的免赔率为 5%，负同等事故责任的免赔率为 8%，负主要事故责任的免赔率为 10%，负全部事故责任或单方肇事事故的免赔率为 15%。

2）被保险机动车的损失应当由第三方负责赔偿的，无法找到第三方时，免赔率为 30%。

3）被保险人根据有关法律法规规定选择自行协商方式处理交通事故，不能证明事故原因的，免赔率为 20%。

4）投保时指定驾驶人，保险事故发生时为非指定驾驶人使用被保险机动车的，增加免赔率 10%。

5）投保时约定行驶区域，保险事故发生在约定行驶区域以外的，增加免赔率 10%。

（2）非营业用汽车损失保险条款

1）负次要事故责任的免赔率为 5%，负同等事故责任的免赔率为 8%，负主要事故责任的免赔率为 10%，负全部事故责任或单方肇事事故的免赔率为 15%。

2）被保险机动车的损失应当由第三方负责赔偿的，无法找到第三方时，免赔率为 30%。

3）被保险人根据有关法律法规规定选择自行协商方式处理交通事故，不能证明事故原因的，免赔率为 20%。

4）投保时约定行驶区域，保险事故发生在约定行驶区域以外的，增加免赔率 10%。

（3）营业用汽车损失保险条款

1）负次要事故责任的免赔率为 5%，负同等事故责任的免赔率为 8%，负主要事故责任的免赔率为 10%，负全部事故责任或单方肇事事故的免赔率为 15%。

2）被保险机动车的损失应当由第三方负责赔偿的，无法找到第三方时，免赔率为 30%。

3）被保险人根据有关法律法规规定选择自行协商方式处理交通事故，不能证明事故原因的，免赔率为 20%。

4）违反安全装载规定的，增加免赔率 5%；因违反安全装载规定导致保险事故发生的，保险人不承担赔偿责任。

5）投保时约定行驶区域，保险事故发生在约定行驶区域以外的，增加免赔率 10%。

6）保险期间内发生多次保险事故的（自然灾害引起的事故除外），免赔率从第三次开始每次增加 5%。

（4）摩托车、拖拉机保险条款

1）负次要事故责任的免赔率为 3%，负同等事故责任的免赔率为 5%，负主要事故责任的免赔率为 8%，负全部事故责任或单方肇事事故的免赔率为 10%。

2）被保险拖拉机的损失应当由第三方负责赔偿的，无法找到第三方时，免赔率为 10%。

（5）特种车保险条款

1）负次要事故责任的免赔率为 5%，负同等事故责任的免赔率为 10%，负主要事故责任的免赔率为 15%，负全部事故责任或单方肇事事故的免赔率为 20%。

2）被保险机动车的损失应当由第三方负责赔偿的，无法找到第三方时，免赔率为 20%。

3）违反安全装载规定的，增加免赔率 5%；因违反安全装载规定导致保险事故发生的，保险人不承担赔偿责任。

4）投保时约定行驶区域，保险事故发生在约定行驶区域以外的，增加免赔率 10%。

4．赔款计算方法

（1）全部损失

保险车辆在保险事故中发生整体损毁、受损严重失去修复价值或修复费用基本接近出险时车辆的实际价值，即形成实际全损或推定全损。

1）保险车辆发生全部损失后，如出险当时实际价值扣除第三方强制险赔付（车损部分），高于保险金额的，赔款计算公式为

赔款=（保险金额−残值）×事故责任比例×（1−免赔率之和）−绝对免赔额

2）保险车辆发生全部损失后，如出险当时实际价值扣除第三方强制险赔付（车损部分），低于保险金额的，赔款计算公式为

赔款=［实际价值−强制险赔款（车损部分）−残值］×事故责任比例×（1−免赔率之和）−绝对免赔额

注：出险当时保险车辆的实际价值即按保险事故发生时同种类型车辆市场新车购置价（含车辆购置附加费〈税〉）减去该车已使用月数折旧后确定。折旧率计算方法和标准参见各条款承保部分说明。

【例 7-7】2006 年 7 月 15 日，冯某购买家庭用桑塔纳一辆，新车购置价 13 万元，在某公司投保了交强险和商业车损险，车损险保额 8 万元，出险时实际价值 10 万元，2006

年 8 月 5 日晚 22 时，冯某驾车行驶在重庆外环高速路上，与同向行驶的解放货车追尾，致使车辆报废，经保险公司鉴定残值 12 000 元，此事故经高管交警裁定冯某负事故全部责任，试计算商业车损险赔款。

根据案情确定：

事故责任比例为 100%，事故责任免赔率为 15%，强制险赔款为 100 元。

出险当时实际价值扣除第三方强制险赔付该车车损部分 100 元后为 99 900 元，高于保险金额 8 万元，因此本案商业车损险赔款计算为

赔款=（保险金额−残值）×事故责任比例×（1−免赔率之和）

=（80 000−12 000）×100%×（1−15%）

= 57 800（元）

【例 7-8】2006 年 7 月 15 日，甲车向某公司投保了交强险及商业车损险，保额 13 万元，2006 年 8 月 23 日晚 22 时，甲车司机冯某驾车行驶在高速路上，与同向行驶的解放货车追尾，致使车辆报废，经保险公司鉴定残值 12 000 元，车辆出险时已使用三年，新车购置价 13 万元。此事故经高管交警裁定冯某负事故全部责任，试计算商业车损险赔款。

根据案情可以确定：事故责任比例为 100%；事故责任免赔率为 15%；交强险赔款为 100 元。

本案商业车损险赔款计算为

出险时车辆的使用折旧金额=出险时新车购置价×被保险机动车已使用月数×0.6%

=130 000×36×0.6%

=28 080（元）

出险时车辆的实际价值=出险时新车购置价−出险时车辆的使用折旧金额

=130 000−28 080

=101 920（元）

车损险赔款=［实际价值−强制险赔款（车损部分）−残值］×事故责任比例×（1−免赔率之和）

=(101 920−100−12 000)×100%×(1−15%)

=76 347（元）

（2）部分损失

如果保险车辆部分损失一次赔款金额、第三方强制险赔款（车损部分）及免赔金额之和大于或等于保险金额时，本保险的保险责任即行终止。

1）保险车辆的保险金额等于或高于投保时新车购置价的，赔款计算公式为

赔款=［实际修复费用−强制险赔款（车损部分）−残值］×事故责任比例×（1−免赔率之和）−绝对免赔额

2）保险车辆的保险金额低于投保时新车购置价的，赔款计算公式为

赔款=［实际修复费用−强制险赔款（车损部分）−残值］×（保险金额÷新车购置价）×事故责任比例×（1−免赔率之和）−绝对免赔额

【例 7-9】一辆东风货车在某公司足额投保了营运车辆损失保险，新车购置价 8 万元，

在会车时，被对方车辆剐撞翻入路边沟内，造成本车车损 3 000 元，施救费 800 元，经交警裁决双方各负其责。试计算该公司商业车损险赔款。

根据案情确定：事故责任比例为 100%；事故责任免赔率为 15%；交强险赔款为 2 000 元。

车损险赔款=（实际修复费用−强制险赔款）×事故责任比例×（1−免赔率之和）

=(3 800−2 000)×100%×(1−15%)

=1 530（元）

【例 7-10】出租车 A 在某公司按 70 000 元投保了营运车辆损失保险，投保时新车购置价为 100 000 元。在保险期限内与出租车 B 发生碰撞，造成双方车损的事故。经交警裁定，双方分别负事故同等责任。A 车损失 4 000 元，B 车损失 3 000 元，无残值，计算 A 车车损险赔款。

根据案情确定：事故责任比例为 50%；事故责任免赔率为 8%；交强险赔款为 2 000 元。

车损险赔款= [实际修复费用−强制险赔款（车损部分）−残值] ×（保险金额/新车购置价）×事故责任比例×（1−免赔率之和）

=(4 000−2 000−0)×(70 000÷100 000)×50%×(1−8%)

= 644（元）

7.1.3 商业第三者责任保险赔款理算

商业三者险的赔偿金额，按《道路交通安全法》、最高人民法院《关于审理人身损害赔偿案件适用法律若干问题的解释》规定的赔偿范围、项目和标准，以及该保险合同的约定进行确定和计算。

1．赔偿范围

保险车辆发生责任事故时涉及第三者损失，保险人依照法律、法规和该保险合同的约定，在保险单载明的赔偿限额内核定应由被保险人承担的超出交强险赔偿限额部分的赔款。

2．商业三者险赔偿责任

等同车辆损失保险的赔偿责任比例。

3．常见免赔率规定

1）负次要事故责任的免赔率为 5%，负同等事故责任的免赔率为 10%，负主要事故责任的免赔率为 15%，负全部事故责任的免赔率为 20%。

2）违反安全装载规定的，增加免赔率 10%。

3）投保时指定驾驶人，保险事故发生时为非指定驾驶人使用被保险机动车的，增加免赔率 10%。

4）投保时约定行驶区域，保险事故发生在约定行驶区域以外的，增加免赔率 10%。

被保险人或被保险机动车驾驶人根据有关法律、法规的规定选择自行协商，或者公安机关交通管理部门未确定交通事故责任比例的，保险人按照下列规定确定事故责任比例：

- 被保险机动车驾驶人负主要事故责任的，事故责任比例为 70%。
- 被保险机动车驾驶人负同等事故责任的，事故责任比例为 50%。
- 被保险机动车驾驶人负次要事故责任的，事故责任比例为 30%。

4．赔款计算

1）应承担赔偿金额超过赔偿限额时：

赔款=赔偿限额×（1−免赔率之和）

2）应承担赔偿金额低于赔偿限额时：

赔款=应承担赔偿金额×（1−免赔率之和）

注：应承担赔偿金额指的是被保险人在事故中按照责任比例应承担的损失金额，即

应承担赔偿金额=损失金额×事故责任比例

【例 7-11】 甲车于 2007 年 7 月 5 日在某公司投保了交强险和 5 万元商业三者险，于 2007 年 8 月 3 日与乙车发生碰撞事故，造成对方车损 13 000 元的事故。经交警裁定，甲车负 70%的责任，乙车负 30%的责任，计算该公司赔款。

交强险赔款：乙车损失 13 000 元，已经超过了交强险财产损失赔偿限额 2 000 元，交强险按 2 000 元赔付。

事故责任比例为 70%；事故责任免赔率为 15%；

甲车按责任比例应赔偿金额=(13 000−2 000)×70%=7 700（元）

三者险赔款=甲车按责任比例应赔偿金额×（1−免赔率之和）

=7 700×(1−15%)=6 545（元）

3）主车和挂车连接使用时视为一体，发生保险事故时，由主车保险人和挂车保险人按照保险单上载明的机动车第三者责任保险责任限额的比例，在各自的责任限额内承担赔偿责任，但赔偿金额总和以主车的责任限额为限。

4）主车、挂车在不同保险公司投保的，保险人按照保险单上载明的商业三者责任险赔偿限额比例在各自限额以内分摊赔偿：

ⅰ．分摊后应承担赔偿金额超过赔偿限额时：赔款=赔偿限额×（1−免赔率之和）

ⅱ．分摊后应承担赔偿金额低于赔偿限额时：赔款=应承担赔偿金额×（1−免赔率之和）

注：分摊后应承担赔偿金额指的是被保险人在事故中按照责任比例和责任限额分摊比例应承担的损失金额：分摊后应承担赔偿金额=损失金额×事故责任比例×责任限额分摊比例。

5）应注意以下要点：

ⅰ．赔款计算主要依据交通管理部门出具的《道路交通事故责任认定书》以及据此做出的《道路交通事故损害赔偿调解书》。当调解结果与责任认定书不一致时，对于调解结果中认定的超出被保险人按责任比例承担的赔偿金额部分，保险人不予赔偿；对于被保险人承担的赔偿金额低于其应按责任比例承担的赔偿金额，保险人只对被保险人实际发生的赔偿金额在限额内赔偿（就低补偿原则）。

ⅱ．对于不属于保险合同中规定的赔偿项目但被保险人已自行承诺或支付的费用，保险人不予承担。

ⅲ．法院判决被保险人应赔偿第三者的损失包含间接损失的，保险人不予承担。

ⅳ．保险人对第三者责任事故赔偿后，对受害第三者的任何赔偿费用的增加不再负责。

ⅴ．第三者责任险诉讼、仲裁费用必须经保险人事先书面同意，按照最高人民法院下发的有关标准，在保险单载明的责任限额以外另行计算，最高不超过责任限额的 30%。

7.1.4 部分附加险的赔款理算

1．车上人员责任险

车上人员人身伤亡按法律法规中规定的赔偿范围、项目和标准以及保险合同的约定，在扣除第三方交强险赔偿本车人员部分的基础上计算赔偿，但每人最高赔偿金额不超过保险单载明的本保险每座赔偿限额，最高赔偿人数以投保座位数为限。车上人员在车下时所受的人身伤亡，不属本保险责任范围。

（1）赔款计算

总赔款=Σ每人赔款

1）当被保险人按事故责任比例应承担的每座车上人员伤亡赔偿金额扣除了已得到的交强险赔偿本车人员部分，仍未超过保险合同载明的每人责任限额时：

每人赔款=（应承担的赔偿金额−已得到的交强险赔偿金额）×（1−免赔率之和）

2）当被保险人按事故责任比例应承担的每座车上人员伤亡赔偿金额扣除了已得到的交强险赔偿本车人员部分，已超过保险合同载明的每人责任限额时：

每人赔款=责任限额×（1−免赔率之和）

（2）免赔率规定

保险人在依据该保险合同约定计算赔款的基础上，在保险单载明的责任限额内，按下列免赔率免赔：负次要事故责任的免赔率为 5%，负同等事故责任的免赔率为 8%，负主要事故责任的免赔率为 10%，负全部事故责任或单方肇事事故的免赔率为 15%；投保时指定驾驶人，保险事故发生时为非指定驾驶人使用被保险机动车的，增加免赔率 10%；投保时约定行驶区域，保险事故发生在约定行驶区域以外的，增加免赔率 10%。

2．盗抢险

（1）全损赔偿计算

保险车辆全车被盗窃、抢劫、抢夺，经出险当地县级以上公安刑侦部门立案证明，满 60 天未查明下落。

赔款=保险金额×（1−免赔率之和）

1）保险金额高于实际价值时，以出险当时的实际价值计算赔偿，并实行 20%的绝对免赔率。

折旧金额=保险事故发生时的新车购置价×被保险机动车已使用月数×月折旧率

2）保险金额等于或低于实际价值时，按保险金额计算赔偿，并实行 20%的绝对免赔率。

3）发生全车损失，被保险人未能提供《机动车行驶证》、《机动车登记证书》、机动车来历凭证、车辆购置税完税证明（车辆购置附加费缴费证明）或免税证明的，每缺少一项，增加免赔率 1%。

（2）部分损失

保险车辆全车被盗窃、抢劫、抢夺后，受到损坏或车上零部件、附属设备丢失需要修复的合理费用。

赔款=实际修理费用−残值

注：赔款金额不得超过本险别保险金额。

1）被盗抢车辆破案追回后，车辆发生部分损失的修理费用，应列入附加盗抢险赔款项下，但以不超过全车盗抢险的保险金额为限。

2）对全车盗抢险破案后找回车辆发生的有关费用，按照特殊案件处理有关损余物资的方式计算处理。

（3）被保险人应提供的证明材料

1）被保险人出具的机动车辆保险《权益转让书》。

被保险人应按照保险公司提供的《权益转让书》内容填写，字迹要清晰，权益转让金额为保险公司的实际赔款金额，被保险人签章处应加盖具有法人资格的公章。

属家庭用车被保险人（车主）填写的《权益转让书》上，应有被保险人（车主）正确的身份证号码和签章以及翔实的联系地址、电话，便于车辆破案后的追偿和返还工作。

2）机动车辆保险单（正本）。

3）机动车行驶证。

4）机动车登记证书。

5）机动车来历凭证是指：

- 在国内购买的机动车，其来历凭证是全国统一的机动车销售发票或者旧机动车交易发票；在国外购买的机动车，其来历凭证是该车销售单位开具的销售发票。
- 人民法院调解、裁定或者判决所有权转移的机动车，其来历凭证是人民法院出具的已经生效的《调解书》、《裁定书》或者《判决书》以及相应的《协助执行通知书》；
- 仲裁机构仲裁裁决所有权转移的机动车，其来历凭证是《仲裁裁决书》和人民法院出具的《协助执行通知书》；
- 继承、赠予、协议抵偿债务的机动车，其来历凭证是继承、赠与、协议抵偿债务的相关文书和公证机关出具的《公证书》；
- 资产重组或者资产整体买卖中包含的机动车，其来历凭证是资产主管部门的批准文件；
- 国家机关统一采购并调拨到下属单位未注册登记的机动车，其来历凭证是全国统一的机动车销售发票和该部门出具的调拨证明；
- 国家机关已注册登记并调拨到下属单位的机动车，其来历凭证是该部门出具的调拨证明；
- 更换发动机、车身、车架的来历凭证，是销售单位开具的发票或者修理单位开具的发票。

6）车辆购置税完税证明（车辆购置附加费缴费证明）或免税证明。

7）交警部门出具的车辆停驶证明（需注明车辆档案封存时间）。

8）出险地县级以上公安刑侦部门出具的盗抢立案证明。

（4）盗抢险赔偿中应注意的事项

1）当一次保险事故中，赔款金额与免赔金额之和（不含施救费）达到保险金额，保险合同终止。

2）发生保险事故时，保险车辆实际行驶区域超出保单约定范围的，增加绝对免赔率 10%。

3）被保险人索赔时，全车损失未能向保险人提供出险当地县级以上公安刑侦部门出具的盗抢立案证明、车辆已报停手续，部分损失未能向保险人提供出险当地县级以上公安刑侦部门出具的盗抢立案证明，保险人不负责赔偿。

4）侦破奖励费的支付，必须在取回被盗车辆的同时或以后进行。

3．玻璃单独破碎险

保险车辆在使用过程中，发生本车玻璃单独破碎，按实际损失赔偿。

1）车上的灯具、车镜玻璃破碎；安装、维修车辆过程中造成玻璃的破碎；加装的车顶玻璃未投保新增加设备损失保险的，均不属本保险的责任范围。

2）赔款计算：

赔款=实际损失（玻璃换件+工时）

4．车身划痕损失保险（赔款后需批减保额）

保险车辆无明显碰撞痕迹的车身划痕损失，负责赔偿。

1）保险金额为2 000元、5 000元、10 000元或20 000元。

2）在保险期限内，赔款金额累计达到赔偿限额，本附加险保险责任终止。

3）赔款计算：

- 保额内：赔款=实际修理费×（1–15%）
- 超过保额：按先限额后免赔原则。赔款=保额×（1–15%）

4）提示：赔款后应冲减保额。

5．不计免赔特约条款

经特别约定，保险事故发生后，按照对应投保的险种规定的免赔率计算的、应当由被保险人自行承担的免赔金额部分，保险人负责赔偿。

1）不负责赔偿的部分：

- 机动车损失保险中应当由第三方负责赔偿而无法找到第三方的。
- 被保险人根据有关法律法规规定选择自行协商方式处理交通事故，但不能证明事故原因的；
- 因违反安全装载规定而增加的；
- 投保时指定驾驶人，保险事故发生时为非指定驾驶人使用被保险机动车而增加的；
- 投保时约定行驶区域，保险事故发生在约定行驶区域以外而增加的；
- 因保险期间内发生多次保险事故而增加的；
- 发生机动车盗抢保险规定的全车损失保险事故时，被保险人未能提供《机动车行驶证》、《机动车登记证书》、机动车来历凭证、车辆购置税完税证明（车辆购置附加费缴费证明）或免税证明而增加的；
- 可附加本条款但未选择附加本条款的险种规定的；
- 不可附加本条款的险种规定的。

2）当投保的不计免赔特约条款中任一险别保险责任终止，其所对应的本条款保险责任也即行终止。

3）赔款计算：

赔款=Σ［（主险损失–交强险剔除金额（其他车赔付的）］×（主险免赔率之和–不计免赔免责部分）

6. 火灾、爆炸、自燃损失保险

1）投保了营业用汽车损失保险的机动车，可投保本附加险。

2）保险责任。

- 火灾、爆炸、自燃造成被保险机动车的损失。
- 发生保险事故时，被保险人为防止或者减少被保险机动车的损失所支付的必要的、合理的施救费用。

3）保险金额由投保人和保险人在投保时被保险机动车的实际价值内协商确定。

4）赔偿处理。

- 全部损失，在保险金额内计算赔偿；
- 部分损失，在保险金额内按实际修理费用计算赔偿；
- 每次赔偿实行 20%的免赔率。

5）赔款计算：参照车损险赔款计算方式，在保险单载明的保险金额内，按保险车辆的实际损失计算赔偿。

ⅰ. 全部损失。

保额≥实际价值时，赔款=（标的车实际价值–交强险剔除金额（其他车赔付的）+施救费–残值）×（1–20%）；赔款≥保额×（1–20%）时，按保额×（1–20%）赔付。

保额<实际价值时，赔款=（保额–交强险剔除金额（其他车赔付的）+施救费×（保额/实际价值)–残值×(保额/实际价值))×(1–20%)；赔款≥保额×(1–20%)时，按保额×(1–20%)赔付。

提示：赔款结束后终止保险合同。

ⅱ. 部分损失。

赔款=（实际修复费用–交强险剔除金额（其他车赔付的）+
施救费–残值）×（1–20%）

赔款≥保额×（1–20%）时，按保额×（1–20%）赔付。

7. 自燃损失保险

1）投保了家庭自用汽车损失保险的机动车，可投保本附加险。

2）保险责任。

- 因被保险机动车电器、线路、供油系统、供气系统发生故障或所载货物自身原因起火燃烧造成本车的损失。
- 发生保险事故时，被保险人为防止或者减少被保险机动车的损失所支付的必要的、合理的施救费用。

3）保险金额由投保人和保险人在投保时被保险机动车的实际价值内协商确定。

4）赔偿处理。

- 全部损失，在保险金额内计算赔偿。
- 部分损失，在保险金额内按实际修理费用计算赔偿。
- 每次赔偿实行 20%的免赔率。

5）赔款计算：参照车损险赔款计算方式，在保险单载明的保险金额内，按保险车辆的实际损失计算赔偿。

ⅰ. 全部损失。

保额≥实际价值时，赔款=（标的车实际价值+施救费−残值）×（1−20%）；赔款≥保额×(1−20%)时，按保额×（1−20%）赔付。

保额<实际价值时，赔款=［保额+施救费×（保额/实际价值）−残值×（保额/实际价值）］×(1−20%)；赔款≥保额×(1−20%)时，按保额×(1−20%）赔付。

提示：赔款结束后终止保险合同。

ⅱ. 部分损失。

赔款=（实际修复费用+施救费−残值）×(1−20%)；赔款≥保额×(1−20%)时，按保额×(1−20%)赔付。

8. 新增加设备损失保险

保险车辆在使用过程中，发生车辆损失保险第五条所列的保险事故，造成车上新增加设备的直接损毁，保险人在保险单该项目所载明的保险金额内，在扣除第三方交强险赔偿新增设备损失部分后，计算赔偿。

1）本保险所指的新增加设备，是指除保险车辆出厂时原有各项设备以外的，被保险人另外加装的设备及设施。

2）本保险每次赔偿均执行对应基本险的事故责任免赔率。

3）赔款计算：

赔款=［实际修复费用−交强险剔除金额（其他车赔付的）−残值］×（1−主险免赔率之和）

9. 机动车停驶损失保险

1）投保了机动车损失保险的机动车，可投保本附加险。

2）保险责任：因发生机动车损失保险的保险事故，致使被保险机动车停驶，保险人在保险单载明的保险金额内承担赔偿责任。

3）保险金额。

- 保险金额按照投保时约定的日赔偿金额乘以约定的赔偿天数确定。
- 约定的日赔偿金额最高为 300 元。
- 约定的赔偿天数最长为 60 天。

4）赔偿处理。

ⅰ. 全车损失，按保险单载明的保险金额计算赔偿。

ⅱ. 部分损失，在保险金额内按约定的日赔偿金额乘以从送修之日起至修复之日止的实际天数计算赔偿，实际天数超过双方约定修理天数的，以双方约定的修理天数为准。

ⅲ. 在保险期间内，赔款金额累计达到保险单载明的保险金额，本附加险保险责任终止。

5）赔款计算。

ⅰ. 全车损失。

赔款=日赔偿金额×约定天数（日赔偿金额≤300 元；赔偿天数≤60 天）

ⅱ. 部分损失。

赔款=日赔偿金额×停驶天数（日赔偿金额≤300 元；赔偿天数≤60 天）

停驶天数=送修之日起至修复之日止的实际天数，实际天数超过双方约定修理天数的，以双方约定的修理天数为准。

提示：赔偿后要对停驶天数进行批减。

10．多次事故免赔率特约条款

1）投保了家庭自用汽车损失保险、非营业用汽车损失保险、特种车保险条款中机动车损失保险的机动车方可特约本条款。

2）保险车辆发生第三次保险事故起，每增加一次事故，免赔率增加 5%。

增加的免赔率=（保险事故次数−2）×5%

11．施救费用的赔偿

施救费用是指当保险标的遭遇保险责任范围内的灾害事故时，被保险人或其代理人、雇员等采取措施抢救保险标的，以防止损失的扩大，其中因采取施救措施而支出直接的、必要的合理费用。必须符合国家有关政策规定。

1）施救费用的确定注意事项。

ⅰ．保险车辆出险后，雇用吊车和其他车辆进行抢救的费用，以及将无法正常行驶的出险车辆拖运到就近的停车场所或修理厂的运输费用，但必须严格按照当地物价部门颁布的收费标准予以负责。

ⅱ．被保险人使用他人（非专业消防单位）的消防设备，施救保险车辆所消耗的费用及设备损失予以负责。

ⅲ．在抢救保险标的的过程中，因抢救而损坏他人的财产，如果应由被保险人承担赔偿责任的，可酌情予以赔偿。但抢救人员个人物品的丢失，不予承担。

ⅳ．抢救车辆在拖运保险车辆过程中发生意外事故而造成损失和费用支出，如果该抢救车辆是被保险人自己或义务前来抢救的，应予以赔偿；反之该抢救车辆是有偿的，则不予负责。

ⅴ．保险车辆出险后，被保险人赶赴肇事现场处理相关事务所支出的费用，不予负责。

ⅵ．保险车辆为进口车或特种车，发生保险责任范围的事故后，当地确实不能修理，经保险人同意去异地修理的拖运费，可予以负责。但有关人员的工资、差旅费不予负责。

2）应由被保险人承担的施救费用超出第三方交强险赔偿的部分（以下简称交强险施救费用部分），保险人负责赔偿。

3）当施救的财产中，含有该保险合同未保险的财产，应按保险车辆的实际价值占总施救财产的实际价值比例分摊施救费用。

4）有关车辆损失保险的施救费用是一个单独的保险金额，保险车辆损失赔偿及施救费用分别以不超过车损险的保险金额为限；但有关商业三者险的施救费用不是一个单独的责任限额，施救费用与赔偿第三者损失金额相加不得超过商业三者险的责任限额。

5）《交强险》中受害人财产损失需要施救的，财产损失赔款与施救费累计不超过财产损失赔偿限额。

6）施救费用的赔偿应根据保险车辆的事故责任、相应险种的有关规定扣减相应的免赔率。

7）施救费用的赔偿计算。

ⅰ．保险车辆的保险金额按投保时新车购置价确定的，施救费用计算公式为

赔款=（实际施救费用-责任强制险赔款〈施救费用部分〉）×保险车辆实际价值÷施救财产总价值×事故责任比例×（1-免赔率之和）-绝对免赔额

免赔率之和包括多次免赔特约条款包含的范围。

ⅱ．保险车辆的保险金额低于投保时的新车购置价，施救费用按保险金额与新车购置价的比例计算赔偿，计算公式为

赔款=［实际施救费用-责任强制险赔款（施救费用部分）］×保险金额÷施救财产总价值×（保险金额/新车购置价）×事故责任比例×（1-免赔率之和）-绝对免赔额

免赔率之和包括多次免赔特约条款包含的范围。

注：在车辆损失保险、第三者责任险赔款计算中，“保险事故发生时，保险车辆的实际价值”（以下简称“实际价值”）按保险事故发生时同种类型车辆市场新车购置价（含车辆购置附加费〈税〉）减去该车已使用年限折旧后确定。折旧率计算方法和标准见承保部分（每满一年扣除一年折旧，不足一年的部分不计折旧）。实际价值有可能低于投保时保险车辆的实际价值。“免赔率之和”是指保险合同中规定的需加扣的各免赔率之和。在确定“事故责任比例”时，如果交警部门判定的事故责任比例与实际“赔偿比例”不一致，经过核赔人员认真审核，认为此种判定符合实际情况、判定合理，此处的“事故责任比例”可以用“赔偿比例”代替。

7.1.5 案例分析

1．案情介绍

有甲、乙两车，甲车为载货汽车，乙车为小型载客汽车，在道路上发生交通事故，双方负事故的同等责任，致使一名骑自行车的人（丙）受伤，并造成路产管理人（丁）遭受损失。交通事故各参与方的损失分别为：甲车车辆损失 3 000 元，车上货物损失 5 000 元；乙车车辆损失 1 万元，乙车车上人员重伤一名，造成残疾，花费医药费 2 万元，残疾赔偿金 5 万元；骑自行车人经抢救无效死亡，医疗费用 3 万元，死亡赔偿金 10 万元，精神损害抚慰金 2 万元；路产损失 5 000 元。甲乙两车均承保了交强险，财产损失、医疗费用、死亡伤残各赔偿限额分别为 2 000 元、8 000 元、5 万元；甲、乙车都投保了商业机动车保险，甲车投保险别分别为车辆损失保险、第三者责任险、车上货物责任险、不计免赔险；乙车投保险别分别为车辆损失保险、第三者责任险、车上人员责任险、不计免赔险。

2．分析

1）可以将上述案例的计算过程图解，如图 7-1 所示。

图 7-1 中，①、②、③为甲车保险人分别对乙车方、丙方、丁方的交强险赔款；④、⑤、⑥为乙车保险人分别对甲车方、丙方、丁方的交强险赔款；⑦、⑧、⑨为甲车保险人分别对乙车方、丙方、丁方的商业三者险赔款；⑩、⑪、⑫为乙车保险人分别对甲车方、丙方、丁方的商业三者险赔款；⑬、⑭为甲车保险人对甲车方的车损险、车上人员责任险赔款；⑮、⑯为乙车保险人对乙车方的车损险、车上人员责任险赔款。

2）赔款险计算详解。依据图 7-1，辅以数学符号 min｛｝（意为“取最小者”，如 min｛a，b，c｝即 a，b 和 c 中的最小者）的运用，可使车险赔款计算难题迎刃而解。

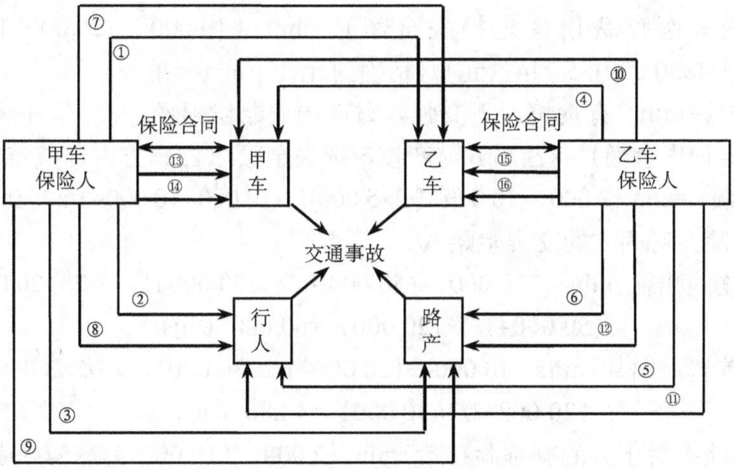

图 7-1　赔款计算示意图

车险赔款计算自然应以车险条款、有关法律法规等为准绳，以道路交通事故为依据，并特别注意以下几点：

ⅰ. 交强险处于第一赔偿序位，商业车险处于第二赔偿序位，即先交强险后商业保险，且在进行商业车险赔款计算时应扣除已获得交强险赔偿的款项。

ⅱ. 交强险采用简单的“二分法”（将责任仅分有责和无责）并实行限额责任赔偿，商业车险则实行比例责任赔偿。

ⅲ. 未投保交强险但投保了商业车险的车辆视为投保了交强险，商业车险仅负责应在交强险项下应获得赔偿款项以外的损失。

ⅳ. 理算时，应参照有关法律法规确定的赔偿标准，如国务院卫生主管部门制定的交通事故人员创伤临床诊疗指南、国家基本医疗保险标准和道路交通事故人身伤残评定准则等。

ⅴ. 交强险负责被保险人依照法院判决或者调解承担的精神损害抚慰金，而商业三者险则不负责精神损害赔偿。

ⅵ. 交强险财产损失赔偿限额、医疗费用赔偿限额内没有赔偿顺序之分，死亡伤残赔偿限额内却存在赔偿顺序。

ⅶ. 对各险种项下的死亡伤残费用、医疗费用、财产损失等分别对应计算，不可交叉、重复或遗漏。

有关赔款计算详解如下：

ⅰ. 甲车保险人对乙车方的交强险赔款。

死亡伤残赔款=min｛有责情况下交强险死亡伤残费用赔偿限额，（乙车方死亡伤残费用核定损失金额+丙方死亡伤残费用核定损失金额）｝×乙车方死亡伤残费用核定损失金额/（乙车方死亡伤残费用核定损失金额+丙方死亡伤残费用核定损失金额）=min｛110 000，(50 000+1/2×120 000)｝×50 000÷(50 000+1/2×120 000)=50 000（元）（注：由于交强险责任限额的调高，本案中丙方精神损害抚慰金能在交强险内获赔）

医疗费用赔款=min｛有责情况下交强险医疗费用赔偿限额，（乙车方医疗费用核定损失金额+丙方医疗费用核定损失金额）}×乙车方医疗费用核定损失金额/（乙车方医疗费用核定损失金额+丙方医疗费用核定损失金额）=min｛10 000，(20 000+1/2×30 000)｝×20 000÷(20 000+1/2×30 000)=5 714（元）（精确到元，下同）

财产损失赔款=min｛有责情况下交强险财产损失赔偿限额，(乙车方财产核定损失金额+丁方财产核定损失金额)｝×乙车方财产核定损失金额/（乙车方财产核定损失金额+丁方财产核定损失金额）=min｛2 000，(10 000+1/2×5 000)｝×10 000/(10 000+1/2×5 000)=1 600（元）

ii．甲车保险人对丙方的交强险赔款。

死亡伤残赔款=min｛110 000，（50 000+1/2×120 000）｝×1/2×120 000÷（50 000+1/2×120 000）=60 000（元）

医疗费用赔款=min｛10 000，（20 000+1/2×30 000）｝×1/2×3 000÷（20 000+1/2×30 000）=4 286（元）

iii．甲车保险人对丁方的交强险赔款=min｛2 000，（10 000+1/2×5 000）｝×1/2×5 000÷（10 000+1/2×5 000）=400（元）

iv．乙车保险人对甲车方的交强险赔款=min｛2 000，（3 000+5 000+1/2×5 000）｝×（3 000+5 000）/（3 000+5 000+1/2×5 000）=1 524（元）

v．乙车保险人对丙方的交强险赔款。

死亡伤残赔款=min｛110 000，1/2×120 000｝=60 000（元）

医疗费用赔款=min｛10 000，1/2×30 000｝=10 000（元）

vi．乙车保险人对丁方的交强险赔款=min｛2 000，(3 000+5 000+1/2×5 000)｝×1/2×5 000/(3 000+5 000+1/2×5 000）=476（元）

vii．甲车保险人对乙车方的商业三者险赔款=（乙车方损失−交强险赔款）×甲车责任比=［(50 000+20 000+10 000）−（50 000+5 714+1 600)］×50%=11 343（元）

viii．甲车保险人对丙方的商业三者险赔款=［(120 000+30 000）−（60 000+4 286）−（60 000+10 000)］×50%=7 857（元）

ix．甲车保险人对丁方的商业三者险赔款=（5 000−400−476）×50%=2 062（元）

x．乙车保险人对甲车方的商业三者险赔款=［(3 000+5 000)−1 524］×50%=3 238（元）

xi．乙车保险人对丙方的商业三者险赔款=［(120 000+30 000）−（60 000+4 286）−（60 000+10 000)］×50%=7 857（元）

xii．乙车保险人对丁方的商业三者险赔款=（5 000−400−476）×50%=2 062（元）

xiii．甲车保险人对甲车的车损险赔款=［3 000−1 524×3 000/（3 000+5 000)］×50%=1 214（元）

xiv．甲车保险人对甲车的车上货物责任险赔款=［5 000−1 524×5 000/（3 000+5 000)］×50%=2 024（元）

xv．乙车保险人对乙车的车损险赔款=（10 000−1 600）×50%=4 200（元）

xvi．乙车保险人对乙车的车上人员责任险赔款=（20 000−5 714+50 000−50 000）×50%=7 143（元）

综上可知：

甲车方能获得的保险赔款=乙车保险人对甲车方的交强险赔款+乙车保险人对甲车方的

商业三者险赔款+甲车保险人对甲车的车损险赔款+甲车保险人对甲车的车上货物责任险赔款=4）+10）+13）+14）=1 524+3 238+1 214+2 024=8 000（元）

乙车方能获得的保险赔款=1）+7）+15）+16）=（50 000+5 714+1 600）+11 343+4 200+7 143=80 000（元）

丙方能获得的保险赔款=2）+5）+8）+11）=（60 000+4 286）+（60 000+10 000）+7 857+7 857=150 000（元）

丁方能获得的保险赔款=3）+6）+9）+12）=400+476+2 062+2 062=5 000（元）

甲车保险人总赔款=1）+2）+3）+7）+8）+9）+13）+14）=（50 000+5 714+1 600）+（60 000+4 286）+400+11 343+7 857+2 062+1 214+2 024=146 500（元）

乙车保险人总赔款=4）+5）+6）+10）+11）+12）+15）+16）=1 524+（60 000+10 000）+476+3 238+7 857+2 062+4 200+7 143=96 500（元）

任务：

甲车投保车辆损失险和第三者责任险以及车上人员责任险，前者保险金额 20 万元，后者赔偿限额为每次事故 10 万元，车上人员责任险为（5 座×1 万元）；乙车投保了车辆损失险和第三者责任险以及不计免赔特约保险，车损险保险金额 30 万元，第三者责任保险赔偿限额为每次事故 20 万元，两车在保险期间发生碰撞事故，甲车车辆损失 10 万元，一人受伤，人身伤亡补偿费合计 1.5 万元；乙车车辆损失 15 万元，一人受伤，人身伤亡补偿费合计 1.5 万元；乙车车辆损失 1.2 万元，经交通管理部门裁定，甲车负主要责任，即 30%，甲和乙两车的承保人各应付多少赔款？

1）理算的主要内容有哪些？

2）理算的工作职责是什么？

3）对以上赔案进行赔款理算。

7.2　核赔

7.2.1　核赔的基本流程

核赔的基本流程如图 7-2 所示。

7.2.2　核赔的主要内容

1. 单证审核

1）审核确认被保险人按规定提供的单证、证明及材料是否齐全有效，有无涂改、伪造。

2）审核赔案经办人员是否规范填写赔案有关单证并签字，必备单证是否齐全，签章是否齐全。

3）审核所有索赔单证是否严格按照单证填写要求规范、认真、准确、全面地填写。

4）对不齐全、不合格的单证提出补充、整改、调查意见。

2. 核定保险责任

1）出险车辆的厂牌型号、牌照号码、发动机号、车架号与保险单证是否相符。

2）出险原因是否属保险责任。

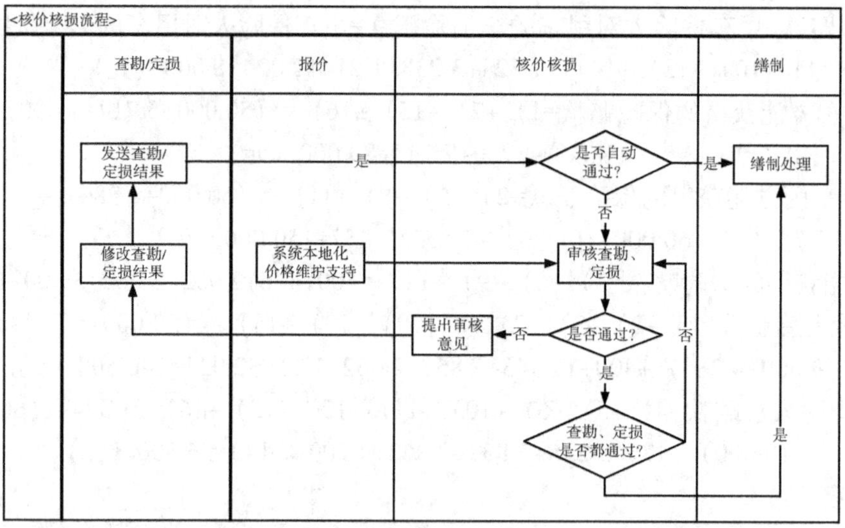

图 7-2　核赔的基本流程

3）出险时间是否在保险期限内。

4）事故责任划分是否准确合理。

5）赔偿责任是否与承保险别相符。

3．核定车辆损失及赔款

1）车辆定损项目、损失程度是否准确、合理。

2）更换零部件是否按规定进行了询报价，定损项目与报价项目是否一致。

3）换件部分拟赔款金额是否与报价金额相符。

4）残值确定是否合理。

4．核定人员伤亡及赔款

1）据查勘记录、调查证明和被保险人提供的"事故责任认定书"、"事故调解书"和伤残证明，依照国家有关道路交通事故处理的法律、法规规定和其他有关规定进行审核。

2）审核《机动车辆保险伤残人员费用管理表》的填制情况，是否按规定每月对伤残人员进行了费用跟踪管理。

3）核定伤亡人员数、伤残程度是否与调查情况和证明相符。

4）核定人员伤亡费用是否合理。

5）被抚养人口、年龄是否真实，生活费计算是否合理、准确。

5．核定其他财产损失赔款

根据照片和被保险人提供的有关货物、财产的原始发票等有关单证，核定财产损失、损余物资处理等有关项目和赔款。

6．核定施救费用

1）根据案情具体情况和施救费用的有关规定核定施救费核算是否合理。

2）核定施救费单据是否正规合理。

7．审核赔付计算

1）残值是否扣除。

2）免赔率使用是否正确。

3）赔款计算是否准确。

8．其他事项

通过核赔的赔案应于当日提醒理赔内勤人员打印《机动车辆保险领取赔款通知书》，通知客户领取赔款或财务转账。

任务：

王某于 2012 年购买一辆捷达轿车，并在当地保险公司投保了车损险，第三者责任险以及盗抢险等附加险。一天早晨，王某驾车去单位上班，由于时间较紧，所以车开得很快，结果在强行超越一辆正常行驶的出租车时，由于操作不当与出租车相撞，致使出租车前部损坏，所幸出租车司机没有伤到脑部。事故发生后，王某及时向交警部门和保险公司报了案。交警了解情况后，认定王某负事故主要责任，事故车辆进行损失核定后，初步估计修理出租车需要 3 天的时间。出租车司机考虑到这 3 天无法营运，损失将近千元，当面向王某和保险公司提出 3 天的误工费的赔偿要求，保险公司的理赔人员当即告诉他：只有在第三者受伤的情况下，保险公司才负责赔偿误工费，由于你没有受伤，保险公司对你的误工费不予赔偿。

1．核赔的操作流程是什么？

2．赔案材料的整理和装订程序有哪些？

7.3　理赔结案

7.3.1　缮制赔案

1）对被保险人提供的各种必要单证审核无误后，理算人员根据保险条款与相关的法律、法规和条例规定，迅速审查核定，按照人、车、物损失费用对应承担赔偿的险别的原则分别计算赔款。如果被保险人想尽快获知赔偿情况，可以将核定计算结果通知被保险人，但不得将尚未通过核赔的赔偿金额向保户做出赔偿承诺。

2）案件缮制完毕要即时提交核赔；属《机动车辆交通事故责任强制保险》的赔案，必须在资料收集齐全 5 日内缮制赔款计算书，提交核赔。

3）凡属《机动车辆交通事故责任强制保险》的赔案，收到被保险人提供的证明和索赔资料后要及时提交上级领导审核，跟踪处理情况。对于初步判断不属于保险责任的，应当上报上级领导定夺。

7.3.2　结案处理

1）赔案核赔通过后，缮制人员打印《机动车辆保险领取赔款通知书》通知被保险人，同时通知财务部门支付赔款。

2）赔案核赔通过后，如遇车辆停驶险、异地出险住宿费特约条款、车身划痕险发生赔款的，系统将自动批减保额并标注在赔款计算书上。

3）客户领取赔款后，及时对赔案进行归档处理。

4）理赔案卷归档。

i．将财务支付赔款后的《赔款收据》（业务留存联）连同其他全案单证材料存入赔案案卷，并按理赔案卷档案管理的有关规定和要求有序排列卷内单证，规范装订案卷后归档。

ii．将已决赔案的卷宗按赔案号、顺序排列归档，属交强险的案卷单独归档。

iii．按理赔案卷档案管理的有关规定和要求，妥善整理、保管理赔卷宗。

7.3.3 案卷资料管理

车险赔案一律采用电子赔案方式，相关材料扫描并上传至系统后，所有物理资料装入《客户资料档案袋》，并按以下要求进行管理。

1）客户资料档案袋须一案一袋，进行整理、登记、保管。要做到单证齐全，编排有序，目录清楚，胶片照片及原始单据一律粘贴整齐并附说明。

2）特殊案件与一般赔案一并归档，但在《客户资料档案袋》上须加盖特殊赔案印章或注明标示。

3）特殊赔案的单证使用规范按《特殊案件处理规程》的要求执行。

4）《客户资料档案袋》由赔案缮制地公司留存，并按档案管理规定的要求进行保管。

5）《客户资料档案袋》材料顺序：

i．《机动车辆保险赔案审批表》。

ii．《机动车辆保险赔款计算书》。

iii．《机动车辆保险结案报告书》。

iv．《机动车辆保险报案记录（代抄单）》。

v．《机动车辆保险索赔申请书》。

vi．事故责任认定书、事故调解书、判决书或出险证明文件。

vii．《机动车辆保险事故现场查勘记录》。

viii．《机动车辆保险事故现场查勘草图》、《机动车辆保险事故现场查勘询问笔录》及《附页》。

ix．《机动车辆保险车辆损失情况确认书》（包括零部件更换项目清单及清单附页、修理项目清单及清单附页）、《保险车辆增加修理项目申请单》。

x．《机动车辆保险财产损失确认书》。

xi．《机动车辆保险人员伤亡费用清单》、《机动车辆保险伤残人员费用管理表》。

xii．《误工证明及收入情况证明》、《机动车辆保险出险证明》、《机动车辆保险权益转让书》、《机动车行驶证》复印件、《机动车驾驶证》复印件。

xiii．《机动车辆保险赔案票据粘贴用纸》（有关原始单据）、《机动车辆保险赔案照片粘贴用纸》（照片）。

xiv．《机动车辆保险简易案件赔款协议书》。

xv．《机动车辆保险领取赔款通知书》、《机动车辆保险结案催告、注销通知书》、《机动车辆保险拒赔通知书》。

xvi．《机动车辆保险代位追偿案件登记簿》、《机动车辆保险损余物资回收处理单》。

xvii．《机动车辆保险诉讼、仲裁案件审批表》、《机动车辆保险拒赔案件报告书》。

xviii.《机动车辆保险预付赔款申请书》、《机动车辆保险预付赔款审批表》。

xix.《机动车辆保险异地出险联系函》、《机动车辆保险受理查勘、定损复函》。

xx. 其他有关证明及材料。

6）理赔卷宗的借阅。

i．公司外人员借阅案件（凭有关证明如被保险人单位介绍信、身份证件等），经部门负责人书面签字同意，予以当场借阅。

ii．公司内部门借阅案件，经理赔负责人书面签字同意，予以当场借阅。

任务：

理赔结案模拟。

7.4　车险理赔特殊案件的处理

7.4.1　简易赔案处理

为规范机动车保险简易赔案的操作，提高案件处理速度和理赔服务水平，在车险理赔过程中，对出险原因清楚，保险责任明确，事故金额低，可以一次性确定损失的事故，在被保险人同意按此流程操作的前提下，实施简易处理。

1. 实施条件

实行简易赔案的案件必须同时具备以下条件：

1）保险责任范围内只涉及标的车辆损失，不涉及第三者。

2）车辆损失为保险条款列明的自然灾害和被保险人或其允许的合格驾驶员或约定驾驶员导致的损失。

3）案情简单，出险原因清楚，保险责任明确，损失容易确定。

4）事故损失可以一次核定。

5）损失金额在 5 000 元以内（简易案件具体标准可由各公司根据当地情况在 5 000 元以内确定）。

6）受损的零部件按照公司询报价系统可准确定价。

2. 操作流程和要求

简易赔案的处理流程如图 7-3 所示。

（1）接报案及调度

1）电话中心接报案人员接到客户报案时，首先应判断是否符合简易赔案的条件。

2）立即调度查勘定损人员赶赴事故现场并提示该事故符合简易的条件。

3）对无法保留现场的事故车辆，应要求客户将车辆送往最近的合作修理厂，同时调度查勘定损人员赶赴合作修理厂进行查勘定损。

（2）查勘定损

1）查勘定损人员应在第一时间赶赴事故现场并认真查勘事故现场，逐项确定损失项目及金额，确定是否符合简易赔案的要求。

2）对存在疑点的事故，应在认真查勘事故现场的基础上，进一步做好对事故现场痕迹的检验、证物样品的提取，目击和旁证的调查和取证等工作。

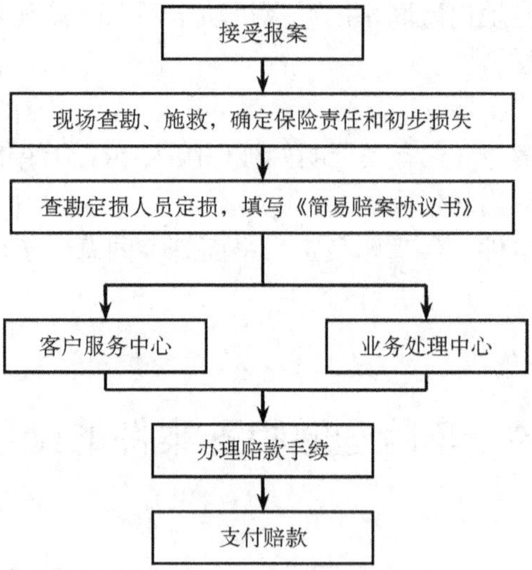

图 7-3　简易赔案的处理流程

3）对符合简易赔案条件的案件，尽量在现场核定损失项目和金额（对价值超过 1 000 元的零部件要粘贴标签拍照），在客户接受公司定损项目及维修金额并同意按简易赔案方式处理的，查勘定损人员应填制《机动车辆保险简易赔案审批表》（以下简称《审批表》），由被保险人或其指定授权人签字确认。

4）现场查勘人员在完成查勘、定损工作后，应指导被保险人或其指定授权人填写《审批表》中索赔申请的内容，确定理赔所需的手续资料并填写在《索赔须知》中。

5）请客户选择领取赔款的方式。

- 需要银行划账支付的要记录被保险人的银行账号。
- 需要来公司领取赔款的告知所需手续、资料（被保险人本人来的需携带本人身份证原件；非本人来的需要被保险人的书面授权委托书、被保险人身份证复印件、领款人身份证原件）。

6）查勘定损时需收集的索赔资料。

- 驾驶证、行驶证（审验原件后，用数码相机拍摄留存）。
- 非被保险人本人出险的，须提交被保险人的《领取赔款授权委托书》、被保险人身份证（复印件）、领取赔款人的身份证（复印件）。
- 其他索赔需要的材料。

（3）赔案缮制

在理赔系统中设置查勘定损人员简易赔案的处理权限，由查勘定损人员对简易赔案进行缮制。

1）查勘定损人员从现场回到公司后，立即使用理赔系统对简易赔案进行处理，将事故损失项目和金额录入理赔系统，同时，将事故现场照片和驾驶证、行驶证照片以及赔案其他资料的影像上传到系统中。

2）简易赔案在理赔系统处理完毕后，查勘定损人员应将理算的赔款结果填写在《审批表》上，并将《审批表》(财务留存联）移交到财务支付赔款。

(4）代结算流程

1）按简易赔案处理的，合作汽车修理厂同意按《机动车辆保险简易赔案审批表》核定金额修理的，应在单证右下角的空白栏内签字确认。

2）事故车辆修理完毕后，修理厂应通知保险公司对修车质量是否达标进行检验，同时通知客户提车。

3）客户提车时只需向合作汽车修理厂提交理赔手续资料和自负金额后，即可提车。

4）合作修理厂凭《审批表》和《索赔须知》中注明的客户应提交的单证、资料到保险公司进行结算。结算时间由保险公司和合作汽车修理厂约定。

5）保险公司审核案件情况及材料，缮制《审批表》，财务部门凭《审批表》定期给修理厂支付赔款。

3．赔案管理

简易赔案与一般赔案同样编号管理，客户资料档案袋上加盖“简易赔案”印章。

4．支付方式

对于索赔材料齐全有效，与被保险人确认赔款金额后，可立即进行赔付。

(1）被保险人是单位的赔款支付方式

1）通过银行转入被保险人单位银行账号。

2）被保险人授权委托人去保险公司领取赔款。

(2）被保险人是个人的赔款支付方式

1）通过银行转入被保险人个人银行账号。

2）被保险人或其授权委托人去保险公司领取赔款。

5．涉及单证

1）《机动车辆保险简易赔案审批表》。

2）《领取赔款授权委托书》、被保险人身份证（复印件）、领取赔款人身份证（复印件）。

3）其他个案必要材料。

6．赔案抽检

省级分公司核赔人员，每天应从理赔系统中随机抽取上一日简易赔案总量的5%进行审核，审核中发现的问题应及时通知查勘定损人员，对客户尚未领取赔款的，应及时进行误核更正。同时要求查勘定损人员立即在审批表上更正赔款。

对抽检审核发现的问题进行记录、归类，作为对查勘定损人员的考评依据。对于简易赔案处理质量较低的人员，应立即取消其处理简易赔案的权限。

任务：

简易赔案处理模拟。

7.4.2　双代赔案处理

1．定义

本规定所指代查勘、代定损案件是指公司所属分支机构承保的机动车保险、货物运输保险及其他业务在中华人民共和国境内（港、澳、台地区除外）跨省市异地出险，由出险地分支机构公司代为查勘、定损的案件（以下简称“双代”案件）。

2．“双代”案件处理规定

1）出险地公司在接到客户报案或承保公司的“双代”要求后，无论损失金额大小，必须及时组织人员代承保公司进行查勘和提供必要的服务，不应等待承保公司的书面委托。

2）定损工作及权限应根据承保公司委托进行。

3）“双代”案件的查勘、定损事宜一律由出险地省级理赔客服部门统一调度处理。

4）“双代”案件查勘、定损必须符合公司的查勘、定损流程。涉及人伤的“双代”案件，出险地公司有义务进行调查、取证，承保公司要及时提供必要的协助。

5）出险地公司与承保公司各指定一名“双代”案件联系人（由客户服务中心管理人员担任），负责与对方随时保持必要的联系和沟通。

承保公司必须及时向出险地公司提供承保信息，随时关注案件处理情况。有关重点问题和特殊事项处理意见应及时向出险地公司明确表态，即根据出险地公司提供的情况书面表明是否委托出险地公司代为定损及代定损的额度。

承保公司认为有必要时可派人赴出险地联合查勘、定损（必须提前在委托函中说明清楚）。出险地公司接手案件后，如客户向承保公司询问案件处理情况，承保公司必须及时答复。对确有疑点或出险地公司提供单据不齐的案件，承保公司应主动向出险地公司核实情况，索要单证。双方要将相关通话内容进行记录，并将记录材料保留。不得要求客户往返于两公司之间补材料。

6）出险地公司应及时将案件进展情况告知承保公司，并将有关资料的电子文档及时传送给承保公司，纸质资料随后邮寄至承保公司。如承保公司在“双代”案件理赔过程中对出险地公司所提供的资料提出质疑，或要求补充材料，出险地公司必须做出必要的说明或补充。

7）承保公司与出险地公司如对定损金额等问题发生争议，应充分沟通协商，难以达成一致意见的报总公司协调解决。双方不得以任何理由相互推诿，刁难客户。

8）所有“双代”案件有关资料须加盖“双代”字样印章并认真归档保存。

9）总公司理赔客服管理部门负责对“双代”工作进行协调，对“双代”工作执行情况进行监督检查，对严重违规案件进行处理，对违规单位和个人进行处罚。

3．“双代”案件业务流程管理

（1）业务基本流程

1）车险双代案件按照接受报案—查勘—双代委托与受理—定损—受损车辆协商送修—案件资料收集、传递—赔案理算—核赔结付—案卷归档的流程操作。

2）货运险双代案件按照接受报案—查勘—双代委托与受理—定损—案件资料收集、传递—赔案理算—核赔结付—案卷归档的流程操作。

（2）接受报案

1）出险地公司接到客户报案后，应按有关规定详细询问事故情况，进行单独报案登记。出险地公司应于接报案后 10 分钟内向承保公司核实承保情况，询问处理意见，并记录联系时间、联系人及承保公司答复内容。

承保公司接到出险地公司转来的报案信息后，须立即将有关信息录入公司业务系统，进行报案处理。

2）如承保公司接到异地出险报案，应详细问明事故情况，于 10 分钟内向出险地公司转报案。

3）承保公司必须在与出险地公司首次通话后 30 分钟内将保单抄件发至出险地公司。

4）出险地公司接受报案并查阅承保公司传递的保单信息后，对于超出保险期限、未投保险种出险等明显不属于保险责任的情形，应明确告知报案人拒赔理由，并做好登记工作。

（3）委托与受理委托

1）出险地公司接到报案后，应进行查勘，并根据初步查勘结果向承保公司通报案件情况。

2）承保公司根据报案情况或查勘情况，决定是否委托出险地公司进行定损。决定委托的，应发出委托书，委托书应明确委托定损的权限，定损权限可按案件损失金额的大小分成全权委托定损、限定金额以内定损。限定委托定损金额的，委托书还应明确超限额时的处理方式（由承保公司重新委托、与客户达成定损协议前需提交承保公司核损确认或承保公司派员前往联合定损）。

3）受理委托。出险地公司必须接受承保公司的委托，并按要求进行查勘定损。

（4）查勘定损

1）查勘人员接到通知后，应立即赶往现场，严格按照有关规定，认真履行应尽职责。客户需要救助的，应协助客户采取必要合理施救措施。

2）查勘人员还应与被保险人、承运人协商确定是否申请检验、公估机构联合检验，或请有关部门出具事故证明，做好事故的调查取证工作。

3）查勘结束后应及时缮制详细的现场查勘记录，并向客户提供明确的索赔指引。

4）“双代”案件实行岗位负责制，出险地公司查勘定损人员负责处理本案查勘定损过程中的一切事项，“双代”联系人负责向承保公司反馈情况。查勘结束，查勘人员须将现场查勘情况、是否立案和初步事故估损金额报告本地“双代”联系人，由本地“双代”联系人在 12 小时内，将有关信息转告承保公司“双代”联系人。承保公司可根据出险地公司的查勘情况决定是否委托定损或者参加联合定损。

5）出险地公司查勘定损人员现场查勘后，发现不属保险责任的，应及时反馈给本地“双代”联系人，本地“双代”联系人接到报告后应立即通知承保公司，双方共同协商后续的处理方式。

6）承保公司接到出险地转来的相关信息后，应按照公司《未决赔案管理暂行规定》规定进行立案处理。

（5）受损标的处理

1）车辆送修。异地出险车辆的送修，须与承保公司协商，在合理、适当的前提下遵从被保险人的意愿。

- 被保险人要求就地修理的，出险地公司应积极协助其安排修车事宜。在被保险人签字认可定损结果的情况下，出险地公司应将《机动车辆保险车辆损失情况确认书》一份交被保险人。
- 被保险人要求返回承保公司所在地修理的，出险地公司应协助其办妥事故证明及送车等相关事项，并在《机动车辆保险车辆损失情况确认书》上确定修理更换项目，注明并告知客户“修理前须由承保公司核定修理价格”，由客户签字确认。

如因事故处理需要，必须确定损失金额的，出险地公司应按照出险当地价格确定，并在《机动车辆保险车辆损失情况确认书》上明确注明“修理前须由承保公司重新核定修理价格，以重新核定价格为准”，由客户签字确认。

- 被保险人不认可定损结果的，应由被保险人、出险地公司和承保公司三方协商解决。

2）货运险及其他险种受损标的。出险地公司应根据案情，在与承保公司、被保险人、承运人充分协商的情况下妥善处理受损标的。

（6）资料收集

出险地公司应当向客户提供充分的索赔指引，并引导客户收集完整的索赔资料，并做必要的审核。

（7）赔案理算

1）承保公司接到出险地公司转来的“双代”案件材料，经审核无误后，应妥善保管；客户提出索赔后应及时进行赔案理算，尽快支付赔款，并进行结案登记。

2）承保公司表明全部委托出险地公司进行查勘和定损，而不参与“双代”案件处理的，必须认可出险地公司定损结果。

（8）案卷传递和归档

各公司应建立完整、规范的“双代”案件流转登记制度。

1）出险地公司“双代”联系人负责在查勘结束后12小时内将查勘结果以传真或邮件或其他书面形式反馈给承保公司，并于3日内将全案单证材料备齐，交理赔客服部门负责人审核签字、加盖理赔专用章。必备单证有《出险报案（代抄单）》、《事故现场查勘记录》、现场照片、《损失情况确认书》及有关损失清单、其他有关单证。

2）出险地公司应将上述单证原件一套封袋，2日内以档案移交方式送交承保公司，另外自留复印件一套备查，并在《机动车辆保险“双代”登记簿》上登记。

3）“双代”案件结案后，承保公司和出险地公司均应按有关档案管理规定保存“双代”赔案案卷。“双代”案件材料应按“本代”（本地公司代外地公司查勘）和“外代”（外地公司代本地公司查勘）两类编号管理。

4．代付管理

1）承保公司根据案情、查勘定损结果和客户书面申请，决定是否委托出险地公司代为支付下列费用：

ⅰ．交强险抢救费用。

ⅱ．受损车辆的修理费用。

ⅲ．案件赔款。

决定委托的，应出具委托书。

2）出险地公司应根据承保公司的委托书妥善处理相关事宜。

ⅰ．符合交强险相关规定的抢救费用，出险地公司应根据承保公司代付委托书及交警部门的书面通知代付。

ⅱ．委托结算受损车辆修理费用，按下列规定执行。

A．必须满足下列条件。

- 案件仅涉及车辆损失。
- 责任明确、事实清楚，各方当事人无争议。
- 损失金额在 5 000 元以下，事故车辆在出险地修理。
- 保险车辆投保了不计免赔特约险，且车辆修理费用等于定损金额。
- 承保公司已将出险车辆保单抄件、被保险人书面申请、代付委托书发至出险地公司。委托书应经过承保公司主管领导的签字批准。

B．代结算修理费用的工作流程。

- 要求，经承保公司书面认可，出险地公司应予受理，并在收齐索赔单证后 5 日内代为结付修车款。
- 出险地公司代为结付修车款后，应在《机动车辆保险“双代”登记簿》中登记结付修车款金额、结付时间。理赔客服部门应于 5 日内将符合车险理赔实务规程要求的全套赔案案卷以档案形式发送（寄送）承保公司。

C．代付赔款的，应执行下列规定。

- 承保公司根据案情和客户书面申请决定是否委托出险地公司代付赔款。
- 决定委托出险地公司代付赔款的，承保公司应根据出险地公司提供的案件资料进行理算、核赔。
- 承保公司将核赔通过的赔款计算书、客户申请书及代付赔款委托书发送给出险地公司。
- 出险地公司根据代付赔款委托书、客户申请书及赔款计算书代付赔款，代付赔款时必须严格按照财务制度中支付对象的规定，认真审核被保险人身份和书面证明，并按照财务制度规定的支付方式付款。
- 出险地公司代付赔款后，代赔资金由总公司统一清算。

5．开业初期在未设机构地区出险的应急处理办法

鉴于筹备开业初期，机构网络不健全，车辆在未设机构地区出险，可采取以下应急处理办法。

1）出险地接到异地客户报案电话，应立即与承保地联系，承保地应先做接报案处理，并立即通知该公司理赔客服人员。

承保地直接接到客户在异地出险报案的，也应先做接报案处理，并立即通知该公司理赔客服人员。

2）理赔客服人员接到通知后，应尽快与客户取得联系，询问事故和损失情况，受损车辆是否需要在出险地维修。

3）对于客户提出在出险地维修的，客服理赔人员可根据情况决定是否委托公估机构定损，或者指导客户在当地该车型厂商指定维修网点或 4S 店进行损失鉴定。

要求客户把事故照片和修理鉴定、预算，以传真或电子邮件的方式交承保公司，同时通知理赔客服人员。

4）理赔客服人员收到客户传送过来的资料后，应通过客户对出险的叙述和事故照片及修理鉴定、预算进行核对，结合客户意见，根据事故损失情况以及修理预算，研究决定处理方式，并将处理意见通知客户。处理方式包括在出险地维修，在承保地维修，派人去出险地处理。

任务：

双代赔案处理模拟。

7.4.3 代位追偿赔案处理

代位追偿案件是指在汽车保险中，由于第三者过错致使保险标的发生保险责任范围之内的损失，保险人按照保险合同给付了保险金后，依法取得向对损失负有责任的第三者进行追偿权利的案件。

1．实施条件

1）代位追偿是《保险法》和《机动车辆保险条款》或《交强险条款》规定的保险人的权利，根据权利义务对等的原则，代位追偿的金额应在保险金额范围内根据实际情况接受全部或部分权益转让。

2）代位追偿工作必须注意 2 年的诉讼时效，临近诉讼时效时必须重新进行索赔主张，并注意保留主张材料。

2．实施流程及规程

代位追偿流程如图 7-4 所示。

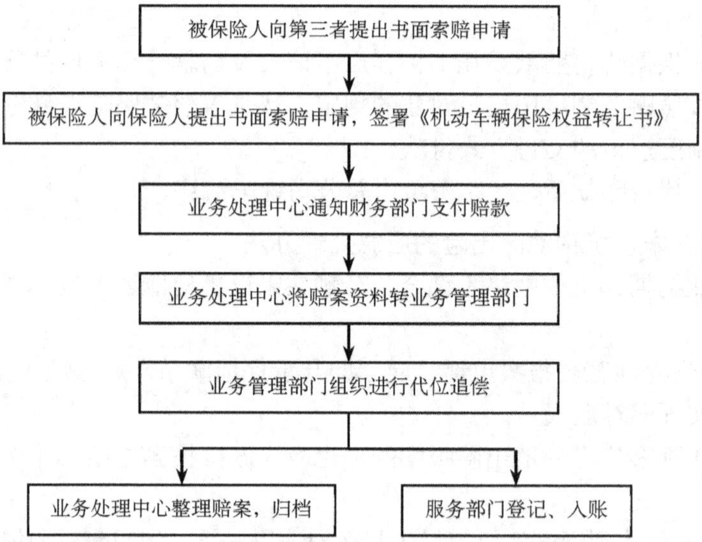

图 7-4　代位追偿流程

1）保险车辆发生保险责任范围内的损失应当由第三方负责赔偿的，被保险人应当向第三方出具《车辆损失要求赔偿通知书》。

2）第三方不履行赔偿义务的，被保险人可向保险公司提交赔案索赔必要单证，并签署《机动车辆保险权益转让书》，要求保险人进行赔偿，同时将向第三方追偿的权利书面转让给保险人。

3）《交强险》中的垫付赔偿，也应实施追偿。

4）保险人按照保险合同约定进行赔款理算，支付赔款。

5）赔偿后进行结案登记，确认"代位追偿案件"，组织追偿工作。

6）进行调查（或委托调查），确认提起诉讼、委托中介机构进行追偿等方式。

7）代位追偿追回的款项扣除诉讼或其他必要支出费用以后通过系统写入财务"追偿款收入"科目，不直接冲减所属案件的赔款。

8）保险人向第三方追偿得到的款项超过保险赔偿金额时，超过部分应退还被保险人。

9）保险人向第三方追偿取得实物或抵偿物时，对于损余物资应进行登记并作价处理。

10）全车盗抢险案件追偿：

ⅰ．承保公司接到被保险人或公安机关追回被盗抢车辆的通知后，须及时登记并将有关情况上报上级公司备案。上报内容包括被保险人名称、厂牌型号、号牌号码、车身颜色、发动机号、车架号、盗抢险保险金额、被盗抢日期、赔付金额。

ⅱ．待车辆发还后，补报发还日期、发还部门及侦破奖励费金额，收回车辆一律统一管理。

ⅲ．保险人应与被保险人充分沟通，对尚未支付赔款的，车辆应归还被保险人；对已支付赔款的，由被保险人自愿选择以下两种处理方式：

- 被保险人收回车辆退还赔款。收回的被盗抢车辆应填制《机动车辆保险损余物资回收处理单》，并退还被保险人，收回已支出赔款，在系统中予以登记。
- 保险公司收回车辆销售并冲减赔款。出售追回的被盗抢车辆，必须经过国家有关车辆处理部门合理作价，并认真填制《机动车辆保险损余物资回收处理单》，在系统中追偿平台进行登记。

11）对于确实无法追回的案件，需备注特别说明原因，报上级审批同意后，方可进行结束追偿处理。

3．赔案管理

代位追偿赔案与一般赔案同样编号管理，赔案卷皮加盖"代位追偿赔案"印章。

任务：

代位追偿赔案处理模拟。

7.4.4　拒赔赔案处理

1．拒赔原则

1）拒赔案件要严格依据《保险法》、《机动车辆保险条款》有关规定处理。拒赔要有确凿的证据和充分的理由，慎重决定。

2）拒赔前，应向被保险人明确说明原因，认真听取意见并向被保险人做好解释工作。

2．实施规程

1）接报案人员受理客户报案，并核对保单信息后，对于超出保险期限或出险原因属于未投保险别范围的，在备注中注明。

2）查勘定损人员现场查勘后，应正常指导客户填写《索赔申请书》，对于发现不属保险责任而客户坚决要求赔付的，需缮制《机动车辆保险拒赔案件报告书》，签署拒赔意见并附有关赔案资料后，报省级公司理赔客服部门审批。

3）其他岗位如核损、理算、核赔过程中发现不属于保险责任的情况的，应上报主管领导，决定是否缮制《机动车辆保险拒赔案件报告书》，签署拒赔意见并附有关赔案资料后，报领导审批。

4）理赔客服部门签署拒赔意见后交公司法律部门（或法律顾问）审核。

5）法律部门（或法律顾问）对拒赔理由和有关证据材料进行复审，并签署相关意见。

6）对超越本级管理权限案件，按业务管理权限报总公司审批。

7）对上级公司提出疑义的拒赔案件，需按批示重新进行深入调查，收集有关资料，提出意见，再次上报审核。

8）上级公司审核意见为"不同意拒赔"的，则该赔案应按正常案件程序进行流转。

9）如业务部门和法律顾问对按"拒赔案件"处理存在分歧的，应按照法律顾问的意见执行。如"拒赔案件"有特殊情况的，基层单位须说明理由并填写"通融赔付申请单"，按照"通融赔付案件"流程进行处理。

10）上级公司审批"同意拒赔"的案件，需缮制《机动车辆保险拒赔通知书》，以邮寄的方式交由被保险人，以邮寄方式发出《机动车辆保险拒赔通知书》时留存邮寄凭证。

3．注意事项

1）在未得到上级公司拒赔审批之前，各个环节均不得擅自做出拒赔决定，更不得随意通知被保险人拒赔。

2）拒赔案件与一般案件同样管理，赔案封皮须加盖"拒赔案件"专用章。

4．赔案管理

赔案拒赔，应将所有单证材料装入《客户资料档案袋》，并加盖"拒赔赔案"印章。按编码单独编号，按季度移交档案部门管理。

5．涉及单证

1）《机动车辆保险拒赔案件报告书》。

2）《机动车辆保险拒赔通知书》。

3）其他有关单证和证明材料。

任务：

拒赔赔案处理模拟。

7.4.5 垫付赔案处理

1．实施原则

1）垫付赔案不同于其他的追偿赔案，它不是保险人基于《保险法》和保险合同做出的赔偿，是根据交强险的规定而做出的有关款项的垫付，不是商业保险行为。

2）凡符合交强险中垫付条件的，致害人向医疗机构支付受害人人身伤亡的抢救费用（已发生的）不足的部分可在医疗费用赔偿限额内予以垫付赔偿；被保险人在交通事故中无责任的，保险人在无责任医疗费用赔偿限额内垫付。

3）对于垫付的抢救费用，保险人有权向致害人追偿。赔偿金额应做好统计，追偿收回款要扣减相关法律费用（诉讼费、律师费、执行费等）后，通过系统写入财务"追偿款收入"科目，不直接冲减所属案件的赔款。

2．实施规程

1）必须在接到公安机关交通管理部门的书面通知和医疗机构出具的伤者病历、抢救费用单据和清单之日起，迅速核实，及时向抢救受害人的医院出具《承诺垫付抢救费用担保函》或担保卡。

2）对致害人支付不足的部分，在医疗费用赔偿限额内垫付；被保险人在交通事故中无责任的，在无责任医疗费用赔偿限额内垫付。

3）其他应由道路交通事故社会救助基金垫付的抢救费用不属交强险垫付范围，保险人不予垫付。

4）垫付款项划转至医院账户，不作现金垫付。

3．赔案管理

在卷面加盖“垫付”字样后与一般交强险赔案一起归档。

4．涉及特殊单证

1）公安机关交通管理部门的书面垫付通知。

2）医疗机构出具的伤者病历、抢救费用单据和清单。

3）《承诺垫付抢救费用担保函》。

思考与练习

1．对车险理赔原则中的“主动、迅速、准确、合理”的八字方针如何理解？

2．简述机动车辆保险核赔的流程和主要内容。

3．简述机动车辆保险特殊案件处理的有关规定。

4．2010 年 2 月 28 日，一辆福特蒙迪欧轿车发生追尾事故，造成车辆前部损失严重，交警认定该车负事故的全部责任。车辆放行后 该车车主花 300 元雇交警队事故清障车运送受损车辆。清障车行驶约一公里后，清障车上蒙迪欧汽车突然起火燃烧，经抢救仍达到报废程度，并造成清障车部分受损，花费维修费 10 000 元。后经消防部门鉴定，起火原因是蒙迪欧车线路原因引起的火灾。蒙迪欧车按非营业在保险公司投保了商业车损险 200 000 元、第三者责任险 200 000 元，不计免赔率、交强险。清障车在保险公司投保交强险、第三者责任险 100 000 元、车上货物责任险 5 万元。

问：两车如何赔付，说明理由。

5．2009 年 7 月，车主甲将其车辆 A 在保险公司投保了交强险、机动车第三者责任保险（责任限额 20 万元）、车损险（保险金额 15 万元，投保时新车购置价 15 万元）、盗抢险（保险金额 10 万元），投保时指定驾驶员为车主甲。该车于 2009 年 9 月被朋友乙（无驾照）借用。车辆停放期间被盗。盗车人驾车行驶到省外某地与另一辆车 B 发生碰撞事故，致使双方车损严重（A 车 20 000 元、B 车 30 000 元），并造成 B 车乘客损伤（医药费 30 000 元，其中抢救费 15 000 元）。事故发生后盗车人弃车而逃，经交警认定，盗车人负全部责任，车主甲承担了全部损失，取回车辆。

问：本案中所涉及各项损失保险公司应如何处理？请说明理由并计算具体赔偿金额。

6．甲车投保交强险、车损险、商业三者险 10 万元，车上人员责任险（每座 2 万元）；

乙车投保交强险、车损险、商业三者险15万元，车上人员责任险（每座1万元），两车互撞，甲车80%责任，车损3 000元，车上1人受伤，死亡伤残费用60 000元，医疗费用70 000元；乙车20%责任，车损5 000元，车上1人死亡，死亡伤残费用80 000元，医疗费用8 000元，精神损害20 000元。

问：甲乙两车的保险赔款分别为多少？

第 8 章 机动车辆保险欺诈风险控制实务操作

知识目标

掌握保险欺诈骗赔的原因
掌握常见的骗赔手法
了解特殊风险的骗赔手段
掌握机动车辆撞损骗赔的原因、取证和防范对策
了解车险反欺诈技术及应用

技能目标

识别简单的赔案
掌握车险防骗保的手段和基本方法
能运用相关法规对骗保行为进行定性分析

案例导读

2012 年 10 月 24 日，中银保险公司理赔中心查勘员接到报案后对车辆进行了查勘定损。因车辆损失较大，车辆维修好后品质管理员亲自到修理厂复勘，发现包括前杠、大灯、半轴在内的六个配件均没有更换，剔除损失近 3 000 元。

近年来保险理赔欺诈正以极快的速度侵蚀着我国机动车辆保险的健康发展，据保守估计，损失金额应不少于车险保费收入的 10%。按这个比例计算，2012 年全国车险保费收入约为 4 005 亿元，那么被欺诈的保险金高达 400.5 亿元。从近几年破获的保险欺诈案例看，车险欺诈骗赔的发案频率日趋频繁，骗赔手段日趋多样，诈骗人员日趋复杂，骗赔金额快速上涨，保险欺诈威胁着保险企业的生存与发展，同时也损害了广大被保险人的共同利益，严重破坏了国家的经济、金融秩序。

与车险骗赔欺诈愈演愈烈形成鲜明对比的是，我国车险欺诈防范工作难以令人满意。保险公司制度建设不完善，内部控制不健全，企业内部缺少良好的控制环境，给一些居心不良者提供了可乘之机。此外，外部监管力度薄弱，社会道德自我约束不强和针对保险欺诈的法律法规缺位更令骗赔欺诈者有恃无恐，我国急需建立起一个针对车险骗赔欺诈的全

方位、多层面、立体防治体系。

8.1 机动车辆保险欺诈骗赔

8.1.1 保险欺诈骗赔的原因分析

保险欺诈是伴随着保险业的产生而存在的一种传统犯罪，带有买卖中所有的欺诈烙印。保险合同是射幸合同，带有一定的赌博或彩票色彩。保险当事人双方的权利和义务的要求是不对等的，发生了保险事故，保险人需要付出比保险费多很多倍的赔款，如果没有发生保险事故，投保人缴纳的保险费就转移给了保险人。这就是保险欺诈的物质基础，它引诱了某些缺乏道德以及因种种原因需要解脱困境的人或集体铤而走险。具体来说，保险欺诈骗赔的原因如下。

1．车险经营模式粗放，内部控制松散

经过数年粗放式的经营管理，不少保险公司逐渐暴露出一些严重管理问题，如内控制度不完善、内控执行力度薄弱、关键岗位人才匮乏、信息技术运用能力差，产品经营效益不佳。一些保险公司内控机制不健全，或者虽有厚厚的内控制度，但执行不力，不能严格按章办案。典型表现：① 承保环节把关不严；② 第一现场查勘不力；③ 关键岗位责任不清；④ 专业技术力量薄弱。

2．赔案信息不畅，反欺诈效率低

外部信息不畅是导致欺诈效率不高，欺诈者屡试不爽的重要原因。在保险欺诈案中，危险最大的是那些欺诈惯犯。他们通常精通保险公司理赔环节，掌握各家保险公司技术特点和专长。其欺诈行为都经过精心策划，手段狡猾、隐蔽，不易被发现，而且欺诈者擅长“游击战”，经常通过变换保险公司来避免引起注意。对付欺诈惯犯的最好方法就是加强保险同业合作，在行业内部建立起理赔欺诈的信息平台，共享赔案信息，使欺诈者无处遁形。

然而，这样一个威力强大的信息平台却面临难产的窘境：一则出于竞争考虑，各家保险公司都不愿将自己的客户信息公开，或将多年来积累的“黑名单”资料拱手让予竞争对手；二则我国保险业内尚缺少一家具有公信力的独立机构能够承担起保险公司赔案信息收集、整理、分析的职能，并有权对涉及多家保险公司的赔案欺诈嫌疑案件进行调查；三则赔案信息共享在法律层面尚需要法律法规的保障，以保证基于该平台上的所有运作的合法性。

3．法律有效约束缺失，欺诈者“有恃无恐”

我国的法律法规体系中缺少针对保险欺诈问题的专门立法。现有的涉及欺诈的法律条文也主要分散在《保险法》和《刑法》中的部分条款中。在欺诈的认定方面，《刑法》第 163 条、第 183 条、第 184 条及第 198 条对保险欺诈行为进行了分类，对内部人职务侵占、投保人虚构标的、夸大损失、伪造事故等保险欺诈行为做了明文规定，对数额较大、数额巨大和数额特别巨大等犯罪情节依法追究刑事责任。2009 年修订的新《保险法》第 176 条也做了类似规定。根据最高人民法院《关于审理诈骗案件具体应用法律的若干问题的解释》，个人进行保险诈骗数额在 1 万元以上的，属于“数额较大”；个人进行保险诈骗数额在 5 万元以上的，属于“数额巨大”；个人进行保险诈骗数额在 20 万元以上的，属于“数额特别巨大”。单位进行保险诈骗数额在 5 万元以上的，属于“数额较大”；单位进行保险诈骗数额在 25 万元以上的，属于“数额巨大”；单位进行保险诈骗数额在 100 万元以上的，属于“数额特别巨大”。

在执行中，司法部门对于“保险欺诈”往往重结果、轻动机、轻行为，即只有当欺诈者把保险金拿到手了，“欺诈罪”方能成立。否则，不能治罪量刑。所以，现实中一些欺诈行为被识破后，通常只是对“欺诈未遂者”进行批评教育，最多以解除保险合同、保险公司不承担赔偿责任等方式进行处理，例如，修订后的《保险法》第 27 条对保险欺诈也仅仅规定了拒赔和不退还保险费。这种处理方法无疑给了欺诈者“骗得着就骗，骗不着也没有损失”的心理暗示。他们才敢冒触犯法律的危险，制造保险事故，以小额保险费支出，谋取大额赔款。此外，司法部门对保险欺诈案件的介入也不多，绝大部分涉嫌人员都没有被追究刑事责任，尤其是涉及小额欺诈金，达不到“数额较大”标准的，往往不了了之。正是由于缺少额外的惩罚性的违约责任处罚，如严厉的刑事量刑标准、高额的民事赔偿责任等，难以对欺诈者构成足够的威慑，使得保险欺诈者有恃无恐，大胆妄为。

4．保险补偿机制被“误读”，保险欺诈受“宽容”

保险是一种具有社会互助性的经济损失补偿制度。这种补偿机制是建立大数法则基础上的，面向全体被保险人。由于宣传力度不够和传统行为习惯影响，人们对保险基本原理和保险法规普遍知之不多，或只知其然而不知其所以然。甚至很多人还对保险存有误解和偏见，认为保了险，不出事，每年交的保费就算浪费了，进而心里感到不平衡，认为吃亏了。于是就将保险赔案欺诈视作向保险公司取回多年来支付保险费的一种手段。一旦事故出现了，投保人就想通过夸大损失程度的办法，试图从保险公司那儿“赚”些回来。这些人往往还会给自己的行为寻找理由辩解——“我这么做只不过是向保险公司拿回一点自己已缴纳的保险费而已”。有些被保险人经营亏损或已遭到财产损失，就想通过事后投保或灾后投保，夸大损失等办法转嫁于保险公司，弥补其个人经济损失，还认为保险公司实力强，油水足，这些损失只不过是九牛一毛。

此外，有些人认为交了保费，不管保险条款有啥规定，发生了损失就应该得到赔款。正是有了上述想法，一般民众对保险欺诈往往采取一种宽容的态度，这很大程度上助长了保险欺诈的发生。例如，现行保险条款对医药费、伤残程度、第三者责任给付金、单方事故的认定要以医院、交警等部门开具的证明和裁决为准。但因为这些部门都不是经济责任承担者，加上“宽容”心理的存在，不少单证有不同程度的虚假，加大了保险赔付金额。在这些虚假证明中，除了一些明显作假的证明，在确认后可拒赔，但绝大多数属于实际有假，但保险公司又无法用确凿证据推翻的证明，办案人员只能是望“证”兴叹，唯“证”是从了。

5．保险服务不尽如人意，滋生民怨挑战诚信度

当然，保险理赔欺诈并不能简单地认为完全是不法者或道德败坏者所为，保险公司应该在自身环节找问题。必须承认，在目前的保险行业内，还有很多不尽如人意的地方，如保险条款晦涩难懂，保险公司或代理人误导投保人，使其合理权益无法保证，车险理赔结案率偏低，理赔质量和服务水平不高，理赔程序和环节过于繁杂，理赔周期长，故意刁难久拖不赔等问题。这些问题造成保险在老百姓心中的诚信度不高，有时会产生上当受骗的感觉，滋生怨气。

8.1.2 伪造事故现场骗赔

对于此类案件，不法分子多以老旧稀有车型作为获取不当利益的工具，将车辆足额投保后故意制造事故，骗取保险公司的高额赔偿。也有的不法分子为获取额外利益，将配件“以旧换新”后制造虚假事故。修理厂在此类案件中往往起着“急先锋”的作用。一般情况下，此类案件造假特征比较明显，只要理赔人员认真查勘第一现场，注意案件细节，都会看出存在的破绽。此类案件具有以下特征：一是此类案件多为单方事故，多发生于夜间，而且出险地点比较偏僻、人烟稀少。二是此类案件的车辆一般车龄较长，而且多以二手车为主，多数车辆可能会涉及保险过户批改，出险时间距批改时间较近。三是此类案件的车辆损失往往较大，发生全损的概率较高。四是此类案件虽然车辆损失较大，但是却不存在人员受伤的情况。五是对于虚拟事故现场的案件，如有将配件“以旧换新”的情况，碰撞痕迹和损失情况往往不符。保险公司要严格此类案件的风险管控。一是要从承保源头上加以控制，对于车龄较长、车型较少的车辆要限制承保条件，不予投保不计免赔险，而且要合理地确定保险金额。二是对于修理厂将配件“以旧换新”虚拟现场的情况要认真识别、加强跟踪。因为这种情况造假特征非常明显，安装的旧件与车辆受损部位大多不符，而且配件新旧程度和损坏程度也不一致。理赔人员还要防范修理厂在修理过程中鱼目混珠，要加强事故车辆的拆解跟踪，对于拆下的旧件做好标识。同时，保险公司要建立完善的旧件回收制度堵塞修理厂的造假来源，但这需要全行业的共同努力才能实现。三是要建立全行业理赔打假防骗的长效机制，各保险公司要互通有无、信息共享，让假骗赔案无处藏身。四是对于疑点很重，但抓不到证据的案件，可以委托公安机关或鉴定机构协助进行调查。

任务：

请根据下列伪造案件现场案例图片进行保险诈骗风险分析。

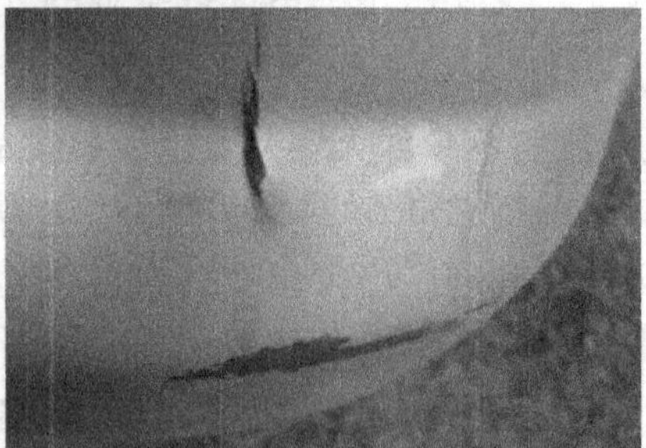

8.1.3　更换驾驶员骗赔

这类案件主要是驾驶员无证驾驶或酒后驾驶，发生事故后找其他驾驶员顶替。在处理此类复杂案件的过程中，交警有时也会被蒙蔽，并出具相关证明，所以给识破此类案件带来了很大困难。

此类案件虽然难以识破，但只要查勘人员善于发现疑点、迅速调查、固定证据，不法分子的阴谋就无法轻易得逞。要识破此类案件，主要应从以下几个方面入手。

1）做好报案登记工作。离事件最近的证据，往往最能反映客观事实。在时间上，保险公司能得到与事件最近的证据就是接报案录音及报案登记材料。保险公司接报案人员在接到出险报案电话时，应主动询问核实如下事项：车牌号、报案人姓名、驾驶员姓名、被保险人姓名（如报案人、驾驶员与被保险人不是同一人的，应记录各自的联系电话及相互间的关系）、事发时间、事发地点、事发经过、损失情况及现场其他人员情况等。案件中无论是真实驾驶员还是顶包驾驶员报案，两者在第一时间很难将事件的细节串通一致，保险公司的接报案人员将上述内容记录在案后（保险公司的报案电话均有录音），有利于在以后的调查工作中核对案件是否存在出人或矛盾之处，为日后的调查工作提供了依据。二是及时查勘，做好现场书面笔录工作。及时查勘是了解案件真相的一个有效手段。只有在第一现场查勘，才能根据现场的各种情况综合分析案件的真实性。如发现疑点，就必须做好现场笔录。对于此类案件，调包后的驾驶员一般对于整个事件的发生只知道个大概，其了解的情况并不是非常全面，甚至与事实严重不符。现场做好书面笔录，就可以将这些情况完整地记录在案，驾驶员签字后即使日后发现不妥，也无法改口。现场笔录需对整个事故发生的经过，含时间、地点、人物、起因及结果等详细记录在案。如询问过程中发现疑点，那么询问内容还应更加全面包括车辆从何地出发、要驶往何地、途中接触过什么人、这些人的联系电话、出险前驾驶员的用餐情况、是否有饮酒、驾驶员的工作情况等。只有问清楚上述内容，日后调查时才可以依据这些内容去逐一核实。三是调查收集与事实直接相关的证据，确保查明事实的客观性。在完成上述调查工作后，案件疑点可能会越来越清晰，但这还不足以完全证明案件存在驾驶员调包行为，调查人员还需要收集与事实直接相关的证据。可以收集的直接证据一般有以下几种：一是司法鉴定书，如直接鉴定血迹或指纹的来源。

2）监控资料。目前有相当一部分路段在“电子眼”的监控范围，调取案发现场附近的监控资料，事故真相就一目了然。

3）目击者。目击者直接目睹了事故的发生，对查破案件真相有很大帮助。目击者可以是路人、附近的居民、保安或标的车及对方车辆上的人员。

4）交警部门的事故档案。交警的事故档案一般都会有现场照片、询问笔录及其他证人的证言等材料。

这些材料都有可能成为案件拒赔的直接证据。

任务：

小王的车在 A 公司投保，某日晚上出险时没有马上报案，过了 1 小时向保险公司报案，之后手机一直关机，第二天中午才和保险公司的理赔人员取得联系。试分析本案有没有骗保的嫌疑。

8.1.4 利用套牌车骗赔

此类案件的表现特征是不法分子仅买了一份车辆保险，通过伪造相同的车辆手续为多辆同型号车辆提供理赔保障。此类案件多见于大型货车，不法分子多为了逃避高额的养路费、年审费及保险费而伪造车辆手续，对车辆进行套牌使用。要识破此类案件，就要求保险公司的理赔人员一定要善于发现蛛丝马迹，关键要仔细辨别事故车辆的牌照、车架号、发动机号和行驶证。对于套牌车辆，不法分子肯定对原来车辆的车架号和发动机号做了更改，并伪造了车辆牌照和行驶证，只要理赔人员认真辨别就一定会发现破绽。对于比较难以识别的，理赔人员可以将车架号、发动机号和行驶证的相关信息固定后与验车时拍摄的照片进行比对，也可以到车管所进行查证。有的保险公司在承保时为承保车辆加挂“平安锁”，这是防止不法分子利用套牌车进行骗赔的一个好办法。近年来，有的不法分子谎报套牌车遭盗抢骗取赔款，这类案件调查难度较大。对于这种情况，理赔人员可以尝试到交通管理部门查询出险车辆的违章记录，将车辆违章记录照片与车管所存档照片进行比对；也可以查询车辆主要行驶路线上的道路监控录像，将监控录像与车管所存档照片进行比对，可以发现案件可能存在的疑点。当然，查找到另一辆“孪生”车辆，也会使案件真相大白。

8.1.5 虚构第三者骗赔

此类案件多以人伤案件为主，主要表现为：伤者因其他原因受伤后， 为了获取不正当利益而谎称为保险车辆的第三者。当然，此类案件也涉及一些虚构三者物损的情况。一般情况下，不法分子作案手法较为隐蔽，要查破此类案件要求理赔人员具有丰富的专业知识。一般来说，查破此类案件主要应从以下几方面入手。

1）提高案件查勘的及时性和有效性。在处理此类案件时，一定要在第一时间查勘现场，向被保险人或当事人了解出险经过，做好询问笔录。对于人伤案件要及时到伤者救治医院取得伤者入院记录和住院病历等，避免将来人为更改。

2）对案件的调查要方法得当、全面细致。案件中的被保险人、伤者、目击者、交警队、医院甚至当事人的住址所在地都应作为调查的重点和突破口。理赔人员一定要坚信，案件总能在调查过程的某一个环节查明真相，一个调查点没发现问题，那就要立即转入下一个调查点，不能半途而废或者有畏难心理。

3）各个理赔环节的人员都要积极参与打假。人伤案件有其特殊性，有的案件在调解结束后被保险人才向保险公司报案并提出索赔，这无疑给案件调查增加了难度。这就要求保险公司各岗位理赔人员，包括单证收集人员、理算人员、医疗审核人员和核赔人员都要提高责任心，认真审核每一份单证，发现疑点及时向人伤跟踪调查人员反馈，积极展开调查，不给不法分子有可乘之机。

4）对于涉及三者物损的案件要认真鉴别碰撞痕迹。对于涉及三者物损的虚假案件，不法分子多以故意碰撞或伪造现场等手段骗取赔款。对于此类案件，只要理赔人员认真鉴别碰撞痕迹，多方询问目击者就会发现案件破绽。对于货运公司、搬家公司等运输单位，理赔人员一定要格外关注。这些单位都是三者物损骗赔的高发单位。

8.1.6 重复骗赔

此类案件在理赔过程中经常遇到，是不法分子惯用的骗赔手段。主要表现为不法分子利用保险公司内部及保险公司间信息的不畅通，重复投保、重复索赔；或利用之前发生事故的车辆，未经修理，再虚构现场进行骗赔等。

重复骗赔主要包括以下六种情形：第一是重复投保，重复索赔。第二是同一损失多次报案，多次索赔。如第一次事故发生后，车主并未将受损车辆修好，并在车辆原有损失的基础上伪造事故，再次向保险公司报案索赔。第三是标的车发生单方事故后再以无责三者车身份出现在双方事故中。第四是标的车驾驶员在多方事故中无责，标的车车主已从三者方得到赔偿，然后又虚报车辆发生单方事故。第五是标的车驾驶员在多方事故中无责，标的车车主已从三者方得到赔偿，然后又虚报车辆停放期间被撞或被三者车辆撞击后三者逃逸。第六是标的车发生多方事故后变更三者车伪造事故重复骗赔。如标的车发生多方事故并定损结束后，又以其他保险公司投保的车辆为全责方虚构事故。

要查破此类案件，主要应从以下两个方面入手：一方面是建立并完善行业信息查询平台。此类案件之所以大量存在，就是不法分子利用了各保险公司间承保、理赔信息不畅通的弊端。所以，建立并完善行业信息查询平台对于预防、发现此类案件，净化行业理赔环境具有重要意义。另一方面是认真查询历史出险记录。对于有历史出险记录的赔案，理赔人员在理赔过程中一定要认真查询其历史出险记录，查看以往案件的事故照片，认真比对损失痕迹。如果发现车辆有未经修理重复骗赔的疑点，要及时做好被保险人和驾驶员的询问笔录，详细询问事故发生的经过及施救过程。必要时积极寻求目击证人进行求证。如果上述方法仍不足以拒赔，保险公司可以委托有资质的鉴定机构进行痕迹鉴定，进而获取拒赔的有力证据。

8.1.7 倒签单骗赔

所谓倒签单骗赔，即不法分子在车辆出险后再投保、报案，骗取保险赔偿金。此类案件在理赔过程中较为常见，主要表现为出险时间离保单起期较近，而且车辆碰撞痕迹陈旧。一般情况下，此类案件骗赔特征比较明显，所以很容易识破。

要预防、识破此类案件，保险公司需要做好以下两个方面的工作：一是要规范承保验车流程。承保验车是有效的手段，所以一定要加强管理，专人负责，严禁由被保险人或代理人提供验车照片；验车照片应采用数码相机拍照，验车照片应包括四面车身、车牌号及车架号，并显示准确的拍照日期。为保证验车的真实性，可将验车当天的报纸放在车上一起拍照。对车身存在划痕、碰撞等损失的部位，应重点拍摄。二是对出险时间距离保单起期较近的案件一定要加大查勘力度。事故现场往往遗留有各种痕迹的物证，记载着大量能够真实反映事故发生、发展过程的信息，但这些物证和痕迹极易受到自然或人为的破坏。因此，案发后，查勘人员应及时赶赴现场，掌握一切记录现场原始情况的资料，包括现场痕迹技术勘查、询问笔录、视听资料、车辆损毁程度等，这些资料是揭露骗赔的关键证据。

8.1.8 夸大损失骗赔

此类案件的主要特征是不法分子通过夸大事故损失骗取保险赔偿金。此类案件以人伤案件为主，主要表现为虚高伤残鉴定，提供虚假的误工证明和护理证明等；同时，还包括一些非本次事故损失而列入本次事故企图骗赔的案件。保险公司要有效地预防和识破此类案件，应从以下几方面入手展开调查：一是应注意核实事故真实性。确定案件是否属于保险责任，并非交通事故伤亡谎报为交通事故伤亡，尤其应注意核实伤者是车上人员还是车外人员。二是应注重对伤者伤残鉴定结果的审核。理赔人员应根据伤者住院病历及伤残鉴定报告书了解伤者受伤情况以及后期恢复情况，进而判断伤残鉴定结果是否准确。应进一步复勘伤者，必要时提出重新鉴定，防止伤者提供虚假资料或夸大伤情进行虚高评定，以及利用鉴定部门工作不严谨而出具不合理的伤残鉴定报告。三是注重审核伤者其他资料。应重点审核门诊病历和住院病历的首页，上面会记录伤者受伤的原因及伤情初步诊断，这些对判定事故真实性起着关键作用。对于此类案件，还应重点审核死者或伤者的户籍情况，调查其为城镇户口还是农村户口，必要时可向死者或伤者户籍所在地派出所、单位、居委会或村委会进行调查。要注重对死者或伤者家庭关系的调查，确定被抚养人的情况。还要加强对伤者及护理人收入证明的审核，对收入证明存在疑问的，应向出具证明的单位进行调查核实。四是对于非本次事故损失而列入本次事故损失的案件应认真分析、仔细鉴别，必要时可借助司法鉴定机构的力量。

对于此类案件，理赔人员一定要从碰撞部位、碰撞角度及力学原理来分析碰撞可能造成的损失。尤其对于碰撞痕迹陈旧的损失部位应该给予重点关注。对于保险公司与被保险人产生纠纷、难以达成一致的情况，事故双方可以共同委托物价部门或有资质的司法鉴定机构进行鉴定评估。因为第三方机构出具的鉴定报告易于被当事双方所接受，即使案件涉诉，法院也往往会采信第三方机构所出具的鉴定评估结论。

8.1.9 伪造理赔单证骗赔

从实际理赔情况来看，不法分子为了获取不当得利，在假单证的制作上也是不择手段、费尽心机。假单证的种类五花八门，而且造假的技术手段已越来越高。总体而言，假单证的种类不外乎驾驶证、行驶证、事故证明、维修发票和各种医疗单证等。各类单证都隐含着一些关键信息，只要理赔人员注意学习、总结，识破此类假单证并不困难。

以驾驶证和行驶证为例。目前，各大书店都有各类介绍识别虚假驾驶证和行驶证的书籍，理赔人员可以对照真实的驾驶证和行驶证来学习。要识破虚假的驾驶证和行驶证，前提条件是理赔人员在查勘现场时必须见到驾驶证和行驶证原件，并拍照留存。对于驾驶证和行驶证已损毁或现场无法提供的，理赔人员一定要到车管所进行查证。理赔人员通过询问驾驶员办证的流程等也会发现疑点。对于其他单证，如事故证明等，理赔人员要重点注意识别其印章，只要发现存在异常，就要到发证机关查证，查询报案记录和出警记录等。只要理赔人员注意总结，认真负责，耐心细致，不法分子通过伪造单证进行骗赔的阴谋就不易得逞。

8.2 机动车辆被盗欺诈骗赔

8.2.1 机动车辆被盗欺诈骗赔的成因

机动车辆被盗欺诈骗赔是指被保险人以非法占有为目的，采取将投保的机动车辆卖掉或转移他处等手段，向保险人或司法机关谎称车辆被盗，从而向保险公司索赔的欺诈行为。原因主要表现如下：

1）机动车辆已到或快到报废期，车主为了不受损失而采取将机动车辆处理掉，然后谎报车被盗而向保险人索赔。

2）保险标的的权属不同，从一定程度上反映出骗保的状况。私有机动车主贪图个人利益，置道德、法律于不顾，采取虚假手段进行骗赔，是造成欺诈骗赔的一种主要原因。

3）保户和保险公司工作人员内外勾结，共同骗保。

4）以“合法”的手段掩盖非法标的物。把不正当手段得到的没有手续的机动车辆伪造一个手续，然后凭此到保险公司投保。以后又将此车转移，以达到骗保的目的。

5）除外责任险内补偿。先出险后投保，车被盗后再投保。

6）保险公司之间的恶性竞争为诈险者提供了机会。

8.2.2　机动车辆被盗欺诈骗赔的现场勘察及调查取证

机动车辆被盗欺诈骗赔案件现场勘察应遵循一般现场勘察的步骤和方法。步骤如下：

1）巡视案件现场，画定勘察范围。接到报案后立即赶赴现场。进入现场之前，先用肉眼观察整个现场的全貌，据此确定勘验、检查的范围和中心重点部位。采取一定措施保护好现场，封锁现场无关人员不得入内，以防止痕迹和物证遭到破坏。

2）根据现场环境，确定勘验顺序。

3）初步勘察。首先，在现场外围进行观察确定好现场范围，用白灰或绳栏界定现场外围线，同时选择没有痕迹、物证的空白处作为进入现场的通道。其次，用相机、摄像机、绘图和笔录等方法把“被盗”原始现状如实记录下来。再次，勘察人员按照已经确定好的勘察顺序进行勘验和检查。

4）细致勘察。逐一对各类痕迹和物证进行查验。

机动车辆被盗欺诈骗赔案件现场勘察的方法有观察法、辅助法、物理化学测试法等。

机动车辆被盗欺诈骗赔案件的调查取证，包括人证和物证。询问当事人、证人、知情人，还要向保险公司了解投保的情况，并详细做好调查笔录，收集好证人亲笔证言及当事人的自述材料。

8.2.3　机动车辆被盗欺诈骗赔案件物证的检验、鉴定

机动车辆被盗欺诈骗赔案件中物证的客观形态主要有痕迹、物品、文字材料等。痕迹又分为车轮痕迹、工具痕迹、整体分离痕迹、手印、脚印等。对以上痕迹进行检验和鉴定，目的是将检验、鉴定结果同现场勘察、调查取证的情况进行对照，以便印证当事人报案是否有虚假成分及机动车被盗是否属实。下面分别介绍。

1）车轮痕迹的检验。通过鉴定确定车辆类型、确定车辆进出口及车辆行驶的方向、提取、固定现场车轮痕迹以便与嫌疑车辆进行对比。要通过对轮距、轮胎胎面花纹、轮胎胎面花纹沟的形式的检验、胎面宽度的测定、机动车行驶方向的测定等方法来进行检验。

2）工具痕迹的检验和鉴定。工具痕迹是指偷盗者使用工具打击、撬压、切割、钻孔、擦划某件物品时形成的痕迹。例如，打击痕迹的特征是凹陷状立体痕迹、塌陷与孔洞状立体痕迹、粉碎痕迹等。再如，撬压痕迹的特征是两处相对的撬压痕迹、凹陷状的印压痕迹

等。而切割痕迹是现场物体痕迹有两个断头，每个断头呈一个断面。掌握这些特征后，就可以在办案中收集有关的作案工具，如果在车主处找到这些工具，就可以侦破案件。

3）整体分离痕迹的检验和鉴定。整体分离痕迹的检验方法是：将各分离物重新拼接，恢复原状。先检验分离物各部分固有特征和附加特征是否相同。例如，在某被盗车案件现场提取到一支螺丝刀断柄，通过调查，从车主的家中找到了一支断了一部分柄的螺丝刀，经过对二者的重合检验，发现二者吻合，认定现场上的断柄是该车主的螺丝刀断裂下来的。办案人员根据检验结果，查获车主自已用螺丝刀撬掉门子玻璃，将车开走卖掉后伪造假现场的犯罪事实。

4）手印的检验和鉴定。在机动车辆被盗现场上，作案分子往往会在现场遗留物上留下手印，有些是可以用肉眼观察到的，有些还需要用物理和化学的方法显现出来，再加以固定和检验。手印检验、鉴定的任务是检验现场手印和样本手印的纹线类型与细节特征及其总合构成的特定性是否统一，从而做出现场手印是否某人某手何部位所留的结论。

5）现场脚印的鉴定。脚印可分为赤足印、鞋印、袜印三种。三者的特征不同，可反映出不同的细节，可以用照相、制模、实物提取等方法将脚印加以固定或提取。目的是根据现场脚印所反映出的特征认定脚印是否为某人所留，为破案提供依据。

6）现场遗留物品的检验和鉴定。现场遗留物品包括人体分泌物、排泄物、脱落物，人身衣着冠戴物、粘连物、携带物，作案工具，纺织物，灰土、沙石、矿渣、油类，植物等。对此类物品进行检验目的是鉴别和认定行为人和标的物，从而为侦破案件提供依据。可以通过实地观察分析法、技术检验法、调查辨认等方法来进行检验和鉴定。

7）文字材料的检验和鉴定。文字材料是指与案件相关的通过文字记载的内容来证实案件情况的文字、证件、书信等。文字检验鉴定的方法主要是笔迹鉴定。

8.2.4　机动车辆被盗欺诈骗赔的对策

机动车辆潜在的高额保险利益使得犯罪分子铤而走险，采取各种方法把黑手伸向保险公司。保险公司应在分析研究骗赔案件的成因、特征上，找出对付犯罪分子的对策，以便保护保险公司的利益。主要从以下几方面着手。

1）提高保险公司员工的素质，增强反欺诈的识别能力。如接到被盗车险案件后，要从当事人的证言、有关证人的证言、现场勘察的情况等方面认真审查，看是否存在自相矛盾的地方。如果有矛盾，要注意分析，找寻突破点，排除矛盾以使案件早日真相大白。

2）加强内部管理，建立和健全各项规章制度。保险公司要强化内控机制，措施严密，从投保做起，提高承保质量，实行专人审核和领导审批制度，强化责任，对错案进行责任追究。在理赔环节实行相应的制约机制，分散理赔权限，防止个别人滥用职权。

3）加强同政法部门的合作，发挥法律的威慑作用。借助公安机关的调查取证的侦察技术手段，通过法律手段来为经济保驾护航，对犯罪活动进行遏制和严惩。

4）加大保险宣传力度。保险公司根据目前保险诈骗发案率高、涉及金额大、参与人员广、内外勾结等特点，利用典型案件进行多渠道宣传。政法部门不仅要严厉打击犯罪分子，同时要在经济上进行严惩不贷，以警戒企图犯罪的人员。

5）注重现场查勘工作，发挥技术手段在办案中的作用。随着科技进步，保险诈骗的技术也在进步，办案人员要对现场勘察中遇到的疑点进行深入分析，攻破犯罪分子的心理防线，让事实说话。

6）加强同业协作，防止漏洞的发生。积极协作，建立骗保黑名单，堵塞漏洞，使犯罪分子无机可乘。

7）设立举报制度，增加查处诈保的案件线索。办案透明，接受社会监督，对举报人进行奖励。

8）加强反欺诈工作的研究。增加投入，配备相应的人力和物力进行相关研究，以减少保险欺诈带给保险公司的损失。

8.3 焚烧机动车辆欺诈骗赔

8.3.1 焚烧机动车辆欺诈骗赔的成因及特征

利用焚车手段骗赔是在特定的社会经济发展过程中出现的一种严重扰乱金融保险秩序的违法犯罪行为。

焚车骗赔的成因分主观和客观两方面。主观上，利欲熏心的车主认为骗保险公司有利可图，引发骗赔动机，一旦得逞便一发不可收拾，胃口大增。客观上，机动车辆的使用寿命仅有几十万千米或者十几年，一旦趋于报废阶段，换车费用昂贵；机动车辆作为一种在行驶中以油和电同时作用的运动物体，难免会在某些外部条件下因故障而起火；保险公司反欺诈机制不完善，取证困难；保险公司一般以修复为主，以换为辅，犯罪分子为获取巨额赔款，均在作案中加大损坏力度，以造成投保车辆的全损。

焚烧机动车辆骗赔的特征有以下几点：被焚烧的车辆多为个体运输的轿、客、货车，获利多为个人；车辆焚烧前多为破旧不堪、经营不力，却低值高保、私车公车甚至一年向多家保险公司巨额投保；出险时间多在临近保险有效期满或接近车辆年检截至日前；焚烧时间多选在不利有关人员及时进行现场查勘和进行现场保护的夜晚、凌晨、恶劣天气、节假日进行；出险地点多选在不便被人发现、发觉和不利于消防扑救的郊外旷野处；车上一般无乘客和贵重物品；焚车前多有预谋准备，焚车过程中多有同伙策应，焚车后急迫索赔，索赔过程中对知情人威胁，对理赔人献殷勤伺机贿赂。

8.3.2 焚烧机动车辆欺诈骗赔现场调查取证

焚车事故现场调查需要进行人证的调查。人证方面需要寻找当事人、见证人、知情人。根据人证各自知情情况，应侧重对下列人员进行现场调查访问：出险事故的发现人和报案人；出险事故发生时在现场周围，耳闻目睹焚车经过和作案者情况的人；了解焚车内幕或作案人某些情况，或发现某些可疑人、可疑物、可疑事的人；知道被焚烧车辆来龙去脉的人；其他知晓有关案情情况的人。

焚车事故现场调查内容包括：出险登记调查；对焚车情况的正式调查。调查中不能放过任何一个细节，包括时间、地点、涉及人员、补救措施、损失情况、出车事由、撤离时间、出险经过、被焚车辆所有权人、车辆来源、被焚车辆的保险情况和审验情况等。在调查过程中，要恰如其分地提出问题，允许陈述人畅所欲言，有针对性地适时发问、认真核对询问笔录。

8.3.3 焚烧机动车辆欺诈骗赔现场勘验取证

现场实地勘验是查勘人员运用人体感官和各种科技手段，对与焚烧机动车事件有关的场所、车辆、物品、痕迹等所做的观察、检验、搜索、实验、记录、绘图、录像等方面的工作。

勘验焚车现场应包括如下内容：对焚车现场周围环境进行勘验；对被焚机动车辆进行勘验；对被焚烧车辆行驶痕迹、燃烧痕迹及其他痕迹进行勘验；对现场遗留物进行勘验。通过制作现场笔录、拍照、绘制平面图、录像等手段进行取证。

8.3.4 焚烧机动车辆欺诈骗赔物证技术检验鉴定

物证技术检验鉴定是焚烧机动车辆欺诈骗赔案保险理赔鉴定活动的中心内容，常用的方法有化学分析鉴定、金相分析鉴定、热分析鉴定、剩磁检测鉴别、肇事车辆性能鉴定、道路鉴定、紫外光谱、气相色谱分析鉴定、机动车辆识别编码鉴定、文件检验鉴定、痕迹检验鉴定等。

8.3.5 焚烧机动车辆欺诈骗赔的对策

预防和揭露焚车骗赔案件，应从承保、出险、查勘、鉴定、审核等环节入手，查明情况，理清思路，发现、提取、固定证据，揭穿保险欺诈骗局。要从以下方面着手：严格实行验车承保，正确合理设计保险单；详细查询出险经过，及时掌握案情来龙去脉；认真进行现场查勘，及时获取痕迹证物；全面审查理赔卷宗，及时发现骗赔线索；灵活运用各种技术，及时鉴别案情真伪。

8.4 机动车辆撞损欺诈骗赔

8.4.1 机动车辆撞损欺诈骗赔的成因及特征

长期以来，机动车辆碰撞事故出险率高、形式变化多端。碰撞责任是保险条款的头条首项保险责任，随着机动车辆保险业务的猛增，随着而来的碰撞骗赔案件也与日俱增。保险公司现存的各种漏洞和弊端也给骗赔提供了机会，成因主要有：防范意识不强，轻质量重业务；员工素质有待提高；现场查勘不细；查处打击不力。

机动车辆碰撞骗赔大致分为有碰撞事实的骗赔和不存在碰撞损失事实的骗赔两类。前者主要形式及特征表现为：在非驾驶员因不懂驾驶技术、不遵守交通规则、无有效驾驶证的情况下违章驾驶造成碰撞责任，然后采用拖延报案时间，由正式驾驶员出面索赔；饮酒后驾驶；冒名顶替，用投保的车来替换没有买保险出事的车；带险投保，出了保险事故后才参保，通过伪造保险单或者拖延出险时间来索赔；为了使临近报废期限的车辆焚烧现场逼真而制造出的碰撞现场；发生碰撞事故，但是损失不大，假借其他碰撞损失严重的图片和资料骗取高额赔款。后者的主要表现形式及特征表现在：无中生有，凭空捏造赔案，通过更换有关证件和牌照冒名索赔，或私刻公章，伪造虚假事故现场证明材料的手段索赔；虚假理赔案件，保险公司人员单独作案或者内外勾结联合作案。

8.4.2　机动车辆撞损欺诈骗赔现场调查取证

机动车辆撞损欺诈案件大致分为被动性调查取证和主动性调查取证两个阶段。一般而言，骗赔必定在投保、出险等情节上有诈。在接受当事人报案时，理赔人员只需要及时、客观、全面地了解出险投保的详细经过。只要把出险情况有效记录在案，捕捉住原始的第一手材料，就占据了主动，随着案情的深入，现场的接触和思路的理顺，保险理赔现场调查人员在心理上会逐渐适应并占据主动，关键是要保持清醒头脑，在认识和掌握基本案情的基础上综合分析，周密计划，把握时机，主动地开展现场调查取证活动，询问证人，收集证据。

对于先出险后投保的撞损案件，除了投保或者出险时间虚假外，其他大多是真实的。取证要偏重核实出险报案投保的详细经过，包括何时、何地、何人驾驶何车路经何处办何事，因何故与何物发生何肇事，造成何后果，以及出险后的详细情况、碰撞车辆等。

对于非驾驶员肇事撞损欺诈骗赔现场的调查取证，因这类案件常见手段是易人索赔，应侧重于核实出车事由、出险经过、报案情况、外围线索，从而发掘出真正的肇事司机。

对于醉酒后驾车肇事撞损欺诈骗保案件而言，这类案件大多是延迟报案和易人索赔。重点是对险前的饮食情况进行核实。侧重核实：驾驶人员在出车前后的详细活动情况；在肇事途径、停车处与之打过交道的店主、服务人员关于肇事司机的体貌特征及其该车随行人员就餐饮酒的详细情况。

对于冒名顶替撞损欺诈骗赔的案件，原始现场很少，在调查取证时应侧重核实：出险情况，现场保护及处理情况；投保车辆与肇事车辆在厂牌型号、发动机号、底盘号码、牌照号码、颜色、新旧程度上是否一致；当地群众对被调查人车辆的数量、类型、有无出险事实发生的情况信息。

伪造假险撞损欺诈骗赔案的特点是主观上故意制造事故，极少人员伤亡。应侧重核实出车事由、出险经过，人员行为，报案经过；肇事车辆的来源、所有权性质，保险经过及审验情况；当事人、目击证人关于肇事情况的各自陈述。

对于低险高损撞损欺诈骗赔案件现场调查取证应偏重核实：肇事时发生碰撞的详细经过，具体部位、损失程度；有关现场录像资料和交通事故处理结论；当事人、现场目击者及车辆修理人员所知的肇事车辆实际损失的状况。

对于不存在撞损事实的谎报出险或假理赔撞损欺诈骗赔的案件，现场调查取证应侧重了解：出险的时间、地点、车辆、经过、后果；报案的详细情况，包括报案人、接待人、已形成的报案材料情况；现场查勘的详细经过，包括查勘时间、查勘人、查勘的内容方法，已形成的记录形式及数量；定损情况、赔付的具体过程等。

8.4.3　机动车辆撞损欺诈骗赔现场勘验取证

勘验撞损现场是了解现场环境、核实出险经过、发现骗赔线索、收集痕迹物证的重要职能活动。现场勘验要及时、全面、客观、细致。下面几项工作要做好：勘验固定发生车辆撞损事故现场环境，包括方位、地理条件、具体位置和范围，肇事车辆停放的姿势及形态；勘验固定撞损肇事车辆的自身特征，如车型、车号、颜色、底盘及发动机识别编号等是否与保险单记载的一致；勘验固定车辆撞损变形的痕迹物证，碰撞位置、碰撞角度、力度、变形程度、附着物质以及遗留的物品等。

8.4.4 机动车辆撞损欺诈骗赔物证技术检验鉴定

现代科技手段在收集证据方面具有重要作用。例如，测谎仪测谎言，气相色谱技术测酒精，痕迹检验、调阅监控视频资料等技术和手段可以存真去伪。

8.4.5 机动车辆撞损欺诈骗赔的对策

应对机动车辆撞损欺诈骗赔应从以下几方面着手：

1）加强防腐力度，维护保险秩序；关键是要做到司法公正，使保险活动法制化。

2）强化防范意识，提高自控能力；注重各个环节的质量，使保险活动健康有序。

3）全面收集信息，严细查勘现场；有效运用多种手段，为理赔查勘提供有效资料。

4）讲求调查艺术，策略获取证据；调查时大智若愚，寻找突破点正面交锋，突破伪证。

5）周密审查单证，科学鉴别案情。

8.5 机动车辆保险欺诈及反欺诈技术应用

针对保险业务中的欺诈骗赔行为，从司法角度来衡量应属违法犯罪行为。《刑法》第 198 条规定，有下列情形之一，进行保险诈骗活动，数额较大的，处 5 年以下有期徒刑或者拘役，并处 1 万元以上 10 万元以下罚金；数额巨大或有其他严重情节的，处 5 年以上 10 年以下有期徒刑，并处 2 万元以上 20 万元以下罚金；数额特别巨大或有其他特别严重情节的，处 10 年以上有期徒刑，并处 2 万元以上 20 万元以下罚金或没收财产。

1）投保人故意虚构保险标的，骗取保险金的。

2）投保人、被保险人或者受益人对发生的保险事故编造虚假的原因或者夸大损失的程度，骗取保险金的。

3）投保人、被保险人或者受益人编造未曾发生的保险事故，骗取保险金的。

4）投保人、被保险人故意造成财产损失的保险事故，骗取保险金的。

5）投保人、受益人故意造成被保险人死亡、伤残或者疾病，骗取保险金的。

有前款第四项、第五项所列行为，同时构成其他犯罪的，依照数罪并罚的规定处罚。

单位犯第一款罪的，对单位判处罚金，并对其直接负责的主管人员和其他直接责任人员，处 5 年以下有期徒刑或者拘役；数额巨大或者有其他严重情节的，处 5 年以上 10 年以下有期徒刑；数额特别巨大或者有其他特别严重情节的，处 10 年以上有期徒刑。

保险事故的鉴定人、证明人、财产评估人故意提供虚假的证明文件，为他人诈骗提供条件的，以保险诈骗的共犯论处。

目前较多的是当事人有诈骗行为，但因意志外的原因，而使保险金未能获取，在保险公司未发生经济损失时，也就没有着手追究当事人的法律责任，而以合理的拒赔使其告终。如果当事人骗赔成功，保险人事后可以在有效期内发觉，保险人一般会积极主动运用司法措施来保护自己的正当利益。而在揭露犯罪证据时，保险人单靠行政手段和大众科学很难获取有利证据，所以需要刑事技术。狭义包括刑事照相、痕迹检验、文书检验、枪弹检验、指纹登记、外貌识别等。广义还包括法医学检验、司法化学检验、司法物理检验、司法会计检验等。使用刑事技术为保险理赔服务，须遵守以下原则：在同犯罪作斗争中使用刑事技术合法性原则；使用刑事技术手段不应有损于公民的合法权益原则；使用刑事技术手段的人必须是法律指定原则；保护调查物完整性原则；真实客观及科学原则；严格保密原则。在具体操作中，保险公司必须依靠当地司法部门提供技术帮助，而不能自己建立一支侦破骗赔案件的队伍。

1．现场勘察技术的应用

保险业务中现场勘察是指对保险标的物的损害所在场所以及遗留物进行调查与勘验的过程。执法部门的现场勘察是指对发生犯罪事件的场所以及遗留痕迹、物品的处所进行的勘验，包括当场对事主以及有关群众进行的调查访问。包括实地勘验和调查访问。

实地勘验要确定范围和顺序，先拍方位照片、全貌照片，然后随着勘察工作的开展，再拍中心照片和细目照片。可以动静结合进行。

现场访问应根据不同的对象采用不同方法，要制作访问笔录。访问人和被访问人要在访问笔录上签名。

2．法医学技术的应用

在保险欺诈中出现有关人员伤亡的情况，仅靠一般医学常识是不能识破当事人的阴谋诡计的，法医学可以帮助侦破保险欺诈中的人身伤亡事件。法医学鉴定人通过现场勘验、尸体检验、活体检验及法医学物证检验做出鉴定，有助于查明死伤原因和死亡时间，分析犯罪手段和过程，推断或认定致伤物，查清案件性质，为侦查提供线索，为审判提供线索，为审判提供证据，还可以提供法医鉴定，查明原因、性质和责任。法医学检验对象包括现场勘验、尸体检验、活体检验、物证检验等。

3．文书检验技术的应用

对被保险人、受益人提供的有关索赔凭据，应审核其真实和有效性，如死亡证明、残疾证明、医疗费用票据等文件，其纸张、文字、印章、时间等内容都应检验方可防止保险欺诈。检验的主要任务是辨别文书的真伪，显现被掩盖或被烧毁的字迹内容和认定文书字迹是否某人亲笔书写。文书检验包括笔迹检验以及文书物质材料检验。

4．司法会计检验技术的应用

在一般的保险业务理赔中，投保人、受益人等对自己的经济损失估计都要偏高，如何确认其真实损失，必须有清理账目、清仓查点和查封银行账户等手段，司法会计检验可以全面担负此项工作。主要内容有：通过检验案件所涉及的财务会计资料及相关证据，对检材所表述的财务会计活动的内容进行量化分析，鉴别涉案财务会计资料是否齐全、正确、真实，并对财务事实进行鉴别和评断；揭示弊端账项与案件实质的关系，揭露舞弊行为的内容与后果；根据鉴定情况及结论，制作书面文件，作为司法机关侦查、审理案件的诉讼证据。常用方法：对比鉴别法和平衡分析法。

5．痕迹检验技术的应用

痕迹检验是应用专门的技术方法，对与犯罪事件有关的人或物留下的痕迹所进行的勘验和鉴定。例如，对手印、脚印、牙印、工具痕迹以及断离痕迹的检验等。任务是发现、提取和保全各种痕迹；研究痕迹形成的机制与其犯罪事件的联系；进行同一认定以确定痕迹是否属某一特定人或物所遗留。手印、脚印和牙印的鉴定可以确定身份，确定犯罪分子。工具痕迹是犯罪分子在犯罪活动中使用某种器械所留下的痕迹，工具痕迹能反映工具的种类和特定特征。车辆痕迹是指罪犯在犯罪活动中使用或盗窃车辆留下的行车痕迹。断离痕迹是痕迹检验中一类特殊的痕迹。例如，仪器上的零件被盗窃，就出现分离痕迹。

6．视听技术的应用

视听资料可分为录音、录像、电子储存、从其他科技设备取得的信息资料等。视听资料虽然传达形象、直观、准确而客观，但在司法实践中仍可见到通过模仿、消磁、剪接叠影及电子计算机技术等手段，伪造和改变视听资料，这是视听技术鉴定所面临的任务。视听资料有利于收集、保存和使用。保险公司可以摄录保险欺诈者的“诈病”和自伤自残行为，在交涉、拒赔时可用以为据。

7．毒物检验技术的应用

中毒案情包括自杀中毒、他杀中毒、意外中毒。疑为中毒事件时，法医检验一般要求解决：是否中毒以及中何种毒物；是否达到中毒量、致死量；毒物何时、从何途径进入体内；中毒的性质为自杀、他杀或意外事故。检验中毒案件一般按下列顺序进行：了解案情、勘察中毒现场、尸体检验、采取化验检材、实验室检验等。

8．法医物证检验技术的应用

在反保险欺诈中，法医物证将面临借尸骗赔、借他人伤骗赔或借用动物损伤骗赔等案例。法医学物证检验是指应用法医学知识和特殊的实验室方法对与犯罪事件有关的人体组织、体液、分泌物、排泄物，如血痕、精斑、唾液斑、毛发、骨质等物证进行的检验，目的是为侦察提供线索。寻找物证一般在现场进行，提取时应记录其发现的地点、物证的名称、形状、大小等。

9．司法精神病学的应用

精神病泛指严重的精神障碍，一般有以下特点：与现实不能保持恰当接触以致患者不能正常料理、适应日常生活与工作；对自己的精神病状态无认识能力。常见的有精神分裂症、癫痫性精神病、躁狂抑郁性精神病、病态人格、精神发育不全、脑外伤性精神病、酒精中毒性精神病、老年性精神病、反应性精神病。

精神病学专家应司法机关的要求，对刑事被告人、被害人、在押罪犯、民事当事人以及证人等的精神状态所进行的鉴定中心目的是判定被鉴定人是否患有精神病，从而明确被鉴定人是否具有责任能力和行为能力。新刑法典第 18 条对醉酒人犯罪的刑事责任作了规定，该条第 4 款指出：醉酒的人犯罪，应当负刑事责任。原因是：醉酒之前，行为人应当预见或者已经预见到自己醉酒后可能实施有害于社会的行为，他在犯罪主观上具有罪过性；在醉酒的状态下，一般只减弱人的辨认能力和控制能力，而不能使其完全丧失这种能力；醉酒完全是人为的，是完全可以戒除的。

10．临床医学检验技术的应用

由于临床医学检验能够客观固定并反映出伤病者的性能变化和组织形态的改变，所以保险公司十分重视临床医疗资料，在通常情况下保险理赔有关人身伤害内容时，主要依据材料就是临床医学检验的结果。临床医学检验一般分为：医学主观能动检验、实验室检查、影像学检查、致电生理检查等。在应用临床医学检验技术过程中，要注意以下几个问题：不要孤立地看待某些检验结果，要系统地分析、了解伤员症状与主诉；要掌握病伤员系统的体检结果，要看病伤员疾病的全过程；要掌握各种特殊检查和实验室检查结果的临床意义；不要仅满足一次检查，要根据情况复检。

思考与练习

1．试分析车险骗赔的成因。

2．列举车险常见的骗赔手法。

3．简述我国相关法律对保险骗赔有哪些规定。

4．到保险公司调研或上网查询资料，收集一则真实的保险骗赔案例。

5．结合本章内容，谈谈如何防骗保，保险公司之间如何利用车险信息平台加强互动，共同打击保险欺诈。

6．被保险人王某将自己的轿车在某保险公司购买了车辆损失保险，保险期限为 2011 年 1 月 11 日至 2012 年 1 月 10 日。2012 年 1 月 9 日上午 8：30，保险公司接到王某报案，称 1 月 8 日王某驾驶轿车夜间 11：30 在市区环城路行驶时前部与一大型箱式货车追尾，货车已趁夜色逃逸，目前被保车辆已在郊区某修理厂。1 月 9 日上午 10：00，受保险公司委派，查勘定损人员随即赶到修理厂，发现该轿车前部受损，需更换保险杠、左右大灯、左右转向灯、左右雾灯、散热器、冷凝器等部件，预计费用 1 万元；经修理厂对该车做进一步拆检后发现，发动机因过热已严重损坏，需更换活塞、缸体、曲轴、连杆等部件，这部分修理费用为 4.2 万元。

问：1．作为保险公司的查勘定损人员，应如何处理客户的索赔？

2．本案存在哪些疑点？

补充资料 8A：

中国保监会关于印发《关于加强反保险欺诈工作的指导意见》的通知

保监发〔2012〕69 号

机关各部门、各保监局，中国保险行业协会，中国保险学会，各保险集团（控股）公司、保险公司、保险专业中介机构：

为保护保险消费者合法权益，切实防范化解保险欺诈风险，我会制定了《关于加强反保险欺诈工作的指导意见》。现印发给你们，并就 2012 年下半年反保险欺诈工作重点通知如下：

1）健全组织体系。各保监局，各保险集团（控股）公司、保险公司、保险专业中介机构应明确反欺诈工作责任部门；中国保险行业协会组织建立理赔反欺诈联席会议制度，各保监局指导当地行业协会成立行业反欺诈组织。

2）建立制度机制。各保险集团（控股）公司、保险公司、保险专业中介机构应针对欺诈风险建立反欺诈制度机制。各保险集团（控股）公司、保险公司、全国性保险专业中介机构于 12 月底前将欺诈风险管理的专项制度建设计划报保监会；区域性保险专业中介机构报当地保监局。

3）加强宣传教育。各单位应加强与新闻媒体的沟通联系，采取多种形式开展反保险欺诈的公益宣传和专题教育，重视反欺诈专业人才培养，加强从业人员职业道德教育。

保险集团（控股）公司、再保险公司根据自身业务特点参照执行。

各单位在贯彻实施中如有问题或建议，请及时报告。

联 系 人：程静

联系电话：010—66286028

传 真：010—66288122

电子邮箱：fanqizha@circ.gov.cn

中国保险监督管理委员会

2012年8月6日

关于加强反保险欺诈工作的指导意见

为保护保险消费者合法权益，防范化解保险欺诈风险，严厉打击保险欺诈犯罪行为，现就加强反保险欺诈工作提出如下意见。

1．充分认识加强反保险欺诈工作的重要意义

保险欺诈，是指利用或假借保险合同谋取不法利益的行为，主要包括涉嫌保险金诈骗类、非法经营类和保险合同诈骗类等。保险欺诈行为不仅直接侵害了保险消费者利益、侵蚀了保险机构效益，而且间接推高了保险产品和保险服务的价格，损害了行业形象，破坏了市场秩序，动摇了行业健康、持续发展的基础。加强反保险欺诈工作有利于保护保险消费者权益、提高行业抗风险能力、提升企业核心竞争力和树立保险行业诚信经营的良好形象。

保监会历来重视反保险欺诈工作，成立了反保险欺诈的专门组织机构，探索建立了反保险欺诈的制度机制，指导相关保险机构将防范欺诈风险纳入风险防控体系，并通过开展打击“假机构、假保单、假赔案”、配合公安机关“破案会战”打击保险诈骗等专项行动，初步遏制了保险欺诈案件高发的势头，取得了一定成效。

随着保险业的发展，保险欺诈又呈现出一些新情况、新特点。全行业必须深刻认识加强反保险欺诈工作的重要意义，主动增强风险意识和责任意识，进一步完善体制机制，切实防范化解保险欺诈风险，全面推进反欺诈各项工作。

2．指导思想、基本原则和目标任务

1）指导思想。以保护保险消费者合法权益为目的，以防范化解保险欺诈风险为目标，以行政执法与刑事执法联动机制为保障，组织动员各方力量，惩防结合，标本兼治，着力构建预防和处置保险欺诈行为的长效机制。

2）基本原则。坚持健全长效机制与短期重点惩治并重；坚持内部管控与外部监管双管齐下；坚持行政执法与刑事司法协调配合；坚持多方参与，协同合作。

3）目标任务。构建一个“政府主导、执法联动、公司为主、行业协作”四位一体的反保险欺诈工作体系，反欺诈体制机制基本健全，欺诈犯罪势头得到有效遏制，欺诈风险防范化解能力显著提升。

3. 健全反保险欺诈制度体系

1）健全反欺诈组织体系。各保监局应指定内设处室负责反欺诈工作。各保险公司、保险专业中介机构应在总部设立专门的部门或指定内设机构作为反欺诈职能部门；各省级分支机构应设立反欺诈岗位。行业协会应建立反欺诈专业委员会。

2）完善反欺诈技术规范。保监会组织行业制定出台反保险欺诈指引，统一反欺诈技术标准和操作规范。行业协会指导建立欺诈风险警戒线标准和关键指标。

3）建立欺诈风险报告和通报制度。保险机构应定期分析、评估欺诈风险，并向监管部门报送欺诈风险年度报告。监管机构和行业协会应根据市场情况及时通报欺诈案件、发布风险信息。

4. 严厉打击各类保险欺诈行为

全行业应畅通举报投诉渠道，及时发现各类保险欺诈违法犯罪行为；建立欺诈案件调查和协查制度，积极配合公安部门和司法机关做好案件查处；严格落实责任追究和案件移送制度。重点打击以下三类欺诈行为：

1）保险金诈骗类欺诈行为。包括：故意虚构保险标的，骗取保险金；编造未曾发生的保险事故，或者编造虚假的事故原因或者夸大损失程度，骗取保险金；故意造成保险事故，骗取保险金的行为等。

2）非法经营保险业务类欺诈行为。包括：非法设立保险公司、非法设立保险中介机构，设立虚假的保险机构网站，假冒保险公司名义设立微博、发送短信开展业务，非法开展商业保险业务、非法经营保险中介业务，以及销售境外保险公司保单等行为。

3）保险合同诈骗类欺诈行为。包括：销售非法设立的保险公司的保单、假冒保险公司名义制售假保单、伪造或变造保险公司单证或印章等材料欺骗消费者，以及利用保险单证、以高息为诱饵的非法集资等行为。

5. 提高欺诈风险管理能力

1）将反欺诈工作纳入全面风险管理体系。各保险公司、保险专业中介机构应制定与业务种类、规模以及性质相适应的欺诈风险管理制度。各保险机构应加强反欺诈工作的内部审计和监督检查，强化内控执行力。

2）增强公司治理层面的责任意识。各保险公司、保险专业中介机构应明确欺诈风险管理由公司董事会负最终责任，高级管理层负管理责任，监事会履行监督职责，提高公司治理层面的风险意识。

3）防范交易对手欺诈风险。保险机构应审慎选择中介业务合作对象或第三方外包服务商，重点关注交易对手的合法资质、财务状况、内部反欺诈制度和流程规定等。

6. 强化反保险欺诈监管机制

1）开展反欺诈检查。各级监管机构应定期检查保险机构反欺诈组织体系、制度建设和执行情况，增强欺诈风险管理的有效性。

2）做好欺诈风险监测和预警。各级监管机构应监测行业欺诈风险状况，开展欺诈风险预警，及时披露欺诈风险。

3）加强欺诈风险的后续跟踪管理。各级监管机构应依法责令欺诈风险管理体系存在严重缺陷的保险机构限期整改，督促保险机构完善反欺诈工作机制。

7．建立行业反欺诈合作平台

1）研究开发反欺诈信息系统。各保险公司应为欺诈风险的识别、计量、监测和控制建立信息系统，确保及时、准确地提供欺诈风险信息，以满足内部管理、监管报告、信息披露和行业共享的要求。

2）建立行业反欺诈信息平台。行业协会应组织搭建反欺诈信息平台，指导行业建立反欺诈数据库，开展欺诈风险信息共享。各保险机构为行业反欺诈信息平台提供有效数据支持。

3）建立反欺诈专项资金。行业协会应为打击欺诈活动建立专项资金，用于打击保险欺诈犯罪为目的的欺诈风险管理、举报奖励、专业培训、警示宣传以及反欺诈基础设施建设等活动。

8．完善反保险欺诈协作配合机制

1）强化联合执法。各级监管机构应健全与公安部门和司法机关的案件移交、联合执法机制，建立案件联合督办机制。探索建立与医疗卫生部门共同打击医疗健康保险骗赔案件的联动机制。

2）加强信息互通。各级监管机构应完善与司法及公安、人民银行、工商等部门的案件信息和执法信息通报制度，加强交流互训。

3）完善法律体系。保监会应会同有关部委推动立法、司法机关完善惩治保险欺诈犯罪的立法、司法解释，明确保险欺诈行为的认定标准和处理规范。

9．加强研究、交流与宣传教育

1）加强理论研究。保险学会、行业协会应加强欺诈风险的理论研究和学术交流，探索适合行业发展实际的经验和规律。

2）推进国际合作。中国保险行业协会在保监会的指导下，建立健全国际交流与合作的框架体系，加强与国际反保险欺诈组织的沟通联络，在跨境委托调查、提供司法协助、交流互访等方面开展反欺诈合作，形成打击跨境保险欺诈的工作机制。

3）强化宣传教育。各单位应组织开展反保险欺诈的专题教育和公益宣传活动，增强消费者反欺诈意识和能力。

10．构建反保险欺诈长效机制

1）高度重视，加强领导。反保险欺诈工作涉及面广、头绪多、任务重，各单位要高度重视，切实加强组织领导。要纳入重点工作统筹考虑，加大反欺诈的资源投入，精心组织，加强指导。

2）周密规划，注重实效。各单位要根据本意见，尽快制订反欺诈工作的具体实施方案，明确责任部门、责任人和阶段性工作任务。各保险机构要及时向监管机构和行业协会汇报工作进展情况。

3）惩防并举，标本兼治。反保险欺诈是一项长期而艰巨的工作，既要坚持依法惩处，更要注重预防。要深入分析各类欺诈违法犯罪行为产生的原因，查找保险经营和监管的制度、体制、机制方面的不足，从源头上治理欺诈行为。

补充资料 8B：

中国保监会关于进一步做好车险反欺诈工作的通知

保监稽查〔2013〕405 号

各保监局，中国保险行业协会、中国保险学会，各财产保险公司：

《关于加强反保险欺诈工作的指导意见》印发后，全行业积极行动，健全组织体系，建立制度机制，加强协作配合，反保险欺诈工作取得了良好进展。为了更加科学、有效地推进车险反欺诈工作，现就有关事项通知如下：

1）高度重视，充分认识车险反欺诈工作的重要意义。当前车险业务已占财产险公司业务的 70%，但车险领域的违法犯罪活动也日益频繁，且呈现团伙化、专业化和职业化等特征，已成为保险犯罪的高发区。开展车险反欺诈工作，对于保护保险消费者的合法权益、严厉打击保险欺诈犯罪、规范车险市场秩序、促进车险市场健康发展具有十分重要的意义。各单位要高度重视，充分利用专项工作的契机，加强领导，周密部署，深入推进车险反欺诈工作。

2）突出重点，严厉打击车险领域欺诈行为。车险欺诈行为形式多样，各公司面临的欺诈风险各不相同，应结合实际、突出重点地打击欺诈行为。治理机会型欺诈要以预防为主，健全体制机制，加强宣传教育；治理职业型欺诈要以打击为主，集中惩治团伙欺诈和职业欺诈。各财产保险公司应对 2010 年以来的车险领域涉嫌保险欺诈的疑难案件进行筛查，摸清风险底数，发现确凿证据的及时移送公安机关。各保监局、各财产保险公司应严格按照《关于建立保险司法案件报告制度的通知》的要求，做好欺诈案件报送和管理工作。

3）健全机制，加强反欺诈的行业协作。各财产保险公司要全面查找制度漏洞，不断健全风险管控体系。各单位应不断深化与公安司法部门的沟通合作，巩固执法协作机制。各地行业协会应积极搭建反欺诈工作平台，及时发布案情通报和风险提示，在涉及多家公司的案件侦办中，应充分发挥牵头作用，组织开展联合调查和风险排查。

4）提升技术，推动车险欺诈信息共享。各财产保险公司应充分运用信息技术手段提升反欺诈工作效能。各地行业协会应利用车险信息平台建立并完善车险欺诈信息数据库，强化平台反欺诈功能，探索推动行业内欺诈信息共享。

5）积极探索，认真总结车险反欺诈的经验做法。各单位应加大创新力度，深入开展理论研究和调查分析，摸索、总结车险反欺诈工作的规律和经验，积极研究应对新型欺诈。探索推行车险投保、索赔的反欺诈提示制度，研究建立举报奖励制度，探索建立行业内黑名单共享制度，营造全社会共同防范打击欺诈犯罪的良好氛围。

各单位应及时向保监会报告工作进展情况、存在的困难和问题、典型案例和经验做法，保监会将总结好的经验做法，编发专项工作简报予以推广。各保监局、各财产保险公司应于 12 月底前通过电子公文传输系统向保监会稽查局报送车险领域反欺诈专项行动总结报告。主要报告以下内容：① 基本情况。包括本单位 2010—2013 年分年度的车险领域欺诈案件情况，当前车险领域欺诈行为的特点、主要类型和产生原因，车险领域主要欺诈风险点，典型案例及评析。② 工作开展情况。包括 2013 年车险领域反欺诈专项行动组织和开展情况，车险反欺诈的制度机制建设情况，信息系统建设和行业信息共享情况，车险反欺诈经验做法和取得的成效，欺诈案件汇总表、专项工作自评表（报送时须采用Excel格式）。

③ 有关建议。包括车险反欺诈存在的困难和问题，加强车险反欺诈工作的意见建议，有关调查研究报告或材料等。

联系人：程静

联系电话：010−66286028

中国保监会

2013年5月3日

第 9 章　机动车辆保险案例评析

导　读

在机动车保险的实际工作中，发生的案件形形色色，大部分的案件很容易分析出来是否属于保险责任、应该怎样计算理赔金额，但也有不少案件却显得比较复杂，对于是否能够得到正常赔付，必须要经过认真分析。甚至有极少部分案件因为意见无法达成一致，还要通过仲裁或诉讼程序来解决。为什么会发生这些情况呢？下面，我们就来通过一个个实际发生的案例进行具体分析。

案例 1　交通肇事逃逸交强险理赔案

2008 年 10 月 2 日夜晚 9 时许，湖南省某市彭某驾驶一台富康车经过该市中心医院前的道路时，因车速较快，视线不好等原因不慎刮倒一辆在道路中间行驶的电动自行车，骑乘电动自行车的两人均倒在地上。彭某见闯祸了，基于害怕纠缠和以为那两人没有大事的侥幸心理直接驾车逃离了事故现场。事故发生后，交警接到行人报警后很快赶到现场，发现其中一人已经死亡，一人重伤，并将伤者送到中心医院进行救治。当晚该伤者也因抢救无效死亡。因案情重大，肇事车辆又逃逸了，该市交警支队当晚就成立了追逃小组，对该案进行紧锣密鼓的侦破。迫于警方的侦查压力，在亲属的动员下，彭某在第二天上午主动到交警大队投案自首，当即被警方刑事拘留。虽然电动自行车存在违法载人、没有靠边行驶等违法行为，但因彭某肇事后驾车逃离了现场，导致警方对直接导致事故的主要原因无法全面核实。因此，警方依据《中华人民共和国道路交通安全法》和《道路交通事故处理程序规定》等法律法规的相关规定，认定彭某在此次事故中应承担主要责任。彭某的亲属主动向受害方赔礼道歉，并多方筹集资金赔偿受害方人民币 80 多万元，才取得了受害方的谅解。两个月后，彭某被取保候审。

在取保候审后，彭某尝试着向车辆投保的某财产保险公司湖南分公司提出索赔申请。经查，彭某车辆投保了交强险及属于商业险范围的车辆损失险和第三者责任险（保险金额 20 万元）。该保险公司收到彭某的索赔申请书、交通事故责任认定书及其他一些索赔单据，认真核实了相关情况后，迅速对其交强险进行了理赔，快速支付了理赔款 12.2 万元（全额赔付），但对商业险做出拒赔的处理决定，并及时向彭某进行了理赔政策与条款方面的解释。彭某接受了保险公司的理赔方案，只是对自己当时的错误行为感到后悔不已。

案例评析

1）交通肇事逃逸，是指发生交通事故后，交通事故当事人为逃避法律追究，驾驶车辆或遗弃车辆逃离交通事故现场的行为。发生交通事故后当事人逃逸的，逃逸的当事人承担全部责任。但是，有证据证明对方当事人也有过错的，可以减轻责任。

2）交通肇事逃逸的危害性非常大，是各国法律都要严厉打击的交通违法或交通犯罪行为。我国的《道路交通安全法》第101条规定，造成交通事故后逃逸的，由公安机关交通管理部门吊销机动车驾驶证，且终生不得重新取得机动车驾驶证。《中华人民共和国刑法》第133条规定，违反交通运输管理法规，因而发生重大事故，致人重伤、死亡或公私财产遭受重大损失的，处三年以下有期徒刑或拘役；交通肇事后逃逸或有其他特别恶劣情节的，处三年以上七年以下有期徒刑；因逃逸致人死亡的，处七年以上有期徒刑。

3）交通肇事逃逸一般都会作为商业保险的责任免除范围。因为交通肇事逃逸除了会严重破坏社会公共秩序，对他人的生命、财产造成无法估计的重大损失外，还会直接导致交通事故责任的失真和扩大，本来没有责任的要承担责任，本只应承担次要责任、同等责任的将要承担主要责任，甚至全部责任。

4）为什么本案中保险公司会对交强险做出全额赔付的理赔决定呢？这是因为，国家实施交强险制度的主要目的之一就是保障机动车道路交通事故受害人依法得到赔偿，最大可能地维护交通事故受害人的合法权益。试想，如果事故责任人因逃逸无法得到保险赔偿，而他又没有其他财产或经济来源对受害人进行赔偿的话，事故中无辜的受害人的医疗费、丧葬费、死亡伤残补偿费又从哪里来呢？所以，我国的交强险条款中除了道路交通事故是受害人故意造成的保险公司不予理赔以外，其余的都纳入了交强险的理赔范围。

案例2　醉酒驾车致人死亡交强险拒赔案

2009年5月7日5时许，张某驾驶自己的长安微型面包车从KTV唱歌后回家途中，在经过一座立交桥时，将正在桥面右侧清扫作业的环卫工人吴某某撞飞，导致吴某某直接坠落到立交桥下当场身亡、张某本人轻微受伤、长安面包车及立交桥护栏严重受损的恶性交通事故。交警赶到现场后，将张某送往医院救治并提取血液样本进行酒精测试，检测结果显示张某酒精浓度为84毫克，属于醉酒。警方经对现场进行认真勘测后认定本次交通事故环卫工人吴某某属于正常作业，环卫车上设置了反光警示牌，身穿特制的反光背心，在此次事故中没有过错，不承担事故责任；长安面包车驾驶员张某属于醉酒驾驶，车速过快，采取措施不当，应承担本次事故的全部责任。

张某的长安面包车在某财产保险公司投保了交强险、商业险范围的车损险、第三者责任险（保额10万元）、车上人员责任险（每座保额1万元）、玻璃单独破碎险、不计免赔特约险等。该保险公司接到张某的报案后，委托某公估公司对长安面包车和立交桥护栏分别进行了损失核定，核定长安面包车损失（维修费用）为18 500元，立交桥护栏的修复费用为5 000元。三个月后，张某被法院判处有期徒刑三年。在这期间，张某及其家属除赔偿了死者吴某某人民币4万元后便再无下文。张某入狱后，死者吴某某家属直接向某财产保险公司提出了索赔，索赔金额为交强险死亡伤残保险限额11万元。

该财产保险公司接到吴某某家属的索赔申请后，认为虽然张某驾驶的长安面包车已投保了机动车交通事故强制保险，但是其属于醉酒驾驶肇事，根据《机动车交通事故责任强制保险条例》第22条的规定，驾驶人在醉酒情形下发生道路交通事故，保险人只在机动车交通事故责任强制保险限额范围内垫付抢救费用，并有权向致害人追偿。在本案中，吴某某属于当场身亡，没有发生抢救费用，当然也就不存在垫付。因此，对于吴某某家属的索赔请求，保险公司在进行了相关解释后做出了拒绝赔付的答复，并出具了《拒赔通知书》。吴某某的家人不服，向该保险公司所在地的某区人民法院提起了诉讼，请求人民法院判令该保险公司支付赔偿款11万元，并承担诉讼费用。

2009年11月20日，某区人民法院正式做出了判决，判决保险公司向原告（吴某某的家属）赔付交强险赔款11万元整，并承担本案诉讼费用。判决的理由如下：① 依据《中华人民共和国道路交通安全法》第76条的规定，机动车发生交通事故造成人身伤亡、财产损失的，由保险公司在机动车第三者责任强制保险限额范围内予以赔偿，不足的部分按照下列规定承担赔偿责任……②《机动车交通事故责任强制保险条例》（以下简称《条例》）第22条虽然规定，驾驶人醉酒情形下发生的交通事故，造成受害人人身伤亡的，保险公司只承担垫付抢救费用的义务，但并未明确规定醉酒驾车可作为保险公司免赔的法定理由。③ 结合第22条第2款规定的“有前款所列情形之一（包含醉酒），发生道路交通事故的，造成受害人的财产损失，保险公司不承担赔偿责任”来看，交强险条例只明确免除了对受害人财产损失的赔偿责任，而对受害人的人身损害的赔偿责任则没有免除。该保险公司收到区法院的《判决书》后，不认可区法院的判决理由，便向该市中级人民法院提起上诉。2010年3月5日，中级人民法院判决保险公司胜诉，撤销了一审判决，理由是根据最高人民法院对安徽省高院同类案件的答复意见，对《机动车交通事故责任强制保险条例》第22条中的“财产损失”应做广义理解。从《最高人民法院关于审理人身损害赔偿案件适用法律若干问题的解释》第1条“因生命、健康、身体遭受侵害，赔偿权利人起诉请求赔偿义务人赔偿财产损失和精神损害的，人民法院应予受理”的规定来看，“财产损失”系指与精神损害相对应的广义上的财产损失，因此《条例》第22条的免赔范围应包括因人身伤亡产生的各项经济损失，如伤残赔偿金、死亡赔偿金等。

案例评析

本案争议最大的焦点，在于醉酒驾驶是否是交强险的法定的免赔理由。

保险公司的观点是根据《机动车交通事故责任强制保险条例》第22条第1款的字义推理得出来的结论，《条例》第22条规定了因驾驶员醉酒驾驶导致的交通事故保险人只需垫付伤者的抢救费用，并且还可以向致害人追偿。他们认为，既然小额的抢救费用都可以追偿，又怎么可能还要赔付更大额度的死亡伤残赔偿金等呢？

而区法院的观点是通过综合分析得出的结论。他们既从立法目的上做了分析，又对《条例》中相关条款从整体结构上运用归纳、对比、排除等方法进行了系统的分析。从表面上看，区法院的分析更加全面，更具有合理性。因为，从国家制定交强险条例的本意来看，其主要是为除本车人员、被保险人以外的受害人提供经济上的救济渠道。另外，从条例条款的具体规定来看，是为了该机动车有可能给第三人造成的损害，且主要是人身损害提供保险补偿而不是为了车主或驾驶员提供保险补偿。驾驶员的严重违法行为不应对受害人能否取得保险赔偿产生影响。

而最高人民法院对安徽省高院同类案件的《答复意见》则对《条例》中的“财产损失”一词进行了广义解释。有不少专家提出质疑，认为这样解释缩小了交强险的理赔范围，不利于保障道路交通事故受害人的合法权益。

2012年11月27日，最高人民法院正式公布《最高人民法院关于审理道路交通事故损害赔偿案件适用法律若干问题的解释》（以下简称《解释》），自2012年12月21日起施行。《解释》第18条明确规定："有下列情形之一导致第三人人身损害，当事人请求保险公司在交强险责任限额内予以赔偿，人民法院应予支持：① 驾驶人未取得驾驶资格或未取得相应驾驶资格的；② 醉酒、服用国家管制的精神药品或麻醉药品后驾驶机动车发生交通事故的；③ 驾驶人故意制造交通事故的。保险公司在赔偿范围内向侵权人主张追偿权的，人民法院应予支持。追偿权的诉讼时效期间自保险公司实际赔偿之日起计算。"

也就是说，本案例如果发生在2012年12月21日以后，或者在该时间后审理，结果就会相反。人民法院就会支持受害人吴某某家属的诉讼主张，判决保险公司必须在交强险的赔偿限额内对受害人家属进行赔偿。保险公司在对受害人进行赔偿后，可以向致害人，也就是本案例中的驾驶人张某进行追偿。换句话说，如果驾驶人张某直接向保险公司索赔，保险公司是可以拒绝赔付的。

案例3　约定指定驾驶员条件投保纠纷案

2008年1月27日上午7点半左右，我国南方还延续着一场罕见的雨雪冰冻灾害天气，某市的张记者驾驶自己家的本田飞度车去上班，因路面结冰，在踩刹车时车辆发生了侧滑，后侧撞上了路中间的水泥护栏，护栏倒没有什么损失，但本田车的左后侧车门、后车身、后护杠受损严重，现场交警为了及时疏导交通，要他打电话向保险公司报了案，拍了现场照片就让他开车撤离了现场。因当时处于冰灾期间，保险公司也专门为事故车辆开通了绿色通道，让他直接将车开到某本田4S店进行定损。当天损失核定就完成了，全部修复费用为5 800元，各方都没有异议，查勘员、4S店的维修接待主管和张记者都在定损单上签了字。因当时接近农历春节，张记者本来工作也很忙，没有时间去保险公司办理索赔手续，就想委托4S店代办索赔手续，并亲笔签署了委托书，提供了身份证、驾驶证、行驶证、保险凭证等相关证件的复印件。4S店检查了张先生车辆的商业保险凭证和张先生的相关证件，发现张记者确实是该车的车主与被保险人，证件与保险都在有效期内，本田车投保了车损险（保险金额8万元）、第三者责任险（保险金额20万元）、车上人员险（每座2万元）、盗抢险（保险金额5万元）、不计免赔险等，属于险种齐全，保额充足，本次保险事故责任也无争议，认为代索赔也应该没有问题。于是在车辆修复完毕后，4S店就没有要张记者先付维修费就让他提车了。但过完春节上班后不久的一天，张记者就接到了该4S店的电话，说保险公司的赔款是转账支付到了4S店的账上，但只有5 220元，与实际维修费用5 800元还有580元的差额，要他去4S店补交维修费用580元。张记者百思不得其解，明明定损金额是5 800元，车损险的保险金额属于足额，自己也投保了不计免赔险，保险公司怎么会只赔付了90%呢？

张记者带着疑问找到了保险公司，保险公司的理赔接待看了张记者的相关证件后，很快就将查询结果告诉了张记者。原来，张记者的车在投保的时候，选择了特约条件——指定驾驶员，保费当时也相应享受了200多元的优惠，并且指定的驾驶员不是张先生，而是刘女士。刘女士是张记者的老婆。因这次事故的驾驶员是张记者，并非指定驾驶员刘女士，按照保单条款的约定，车损险理赔金额必须要扣除10%，也就是只能按照90%进行赔付。张记者回忆当时确实是自己老婆来办理的投保手续，但自己对指定驾驶员的约定根本就不知情。他当即给老婆打电话询问投保情况，他老婆刘女士说是有这么回事，因当时这台车是刘女士开得多，为了节省一点保费，就接受了保险公司业务员的建议，选择了指定驾驶员的这项特别约定条款，后来却忘记告诉自己老公了。张记者认为自己才是被保险人，以当时的投保单不是自己签字、对特别约定不知情为由，要求保险公司变更保险单，取消指定驾驶员的特别约定，补赔已扣除的 580 元赔款，自己愿意补交投保时优惠的保费。保险公司委婉拒绝了张记者的要求，理由是刘女士与张记者是合法夫妻，投保时又持有张记者（车主）的行驶证正本、身份证，代缴保费，保险公司完全可以视同她有权代理被保险人办理投保手续，保险合同应合法有效，不能随意更改。张记者因平时在新闻采访工作中与当地的保险行业协会有些交往，便将此事投诉到保险行业协会，在协会的调解下，保险公司派专人向张记者再次做了解释工作，并就自身工作中的疏忽表示了歉意，张记者也主动放弃了自己的要求。

案例评析

1）机动车辆保险的投保，就是投保人到保险公司或保险代理公司购买机动车辆保险的险种，选择适合自己的保险方案，签署投保单，缴纳保险费，领取、核对保险单（正本）的过程。从法律意义上讲，投保其实也是投保人与保险人之间协商、签署关于投保车辆具体保险方案、明确双方的权利义务的保险合同的过程。也就是说，双方都要认真对待，不能疏忽大意。

2）在本案例中，张记者的妻子刘女士作为投保人为自己家的私家车进行投保是完全可以的，她为了节约保险费，根据自己家当时的车辆使用情况，选择了指定驾驶员这个特别条款也是合乎情理的。问题是她应该及时将这个情况告诉自己的丈夫。张记者作为行驶证车主，保单上列明的被保险人，对这个特别约定应该知情。

3）张记者作为投保车辆的车主和驾驶人，对妻子签订的车险合同没有给予重视，事后没有详细阅读保险单及保险条款，也是本案导致纠纷的一个原因，这也是目前很多驾驶员都忽视和大意的地方。如果当时张记者详细阅读了保单，事先知道了这个特别约定，在事故发生后就会有所准备，委托 4S 店代赔时就会先把差额补足，不会导致后来 4S 店向他追款时自己觉得很没有面子。他到保险公司查询后才知道事情的原委时情绪难免激动。

4）在本案例中，保险公司在审核投保环节时也有一定的疏忽。在核对投保单和行驶证，发现车主不是刘女士本人，而是其丈夫张记者时，为了有效回避法律纠纷，最好是在保单上将刘女士约定为投保人，行驶证车主张记者约定为被保险人，或者将投保人和被保险人都约定为刘女士。这样出具的保单在机动车年检时也是被交警部门认可的，不会给车辆年检造成障碍。幸好刘女士与张记者确实是夫妻关系，刘女士对投保车辆也具有财产所有权，由刘女士代理签署投保文件在法律上可以理解为构成表见代理，也是具有法律效力的，不然保险公司处理这个纠纷就会更加被动了。

案例 4　套牌别克君威盗抢案

2007 年 2 月 10 日早晨，某市一财产保险公司接到一起车险报案：吴某昨晚停在自家小屋楼下的一台别克君威 3.0 小车被盗。保险公司经查询后，确认该车不是当地牌照，而是上海牌照，被保险人吴某是当地人，他于 2006 年 9 月 20 日为该车办理了投保手续，保险期限为一年，从 2006 年 9 月 21 日起至 2007 年 9 月 20 日止。除了投保了交强险以外，还投保了商业车损险（保险金额为30万元）、商业第三者责任险（保额为20万元）及盗抢险（保额为12万元）。保险公司立即派出查勘员杨某某、周某某赶往现场查勘。杨某某等人在现场周围没有了解到任何有价值的线索后，就赶到接受了吴某报案的当地派出所了解情况，也没有发现任何有价值的情况，但发现一个特殊情况：被保险人吴某就是该派出所的公安干警。杨某某查勘回来后将有关情况向公司领导做了汇报，公司领导指示理赔部门要对此案高度关注，密切跟踪。三个月后当地派出所出具了车辆盗抢案件属实的证明，并注明了该案目前还没有侦破，《证明》是手写后加盖了当地派出所的公章。吴某正式向保险公司提出索赔，提供了保险单正本、身份证（复印件）、机动车行驶证、机动车登记证书、二手车购车协议、购车款收条、购置税完税凭证、车钥匙两片及派出所出具的《证明》。保险公司依据《机动车商业保险条款》关于全车盗抢险赔偿处理部分的规定，审核资料后要求吴某还需要提供“车辆管理所在其计算机系统内录入盗抢记录并停办保险车辆各项登记的证明”，然后才能予以赔付。吴某迟迟没有提供这项证明材料，保险公司也就没有给予理赔。2008年8月14日，吴某向该县人民法院起诉，要求法院判决保险公司给予赔付盗抢险赔偿金12万元。保险公司以车险合同明确约定需要车管所出具的证明资料为由进行了答辩。2008年10月28日，该县法院以保险公司不能提供证据证明其在签署保单前对投保人就该条款履行了充分说明的义务为由，判决保险公司败诉，判令保险公司赔偿吴某保险金12万元。保险公司不服，于2008年11月6日上诉到中级人民法院。该案引起了该保险公司的省级分公司的重视，在中级人民法院受理上诉后，该省级分公司也派员全程参与调查，考虑到该车牌系上海牌照，该省分公司请求上海分公司协助到当地车管部门调查了解该车的相关情况。上海分公司反馈过来的消息令人大吃一惊，该车不仅没有进行盗抢登记，还在被盗后正常进行了年度检测一次，并且还发现了该车近期在上海的交通违章记录。到底是这台车返回了上海，根本没有被盗？还是上海的车与被盗的保险车辆根本就不是一台车？因为上海车主长期在外地做生意，又从身份证上登记的居住地搬迁了，上牌时登记的号码也打不通，所以一时无法联系上。保险公司分析，既然上海的车能正常进行年度检测，那么投保的被盗车辆是套牌车的可能性比较大，为了获得强有力的证据，保险公司请求中级法院带上吴某提供的被盗车的行驶证和登记证书去上海交通车管部门调查取证，以验明证件的真伪。中级法院同意了保险公司的请求。2008年12月20日中级法院的两名法官与保险公司工作人员一起飞赴上海，通过到车管部门核查，发现吴某提供的车辆证件全都系伪造。到此，案情终于出现了重大转机。但是，由于吴某私下找关系出面干预，中级法院迟迟没有公布判决结果。省保险公司以吴某作为公安干警违规购买使用套牌车辆为由正式以书面文件向省公安厅进行投诉，并提供了相关证据。省公安厅高度重视，由督察处正式立案查处，在调查过程中，发现了吴某及某县公安局个别部门在此案中的一系列违规事实，如刑侦大队在长达两年的时间里并未对盗抢案进行立案，更别说进行深入侦查，派出所与刑侦大队向保险公司和法院出具的案件证明均系违规开具。在公安厅的督察下，某县公安局向法院重新出具文书，正式撤销了这件所谓的盗抢案件，并对相关人员进行了严肃处理。2009年5月，中级法院终于下达了终审判决书，判决保险公司胜诉，撤销了某县法院的一审判决。至此，该案终于尘埃落定。至于吴某是在不知情的情况下购买了赃车，属于无辜受害，还是蓄意骗保，因吴某在当地的社会关系网错综复杂，并且十分强大，此案也就不了了之，真相也就永远只有他本人知晓了。

案例评析

1）近年来我国随着机动车数量的快速增长，尤其是个人拥有的机动车数量呈几何系数增长后，机动车盗抢案件也一直呈上升趋势。车险盗抢案件的增多，除了直接给受害车主造成巨大的经济损失外，也给我国社会主义经济建设与人民生活带来了新的不安定因素。

机动车盗抢风险的日益增高，既给以经营车险为主的财产保险公司带来了新的业务需求，也给其造成了巨大的经营压力。盗抢险业务的增多，势必要求保险公司在盗抢险的核保、核赔方面既加强管理，严格管控风险，又要随着时代的发展，提升专业技能和服务水平。

2）通过本案不难看出，该保险公司的核保、理赔工作仍然存在一定的薄弱之处：

ⅰ．核保时没有认真执行验车制度，核实投保车辆信息。对于外地车牌在本地投保盗抢险，本应该引起足够的注意，并通知专业经验相对丰富的车险查勘员严格验车，核对证件。一般情况下，保险公司有经验的车险查勘员对于套牌车还是能够寻找出不少疑点的。

ⅱ．核保人没有认真了解清楚投保人的身份信息。按照各保险公司的承保指引，对于公安、武警部门的相关人员投保盗抢险是要严格关注的，因为一旦发生保险车辆被盗，这些特殊部门的人员作为被保险人，对于保险公司的调查有可能会造成较大的阻碍。如果核保人了解到投保人吴某本人就是当地一名资深的公安干警，如果再进一步了解，还会发现他还公开从事倒卖二手车的生意，估计核保人就不会轻易同意承保其车辆的盗抢险了。

ⅲ．业务人员与核保人都没有认真就投保险种的主要条款（责任免除部分与理赔处理部分）对投保人进行充分说明，没有认真执行投保人签字制度。如果投保人表示自己已清楚主要条款，不再要求保险公司人员再继续进行说明，保险公司的工作人员一般应要求投保人在投保单上亲笔签字确认。

在投保与核保环节，保险公司的工作人员没有认真做好上述工作，导致将该车的盗抢险承保进来，给今后的工作埋下了隐患，并且直接导致一审败诉。

ⅳ．在理赔环节，保险公司也存在不足之处：一是在发现吴某本人是当地公安干警后，没有及时跟踪公安立案、侦查的情况。如果一开始就绕过吴某与公安局相关部门交涉、沟通，吴某后来的行为（如通过人情虚开证明等）也许有可能被公安局领导或内部纪检部门及时防范或制止。二是案发后完全依赖公安部门，保险公司自己没有及时主动地开展独立调查工作，如果一开始就通过调查发现了相关证据，就可以直接找吴某交涉，迫使他不得不主动请求撤案。本案也许就不会前后折腾上两年多，也许就不需要进行一审、二审两次诉讼，就可以节约下不少的人力与物力了。

当然，本案的最终结果还是圆满的，保险公司的理赔人员能坚持正义，不畏强权，耐心寻找到相关疑点和证据，并积极寻求相关部门的大力支持，最终通过自己的不懈努力，切实维护了法律的尊严和广大被保险人的利益。

案例 5　被保险人对车辆定损价格有异议理赔案

2006 年 7 月 17 日下午，某市普降大雨，许多路面发生积水现象。市供销合作社驾驶员江某某驾驶该单位新购买的福特全顺客车，运送保卫科刘科长等一行人对全市门店进行安全检查。当车行至一有积水但车辆还能缓慢通过的街道时，突然对面快速驶过一辆公共汽车，造成路面积水突然涌动，路面积水经空气滤清器和涡轮增压器被吸入发动机燃烧室，导致发动机顶缸熄火。江某某是名具有多年驾驶经验的专职驾驶员，听到发动机的异响声后当即果断停车，没有再尝试启动汽车，并立即疏散车上人员，打电话呼叫拖车救援，并第一时间向某保险公司某市中心支公司报案。保险公司的查勘员很快赶到了现场，不久市供销社定点维修厂的拖车也赶到了。事故车辆很快被拖到了某汽车修理厂。因为当时因暴雨积水受损报案定损的车辆特别多，保险公司的定损员在第三天才到该修理厂对受损的福特汽车进行定损。维修工将发动机解体后，发现情况很不妙：空气滤清器与涡轮增压装置连接部分的空气通道内有泥沙和水，发动机缸盖有锈迹和水迹，两个连杆弯曲变形，发动机第二缸、第三缸的缸套边缘附近的缸体破损，四个缸套均有水迹和锈迹。保险公司核价员第二天报出了定损价格为 18 552 元，其中零配件价格为 15 502 元，工时费为 3 050 元。但被保险人市供销社认为该定损价格较低，难以保证维修质量，表示不能接受，该市保险公司坚持认为定损价格是合理的，在此金额范围内车辆完全可以修复，因此双方发生争议。被保险人向该保险公司的总公司进行电话投诉，总公司指示该市的中心支公司再次认真复核定损金额。经协商，双方决定共同委托省城某保险公估公司对福特车进行重新定损，对维修价格重新进行核定。公估公司接受双方委托后，对定损方案的零配件价格和工时费进行市场询价、调查后认为，原定损方案中的更换与维修项目与车辆实际损失情况相符，工时费也比较合理，但因近期汽车市场零配件价格波动较大等原因，部分需要更换的零配件正厂件价格涨幅较大，而原定损方案中保险公司依据的零配件价格偏低，应该根据市场实际情况给予调整。最后，某公估公司在扣除相关残值后，核定福特车的维修费用总金额为 23 200 元，被保险人、保险公司、汽车修理厂都表示认可。公估公司正式出具《公估报告》后，保险公司按照公估公司核定的价格进行了赔付。

案例评析

1）本案只涉及商业车险的车辆损失险理赔，因保险公司第一现场查勘及时，双方对于保险责任没有产生争议，但对定损价格产生了分歧，因此导致理赔纠纷。

2）保险车辆定损是车险理赔工作的一个重要环节。某保险公司中心支公司的理赔人员对定损的基本原则掌握还是比较到位的，唯一欠缺的是完全依赖报价系统和原有经验数据，没有根据市场的变化准确掌握汽车零配件价格。其实，某个地区在某个时期部分汽车零配件市场采购价格发生一定波动也是有可能的，保险公司总部一般也会考虑到这种特殊情况，一般在遵守系统报价的框架内给予了基层公司一定比例的上下浮动权利，或者通过特殊流程上报审批处理。在本案中，保险公司的理赔人员如果能认真进行一下市场调查，完全可以及时调整定损价格，不会导致理赔纠纷的发生，从而确保公司的客户满意度不会受到负面影响。

3）保险车辆定损方案其实是一个包括维修、理赔内容的简单的民事合同，合同的当事人（一般包括保险公司、被保险人及负责维修的汽车维修厂家）都签字同意后，这个定损合同才具有法律意义。在这个特殊合同协商签订的过程中，保险公司的定损员必须充分尊重其他当事人的意见和权益，不能简单地为了节约时间，尽快完成工作任务，依赖自身在理赔工作中的相对强势地位将自己单方面的意见强加给对方，否则就会导致理赔纠纷的发生，引起更多的麻烦，耽误更多的精力与时间。

4）保险车辆定损工作中，不能简单地为了降低理赔成本，依据市场上的副厂件价格核定损失。目前，市场上的汽车零配件一般有正厂件与副厂件之分。所谓正厂件，是指由汽车整车生产商生产、销售或由整车生产商指定的汽车零部件供应商生产的零配件。副厂件即其他汽车零部件厂商生产的零配件。正厂件一般价格较高但质量可靠，而副厂件价格低廉，质量参差不齐。特别是因为我国近年来汽车零配件生产与流通市场发展较快，监管工作难免有些疏漏，部分副厂件质量极差，完全属于伪劣产品范畴，使用这些配件将会给汽车行驶安全带来巨大的隐患。保险公司如果按照副厂件价格进行定损，短期内好像会降低理赔成本，但会提高汽车的出险概率，损害客户利益和社会公共利益。从长远利益角度来看，对保险公司来说也是得不偿失的。

案例 6　保险车辆修复后复勘争议案

2007 年 9 月 22 日，某省水电建设总公司的一台丰田越野车在贵州省某道路行驶时不慎发生倾覆，导致车上人员一人身亡、车辆严重受损的交通事故。

事故车辆经施救后拖回本省一综合汽修厂进行维修。保险公司会同被保险人、汽修厂一起对事故车辆进行了定损，三方确定了维修方案，维修费用总价格为 95 860 元整。在定损过程中，关于是否更换车架（市场购置价格为 18 900 元），保险公司与被保险人和维修厂产生了争议。保险公司认为车架虽然发生了变形，但没有达到必须更换的程度，而被保险人与汽修厂要求更换，尤其是汽修厂态度非常坚决，说如果不更换车架将无法保证修复质量。保险公司考虑到该被保险人系公司的大客户，经请示总公司批准后也同意了更换车架的方案，但强调了车辆修复后保险公司必须对修复后的车辆对照定损方案进行复勘，更换后的旧件残值必须由保险公司进行回收。被保险人与修理厂当时都表示同意。

一个月后，汽修厂通知保险公司：保险车辆已维修完毕。保险公司于是安排查勘人员到该汽修厂对修复后的保险车辆进行复勘。查勘人员在认真检查车辆及核对旧件后发现，修复后的车辆的车架实际上没有更换，只是校正后重新进行了喷漆，摆在旁边的等待保险公司回收的废旧车架并不是从该车上更换下来的，而应该是该汽修厂从其他渠道购来的旧件。当查勘人员提出复勘意见后，汽修厂坚决予以否认。为了验证汽修厂关于将原车架上的车架号码进行挖割后焊接到新购车架上的说法是否真实，保险公司提出将保险车辆送到某大学汽车工业研究室进行金属探伤检查。汽修厂不敢送检，被迫承认了没有更换车架的事实。

最终，保险公司在剔除车架更换费用（18 900 元）后进行了赔付，被保险人与汽修厂均没有表示异议。

案例评析

1）保险车辆定损工作还是应坚持“以修复为主”的原则，尽量减少更换项目，既可以降低保险损失，又能有效避免不必要的资源浪费。保险公司的查勘人员应发挥专业水平，尽量说服汽车维修厂充分利用专业技术优势，在不影响车辆安全性能和修复质量的前提下修复受损车辆。

2）汽车修理厂为了尽量扩大修车的利润空间，往往会将定损方案中已核定要更换的部分零配件变更为修复，或者去采购市场价格低于定损价格、质量较差的零配件，以节约更换配件的经济成本，使修复后的车辆无法达到预期的质量效果。这样，被保险人的利益就会直接受到损失，但一般被保险人都不专业，很容易被汽修厂蒙混过关。这种情况下，保险公司就要利用自身的专业技术优势，加强保险车辆修复后的复勘工作，以有效保障保险车辆的修复效果。

3）通过本案例也可以看出，保险公司对事故车辆更换下来的旧件的回收工作也十分重要。首先，保险公司应认真核对定损单，及时逐单回收旧件，不能几个月或更长时间才去集中回收一次，那样就很难核对准确，也就达不到预期的效果。其次，回收回来的旧件应及时销毁或送到专门的金属回收公司进行处理，不能为了蝇头小利而又变卖给一些有不良企图的汽车维修厂。不少的汽修厂就是利用这些旧件以次充好，坑骗客户和保险公司，有的甚至利用更换旧件后再故意制造虚假赔案以牟取非法利益。

案例7 交通肇事致人死亡聘请律师指导索赔案

2007年1月1日，正是新年元旦，也是李先生今生永远记得的一个日子。这天他正兴致勃勃地开着新买不久的夏利车去汽车站接从老家过来小住的父母，却不料在快到汽车站的一个路口时，不慎与一辆送矿泉水的电动自行车相撞，电动自行车的驾驶员覃某是一个55岁的男人，因头部撞上护栏当即昏迷不醒。李先生打了122报警电话和120救护电话，很快交警和120救护车都赶到了现场。救护车将覃某送往医院进行紧急抢救，但因颅内受伤过于严重，覃某当天便因抢救无效身亡。交警通过查勘现场和走访目击证人，认定本次交通事故中李先生与覃某均承担同等责任。覃某的妻子听闻噩耗后一病不起，唯一的儿子正在新疆某部队服役，部队领导知道后特批他五天假回来处理后事。因为时间紧，深感同情和歉疚的李先生与通情达理的覃某家属之间并没有大闹，在交警的调解下双方很快达成了赔偿调解协议，李先生除承担医疗费用8 561.35元外，一次性赔偿覃某家属15万元。覃某家人除提供了赔偿款收条及户口簿复印件以外，就再也没有提供其他资料了。

李先生的夏利车在某保险公司投保了交强险与商业第三者责任保险及三责险，商业第三者责任险的保额是20万元。李先生在事故的当天通过电话向该保险公司报了案，当时保险公司的接线员听说事故中有人受伤就要他配合交警处理就行了，调解结案了再带上材料去保险公司办理索赔就行了。于是，李先生在拿到交警出具的《交通事故责任认定书》和交警盖章确认的《调解书》后，就带上手头上所有的资料前往保险公司办理索赔。理赔接待人员还很热心，详细看了他手上的资料后，叹了一口气说："您这个案子，自己会亏很大呀！"然后详细给他做了分析：① 死者是农村户口，根据《最高人民法院关于审理人身损害赔偿案件适用法律若干问题的解释》，死亡赔偿金只能按照上年度当地农村居民人均纯收入（即3 117.74元）乘以20倍计算，只有6万多元，加上丧葬费6 859.02元，加起来也不到7万元。② 从户口簿上看，死者的父母均已不在，妻子还有劳动能力，儿子已成年，死者没有需要承担的抚养关系，李先生也就不需要赔偿抚养费。③ 李先生与死者双方是同等责任，死者驾驶的是非机动车，根据当地省人大出台的《道交法实施细则》，保险公司只按照60%计算李先生应承担的经济赔偿责任。也就是说，扣除交强险承担的5万多元赔付，商业险项下能赔的没有几个钱了。李先生一听惊呆了，他原以为在交警队调解的赔偿款大部分都能得到保险公司的赔付，至少能赔到80%左右。因为他认为只要没超过20万的限额就没有大的问题。现在如果按照这样算起来，他能获得的保险总赔款将只有7万元左右，而他赔付死者的一次性赔偿款和医药费达到了15.8万元，理赔比例还不到50%。他怎么也接受不了这样的结果。理赔接待人员见他情绪比较激动，就耐心地安抚他，并建议他先不急于索赔，再去找找是否有对他索赔有利的证据，反正保险索赔期限有两年。李先生一听，也只好这样了，便收回资料离开了保险公司。到哪里去寻找有利的证据呢？找交警队？还是找死者家属？想起来头都是大的。正当李先生万分苦恼之际，眼前突然出现一块XX律师事务所的招牌，李先生灵机一动，还是去找律师问问吧，兴许他们有办法呢。一名年轻的男律师接待了李先生，当他看了李先生的索赔资料后，他分析的结果也跟保险公司的理赔接待说的差不多。当李先生正感到失望时，一名年龄在50岁左右的老律师走了过来，看了一下资料，又问了李先生几个问题，然后说这个案子中的死者虽然是农村户口，但在城市送矿泉水，如果其在城市连续工作或生活满了一年以上，应该按当地城镇居民的相关标准来计算赔偿。鉴于覃某已身故，其家属均已不在当地的特殊情况，对于其是否在城市连续工作生活满一年，是否还能找到相关证据，还是一个未知数。但老律师的话，又给了李先生新的希望。李先生当即决定委托该律师事务所收集相关证据、代理办理保险索赔手续，并协商好了缴费标准和方式，正式签署了委托协议。

一周后，律师给李先生打来电话，告诉他死者覃某生前在该市工作生活的情况全部调查清楚了，相关证据也取到了，可以去办理保险索赔了。在这一周的时间里，律师通过走访处理事故的交警、事故发生地的街道居委会、派出所、工商所及周围的居民，终于了解清楚了覃某生前的相关情况。原来，覃某与其妻子从2004年8月起，就从老家来这里打工，一直租住在汽车站附近的一间民房里，但一直没有到当地派出所办理暂住证。覃某先后在多个地方做过事，去年下半年才到汽车站附近一家矿泉水店打工，负责上门给用户送水。来矿泉水店之前是在附近一建筑工地打工。其妻子主要是以捡拾废品变卖为主。律师找到其原来租住房屋的房东，并让其出具了证明，当地居委会也证实了此事，并在其证明上加盖了公章。矿泉水店的老板及建筑工地的包工头都签署了相关证明。

律师事务所根据李先生与保险公司签订的保险合同，以及本次交通事故的所有资料，分别制作了《交强险索赔书》和《商业车险索赔书》及《保险索赔证据及清单》提交给了保险公司。

1）《交强险索赔书》中列明了以下索赔项目：① 死者生前医疗费用8 000元（当时交强险医疗费赔偿限额为8 000元）；② 死者死亡赔偿金50 000元（当时交强险死亡赔偿限额为50 000元）；③ 死者覃某的电动车损失与手机损失2 000元，共60 000元。

2）《商业车险索赔书》中列明的索赔金额为79 856.87元，并详细说明了计算依据。

ⅰ. 死者覃某生前连续在本市工作、生活将近三年，经常居住地和主要来源地均为本市，根据最高人民法院（2005）民他字第25号民一庭《关于经常居住地在城镇的农村居民因交通事故伤亡如何计算赔偿费用的复函》中的明确意见，本案中死者覃某的有关损害赔偿费用应当根据我市城镇居民的相关标准计算。我市上年度城镇居民人均可支配收入为9 523.97元，那么覃某的死亡赔偿金总额应计算为9 523.97×20=190 479.4（元）。

ⅱ. 覃某丧葬费为6 859.02元。

ⅲ. 覃某医疗费8 561.35元。

以上 i + ii + iii−58 000（交强险项下索赔）=147 899.75（元）

iv．根据 2006 年 5 月 31 日××省人大常委会通过《××省实施〈中华人民共和国道路交通安全法〉办法》的第 38 条规定“机动车与非机动车驾驶人、行人之间发生交通事故，造成人身伤亡、财产损失的，由保险公司在机动车第三者责任强制保险限额范围内予以赔偿。超过责任限额的部分，……②机动车一方负同等责任的，承担 60%”，被保险人李某某在本次交通事故中负同等责任，承担的部分为 60%，即应承担的金额计算为：

147 899.75×60%＝88 739.85（元）。

v．根据李某某与保险公司 2006 年签订《机动车商业保险条款》的约定，李先生在事故中承担同等责任，事故责任免赔率为 10%，保险公司实际应赔付金额为：88 739.85×90%＝79 856.87（元）。

交强险与商业险索赔金额合计为 139 856.87 元。

3）《保险索赔证据及清单》包括以下内容。

i．李某某与保险公司签订的交强险与商业险保单正本各一份。

ii．被保险人李某某的身份证、驾驶证正副本、行驶证正副本（复印件）各一份。

iii．被保险人李某某委托××律师事务所代理保险索赔的授权委托书。

iv．《交通事故责任认定书》一份。

v．《交通事故赔偿调解协议书》（交警队加盖公章证明属实）。

vi．覃某儿子覃某某出具的赔偿款 15 万元整的收据一份（交警队加盖公章证明属实）。

vii．覃某及其儿子覃某某、妻子赵某某的户口簿复印件（交警队加盖公章证明属实）。

viii．覃某租赁房屋协议书一份。

iv．房东出具覃某自 2004 年 8 月起就一直在此居住并由当地社区居委会加盖公章证明属实的《证明》一份。

x．矿泉水店老板出具的覃某在其店工作了 5 个多月的证明一份。

xi．某建筑工地包工头出具的覃某在该工地工作过 8 个月的证明。

xii．目前仍放在某事故车辆停车场内的覃某发生事故时骑乘的已损坏的电动自行车照片两张。

xiii．某电动自行车店出具的同类型电动自行车市场价格（3 500 元）证明一份。

xiv．事故现场覃某摔坏的手机照片一张。

xv．某手机店出具的同类型手机市场价格（800 元）证明一份。

xvi．《××省实施〈中华人民共和国道路交通安全法〉办法》打印稿一份。

xvii．最高人民法院（2005）民他字第 25 号民一庭《关于经常居住地在城镇的农村居民因交通事故伤亡如何计算赔偿费用的复函》打印稿一份。

保险公司收到××律师事务所交来的索赔资料后，认真进行了研究和核实，10 个工作日后按照索赔书的具体要求对李先生全额进行了赔付，李先生感到非常满意。

案例评析

1）机动车保险索赔是指被保险人在投保的机动车发生保险责任范围内的保险事故后，按照保险合同有关条款的约定，向保险要求赔偿的行为。索赔时被保险人的权利，可以行使，可以放弃，也可以部分放弃。从法律的角度看，其实它就是一种法律行为。

2）大部分的车险索赔比较简单，尤其是只发生了单方碰撞的车损事故，这类案件被保险人一般都能自己直接办理好保险索赔。但是有些涉及法律关系比较复杂的案件，被保险人因受到专业知识的局限，往往感到满头雾水，不知道如何尽最大可能地保护自己的合法权益。在本案中，李先生就因为没有处理类似案件的经验，碰到了交通事故中的比较特殊的情况，如果按照保险公司理赔同类案件的惯例，李先生得到的补偿比他最终理赔的结果要少六七万元。对于一个普通的家庭，这么大的经济损失一般是难以承受的。

3）律师事务所处理对于法律关系较复杂的保险索赔案件具有专业技术与法律地位优势。第一，因为一般律师对相关法律法规，以及国内各法律实施部门面对新问题的实际操作情况都比较熟悉，能快速找到对维护被保险人合法权益相对有利的法律依据。第二，《中华人民共和国律师法》赋予了律师一定的调查取证权，律师接受被保险人的委托后，可以依照法律的规定，在一定范围内进行调查取证，相关单位与当事人一般都会给予配合。如果被保险人自己去取证，必然会受到一定的制约，相关单位和当事人一般情况下也都不会配合。第三，因为专业水平与经验的原因，律师调查取证获得的证据效力较强。被保险人因为对证据规则不熟悉，也缺乏取证技巧和经验，往往千辛万苦取来的证据不是格式不符合要求，就是没有法律效力。所以，被保险人遇到涉案金额较大、法律关系较复杂，自己又没有把握的保险索赔案件，最好是委托一家信誉好、专业实力相对较强的律师事务所代理索赔。

4）积极推广律师代理被保险人进行保险索赔工作对减少被保险人与保险公司之间的纠纷、促进社会和谐、提高保险公司理赔服务水平均有十分重要的现实意义。第一，律师参与保险索赔，一定程度上可以有效化解少数被保险人与保险公司之间的情绪对抗，有利于减少摩擦，维护良好的社会公共秩序。现实中，有少数被保险人因为对保险理赔不满意，采取谩骂、殴打保险公司员工、打砸保险公司财物等激烈方式宣泄情绪，有的还堵门堵路，有的甚至围攻当地政府，给社会公共秩序带来不稳定因素。如果律师提早介入，及时对被保险人进行法律政策、保险合同条款方面的解释及案情分析，合理降低被保险人的心理预期，适当消除被保险人对保险公司一些行为的误会，就可能预防被保险人因情绪冲动而发生的一些极端行为。第二，律师可以作为保险人与被保险人之间进行必要沟通的桥梁。每一个复杂的案子，一般都有其特殊性，想要得到圆满处理，很多时候都需要双方在不违反法律的框架内进行沟通与协调。一个负责任、有经验的律师往往都能充当好这个角色。第三，车辆保险单本来就是一个具有法律意义的民事合同，保险理赔就是一个履行保险合同的行为。律师往往能依据自己的法律专业知识对保险理赔工作提出许多专业性的、建设性的意见。随着更多的律师参与保险索赔案件，保险公司遵守法律、信守合同的意识就会得到进一步加强。

案例 8　奔驰 600 故意碰撞骗保案

2007 年 11 月 2 日晚上 23:05，某市保险公司接到一台奔驰 600 车的驾驶员陈某报案，驾驶员讲他在送朋友回家后回来的路上，因避让一台占道行驶的摩托车不慎撞上了路边一砖厂堆码在门口的大砖垛，车辆前部严重受损，两个气囊都爆出来了。驾驶员受了轻伤，现正在中心医院进行相关检查。值班查勘员赶到现场查勘后，感到案情重大，立即向查勘主管汇报。查勘主管立即赶到现场，分析存在不少疑点：一是当时不是雨天，但现场没有丝毫的制动痕迹，与紧急情况下的驾驶员一般都会本能地去踩制动的情理不符；

二是发生事故的奔驰 600 系老旧稀有车型，市场上实际价值并不高，但不仅投保了车损险，而且车损险的保险金额还十分充足，达到了 150 万元；三是该车 10 月 22 日办理投保，10 月 23 日起保，事故发生时间距离投保时间仅仅过去 10 天；四是事故发生路段属于城郊，比较偏僻，不仅附近没有监控摄像装置，而且因为事发时属于深夜，现场周围找不到任何目击证人；五是驾驶员系一家综合汽修厂的经营厂长。虽然觉得案件的疑点颇多，但苦于当时没有任何直接证据证明这是一起故意骗保案，保险公司理赔部门还是给予了正常受理，在一边会同被保险人正常进行损失核定的情况下，一边向市经侦支队报了案，暗中积极搜寻有关证据。首先，查勘人员将事故车辆施救至一家直属于省公安厅机关后勤服务中心的汽修厂（当时属于政策允许范围），聘请公安刑侦技术人员对事故车辆进行碰撞痕迹鉴定，鉴定结果是碰撞属实，至于是否是故意还是无意，公安刑侦人员表示依靠鉴定技术还无法确定。保险公司查勘人员在对事故车辆进行解体定损时，又发现了新的疑点，在拆除前保险杠表皮后发现保险杠梁上有一道尖锐的凹痕，很容易分辨出不是本次事故所造成的，因为本次事故车辆前部碰撞的砖垛是一个较大的平面，没有任何尖锐物体。如果不是本次事故造成的，那么车主为什么当时没有及时进行修复呢？在一般正常情况下，任何车主都不会听任前保险杠梁一直保持着这种受损状态，何况是奔驰 600 车呢？查勘人员凭经验大胆推测，该车应该是在投保前发生过碰撞事故。但当保险公司调取该车投保资料时，发现该车在投保时车况良好，还是核保人员进行的验车，投保档案里附有验车照片。这又怎么解释呢？这时，核保人员回忆起投保验车时的一个细节，该车来办理投保时，因是公司一个业务经理介绍的业务，出单人员没有要求验车就给他出具了保单，但被核保人员及时发现，考虑到该车价值较大（保险金额为 150 万元），核保人员坚持要求验车。代理车主来投保的人员称车辆出差在外地，要过几天才能回来。经过协商，投保代理人只领走发票（当天已缴纳保险费），保单正本暂时存在保险公司核保人员处，等过几天车辆回来再进行验车，验车没有问题后再领取保单正本。3 天后，该代理人将车开到保险公司楼下的地下车库，核保人员验车没有发现明显问题后就把保单正本发还了该代理人。7 天后就发生了本案。理赔人员将本次事故驾驶员，即某汽修厂厂长陈某的照片给核保人员和出单人员辨认，发现投保代理人与保险车辆肇事驾驶人就是同一人。从投保到索赔，保险车辆的车主即被保险人张某一直没有露面。保险事故发生后，配合保险公司定损、调查都是驾驶人陈某在处理。陈某心理素质非常良好，表现得十分镇定自然，一方面十分配合保险公司的调查，另一方面也通过多种方式给保险公司理赔部门施加压力，甚至还找了一些社会闲杂人员到保险公司进行威胁。

陈某对保险公司理赔部门定损倒是比较配合，因为这款奔驰 600 系老旧车型，正常市场上已没有原车配件供应，只能到广州的二手车市场采购拆车件（即从报废旧车上拆下来还有使用价值的零配件）。即使大部分需要更换的零部件都采用拆车件价格定损，该车的修复费用，即最终的定损价格还是达到了 301 500 元。

这段时间，市公安局经侦支队也通过特殊手段调查掌握了保险车辆近段时期的行驶轨迹，以及相关人物的社会背景与活动情况。通过综合分析，陈某故意碰车、诈骗保险金的嫌疑迅速上升。考虑到案情重大（诈骗金额达到 30 万元以上），经侦人员决定对陈某依法传讯。不到 24 小时，陈某就在公安人员已掌握的许多事实和证据面前，无法自圆其说，终于顶不住巨大的心理压力，坦白交代了故意制造保险事故，企图诈骗保险金的一切经过。原来，奔驰车车主张某是他的一个朋友，在 10 月 20 日不慎撞上了某厂区内一根用角钢做的钢柱，造成前保险杠、引擎盖、水箱等部件受损，修复费用需要 2 万元左右。因该车没有投保，张某让陈某帮忙修车。陈某想到自己对保险流程比较熟悉，于是出了一个先投保再伪造事故现场欺诈保险公司的主意，张某也同意了，便全权委托陈某办理。陈某虽然找到自己在保险公司的熟人即那名业务经理打了招呼，但不曾想到核保人员坚持原则要验车再发放保单，为了过验车关，陈某只好回到汽修厂将车辆草草修理了一下，连被撞出尖锐凹痕的前保险杠梁都没有来得及去整形。一是时间来不及，二是他计划还要去撞一下的，何必多此一举呢？如果他能想到这也是暴露其犯罪行为的破绽之一，他肯定会后悔不已。三天后他开着草草修好的车到保险公司验车，并领到了保险单正本，然后经过多次踩点，选择了离市区较远的砖厂附近作为碰撞地点。他知道保险公司一般会对起保 10 天之内发生的事故比较关注，一直等到 11 月 2 日深夜，也就是起保日期刚好过了 10 天，才实施了故意开车撞砖垛，企图骗取高额保险金的犯罪行为。他以为自己够聪明，计划也十分周详，哪想到“天网恢恢，疏而不漏”，最终还是被保险公司和公安人员识破并抓获。保险公司以被保险人故意行为属于保单的责任免除范围为由对本案做出了拒赔处理，陈某与张某的骗保行为也受到了法律的严惩。

案例评析

1）第一现场查勘的工作非常重要，查勘员要根据专业知识技能和工作经验对事故的真实性进行必要的排查和确认。本案例中，第一现场的查勘员及时发现了现场的许多疑点，如无任何制动痕迹、事故时间与起保时间距离较近、碰撞地点偏僻可疑等，为后来案件的继续调查与侦破打下了良好的基础。反之，如果当天晚上现场查勘员没能发现疑点，没有及时上报，也没有有效控制事故车辆，就会耽搁宝贵的时机，就不能有效掌握案件调查的主动权，会给后续的侦破工作带来很大的被动。

2）承保前验车是保险公司车险核保工作中一个极其重要的环节。在本案例中，保险公司的核保人员坚持要验车才发放保险单正本，成功地防范了陈某原策划好的骗保案件。虽然没有能最终制止后一个骗保案件的发生，但也打乱了陈某原来的骗保计划，让陈某更多地露出了马脚，为本案的侦破提供了有价值的线索。

3）骗保分子一般都喜欢利用进口车中的老旧稀有车型来作为骗保的工具，因为这种车实际价值低，但市场同类型车的购置价格都很高，保险公司定损系统中的零配件价格也很高，而骗保分子往往会通过故意制造保险事故，向保险公司索要原装正厂配件的价格，再采购二手车拆车件修复车辆来赚取巨额差价，牟取非法利益。这就要求保险公司的核保人员提高警惕，谨慎核保，对于不明底细的个人客户的这类车的车辆损失险、盗抢险、自燃险等最好是拒保或降低保额承保。

4）保险公司对于诈骗保险金的犯罪分子不能手软，发现线索和疑点不仅要积极调查取证，还要积极向公安机关报案，尽量取得公安机关的支持。公安机关是政府权力机关，调查取证的权力与技术手段及对犯罪分子的威慑力比保险公司要强大得多。在本案例中，公安机关的介入侦查也是本案成功告破的关键之一。

案例9 保险公司工作人员骗保案

2010年1月20日，某区公安局接到某财产保险公司报案，其公司车行部一名员工曲某某涉嫌故意制造虚假赔案，骗取公司保险金，涉案金额达33 000元，因其态度恶劣，拒不配合公司的调查，请求公安机关立案侦查。区公安局接到保险公司的报案后，开始对曲某某进行调查。曲某某出生于1972年5月，大专文化，从事车辆保险工作已有5年，在保险公司工作前一直从事汽车修理工作。自己拥有一台二手本田雅阁小车，平时经常出入一些综合修理厂。警方通过侦查，初步掌握了曲某某冒用他人名义在为自己的本田雅阁车办理投保后，2009年8月在某修理厂更换上一些作废的旧零配件后再驾车故意制造碰撞事故企图诈骗保险赔款的犯罪事实，认为其已涉嫌保险诈骗犯罪，便正式立案侦查，依法刑事拘留了曲某某。警方通过进一步审讯，发现曲某某不仅只有这一次犯罪事实，还涉嫌多起诈骗保险金的案件：

1）曲某某在2008年12月至2009年1月间，采取驾驶投保汽车故意制造保险事故的手段，成功骗取自己的工作单位——某保险公司保险赔款26 720元。

2）曲某某在2008年12月至2009年2月间，采取重复投保、驾驶投保汽车故意制造保险事故的手段，成功骗取另一家保险公司的保险赔款19 541元。

3）曲某某在2009年8月间，采取驾驶投保车辆故意制造保险事故的手段，欲骗取另一家保险公司的保险赔款时，因被那家保险公司发现其车辆系重复投保后而没有得逞。

曲某某被正式拘留后，他也较深刻地认识到了自己的错误，积极配合警方的工作，积极退赃，在家属的帮助下他向受害的保险公司全部退还了赃款，并写下了《悔过书》，让保险公司张贴在办公场所内，以警示其他同事。由于他的认错态度良好，赃款也已全部退还受害单位，并取得了受害单位的谅解，法院最终对他做了从轻判决，判处他有期徒刑3年，缓刑4年。

案例评析

1）在本案中，曲某某作为一名保险公司的工作人员，想利用专业优势帮自己“致富”，可不曾想不仅“竹篮打水一场空”，还最终把自己送进了监狱，其教训是十分深刻的。他没有把专业知识与技能用在本职工作上，没有去想通过努力工作来提高自己的收入，而是妄想“靠山吃山，靠水吃水”，利用自己对保险理赔流程和内部管理情况比较熟悉的有利条件，企图通过故意制造保险事故，骗取保险赔款来牟取非法利益，而最终获得深陷囹圄的可悲下场也是必然的。

2）通过这个案例，我们感到保险公司加强员工队伍的职业思想道德建设十分必要。目前，我国随着经济的不断发展，保险公司的数量也在不断增加，保险公司之间业务的竞争也越来越激烈。许多保险公司的经营管理层往往只重视业务的发展，只重视利润目标的实现，对员工职业思想道德建设一点都不重视，他们往往挂在嘴边的口头禅就是：不管白猫黑猫，能抓到老鼠就是好猫！不管你道德高尚还是不高尚，能签来保单、收来保费就是好员工！在这种公司里，思想意志不坚定的员工就难免在金钱的诱惑下走上邪路。

3）保险公司在加强员工思想道德建设的同时，也要加强内部管理制度的建设，严格执行公司制定的各项规章制度。曲某某能冒名投保，能重复投保，能多次诈骗成功，都与利用自己是保险公司员工身份这个便利条件分不开。保险公司的管理人员往往因为大家彼此是同事，也许还私交关系不错，就凡事大开绿灯，让公司的管理制度形同虚设。表面上看起来，大家一团和气，互相之间给了面子，帮了忙，其实是既害了公司，又害了同事。保险公司往往在严重后果发生后再来追查责任，其实已经晚了，应该提早预防，经常加强制度巡查，以防患于未然。

参考文献

[1] 中华人民共和国保险法 http://www.gov.cn/flfg/2009-02/28/content_1246444.htm，2009.

[2] 2012 版最新机动车辆商业保险示范条款（一）http://chexian.pingan.com/zhishi/1331779980585.shtml，2012.

[3] 邢莉．从车损险产品的历史沿革看“高保低赔”的问题[J]．中国保险，2011.

[4] 张春宏．代位求偿——车损险的索赔方式[J]．道路交通管理，2011.

[5] 朱涛．谈运用痕检判断肇事逃逸车辆行驶方向的方法[J]．辽宁警专学报，2010.

[6] 冯伟．我国车损险的保险金额、理赔及其他[J]．上海保险，2011.

[7] 李景芝．赵长利，汽车保险典型案例分析[M]．北京：国防工业出版社，2010.

[8] 曾鑫．汽车保险与理赔[M]．北京：人民邮电出版社，2010.

[9] 刘建勋．新保险法经典、疑难案例判解[M]．北京：法律出版社，2010.

[10] 王慎立，党晓旭．机动车辆保险与理赔实务（第 3 版）[M]．北京：电子工业出版社，2011.

[11] 李景芝，赵长利．汽车碰撞事故查勘与定损实务[M]．北京：人民交通出版社，2009.

[12] 姚美红（编者）．栾琪文事故车辆查勘与定损[M]．北京：人民邮电出版社，2011.

[13] 明光星．汽车车损与定损[M]．北京：中国人民大学出版社，2009.

[14] 王云鹏，党晓旭，王慎立．机动车辆保险与理赔实务（第 2 版）[M]．北京：电子工业出版社，2008.

[15] 张俊红．机动车保险理赔鉴定与工时价格定额计算及反欺诈实务全书[M]．北京：当代中国音像出版社，2002.

[16] 王永盛．车险理赔查勘与定损（第 2 版）[M]．北京：机械工业出版社，2008.

[17] 卢晓平．建立车险联合信息平台迫在眉睫．成功保险网，http://bai.xy178.com，2007-06-29.

[18] 李照林．八省市已实现车险信息联网．和讯保险，http://insurance.hexun.com，2008-07-09.

[19] 聂晶．车险信息平台：保险推动交通排堵保畅．搜狐财经，http://money.business.sohu.com，2006-09-06.

[20] 刘吉．交强险条款细则出台四种情况不理赔［案例解读］．新华网，http://news.xinhuanet.com，2006-06-29.

[21] 鹿应荣．车辆保险与理赔[M]．北京：机械工业出版社，2008.